新文科·科学健身系列

全国普通高等学校体育专业教材

黄力平　张钧　主编

体育康复

（第二版）

中国教育出版传媒集团

高等教育出版社·北京

内容提要

　　"体医融合"已经成为我国疾病防治、应对社会老龄化和促进人民健康的重要举措。本书在第一版教材的基础上，吸收了近十年体育康复的最新研究成果，系统地阐述了体育康复的基本理论知识和康复方法，增加了"常见肿瘤的体育康复""老年综合征的体育康复""常见心理疾患的体育康复""盆底功能障碍的体育康复"等内容，呼应了我国面对深度社会老龄化来临、心理疾病高发、肿瘤发生率和致死率高，以及盆腔疾病隐痛致残等问题的重大需求。同时，本书通过二维码链接了拓展知识和在线测试题，便于学生自主学习与测验。

　　本书可作为普通高等学校体育专业学生的学习用书，也可作为公共卫生及健康知识普及和传播的科普性用书。

图书在版编目（ＣＩＰ）数据

　　体育康复 / 黄力平，张钧主编. --2 版. -- 北京：高等教育出版社，2022.8（2025.5重印）
　　ISBN 978-7-04-058227-7

　　Ⅰ. ①体… Ⅱ. ①黄… ②张… Ⅲ. ①康复医学-体育疗法-高等学校-教材 Ⅳ. ①R455

　　中国版本图书馆CIP数据核字(2022)第025706号

Tiyu Kangfu

策划编辑	王 曼	责任编辑	王 曼	封面设计	王凌波	版式设计	于 婕
责任绘图	邓 超	责任校对	刘丽娴	责任印制	刘思涵		

出版发行	高等教育出版社	网　　址	http://www.hep.edu.cn
社　　址	北京市西城区德外大街 4 号		http://www.hep.com.cn
邮政编码	100120	网上订购	http://www.hepmall.com.cn
印　　刷	三河市骏杰印刷有限公司		http://www.hepmall.com
开　　本	787mm×960mm　1/16		http://www.hepmall.cn
印　　张	26.5		
字　　数	250 千字	版　　次	2006 年 7 月第 1 版
			2022 年 8 月第 2 版
购书热线	010-58581118	印　　次	2025 年 5 月第 2 次印刷
咨询电话	400-810-0598	定　　价	52.00 元

本书如有缺页、倒页、脱页等质量问题，请到所购图书销售部门联系调换
版权所有　侵权必究
物料号　58227-00

编委会

主　编：

黄力平（天津体育学院）

张　钧（上海师范大学）

编　委：

张海峰（河北师范大学）

温晓妮（西安体育学院）

王　琳（上海体育学院）

周谋望（北京大学第三医院）

郭　琪（上海健康医学院）

齐　洁（上海师范大学）

钱菁华（北京体育大学）

李淑艳（扬州大学）

曹龙军（天津体育学院）

贾子善（解放军总医院第一医学中心）

刘培峰（上海交通大学肿瘤研究所）

陈　健（武汉体育学院）

马智超（武汉商学院）

刘丰彬（大连大学）

梁丹丹（合肥职业技术学院）

李旭红（中南大学湘雅三医院）

王昭君（中南大学湘雅三医院）

前　言

　　党的十九大作出实施健康中国战略的重大决策，将维护人民健康提升到国家战略的高度。2019 年，国务院颁布了《体育强国建设纲要》。2021 年颁布的《中华人民共和国国民经济和社会发展第十四个五年规划和 2035 年远景目标纲要》明确提出建设体育强国。体育康复涵盖体育、医学和卫生健康等多个学科，是一门交叉性很强的课程，上述一系列文件的颁布，使体育康复得到了空前的发展。体医融合已经成为国家疾病防治、应对社会老龄化和促进人民健康的重要举措。体育康复的核心内容是以体育活动为载体，以社会—心理—生物医学模式为指导，对疾病、伤残和衰老者进行危险因素预防、功能障碍康复，以促进其生活自理和提高生存质量，是保障人民健康不可或缺的重要组成部分。

　　为适应新时代对体育康复人才的要求，体育康复教育要在教育理念、教学内容和教学方法等方面进行全面的改革创新，为此，亟须更新教材，以适应新时代发展的需要和教学改革的要求。

　　《体育康复》第一版自 2006 年出版以来，深受广大师生和读者的喜爱。近年来，体育康复的研究发展非常迅速，涌现出许多新理论、新知识和新技术，原教材的内容亟待补充和完善；此外，随着我国社会经济状况的不断改善与提高，人们追求美好生活的愿望日益增长，对体育康复的需求急速增多，体育康复服务人员需要及时更新理论、知识和技术以适应社会的需要，原教材凸显出与之不适应。为此，我们对《体育康复》教材进行了修订。

再版教材在原来的教材内容基础上，增加了"常见肿瘤的体育康复""老年综合征的体育康复""常见心理疾患的体育康复"和"盆底功能障碍的体育康复"四章内容，呼应了我国面对深度社会老龄化来临、心理疾病高发、肿瘤发生率和致死率高，以及盆腔疾病隐痛致残的现实需求。教材编写过程中，参考了国内外最新文献，突出内容的科学性、先进性和实用性，以培养学生成为吸纳知识、掌握技术、为民服务、报效国家的栋梁之材。

本教材编写人员为全国高等体育院校、综合大学和医学院校从事体育康复或康复医学教学、科研和临床工作的教授和治疗师，具有丰富的研究成果、理论知识基础和实践经验。本教材各章的编写均由在各自工作领域有专长者编写。本教材的具体分工如下：黄力平（第一章），张钧（第二章），张海峰、温晓妮（第三章），王琳（第四章），周谋望、曹龙军、黄力平（第五章），郭琪、齐洁（第六章），钱菁华（第七章），张钧、李淑艳（第八章），曹龙军（第九章），贾子善（第十章），刘培峰、黄力平（第十一章），陈健、马智超（第十二章），刘丰彬、梁丹丹（第十三章），李旭红、王昭君（第十四章），各位编委在教材编写过程中认真负责，查阅最新文献，为读者提供学科前沿的内容。此外，在教材的编写和修改过程中，教材秘书曹龙军在与编写组成员沟通交流和稿件整理、预审等工作中做了大量的工作。高等教育出版社文科事业部副主任范峰和体育分社编辑王曼对本教材的修订提出了很多指导性意见，并对书稿做了大量细致的编审工作。在此，对上述各位专家、老师的辛勤付出表示衷心感谢。

　　本教材在编写过程中，编写组齐心协力、协同配合，力求编写一本"培根铸魂、启智增慧"的高质量精品教材。受编者水平所限，教材中难免存在疏漏之处，敬请各位读者不吝赐教，感谢之至。

黄力平　张　钧

2022 年 3 月

目　录

第一章
体育康复概述

本章导言

体育康复是康复医学中物理治疗学的重要组成部分，是体医融合改善患有功能障碍者身心健康的治疗技术。本章简要回顾了康复医学和体育康复的发展历史，对康复、康复医学和体育康复的概念及相互关系进行了简单介绍，详细讲述了体育康复的基本内容、工作思路和治疗模式。

学习目标

1. 了解康复医学和体育康复的发展简史。
2. 熟悉康复医学、体育康复的概念和服务内容。
3. 掌握体育康复治疗的三维模式。

关键术语

康复（Rehabilitation）：是指应用各种有用的措施，以减轻致残因素，或条件造成的影响，并使残疾人能够重新回到社会中去。

康复医学（Rehabilitation Medicine）：是指以患者康复为目标，为解决病、伤、残、老等人群功能障碍问题而提供服务的医学科学；是指对因先天的或后天的疾病与残疾、创伤、衰老等所引起的各种功能障碍者，进行详细的功能检查评定，采取多种医学措施和物理治疗、作业治疗、言语治疗、吞咽训练、辅具支持等治疗技术进行针对性的治疗，以恢复或改善其功能，提高生活质量，以使患者回归社会为目的的医学学科；是使病、伤、残、老者在身体功能上和精神上得到全面康复的医学学科。

国际功能、残疾和健康分类（International Classification of Functioning, Disability and Health，ICF）：是残疾结局评定方法。残疾包括身体功能和结构损伤、身体活动受限及参与的局限。

体育康复（Therapuetic Exercise，Clinical Exercise Physiology）：是以医学和运动科学理论为指导，以运动为载体，以各种身体运动为基本手段，对因疾病、损伤、衰老或先天异常等因素导致的功能障碍患者及残疾人、老年人进行康复预防和治疗，使之得以最大限度地恢复功能和自理能力，重建自信、自尊，回归社会生活的治疗科学。

第一节　康复医学

体育康复是在康复医学中康复治疗学理论和实践框架下，对具有各种功能障碍的患者进行检查评定和训练治疗，促进其康复回归社会的康复医学分支。因此，在了解体育康复之前须首先对康复医学有整体认识。

一、康复医学发展简史

自古以来，就有人类使用自然因子（如日光和水）、身体活动（如我国的导引、各种拳术和西方的体操等），以及被动活动（如我国的按摩、针灸等）进行强身健体和治疗疾病的记载。到了 19 世纪末，随着物理学的发展，一些物理因子（如高频电）也在工业国家开始应用，形成了物理医学。第一次世界大战后，西方一些国家纷纷成立了为受伤和残疾军人进行功能恢复和安排就业的机构。但当时并没有形成一个独立的学科专业。第二次世界大战期间，美国医学家霍华德．拉斯科（Howard A Rusk）等比较完整地阐明了康复的概念，提出了多学科合作和身体-心理-社会适应都应当得到恢复的、一系列综合的、积极主动的功能训练方案，于是在西方国家建立起一大批康复中心，并使康复医学在原有的物理医学基础上发展成为现代的物理医学与康复医学这个全新的医学专业。

（一）国外康复医学发展简史

第一次世界大战后，美国、英国把战时取得的康复经验用于和平时期。1922年，由国际扶轮社创办了国际康复会。1950年，"国际物理医学与康复学会"宣告成立。1970年，首届世界康复医学大会召开。1980年，康复国际在加拿大召开的第十四届世界大会上通过了《残疾预防和康复的八十年代宣言》。1982年联合国正式通过《关于残疾人的世界行动纲领》，宣布1983—1992年为"残疾人十年"。美国、日本、加拿大等国康复医学发展较快，康复医学机构遍及各州县，乃至农村小镇。目前，世界各国康复医学正在持续发展。因此，现代康复医学是20世纪40至50年代形成，60至80年代得到了很大的发展。但那时的康复医学在很大程度上只是一种经验医学，科学的证据还不多。20世纪90年代以来，人们逐渐完善了现代康复医学研究的方法学，逐步走上"循证医学"的健康发展道路。

近年来，国际康复医学界在神经康复、骨科康复、内脏疾病康复、慢性疼痛处理、儿童康复、老年人康复、癌症康复等领域，都正在进行大量的研究工作，尤其是临床研究工作。如今，在发达国家，患有某些急性疾病或损伤后，只要病情稳定，针对患者的功能障碍的康复医学就会很快介入。因此，在以急性疾病处理为中心的综合医院中，平均住院日为3~5天，病情复杂或严重的，一般住院日为2~3周，以后的功能恢复则主要依靠专业化的康复医疗机构。因此，康复医学现在已经成为现代医学的一个不可分割的重要领域，与保健医学、预防医学和临床医学共同构成医疗保健体系，康复医学已成为第四医学，并是临床医学的重要组成部分。

（二）我国康复医学发展简史

在我国，早在公元前2000多年前，古人已经应用针灸、按摩五禽戏等治疗方法促进患者伤残功能的恢复。中华人民共和国成立后，在政府的关怀下，从农村到城市，成立了三级医疗保健网、疗养院、福利院、福利工厂、假肢工厂和特殊教育学校等一系列机构。20世纪80年代，在改革之初，现代康复医学概念引入我国，标志着我国康复医学事业的扬帆起航。1983年，卫生部批准成立中国康复医学研究会（现中国康复医学会），并在民政部依法登记为全国性学术组织，1986年，在河北省石家庄市召开了第一届会员代表大会。1987 年，中国康复医学会加入中国科协，2001 年加入国际物理医学与康复医学学会。中国康复医学会通过加强国内外学术交流和对广大康复工作者进行专业培训，极大地促进了中国康复医学事业的发展。1984 年，中国康复医学会创建了中国残疾人福利基金会，并被正式接纳为康复国际成员。在党中央的领导下，我国康复医学事业在"八五"和"九五"期间获得了长足发展。1996 年，卫生部颁布了《综合医院康复医学科管理规范》，明确指出综合医院的康复医学科是一个临床科室，并要求在二、三级医院中逐步建立康复医学科，从而大大推动了医院康复医疗事业的发展。1997 年，《中共中央、国务院关于卫生改革与发展的决定》和 1998 年颁布的《国务院关于建立城镇职工基本医疗保险制度的决定》等文件指出，"建立健全社区卫生服务组织、综合医院和专科医院合理分工的医疗服务体系"，其中特别强调要发展预防、医疗、保健、康复、健康教育和计划生育技术服务"六位一体"的社区卫生服务。并且在加强卫生资源配置宏观管理中指出，"减少过多的床位，一部分可以转向护理、康复服务"，这些都大大推动了社区康复事业的发展。

　　在以后的各个"五年规划"中都进一步强调了康复医学在人民健康保障中的作用。随着我国经济的发展，人民生活水平的提高，老年病、慢性疾病、心理疾病不断增加，康复需求大大增加，推动了我国康复医学迅速发展。2009 年，中共中央、国务院颁发的《关于深化医药卫生体制改革的意见》首次提出"防、治、康三结合"的指导原则，在全社会引起重大反响，促使康复医学发展踏上了新台阶。2010 年以后，康复医学飞速发展，各地建设起一批康复中心、康复医院、康复医学门诊和康复治疗机构。2012 年，卫生部出台了《常用康复治疗技术操作规范（2012 年版）》。2000 年以后，以高等医学院校、高等中医药院校和高等体育院校为主，开展了多层次的康复医学教育计划，运动康复和康复治疗专业得到了空前发展，康复治疗师专科、本科、研究生（硕士和博士）教育体系已基本建成。首都医科大学、云南医科大学和华西医科大学等高等医学院校与国际接轨，康复治疗师教育向专业治疗师教育发展，分别设置了物理治疗学、作业治疗学和言语治疗学等专业，并得到世界物理治疗师联盟（The World Confederation for Physical Therapy，WCPT）和世界作业治疗联盟（The World Federation for Occupational Therapy，WFOT）的专业认证，培养了大量物理治疗师、作业治疗师和言语治疗师等康复医学专门人才，服务于康复医学领域。2019 年，康复大学宣布成立，成为第一所专门的康复医学高等院校。

2016 年，中共中央、国务院印发了《"健康中国 2030"规划纲要》，提出"强化早诊断、早治疗、早康复，实现全民健康。"《"健康中国 2030"规划纲要》赋予了我国康复医学大发展新的历史性机遇，与康复医疗直接相关的体医融合和康养融合的模式引起广泛关注，新机构建设不断发展，成为健康大产业的新支点。这一时期突出的特点是康复医学诊治更加规范，建立实施了康复住院医师规范化培训制度；发布了多个常用疾病临床康复指南或临床路径；临床康复治疗专科更加细化；康复治疗师专业培训向精细化发展；康复治疗技术水平进一步提升，以智能化、信息化为特点的新技术不断涌现。

康复医学作为一个新的医学学科，从无到有，从小到大，已经形成规模化临床治疗体系，从医学界到社会各界都已经明确了预防-保健-医疗-康复"四位一体"的现代医学发展的新模式，"防治康"是医疗改革的方向，促进体医融合、康养结合、多学科合作、预防为主是提升人民健康的大健康总目标。总之，康复医学在我国新时代社会经济快速发展和医药卫生改革的大潮推动下，在现代医学观念迅速更新的背景下，一定会在不远的将来取得巨大的发展，在保障人民健康方面发挥积极作用。

二、康复医学的基本概念

康复医学是一门新兴的与心理学、社会学、工程学等多学科相互渗透而成的交叉学科，又称为物理医学与康复（Physical Medicine and Rehabilitation，PMR），是康复的重要组成部分。康复（Rehabilitation）原意是恢复到原来状态。世界卫生组织（World Health Organization，WHO）专家委员会于 1981 年将康复定义为："康复是指应用各种有用的措施，以减轻致残因素或条件造成的影响，并使残疾人能够重新回到社会中去。康复的目的不仅是训练残疾人使他们适应周围的环境，而且还要采取措施把他们的环境加以适当的改造，以利于他们回到社会中去。"

康复不仅针对疾病，而且着眼于整个人，从生理上、心理上、社会上和经济能力上进行全面的康复，它包括医学康复（利用药物和手术等医学手段促进康复）、教育康复（通过特殊教育和培训促进康复）、职业康复（恢复就业能力，取得就业机会）及社会康复（在社会层面上采取与社会生活有关的措施，促使病、伤、残、老者重返社会），最终达到使病、伤、残、老者生活质量提升，恢复其独立生活、学习和工作能力，让他们能在家庭和社会中过上有意义的生活的目的。

康复医学（Rehabilitation Medicine）是指以患者康复为目标，为解决病、伤、残、老等人群功能障碍问题而提供服务的医学科学；是指对因先天的或后天的疾病与残疾、创伤、衰老等所引起的各种功能障碍者，进行详细的功能检查评定，采取多种医学措施和物理治疗、作业治疗、言语治疗、吞咽训练、辅具支持等治疗技术进行针对性的治疗，以恢复或改善其功能，提高生活质量，达到使患者回归社会为目的的医学学科；是使病、伤、残、老者在身体功能上和精神上得到全面康复的医学学科。其目标是清除或减轻病、伤、残、老所造成的功能上的障碍，帮助他们在身体条件许可的范围内，根据实际生活、工作或学习与娱乐需要，最大限度地恢复其生活和劳动能力。

三、康复医学模式与健康

医学模式是指人们观察、处理疾病与健康问题的思维方式和行为方式，是医学实践的产物。从 20 世纪 40 年代末开始，医学逐渐步入现代医学阶段，主要表现为精细分科和多科综合，以及医学研究方向由微观和宏观发展的辩证统一。近年来，以生活方式改变带来的非传染性慢性疾病为人类健康主要威胁的"疾病谱"、以心脑血管疾病和恶性肿瘤为死因前列的"死因谱"和社会老龄化带来的"年龄谱"的改变，都推动了原有的以治病为主要目标的生物医学模式向生物-心理-社会医学模式的转变。有研究认为，应该把人看作为复杂生态系统的一个组成部分，要运用整体观从生物、心理、社会的不同层次和侧面来综合考察人类的健康和疾病，采取综合措施防治疾病，增进健康。世界卫生组织将健康定义为"健康不仅是没有疾病，而是包括躯体健康、心理健康、社会适应良好和道德健康。"这个定义强调了全面的和功能上的健康，这个概念与"生物-心理-社会"新医学模式相互呼应。

从传统的生物医学模式向新的医学模式转变，涉及疾病观、健康观和卫生观的根本转变。新的医学模式将使卫生服务由单一的、片面化的医疗服务扩展为以人类健康为主导的全方位服务——医疗服务、心理服务、社会服务、社区服务和预防保健服务及康复服务。随着医学模式转变和大健康观的建立，医学的着眼点由疾病治疗转向了健康维护，由对疾病个体负责转向对全社会和全人类的健康负责。生物-心理-社会医学模式下的健康观反映了人类对健康与疾病认识的社会转变和由此产生的医学社会化趋势。生物-心理-社会医学模式使人们对健康和疾病有了新的认识，医学实践的内容和价值取向也发生了根本性的变革，提出了"预防为主"的思想，医学行为出现了预防和治疗两个相互协同、相互促进的层面，这两个层面实质上体现了健康所包含的更为丰富的医学意义，即提高人类的生活质量和生命质量。

随着社会的发展，医学发展也进入了一个新阶段，医学领域的研究范围全面向社会化、综合化扩展，医学与社会有了更多、更广的交互作用。社会除了继续关心人类健康和疾病外，也开始采取更积极主动的姿态，重视健康的地位和价值，关心人们的健康权利和生命运动的规律，帮助每个人获得健康、保持健康和增进健康，而且健康也被认为是社会发展的主要内容和标准。医学的目的也可被分为增进健康、预防疾病和治疗疾病三个层次，这种层次结构反映了人们对生命状态认识的不断发展，也反映了在健康观念的积极影响下，医学功能进一步扩大的趋势。

2016年8月，在北京召开了全国卫生与健康大会，习近平总书记出席会议并发表重要讲话。他强调，没有全民健康，就没有全面小康。要把人民健康放在优先发展的战略地位，以普及健康生活、优化健康服务、完善健康保障、建设健康环境、发展健康产业为重点，加快推进健康中国建设，努力全方位、全周期保障人民健康，为实现"两个一百年"奋斗目标、实现中华民族伟大复兴的中国梦打下坚实健康基础。同年发布的《"健康中国2030"规划纲要》明确要求"加强体医融合和非医疗健康干预，推动形成体医融合的疾病管理与健康服务模式。"2019年，中共中央、国务院印发了《体育强国建设纲要》，进一步落实全民健身国家战略，助力健康中国建设。这些文件精神是体医融合保障健康的行动指南，也是对新的医学模式的最好诠释，为体育康复发展提供了最佳契机。

四、康复医学的范畴和对象

（一）康复医学的范畴

康复医学是具有明确内容的医学学科体系。它是应用医学学科及其有关技术，使功能障碍者的潜在能力和残存功能得到充分发展的医学科学体系。从广义的康复医学概念来看，康复医学和临床医学有着不可分割的联系，因为各种临床疾病治疗后都要有一个康复过程，特别是一些破坏性较大的疾病和各种慢性疾病等康复过程更是必要，临床治疗重在挽救生命、稳定病情或去除病因，在此过程中患者身心功能俱损，需要时间恢复。从这一意义上来说，康复医学需要贯穿到整个临床治疗过程中，临床治疗为康复医学奠定了"物质"基础，而康复医学可以进一步辅助临床治疗提升疗效和患者的生活质量，两者相辅相成。从狭义的康复医学概念来讲，康复医学是以人体运动障碍及相关的功能损害为中心，研究其损害的本质及治疗方法的医学学科。

康复医学的适应证如下：

（1）心血管系统疾病：高血压，冠心病，先天性心血管病，脉管炎和血栓性静脉炎等。

（2）呼吸系统疾病：慢性支气管炎，支气管扩张，支气管哮喘，肺部感染、肺结核等。

（3）运动系统疾病：关节炎，骨质疏松症，骨折，韧带损伤，骨科手术后等。

（4）神经系统疾病：脑卒中，帕金森病，脑外伤，脊髓损伤，脊髓灰质炎，进行性肌萎缩等。

（5）精神病：精神分裂症，情感性精神障碍，神经衰弱，人格障碍等。

（6）妇产科疾病：产后疾病，子宫位置异常等。

（7）儿科疾病：脊柱畸形，儿童体格与智力发育障碍，肢体功能障碍等。

（8）老年病：各种退行性疾病和衰老综合征。

（9）外伤及肿瘤：头、面、颈部和躯干损伤，烧伤，肿瘤手术后遗症等。

（10）残疾人：听觉障碍，视觉障碍，语言障碍，智力障碍，精神障碍和肢体残疾。

从上述康复医学适应证可以看出，康复医学在整个医学体系中所涉及的面很广，几乎所有的医学专科都需要康复治疗。作为一门科学，康复医学也有禁忌证。康复医学的禁忌证如下：

（1）高热未得到控制时。

（2）存在出血倾向。

（3）组织损伤或骨折未愈合。

（4）各种疾病的失代偿期，生命体征不稳定。

（二）康复医学的对象

由于目前疾病的结构发生了极大的变化，正从过去的急性感染和急性损伤占多数转变为"慢性化、障碍化、老年化"疾病占多数，因此，这些人正成为康复医学主要对象。早期康复介入、预防继发性功能障碍是当前康复的重点。

1. 残疾人

据 WHO 统计，目前全世界各种残疾人约占总人口 10%，残疾人中有 2/3 生活在发展中国家，其中只有 5% 的残疾人得到了康复治疗。2006 年，我国第二次全国残疾人口抽样调查数据显示，全国各种原因所致的残疾人总数为 8 296 万，包括肢体残疾、智力残疾、精神残疾、视力残疾、听力残疾和语言残疾 6 类残疾人，实际上还有些人是多重残疾。因此，残疾人是康复治疗的重要对象之一。

2. 老年人和衰老综合征人群

2020 年，我国第七次全国人口普查数据统计显示，60 岁以上老年人口已达 2.64 亿，占总人口 18.7%，65 岁以上老年人已超过 1.91 亿，占总人口 13.6%，社会老龄化已经成为我国 21 世纪最主要的公共健康挑战，老年人已经成为康复治疗的重要对象。康复对老年人来说尤为重要。随着年龄的增长，老年人的内脏、肌肉、骨、关节等器官组织均有不同程度的退化，并且多伴发各种疾病与衰老共存，形成如肌肉衰减综合征、骨质疏松症、谵妄等衰老综合征，限制活动能力和生活独立。为了使他们老而不衰，能参加力所能及的各种活动，保持生活自理，就需要利用康复医学积极防治。

3. 慢性疾病患者

非传染性慢性疾病，常常与不良生活方式有关。这些患者由于长期处于"患病状态"，不仅活动能力上有不同程度受限，同时，心理上由于疾病的影响也会产生创伤，再加上环境、社会和家庭的影响，导致生活品质降低。因此，他们是康复医学重要的康复对象。根据《中国居民营养与慢性病状况报告（2020 年）》最新报告，2019 年我国慢性疾病约占疾病死亡率的 88.5%，其中心脑血管病、癌症、慢性呼吸系统疾病死亡比例为 80.7%，有超过一半的成年人超重或肥胖，这些疾病患者是重点康复对象。

4. 急性疾病稳定期患者

各种疾病的急性期及急性传染性疾病如新型冠状病毒肺炎（COVID-19）都可称为急性疾病。急性疾病发病急、病情危重、生命体征不稳定，甚至带有传染性，因此，应在生命体征稳定后，或采取适当的防护措施阻止疾病传播的条件下开展康复治疗。针对此类患者可以早期辅助功能恢复、减少并发症，促进其身心康复。

5. 亚健康人群

亚健康人群是难以精确描述的一类人的生存状态，通常表现为其本身感到身心疲惫，自我症状非常多，但临床客观检查没有相关证据可以与其症状相吻合的证据。他们大多数具有长期生活或工作压力大，生活节奏紧张，休息睡眠不佳，饮食不规律，缺乏科学锻炼习惯等不良生活方式特征。这类人群虽非患者，但已经有了很多主诉和一些非特异性检验结果。研究显示，他们的生理、心理功能在一定程度上是低的，具有诱发疾病的风险，因此，康复医学需要高度关注他们的健康问题。

从康复的角度来衡量人的一生器官功能发展和退化的过程，一般可分为功能最佳状态、完全独立生活、大部分独立生活、部分不能自理和生活完全不能自理，这是一个连续的过程。人出生后至发育成熟，其生活自理能力随着不断学习而逐步提高，到了成年后能独立生活，若经合理锻炼可使功能达到最佳状态。之后，各项生理、心理功能逐渐下降，到了老年，由于各个组织器官退化，功能也将逐步衰退，直至终年。如至成年阶段，因创伤或疾病使功能下降到完全不能自理，并不采取康复措施，即使临床治疗合理，也只能长期保持依赖他人照顾的生活状态。若采取有效的康复措施，则有可能恢复到大部分独立或完全独立的生活水平。如儿童期患有各种疾病或创伤，未接受合理的康复治疗，造成残疾，会日渐加重，若尽早采取多种措施进行教育与锻炼，以独立生活为目标，很可能成为一个带残独立生存的个体。因此，被动等待恢复和主动锻炼恢复是完全不一样的康复结果。

五、康复医学的工作内容

（一）康复预防

康复预防的目的是研究发现导致功能障碍和残疾发生的危险因素、致病因素和并发症，采取相应的预防措施，尽量避免功能障碍和残疾发生、发展和造成不良后果。通过流行病学调查发现，致残危险因素加以康复预防，称之为一级预防；通过对疾病和损伤临床诊治和康复评定，预判其可能的功能障碍和并发症，及早进行康复，避免延误恢复而造成残疾，称之为二级预防；对已经形成的功能障碍积极进行康复，限制残疾进展，尽可能维护功能，促进回归社会，称之为三级预防。

（二）康复评定

康复评定指采集康复对象的一般生物学信息，病史、临床诊治过程等信息，对各项身体功能进行检查、测量，然后对所搜集的各项数据进行综合性分析，判断患者的主要功能障碍及其关联的重要因素，以便制订和实施康复治疗计划，观察治疗效果。康复评定的过程就是对患者的主观症状和病史（subjective）、客观检查与测量结果，以及临床诊治过程（objective）进行综合评估（assessment），诊断患者的功能障碍问题、程度及其对日常生活、工作和社会活动的影响，进而为制订治疗计划（plan）提供依据，指导治疗。因此，康复评定的过程遵循的是 SOAP 原则，要从患者的整体去进行评估判断，全面地确定患者的康复问题和治疗需求。康复评定发挥如下作用：判断患者的功能障碍问题及程度；指导制订康复治疗计划；观察康复治疗效果；优化康复治疗方案；为卫生、经济部门提供成本-效益依据。

（三）康复治疗

康复治疗是研究解决功能障碍及致残风险的康复技术与方法的科学。康复治疗是多方面的，其中包括物理治疗学（含运动治疗）、作业治疗学、言语治疗学（言语病理学）、生物医学工程学（假肢及矫形器）、心理治疗学等专科治疗学。如果按照人体解剖结构分类又可分为呼吸康复、心脏康复、脑血管病康复、肌肉骨骼康复等。也有按临床专科区分的康复治疗，如重症康复、心血管疾病康复、神经康复、代谢性疾病康复、骨科与创伤康复、妇产科康复等。虽然分类方法不同，但多个康复治疗专科共同协作，并与康复医生和康复护士一起组成康复小组，为各类康复患者服务是共同的治疗模式。

六、国际功能、残疾和健康分类

残疾包括程度不同的肢体残疾、感知觉障碍、内脏器官功能不全、精神情绪和行为异常、智能缺陷等。根据 2001 年世界卫生组织出版的《国际功能、残疾和健康分类》（*International Classification of Functioning, Disability and*

Health，*ICF*）所述，残疾包括身体功能和结构损伤、身体活动受限和参与的局限。它是对结构损伤、活动受限和参与局限性的一个概括性术语。它表示在有某种健康情况个体和其所处的情境性因素（环境因素和个人因素）之间发生交互作用的消极方面。ICF 为康复医学结局的评定奠定了基础。

（一）身体功能和结构损伤

损伤是指身体结构或生理功能的丧失或异常，其中功能包括精神功能。损伤代表个体身体及其功能的生物学状况与通常所确认的正常人群的标准状况之间的差异，损伤可以是暂时的、永久的、渐进性的、退行性的或稳定的、间断的或连续性的。与非损伤人群标准值的差异可能是微弱的或是非常严重的，也可以随着时间而波动。

（二）身体活动受限

身体活动受限是指个体在进行活动时遇到的困难。根据在完成活动时的质量或对没有达到健康情况者期望的程度，身体活动受限可以有从轻微到严重偏差的变化。此处健康情况指对疾病、障碍、损伤或创伤的一个概括性术语，包括妊娠、老年、应激、先天畸形或异常变异等其他情况。

（三）身体参与的局限

身体参与的局限是指个体投入到生活情景中可能经历到的问题。是否出现身体参与的局限，要通过比较个体的参与和在相同的文化或社会中无残疾个体所期望的参与来决定。

（四）ICF 对康复医学的指导作用

（1）对于只有身体功能或结构损伤，而尚未影响到社会生活功能者，应积极进行临床治疗和康复功能训练，以防止功能障碍的出现和发展。

（2）对于已出现身体活动受限和生活能力障碍，但尚未影响至社会生活功能者，应进行各方面的康复治疗、教育和训练，发展其代偿能力，或以器具辅助补偿能力的不足。

（3）对有身体参与的局限和严重残疾，以致造成社会生活能力障碍者，除进行康复治疗外，更重要的是在社会层面上调整和改变其生活、学习和工作条件，以利于此类人群重返社会。

国际功能、残疾和健康分类见图 1-1-1。

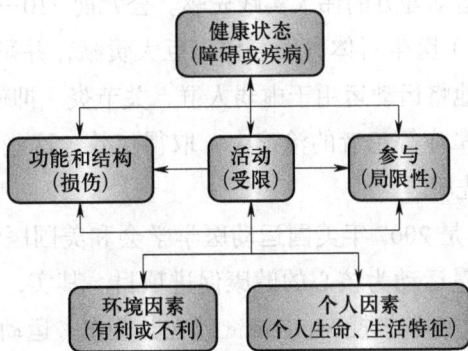

图 1-1-1　国际功能、残疾和健康分类

第二节　体育康复

一、体育康复发展简史

（一）国外体育康复发展简史

公元前 600 年，印度医生苏斯拉塔（Susruta）最早运用运动治疗糖尿病、肥胖和懒惰等症，而且指出过度运动可以导致多种疾病甚至死亡。在希腊神话中，宙斯掌管神明，他的儿女控制着人们的健康、疾病与生死。在那段"宗教医学或荷马医学"昌盛时期，医生是最受尊重的职业，运动是古希腊人的义务。到斯巴达时期，为了战争，运动健身成为所有希腊公民的强制性作业，而且对面貌丑陋、身体畸形或残疾孱弱的孩子和成年人进行残杀，运动锻炼达到鼎盛时期，同时也笼罩在恐怖之中，是没有道德底线的健身，对人类文明进步毫无助益。公元前 570—公元前 490 年，古希腊著名天文学家、数学家和哲学家毕达哥拉斯（Pythagoras）在意大利创办了"医学哲学中心"，指导人们通过运动促进人体平衡达到健康目的。公元前 460—公元前 370 年，希波克拉底（Hippocrates）写到"食物和运动拥有相反的特性，两者协同才能健康"，他是第一个以书面形式开出行走运动处方治疗结核病之人，其在运

动治疗方案一书中指出，运动锻炼可以增加身高、骨质、肌肉、心肺耐力、消化功能、体温调节和耐受疲劳能力，并指出，不运动或过度运动都会有损健康，可以说他是运动处方的伟大实践先驱。公元前 210—公元前 129 年，古罗马的伽伦（Galen）医生对体育康复作出巨大贡献，并影响了之后 1 400 多年运动医学实践。他将运动运用于虚弱人群，关节炎、抑郁症、水肿、痛风、癫痫、结核病和眩晕症等患者的治疗中，取得疗效。这些古代文明古国的先贤们是体育康复的先驱。

　　"运动是良医"是 2007 年美国运动医学学会和美国医学会共同发起的以增加体力活动和适量运动为核心的健康促进项目。其实，早在 100 多年前美国宾夕法尼亚大学体育学教授 McKenzie 就在其著作《运动在医学和教育中的作用》中描述了运用体育运动治疗圆肩、驼背、扁平足、心脏病和神经疾病等，可以看作为"运动是良药"倡议的现代先驱。

　　当前，体育运动助益健康已得到全世界的共识，规律进行身体活动是预防和治疗心脏病、脑卒中、糖尿病、乳腺癌和结肠癌等非传染性慢性疾病的重要措施也已得到循证医学的支持。美国临床运动生理学协会（Clinical Exercise Physiology Association，CEPA）是美国运动医学会的分支机构，主要面向各种慢性疾病人群进行运动指导和康复。他们将临床运动治疗师定义为"经过专门培训的、可运用运动训练对某些已经被证明运动锻炼有效果的慢性疾病进行治疗的卫生保健专业人员"，该定义清晰地阐述了临床运动治疗师的资格、角色和作用，并明确了执业范围是卫生保健专业人员，是体医融合的专业治疗工作者。澳大利亚体育运动科学学会（ESSA）则选用"认证运动治疗师"（Accredited Exercise Physiology，AEP）来定义临床运动治疗师，在澳大利亚，获得临床运动治疗师认证资格后可以独立执业，治疗费用由医疗保险支持。

（二）我国体育康复发展简史

　　追溯到远古时期，智慧的先祖们很早就知道运动可以作为治疗疾病的手段。据记载，公元前 2600 年，我国的先祖就运用"吐纳呼吸运动"治疗疾病。从马王堆汉墓出土的东汉时期导引图中，已有医疗体育，如气功、五禽戏等。据记载，著名医学家华佗创编的"五禽戏"，通过模仿虎、鹿、熊、鸟、猿的特征性动作，发挥提升患者阳气，祛病扶正，促进血液循环作用，并指出过度运动可致阳气损、阴气盛，有损健康，这与现代运动科学中过度运动可增加运动损伤和降低免疫力的观点非常一致。之后逐渐发明了太极拳、八段锦等健身运动，尤其是太极拳经过多年发展完善延续至今，为世界各国所认同，证实了其在防治跌倒、治疗关节炎、帕金森病和认知障碍中发挥着重要作用。

1949年后，我国现代运动医学逐渐形成和发展起来，全国体育院校开设运动生理学、运动卫生学等专业。1955年，北京医学院举办"全国医师督导和医疗体育高级师资进修班"，为国家培训运动医学专业人员，这批专业人员成为我国运动医学的中坚力量。1956年，我国派出留学生到苏联和东欧国家学习运动医学，他们回国后在北京、上海、武汉和南京等地开始了临床运动医疗工作，成为体育康复的先导者。1959年，北京大学第三医院成立了我国第一个运动医学研究所，之后国家体育总局及各个省市体育局都陆续成立了运动医学研究所。1981年后，全国十几所大学的运动医学和康复理疗学专业被国务院学位委员会批准为硕士和/或博士学位授予单位，建立了我国运动医学人才培养体系。

1982年，曲镭教授在河北省人民医院成立了我国第一个临床康复医学科，包括病房、门诊、功能评估室和康复治疗室。他首先以运动干预4周、3周或2周运动程序促进急性心肌梗死患者的康复，开创了国内冠心病急性期体育康复的先河。1986年，他又带领科室率先在国内开展了脑卒中的现代体育康复，并成为卫生部全国康复培训中心，为全国各地建设康复医学学科储备了人才。20世纪90年代，随着康复医学的快速发展，体育康复也取得了长足进步。2000年后，适应康复医学发展需要，多所高等体育院校开办了运动人体科学专业（运动康复方向）。2005年，经过教育部批准，在北京体育大学、天津医科大学和武汉体育学院率先申办了"运动康复与健康"专业，在专业定位上更加明确，专门培养高级应用型运动康复治疗人才，后来该专业更名为"运动康复"。随着康复医学的快速发展，在全国高等体育院校、高等医学院校、高等中医院校和高等师范院校等普遍开设了运动康复专业，到2022年初开办运动康复本科的院校已达90余所，专科近百所。2008年，北京奥运会和四川汶川大地震后，康复医学团队在保障运动员疲劳状态恢复和损伤康复，以及在救治震灾伤残者康复工作中的突出表现，进一步促进了运动康复的快速发展。全国各地陆续出现了专门的运动康复中心、医院运动康复科、运动康复机构等，为不同的需求者提供体育康复服务。2015年在国家体育总局支持下，"运动康复学"硕士和博士授权获得教育部批准，首批运动康复硕士和博士授予权单位有天津体育学院、北京体育大学、上海体育学院、武汉体育学院和成都体育学院，运动康复治疗师培养水平率先在国内上了新台阶。在 2016 年全国卫生与健康大会召开后，健康理念从以治病为中心向以健康为中心转变，运动康复需求进一步激增，专业教学方兴未艾。2016 年，《"健康中国 2030"规划纲要》将体育强国和运动康复作为一段时期内国家重大战略写入史册，进一步推动了体育康复的发展。近年来，中国康复医学会体育保健与康复专业委员会也得到了快速成长和发展，成立了7 个康复学组，科学研究和学术交流空前进步。同期，国家残联也专门为居家或重症残疾人及其管理者开办了"康复体育"系列专门培训班，以提升他们的体能和日常生活自理能力。在中国共产党第十九届五中全会上和我国"十四五"规划建议中，明确提出建设"体育强国"作为五大强国目标，体育事业的蓬勃发展必将促进体育康复新的春天到来。

总之，体育康复是伴随着国家经济社会发展和人民日益增长的美好健康需求而发展的，是在新时代中国特色社会主义建设发展的大环境、大舞台基础之上得以发展，我们应该感谢新时代赋予我们的使命，将体育康复事业进一步提升到新的水平。

二、体育康复的概念与对象

（一）体育康复的相关概念

体育康复是以医学和运动科学理论为指导，以运动为载体，以各种身体运动为基本手段，对因疾病、损伤、衰老或先天异常等因素导致的功能障碍患者及残疾人、老年人进行康复预防和治疗，使之得以最大限度地恢复功能和自理能力，重建自信、自尊，回归社会生活的治疗科学。体育康复学是体育学和医学融合的交叉学科，是康复医学的重要组成部分，属于运动疗法的范畴，但其突出特点是强调患者的主动参与、主动康复、主动健康，而非被动给予活动。在康复预防方面，体育康复可以通过体育活动、健康教育、行为指导、技术支持预防和减少健康相关的危险因素，降低疾病发生和病后并发症；在康复治疗方面，体育康复可以根据患者的疾病、损伤及其病理变化，通过安全有效的体育运动康复训练促进相关人群的功能恢复和体能提升，帮助其回归社会生活。

治疗性锻炼（Therapeutic Exercise）是指有计划有目的地进行身体活动、姿势调整和各种体力活动训练，以期为患者提供防治疾病和损伤，改善和恢复身体功能，预防和减少健康相关危险因素，提升患者的总体健康状态、体适能和良好感受。它是运用运动训练的原理和技术防治各种疾病和损伤导致的功能障碍的治疗性方法。

临床运动康复（Clinical Exercise Physiology）又称为临床运动生理学，可以为广大慢性疾病患者提供广泛的服务，包括行为改变指导、健康教育、运动咨询和物理康复。通过严谨的评估可开具详细的运动处方，确保患者可以安全、有效地进行运动，并可促进患者积极参与业余时间运动和其他身体活动，减少静坐少动行为。

2007年，由美国医学会（The American Medical Association，AMA）和美国运动医学学会（American College of Sport's Medicine，ACSM）联合提出、全世界40多个国家响应的"运动是良医"（Exercise is Medicne，EIM）健康促进项目，是体育康复提升服务品质，扩大治疗范围，增强学科影响力的最新举措。它旨在宣传推广关于通过促进人们科学合理增加运动，减少静坐少动生活方式，降低各种疾病，尤其是各种非传染性慢性疾病风险，促进疾病康复的运动健康理念。EIM一方面依据科学研究成果，建立具有循证科学依据的体育康复方法，提升体育康复科学性、安全性和有效性；另一方面积极对医生等与患者接触最多，最受患者信任的医务工作者进行运动健康知识和运动处方宣传，推动医务人员认识体育康复在防病、治病中的重要性，并能简单指导患者运动，或向专业的体育康复工作者转介患者。EIM已将患者是否具有身体活动习惯和达到国家锻炼标准纳入临床生命体征。因此，EIM是对体医融合的最好诠释，必将进一步推动体育康复的发展。

（二）体育康复的对象

体育康复的对象包括疾病或损伤恢复期患者；慢性疾病患者；残疾人和老年人，通过体育运动手段促进他们独立、自尊地在社会生活中扮演自己的角色。

三、体育康复的内容

（一）体育康复评定

体育康复遵循医学的治疗规范和运动康复指南开展工作，其内容包括科学评定和合理治疗两个方面。体育康复评定遵循SOAP（subjective objective assessment plan, SOAP）原则进行，主要对运动及相关功能进行评定，包括对患者肌肉力量、肌肉耐力、爆发力、有氧耐力、平衡与协调能力、肌张力、关节活动范围、步态、姿势及步行能力、手臂功能及精细手功能进行规范化测量；然后结合患者的病史资料、体格检查及辅助检查等医学评定结果，综合分析各种功能检查结果与临床检查结果间的联系，筛查患者是否可进行体育康复、判断患者功能障碍的程度及其可能的病因、制订合理的康复治疗目标和具体治疗计划。

（二）体育康复治疗

　　体育康复治疗是指对肌肉力量、肌肉耐力、爆发力、心肺耐力、平衡协调能力、肌张力、关节活动范围、步态及步行能力、手臂功能及精细手功能进行训练的体育运动治疗技术。例如，运用抗阻训练增强肌力；运用较低剂量抗阻和高速运动训练等技术增强肌肉耐力和爆发力；运用呼吸训练和持续的周期性运动增强心肺耐力；运用牵拉、关节松动及神经肌肉促进技术等扩大关节活动度；运用闭链运动和控制训练增强关节稳定性；通过姿势调整和神经肌肉控制训练技术等矫正异常姿势及功能性畸形；运用快速反应性运动和神经肌肉稳定性训练加强灵敏、平衡与协调功能；运用放松性运动训练技术调节肌张力，改善肌肉协调；运用功能性运动促进运动模式改变；运用技巧性运动增加手臂功能的精准协调能力；通过水中运动、减重训练等减痛、减重和增强步行能力等。总之，体育康复可以运用多种体育锻炼形式，发挥训练和教育的双重功能，促进患者身体功能的恢复，提升其自信心和自尊心，为其在社会中独立生活提供支持。在体育康复过程中，患者不仅可在身体功能上得到进步，在心理情绪上也可得到调控，如缓解焦虑、抑郁，改善心境，协同疗效提升。此外，患者经过体育康复，学会了锻炼的方法，体验了体育活动带来的乐趣，培养了锻炼习惯，可以进一步减少引发病伤的风险，起到二级预防的作用。

四、体育康复的作用

（一）增强身体功能

　　身体功能是每个人完成日常活动或工作学习的基本前提，通过体育康复可以提高患者心肺耐力、肌肉力量和肌肉耐力、平衡与协调能力、柔韧性，以及达到降脂、增肌和提升机体代谢功能的作用。

（二）改善心理情绪

心理健康是人类总体健康的重要组成部分，通过体育康复及在体育康复过程中与人沟通交流等，可以减轻患者的焦虑、抑郁、孤独和压力感等不良情绪，提升其快乐、自信和安全感等良好感受，辅助身体功能提升。

（三）降低疾病风险因素

体育康复活动的消耗能量、增加肌肉功能、调节神经功能、提升快乐感等作用有助于降低高血压、高血脂、高血糖、体重等代谢综合征乃至心脑血管病危险因素；骨骼、肌肉、关节等运动系统功能的改善，有助于预防跌倒和骨折，减少卧床风险，对老年人尤显重要；疾病恢复中积极进行体育康复，提升体能，有助于降低疾病并发症，如深静脉血栓形成、水肿、关节挛缩畸形等，防治功能退化或并发症等继发损害。

（四）提高日常生活活动能力和生活质量

患者拥有生活独立和高质量生活能力是体育康复的追求。体育康复可以通过给予患者身心功能提升、社会支持等多层次的助益，帮助患者克服困难，学会独立，有尊严、有自信地在社会中生活，体验生活乐趣（图 1-2-1）。

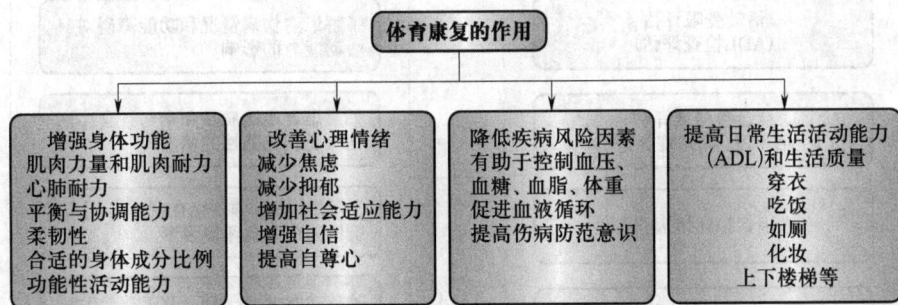

体育康复的作用			
增强身体功能 肌肉力量和肌肉耐力 心肺耐力 平衡与协调能力 柔韧性 合适的身体成分比例 功能性活动能力	改善心理情绪 减少焦虑 减少抑郁 增加社会适应能力 增强自信 提高自尊心	降低疾病风险因素 有助于控制血压、 血糖、血脂、体重 促进血液循环 提高伤病防范意识	提高日常生活活动能力 （ADL）和生活质量 穿衣 吃饭 如厕 化妆 上下楼梯等

图 1-2-1　体育康复的作用

五、体育康复 ICF 管理模式

根据 ICF 分类，体育康复的管理要符合 ICF 要求。首先要对患者的解剖结构和生理功能进行评估，进一步了解功能障碍对患者活动能力的影响，以及是否造成活动受限，最后要评定患者回归社会、参与社会活动是否受到制约，有哪些个人因素和环境条件会影响患者的功能能力及生活质量，从而判断疾病、损伤、残疾或衰老对患者健康的总体影响，以便指导治疗和判断预后。结构性调查问卷可初步筛查患者参加体育康复有无风险；若提示存在风险，则需进一步了解医学病史、体格检查及疾病诊治等病理情况，以便确定是否可以开始体育康复，以及如何开展体育康复，因此，体育康复时常需要和医生合作，在医生给予运动建议之后开展工作。进行体育康复前必须依据 SOAP 原则进行运动功能评估，了解患者主要的身体功能障碍和康复需求，考量患者个人因素和所处环境因素对体育康复带来的有利或不利影响，结合临床病理变化和可能预后，综合评估其解剖学结构与功能，生活、工作和学习等独立自理能力和回归社会生活的参与度，得出符合患者需求和可实现的康复目标，进一步制订体育康复计划，组织实施体育康复以取得良好效果（图 1-2-2）。

图 1-2-2　体育康复 ICF 管理模式和各个阶段的作用

（一）结构性调查问卷

结构性调查问卷是记录患者人口统计学信息和初步筛查体育康复风险的必要环节。结构性调查问卷一般包括患者的基本信息、生活方式和习惯、疾病或损伤史、参加体育康复的愿望等，如图1-2-3所示。

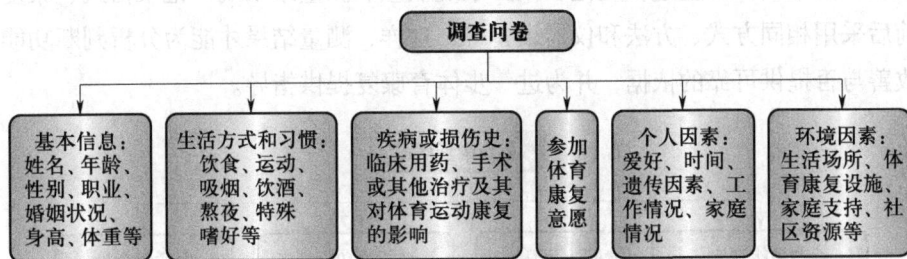

```
                        ┌──────────┐
                        │ 调查问卷  │
                        └──────────┘
```

| 基本信息：姓名、年龄、性别、职业、婚姻状况、身高、体重等 | 生活方式和习惯：饮食、运动、吸烟、饮酒、熬夜、特殊嗜好等 | 疾病或损伤史：临床用药、手术或其他治疗及其对体育运动康复的影响 | 参加体育康复意愿 | 个人因素：爱好、时间、遗传因素、工作情况、家庭情况 | 环境因素：生活场所、体育康复设施、家庭支持、社区资源等 |

图1-2-3　结构性调查问卷

（二）临床医学资料的采集与分析

对患者临床医学资料的收集，是了解疾病病理变化、诊治过程、可能风险和康复预后的基本措施。每位体育康复治疗师都应该学会基本的临床医学资料采集与分析。在临床上，要学会与患者沟通的技巧和基本的检查评定方法，同时还要了解基本的辅助检查结果的分析和应用方法，学会阅读和使用临床病历。临床医学资料采集与分析的基本方法如图1-2-4所示。

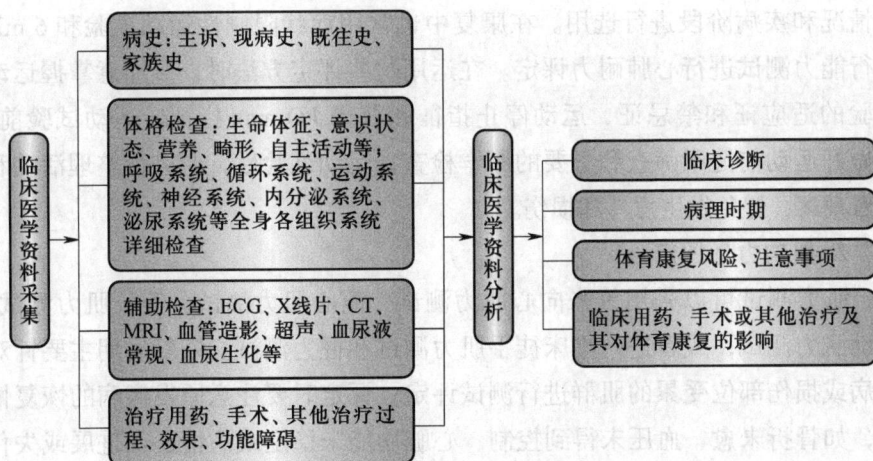

病史：主诉、现病史、既往史、家族史

体格检查：生命体征、意识状态、营养、畸形、自主活动等；呼吸系统、循环系统、运动系统、神经系统、内分泌系统、泌尿系统等全身各组织系统详细检查

辅助检查：ECG、X线片、CT、MRI、血管造影、超声、血尿液常规、血尿生化等

治疗用药、手术、其他治疗过程、效果、功能障碍

临床医学资料采集 → 临床医学资料分析

临床诊断

病理时期

体育康复风险、注意事项

临床用药、手术或其他治疗及其对体育康复的影响

图1-2-4　临床医学资料采集与分析

（三）体育康复评定

体育康复主要是对运动功能进行评定，同时也要对患者生活自理能力和生活质量等社会参与方面进行评定，具体内容见图1-2-5。评定过程是测量和分析的过程，要求测量要规范化操作，如对测量设备校准、测量方法标准化、对测量人员培训、测量过程规范以减少系统误差、测量结果统一记录格式、康复前后采用相同方式、方法和仪器设备等，这样，测量结果才能为分析判断功能改善与否提供可靠的依据，并为进一步体育康复提供指导。

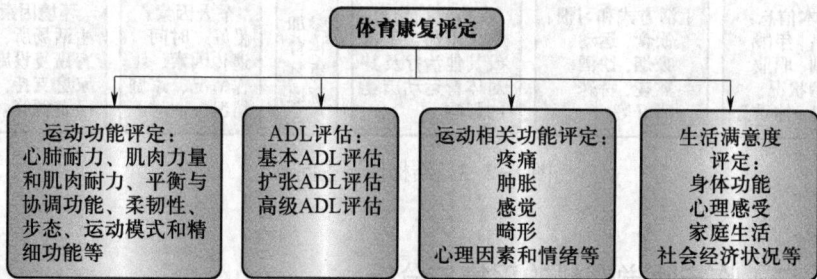

```
                        体育康复评定
   ┌──────────────┬──────────────┬──────────────┬──────────────┐
   运动功能评定：      ADL评估：        运动相关功能评定：     生活满意度
   心肺耐力、肌肉力量   基本ADL评估       疼痛            评定：
   和肌肉耐力、平衡与   扩张ADL评估       肿胀            身体功能
   协调功能、柔韧性、    高级ADL评估       感觉            心理感受
   步态、运动模式和精                    畸形            家庭生活
   细功能等                            心理因素和情绪等    社会经济状况等
```

图1-2-5 体育康复评定

1. 心肺耐力评定

有氧耐力试验是评定患者心肺适能的最可靠方法，通过获得患者的最大摄氧量（maxmium oxygen uptake, $\dot{V}O_2max$）衡量心肺适能的优劣，$\dot{V}O_2max$高，说明心肺适能好。$\dot{V}O_2max$测定分为直接测量、间接推算和现场测试等方法。最常用的方法是递增负荷运动试验，如Bruce方案，可以根据不同患者的筛查情况和疾病阶段进行选用。在康复中也常用症状限制性运动试验和6 min步行能力测试进行心肺耐力评定。在运用这些评定方法时，要注意掌握运动试验的适应证和禁忌证、运动停止指征和获得$\dot{V}O_2max$指征。运动试验前，要做好运动前健康筛查和必要的医学检查，运动试验后，要进行整理活动和患者观察，避免发生意外和损伤。

2. 肌肉力量评定

肌力测试可以采用等张向心肌力测试、离心肌力测试、等长肌力测试、等动肌力测试，或者进行临床徒手肌力测试和握力测试。恢复早期主要针对疾病或损伤部位受累的肌群进行测试评定，评定时要注意原发疾病的恢复情况，如骨折未愈、血压未得到控制、心脏功能未稳定或病情还在进展或失代

偿阶段等情况都需要暂缓进行，一定要结合临床疾病的恢复阶段和病情变化进行相应的安全评定。在恢复后期要对全身大肌肉群进行评定，以整体了解因病伤造成的肌肉功能异常及康复情况。

3. 平衡与协调功能评定

平衡与协调功能评定是综合评定患者身体肌肉功能、感觉功能、姿势控制能力、反应敏捷度、神经中枢整合情况等的变化，因此，评定方法多种多样，要根据患者的具体情况选择，如单脚站立、坐立试验，或平衡仪评定等，基本遵循的原则是评定自身功能和环境改变对平衡的影响两个主要因素。评定时，注意保护患者，以防发生跌倒损伤。

4. 柔韧性评定

柔韧性评定主要是对肌张力和关节活动度进行评定，临床上可采用Ashworth方法徒手关节活动技术评估肌张力，也可使用关节活动度测量尺进行测量记录，还可采用整体动作进行评定，如坐位体前屈、座椅体前屈、抓背试验等。

5. 身体成分评定

身体成分评定是体育康复的重要内容，一般先测量体重和身高，计算体重指数（Body mass index, $BMI = 体重（kg）/ 身高^2（m^2）$），BMI 可以总体上区分是否肥胖、超重、正常或消瘦。可通过腰围和腹围测量获得脂肪分布的初步信息。进一步细分身体各种成分及其分布，甚至疾病的影响，可采用生物电阻抗法（Bioelectrical Impedance Analyses, BIA）获得患者的脂肪含量和肌肉等瘦体重含量，评定健康风险；或者采用双能X射线吸收法（Double Energy X Ray Analyses, DXA）获得脂肪含量、肌肉含量和骨密度等健康评定指标。

6. 步态分析

步态分析也是体育康复的重要内容，异常步态通常提示某种特定疾病或症状，如慌张步态提示帕金森病，酒醉步态提示小脑损伤，跛脚步态提示关节融合或长短腿等，这些初步判断结合临床信息可以指导体育康复。步态分析也常运用三维摄像捕捉测定运动学参数，如步长、步幅、步宽、足偏角、关节角度、步行周期和步速等；运用测力台或压力鞋垫测定步行时下肢力学变化和稳定度；运用表面肌电采集步行时肌肉的力量和协同性等。采用何种评定方法取决于康复需求和所具备的条件。

7. 运动模式评定

运动模式评定主要是针对脑损伤后对运动功能障碍进行的评定，最具代表性的是脑卒中偏瘫 Brunnstrom 评定、脑瘫发育评定和脊髓损伤评定（具体内容详见后面章节）。

（四）体育康复治疗

体育康复治疗始于体育康复评定，也止于体育康复评定。首次体育评定在于发现功能障碍及对生活工作影响和干扰社会生活的问题，找出解决方案并加以实施。体育康复治疗期间可以重复多次评定，观察体育康复方案的适宜性和有效性，根据患者的治疗反应和反馈，对体育康复治疗方案进行必要的调整。最后，再对体育康复治疗效果进行综合评定，分析各项功能的恢复情况，以及对患者日常生活独立能力和社会生活的影响，进而进一步提出改进或保持体育康复治疗的建议。因此，体育康复治疗的基本范式是：以评定为基础找出功能障碍问题—确定康复目标—制订康复方案—确定体育康复治疗涉及的人体运动相关各个系统—确定各种体育康复治疗方法—确定每个治疗方法的运动处方—评定康复治疗效果。

体育康复治疗目标和治疗方案确定之后，其具体治疗思路推荐采用三维模式进行，即确定体育康复训练方法中涉及的运动相关系统各个成分、训练方法与技术和运动处方及其训练参数进行康复治疗（图 1-2-6）。

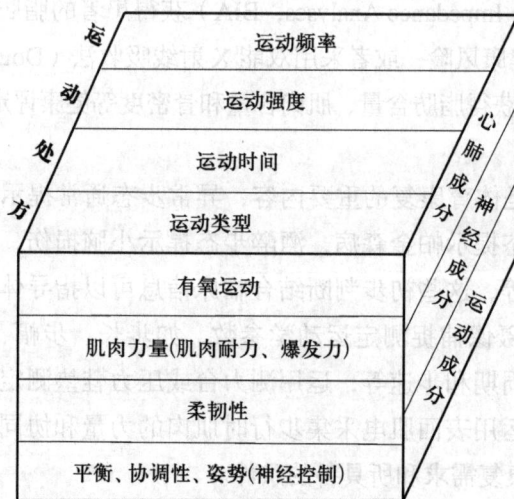

图 1-2-6 三维体育康复治疗模式

1. 运动相关系统各个成分

运动相关系统主要成分包括基本的运动成分和相关的支持运动功能的心肺成分和神经成分。

（1）运动成分。指肌肉、关节、骨骼、相关的皮肤和软组织等成分，他们构成运动的基础成分，按照运动学和运动力学原理实现各种功能性活动，或者保持和调整姿势。

（2）神经成分。指支配和控制骨骼、肌肉运动的中枢和周围神经系统，他们可以通过神经的兴奋与抑制、前馈与反馈、反射与学习等机制调控肌肉的张力、力量、运动协调性、稳定性、姿势控制和运动模式，是运动学习的调控成分。

（3）心肺成分。指支持运动的心肺及代谢等生理学功能成分，为运动提供必要的血氧及营养物质供应和代谢产物排出途径，支持运动进行。

在体育康复中，三者很难完全分开，区分三者的主要目的是针对各种不同的疾病或损伤造成的功能障碍，或疾病和损伤恢复的不同阶段，这三种运动相关系统的成分主次不同，要学会抓主要问题，解决关键障碍，然后再三者联合促进功能恢复。

2. 体育康复治疗方法和技术

体育康复治疗方法和技术是实现功能恢复目标的手段。在找出患者运动功能障碍的问题后，就要选择相应的体育康复治疗方法和技术对患者实施康复。例如，糖尿病需要改善组织代谢，降低血糖，它的体育康复治疗就需要针对心肺成分，应该选择心肺耐力训练为主的运动方法，其中可能包括呼吸训练、改善组织代谢训练、提升血液携氧能力训练和改善心功能训练等方法；脑卒中后偏瘫主要涉及神经成分，所以选择运动模式和控制训练方法包括Bobath训练、本体感受性神经肌肉促进技术等方法；骨关节损伤恢复主要涉及骨骼肌肉系统等运动成分，可能会用到肌力训练、关节活动度训练、肌张力管理等方法。

体育康复治疗方法和技术众多，主要包括肌力训练技术（最大力量、肌肉耐力、爆发力和肌肉控制能力训练技术）；关节活动度训练技术（关节活动度扩大技术包括主动和被动技术，关节稳定技术）；肌张力调整技术（增加肌张力和降低肌张力技术）；心肺耐力训练技术（呼吸训练、周期性长时间亚极量运动、间歇训练等技术）；平衡与协调功能训练技术（感觉、运动、关节、灵敏、控制、环境适应等技术）；步态训练；姿势纠正训练；神经肌肉再教育训练（神经发育疗法、运动再学习疗法等）；娱乐性运动和功能性活动训练等。对于某种疾病或损伤造成的功能障碍可能需要选择某种成分中的一种或几种方法和技术，也可能选择多种成分中的方法与技术，需要根据患者的病情和疾病恢复时期，以及功能需求加以选择。例如，上述糖尿病患者的例子，选择了心肺成分中心肺耐力训练，同时也需要选择运动成分中肌肉力量和肌肉耐力训练，促进肌肉肥大，增加肌肉有氧代谢能力，改善血糖。

在选择体育康复方法和技术时，要考虑患者的运动控制能力，通常运动控制能力由活动性、稳定性和技巧性构成，这三者可以相互影响，如果没有稳定性就很难充分发挥出活动性和技巧性，如果仅有稳定性和活动性，没有技巧性，其功能意义就难以实现。所以，在对患者进行体育康复治疗时，要将这三者综合考虑，力图达到有的放矢，三者共同促进，提升体育康复治疗效果。

3. 体育康复治疗参数——运动处方

体育康复治疗方法或技术确定之后，要根据患者功能康复需要，针对每一种治疗方法或技术设计体育康复治疗处方及其详细参数，即运动处方（exercise prescription）。运动处方的基本成分包括运动目的（purpose）、运动频率（frequency）、运动强度（intensity）、运动方式（type）、运动时间（time）和运动总量（volume），按照英文首字母可简写为 FITT。运动频率指每周体育康复治疗的次数；运动强度指体育康复治疗的剂量；运动方式包括上述各种治疗方法和技术；运动时间指每次运动的持续时间。通常，运动处方中各个成分相互关联，当运动类型确定之后，运动强度较小时，则运动持续时间要长些，运动频率要多些；如果运动强度较大，运动持续时间就应相应缩短，运动频率也应减少些，这样既比较安全，也可起到康复效果。不同的疾病或损伤造成的运动功能障碍差别很大，康复目标不同，选择方法各异，运动处方的参数选择也要相应地调整，这样才能达到最佳治疗效果。

六、体育康复的发展前景

体育康复的核心是改善病、伤、残者的躯体功能。随着社会的发展，人们生活水平的提高和社会文明进步，体育康复的内容和服务范围发生了很大变化，主要表现在：① 非传染性慢性疾病，如心脑血管病、糖尿病、关节炎、恶性肿瘤等成为威胁人类健康和生命的主要危险，它们占用了约70%的医疗资源，因而提高慢性疾病患者功能康复的重要性凸显；② 人类平均期望寿命逐步延长，老年人口比例增加，我国很快就会进入深度老龄化（>65岁老年人比例>14%），必然伴随着老年退行性疾病等风险增加，老年人康复问题已经成为我国"十四五"时期，乃至今后30年最具挑战性的社会问题，应该引起足够的重视；③ 工业化、城市化、交通发达等使意外事故造成的残疾人数数量增多，他们的康复也不容忽视；④ 随着医学科技水平的提高，危重患者抢救成功率明显提高，使免于死亡的残疾人数或许会相应增加，给康复领域提出了新课题和新任务，早期康复与重症康复势在必行；⑤ 一些新兴学科、边缘学科，如神经生理学、生物物理学、电生理学、生物医学工程学、心理学、智慧科学等的发展，新技术和新方法的广泛应用，促进了康复功能检查和康复治疗器械和方法不断改进，也促进了各方面专业人员越来越多地加入康复工作中，促进了体育康复的发展；⑥ 人们健康观念更新和对美好生活品质追求的提升，使康复的需求大大增加，进一步促进了康复向高质量快速发展。

思考题

1. 什么是体育康复？
2. 体育康复的工作内容包括哪些？
3. 康复预防包括哪些内容？
4. 如何体现体育康复评定的规范化？
5. 体育康复的治疗模式包括什么？

第一章思考题参考答案

实践训练题

患者李某，男，23岁。主因踢球时左膝关节疼痛半个月来诊。临床检查发现，患者左膝力量伸肌/屈肌：20/12 kg，右膝伸肌/屈肌：30/20 kg，其他检查（−）。做踢球动作时，左腿支撑，扭转，感觉疼痛，VAS：4，能继续踢球。该患者右利腿，酷爱踢球，每周5次，每次1 h，已坚持3年，没有明显受伤史。请您思考该如何为其进行体育康复治疗。

在线测评题

（黄力平　天津体育学院）

第二章
体育康复理论基础

📃 本章导言

体育康复的理论基础是指导体育康复实践的基本理论。本章主要介绍了肌肉生理学基础，神经生理学基础，长期卧床或制动的不良生理和心理效应，体育运动的生理和心理效应有关内容。

📖 学习目标

1. 了解肌肉的功能、肌肉收缩的形式、影响肌力大小的因素；掌握制动和运动对肌力的影响。

2. 了解感觉系统的组成；熟悉机体的各种反射活动和痛觉的基本理论；掌握运动的控制与调节。

3. 掌握长期卧床或制动的不良生理和心理效应。

4. 掌握体育运动的生理和心理效应。

⚛ 关键术语

反射（reflex）：是指在中枢神经系统参与下，机体对内外环境刺激产生的应答性反应。

牵张反射（stretch reflex）：是指骨骼肌受到外力牵拉使其伸长时，引起受牵拉的同一肌肉收缩的反射。

共同运动（synergy movement）：是指肢体在做随意运动时不能做单个关节的分离运动，只能做多个关节的同时运动。

平衡反应（righting reaction）：是指为了抵抗重力和保持身体平衡而对全身肌紧张进行不断调整的大脑水平反射活动。

疼痛（pain）：是一种与组织损伤或潜在组织损伤相关的感觉、情感、认知和社会维度的痛苦体验。

痛感受器（pain receptor）：是指能够向中枢神经系统传递有效、确切、可分辨的伤害性和非伤害性刺激信号的神经结构单元，主要是游离神经末梢，但并非所有的游离神经末梢都是痛感受器。

第一节 肌肉生理学基础

一、肌肉的功能

（一）肌肉的结构与功能

肌肉的基本功能是将化学能转变为机械功和力。骨骼肌具有支持骨骼和关节的作用，以其收缩产生拉应力作用于骨而带动身体运动。因此，骨骼肌具有一定的收缩力、肌张力、延展性、弹性和收缩速度。

骨骼肌由收缩成分和弹性成分构成。收缩成分由肌球蛋白微丝和肌动蛋白微丝组成，兴奋时肌丝滑行，引起收缩。弹性成分是指肌腱和肌膜，肌腱由弹性纤维平行排列而成，具有一定的弹性，与肌肉呈串列关系，称为肌肉的串列弹性成分；肌膜包括肌内膜、肌束膜和肌外膜，由结缔组织组成，含有胶原纤维和弹性纤维，它包裹着肌肉的收缩成分，与收缩成分大致呈并列关系，称为肌肉的并列弹性成分。

两种弹性成分的存在使肌肉有一定的初长度和肌张力，以保证肌肉可以随时收缩，并且具有一定的弹性和延展性，使收缩成分在收缩结束时能恢复原状，当收缩成分被离心性牵张时，不致轻易拉伤；当收缩成分松弛时，又能保持一定的肌紧张度。

根据人体运动的剧烈程度不同，其所需要的肌肉的收缩速度不同。骨骼肌纤维类型的划分方法有多种，如依据收缩速度的差异，可将骨骼肌纤维划分为慢肌（slow twitch，ST）和快肌（fast twitch，FT）；根据肌纤维的收缩和代谢特征，分为慢缩强氧化型（slow，high oxidative activity，SO）、快缩强氧化酵解型（fast，high oxidative and hlycolytic activities，FOG）和快缩强酵解型（fast，high hlycolitic activity，FG）三种类型；依据肌原纤维 ATP 酶在各种不同 pH 染色液中预孵育时染色程度的差异，可将骨骼肌纤维划分为 Ⅰ型和 Ⅱ型以及 Ⅱa、Ⅱb 和 Ⅱc 三种亚型。此外，肌肉由于肌梭在牵张反射弧中感受器的作用，及其受到的高位中枢对 γ 神经元的调节，具有一定的紧张度和硬度，这对于其发挥支持和运动的功能至关重要。因此，骨骼肌收缩时，各种参数的变化与肌肉内各个成分的力学性能及肌肉所处的机能状态有关。

（二）肌肉的微细结构及主要功能

肌细胞内有成千上万条并列的肌原纤维，直径为 1~2 μm，每条肌原纤维沿长轴呈现有规则的明带和暗带，由纵向排列的丝状结构所构成。明带中有细肌丝，直径约为 50 A，暗带中有粗肌丝，直径约为 100 A。粗肌丝主要由肌球蛋白组成，一条粗肌丝由 200~300 个肌球蛋白分子组成。细肌丝至少由 3 种蛋白质组成，它们是肌动蛋白、原肌球蛋白和肌钙蛋白。粗、细肌丝的滑动形成了肌肉收缩产生力或张力。

二、肌肉收缩的形式

在 ATP 和 Ca^{2+} 的激动下，肌纤维中的肌球蛋白与肌动蛋白的横桥相结合，产生收缩。当肌肉收缩时，肌原纤维内的肌动蛋白和肌球蛋白丝相对滑动。其滑动幅度是根据肌肉的具体工作需要而定。肌肉收缩可表现为整块肌肉的长度发生变化，也可不发生变化，根据肌肉工作时的长度是否发生变化，生理学上将肌肉收缩分为以下几种形式：

（一）等张收缩（isotonic contraction）

等张收缩是在肌肉收缩时，整个肌纤维的长度发生改变，张力基本不变，可产生关节的运动。此类肌肉收缩又根据肌纤维长度变化的方向不同分为两种类型：一种是等张向心性收缩，即肌肉收缩时肌纤维向肌腹中央收缩，长度变短，肌肉的起止点相互接近，如肱二头肌收缩引起的肘关节屈曲；另一种是等张离心性收缩，是指肌肉收缩时肌纤维的长度变长，肌肉起止端远离，此时肌肉收缩是为了控制肢体的运动速度。例如，下蹲时，股四头肌收缩但长度延长，其作用是控制下蹲的速度。

（二）等长收缩（isometric contraction）

等长收缩是指肌肉为克服后负荷（肌肉开始收缩时遇到的负荷或阻力），肌张力达到最大值，但肌肉长度未改变的收缩，如武术中的站桩。等长收缩为静态活动，可保持关节的位置，肌肉未做功，但产生肌张力。

肌肉是躯体运动的基本驱动者，当神经冲动作用于肌肉时，肌肉产生收缩使肌肉的长度缩短或张力提高。在等张收缩时，肌肉收缩的速度与肌肉的负荷有关，低负荷肌肉的收缩速度快于高负荷的肌肉。随着肌肉收缩的速度变小，肌肉的收缩力增加。与此相类似，肌肉等长收缩力趋于最大时，肌肉缩短的速度趋于零。向心性收缩的肌肉产生力并做功。对于一个给定的递增负荷，肌肉伸长的速度小于其缩短的速度。因此，肌肉在进行抗阻力收缩时，表现出类似硬材料的力学特征。当收缩力超过最大收缩力的 50% 时，力量与速度之间的关系发生突然的变化。在临床上，力量与速度之间的这种双曲线关系很重要，因为在速度增加时，力量迅速下降。离心性收缩的机械效率高而耗氧量低，因此离心性运动消耗的能量少。与向心性收缩相比，离心性收缩的另一优点是在相同的收缩速度下，肌肉做最大自主性收缩和产生最大力矩时，神经肌电活动只表现为次最大活动，而且，反复地进行离心性收缩训练也可以提高肌肉耐受运动性延迟性肌肉疼痛的能力。

三、肌肉收缩的能量来源

三磷酸腺苷（ATP）是肌肉收缩能量的直接来源，是用于肌肉收缩和舒张时化学反应的底物。骨骼肌仅含少量 ATP，在肌肉强力收缩时，ATP 分解供能并产生代谢产物二磷酸腺苷（ADP）和磷（Pi），很短时间就会被消耗完，为了使收缩持续进行，必须在肌肉收缩中尽快合成。ATP 再合成所需的能量来自三条途径：磷酸原供能系统，糖酵解供能系统，有氧氧化供能系统。

四、影响肌力大小的因素

（一）神经系统功能状态

运动单位是指一个运动神经元连同其支配的所有肌纤维，是神经肌肉的最小功能单位。运动神经冲动的强度、频率适宜时，可募集更多的运动单位参与收缩，较弱的刺激只能动员较少的运动单位，刺激频率越高，激活的运动单位越多，肌张力也越大；同样，刺激强度大时，动员的运动单位也多，肌张力也会越大。

肌肉对电刺激的反应：神经活动的状态可通过在一定频率下单一刺激、重复刺激或其他刺激的模式来控制。单一刺激时，肌肉的张力很快上升，之后在不同的时间内降至基线，通常小于 200 ms，称为肌肉的单收缩，是对单一神经刺激作出的收缩反应。如果第一次神经刺激的反应已回到基线，肌膜处于稳定状态，紧接着再出现第二次神经活动，重复刺激的结果不会增加肌肉收缩力，只是另一单收缩的开始。但是，如果神经的刺激频率增加，在前一刺激引起的收缩张力未恢复到基线前，又发生下一刺激，此时引起的张力强度比单收缩时要大。随着刺激频率的增加，肌肉张力表现出综合效应，即高频率的刺激可使张力达到最大并保持在此水平，称为强直收缩。强直收缩所产生的张力要比单收缩产生的张力高数倍，这是中枢神经系统通过改变刺激频率来改变肌肉收缩力的有效机制。机体通过有秩序的募集运动单位并调节刺激频率使肌肉获得最佳的收缩，产生肢体运动。

（二）肌肉的生理横截面积

肌力的大小同肌纤维的数量和粗细成正比。在活体上，肌肉是成群活动的，所以只能测定完成一个动作的肌群力量，而无法测定单块肌肉的力量。但通过对离体肌肉的研究发现，最大肌力与肌肉的横截面积成正比，这一横截面积是横切所有肌纤维所得到的横截面，即生理横截面。在活体上，只能根据肌肉的内部结构和肌肉的围度及长度大致计算出来。许多学者对每平方厘米生理横截面积肌纤维力量做过研究，德国生理学家 Fick 的研究结果为 $6 \sim 10$ kg/cm^2 的力，美国 Morris 发现男性肌肉是 9.2 kg/cm^2 的力，女性肌肉是 7.1 kg/cm^2 的力。

（三）肌肉初长度（收缩前的肌肉长度）

肌肉是有弹性的物质，收缩前在生理条件限度内被拉到适宜的长度，收缩时肌力就大。当肌力被牵伸到静息长度的 1.2 倍时肌力最大。

（四）肌力做功时的力臂长度

肌力做功时的力臂长度即肌肉拉力线与关节轴心间的垂直距离。距离越长，力矩也越大，所产生的肌力也越大。

五、制动和运动对肌力的影响

制动会引起肌肉的失用性肌萎缩（慢肌纤维和快肌纤维同步萎缩）导致肌力的下降，可用神经肌肉电刺激或运动活动给予预防。间歇性的等长收缩训练可维持快肌纤维的代谢能量，对肌萎缩起到预防的作用。因此，伤后制动时期早期活动是预防肌萎缩的最好方法。

长期运动后，肌肉的肥大可引起肌力的增强。研究认为，运动训练后，肌肉肥大是训练造成每个肌原纤维肥大，或者肌原纤维数目增多，从而使整块肌肉的生理横截面积增大而引起肌力增强的原因。

第二节 神经生理学基础

一、感觉系统

（一）本体感受器

本体感受器是指接受身体本身活动刺激的末梢器官，主要分布在骨骼肌、肌腱、关节、内耳迷路、上位颈椎及皮肤等处，可感受机体本身运动引起的机械应力刺激，以及触摸、挤压、牵拉、放置、振动、拍打、摩擦等刺激，其反射弧受中枢神经系统的调控，反射活动具有调整肌肉长度和力度、感知肢体相对位置和整个身体在空间位置的功能，并最终达到维持姿势和调控运动的目的。

骨骼肌内有两种本体感受器，即肌梭和高尔基腱器官，它们在维持肌张力和协调运动方面起主要作用。关节感受器主要是感知运动觉和位置觉。前庭器官和颈感受器主要起调整姿势反射、维持平衡的作用。皮肤感受器具有外感受器和本体感受器的双重作用，既能向感受皮质传入信息，又能用体表信息直接参与调节身体的反射活动。各种感受器接收周围组织器官的感觉信息，传递到大脑感觉运动皮质，经皮质分析整合，与相应的功能脑区相联系，调节各种功能性行为。脑组织病损后，对身体感觉信息分析整合功能异常，可能出现复合感觉障碍（知觉障碍）。

物理治疗中的本体感受性神经肌肉促通术（proprioceptive neuromuscular facilitation，PNF）常使用刺激本体感受器的方法，利用正确的感觉传入来调整肌张力，提高肌肉的随意控制能力，如肌张力低下时用快速拍打皮肤或肌肉的方法，促进骨骼肌收缩；或沿骨骼轴线反复地挤压关节，刺激关节和皮肤感受器，促进 α 运动神经元兴奋，改善肌张力及对运动的控制。

（二）痛觉和温度觉感受器

痛觉和温度觉均有独立的感受器。依据功能可分为三种，即机械型、机械温度型（对温度刺激和机械刺激起反应）和多型（对机械、温度和化学致痛物质的刺激都敏感，刺激程度的变化可影响其反应性）。

物理治疗中，常用施加感觉刺激的方法如温度刺激（温热或冰敷）、机械刺激（如擦、挤压），通过调整刺激种类、强度和频率，来兴奋或抑制肌肉的兴奋性，诱导所期待的运动形式出现；有时还需考虑视觉及精神心理对感觉输入的影响，通过加大多种感觉的刺激输入来促进运动的输出，这种方法称为"多感觉刺激疗法"。

二、反射活动

反射指在中枢神经系统参与下，机体对内外环境刺激产生的应答性反应。它是实现神经系统功能的基本方式和执行运动的基础。反射活动由反射弧完成，反射弧包括刺激—感受器—传入神经—神经中枢—传出神经—效应器，是受神经系统控制的连接内、外刺激与功能应答的神经肌肉反应。反射活动由刺激诱发，在中枢整合后，影响运动。在体育康复训练中，要从训练的目标出发，灵活利用各类反射活动，如有时利用反射提高肢体运动能力，有时则抑制原始、低级的反射，以建立正常的运动模式。

（一）脊髓水平的反射

脊髓水平的反射主要作用是以抵抗重力，支持身体维持姿势，逃避伤害

常见的脊髓
反射

性刺激，代偿肢体的运动功能障碍为目的而形成的神经系统最原始的各种运动组合，正常时不易表现。一旦高位中枢病损后，对脊髓的抑制性调控丧失，脊髓水平的反射即直接产生应答。常见的脊髓水平的反射有牵张反射、屈肌反射、节间反射、联合反应和共同运动。

（二）脑干水平的反射

常见的脑干水平反射

脑干水平的反射伴有目的性姿势变化，能够自动、无意识地产生。为了维持姿势，必须将来自四肢、躯干的本体感觉，前庭及视觉系统的信息在中枢神经系统中进行整合，这种整合方式主要在脑干，并受到小脑与大脑皮质的控制。常见的脑干水平反射有阳性支持反应、紧张性颈反射、紧张性迷路反射、抓握反射和翻正反射。

翻正反射是中脑水平的反射，指动物体处于异常体位时所产生的恢复正常体位的反射。例如，正常动物可以保持站立姿势，若将其推倒，动物可翻正过来恢复站立姿势即为翻正反射。翻正反射分为迷路、颈、躯干翻正反射和视觉翻正反应等。康复训练中，可借助翻正反射顺序来训练翻身，调整姿势，保持静态平衡，促进坐、站立等日常生活动作的改善。

（三）大脑水平的反射——平衡反应

平衡反应是指为了抵抗重力和保持平衡而对全身肌紧张进行不断调整的大脑水平反射活动。人体在维持各种姿势和完成各种动作中，需要感知自身姿势，将运动的本体感觉、视觉及触觉的信息在中枢神经系统中整合，再对全身肌张力进行不间断的调整，以便在抵抗重力和进行主动性活动时，能保持平衡。大脑水平的反射活动从人出生后 6 个月到 18 个月出现，并保持终身。

常见大脑水平反射的平衡反应有保护性伸展反应（protective extension）、防御反应（protective reaction）和倾斜反应（tilting reaction）。保护性伸展反应，即人在垂直位置急剧下落，则四肢外展、伸展，足趾展开，呈现与地面扩大接触的准备状态，也称降落伞反应（parachute reaction）。防御反应是指在水平方向急速运动时产生的平衡反应，包括坐位反应、立位反应、膝立位反应等。倾斜反应是指让受试者在支持面上取某种姿势，当改变支持面的倾斜度时，诱发出躯体的姿势反应。

三、运动的控制与调节

（一）运动的调节

运动是一系列复杂过程相互作用的结果，是在中枢神经系统的支配和调控下进行的。脊髓水平启动的运动多属于本能性活动；大脑皮质启动的运动为随意运动。小脑和基底神经节参与运动的策划和调节，使运动的轨迹、力度、速度更加准确、精细和协调。

（二）运动的类型

运动的类型主要有反射性运动、随意运动和节律运动三种。反射性运动是一种最基本的、最简单的运动形式。由特定的刺激引起，有固定的反应模式和运动轨迹，短时间内完成动作，如联合反应。随意运动是按照人的意志引起的活动。它多因主观愿望而发动，运动的方向、时间、力度、速度可随意控制，各级神经中枢均参与，大脑皮质为高级控制中枢。中枢神经系统损伤多表现为随意运动能力下降或丧失，周围神经损伤表现为肌力降低或消失。节律运动是指具有一定节律、受到意识控制的活动，一旦开始，无意识的参与也能自动重复，如呼吸、眨眼、行走、咀嚼等活动。

姿势控制与随意运动

（三）运动控制

人类或动物的有目的性运动，由中枢神经系统控制。小脑和基底神经节调节大脑皮质和脑干对运动的控制，包括发生时间、躯体的位置和取向，以及肌肉的收缩程度。中枢神经系统可感受这些细微变化，及时、准确地做出运动应答，或产生合适的运动，或调整已进行的运动。

中枢神经系统的可塑性

四、疼痛的基本理论

（一）基本概念

1. 疼痛的定义

国际疼痛学会（International Association for Study of Pain，IASP）于 1994 年将疼痛（pain）定义为：一种不愉快的感觉和情感体验，起源于实际或潜在的组织损伤。这一定义阐释了两个要点：第一，疼痛与损伤的关系具有高度可变性和不可预测性。疼痛由外界伤害性刺激或体内潜在的病损引起，但损伤与疼痛的关系已不是单纯的因果关系。由于人们大多体验过损伤后的痛觉，因而常用损伤的疼痛感受和语汇来形容与损伤无明显关系的疼痛。第二，疼痛是一种复杂的多维度的病理生理状态。疼痛涉及机体的感觉识别、情绪感受、认知评价、运动与自主性反应等方面，并常伴有一系列生理反应、心理活动和行为学改变，它比其他感觉更易受情绪环境和既往经验的影响，个体差异很大。近年来，IASP 给出了疼痛的新定义：疼痛是一种与组织损伤或潜在组织损伤相关的感觉、情感、认知和社会维度的痛苦体验。疼痛的新定义除了重申主观感受的重要性，同时综合考虑了感觉、情感、认知和社会 4 个相关因素。

2. 疼痛的分类

（1）按神经生理学分类，疼痛可分为生理性疼痛（physiological pain）和病理性疼痛（pathological pain）。

生理性疼痛是机体发生的防御反应，无须治疗便可自行恢复正常的一类疼痛。例如，青春期、经期、人工流产术后、性生活后的乳房胀痛等；生理性疼痛也可以广义地指疼痛时间短，表现为瞬时性、一过性、去除刺激即可消失的疼痛。

病理性疼痛是指由创伤、感染、肿瘤等各种因素引起组织病理性改变而造成的疼痛，主要包括炎性疼痛、神经病理性疼痛和精神源性疼痛等。炎性疼痛（inflammation pain）：由于手术、创伤、感染等导致组织损伤或潜在损伤而产生的疼痛，一般可伴有如红、肿、热、胀等炎症表现，在短期内未造成严重损害，未产生自发痛、痛觉过敏等表现。通过抗感染治疗，大多数损伤得到恢复，疼痛消失。神经病理性疼痛（neuropathic pain）：也称为神经源性疼痛。2011 年，IASP 将神经病理性疼痛定义为：由躯体感觉神经系统的损伤和疾病而直接造成的疼痛。精神源性疼痛（psychological pain）：是指在机体未见器质性病理改变时所表现的一类疼痛，如精神妄想或幻想、神经症、抑郁症等精神性疾患所引起的疼痛。

（2）根据疼痛持续时间分类，疼痛可分为急性疼痛（acute pain）和慢性非癌性疼痛（chronic non-cancer pain）。急性疼痛的持续时间一般不超过 3 个月，而慢性非癌性疼痛的持续时间至少在 3 个月以上，是由非癌症引起的疼痛，包括肌肉骨源性疼痛、神经病理性疼痛、纤维性肌痛、骨性关节炎、风湿性关节炎等，但不包括头痛、偏头痛、心绞痛、癌痛和特殊疾病引起的疼痛。急性疼痛与慢性非癌性疼痛的区别见表 2-2-1。

▶ 表 2-2-1 急性疼痛与慢性非癌性疼痛的区别

急性疼痛	慢性非癌性疼痛
由器官疾病所诱发的预警信号	对机体无益
有明确的病因	无确定的病因
随着原发疾病治愈而消失	通常对多种治疗无明显疗效
属于阿片类药物适应证并且十分有效	阿片类药物疗效不佳
原发病症	继发病症

资料来源：黄国志. 疼痛康复［M］. 北京：人民卫生出版社，2019.

（3）按疼痛机制分类，疼痛可分为刺痛、灼痛和酸痛。刺痛，又称为第一疼痛、锐痛或快痛，其痛觉信号是经周围神经中的 A6 纤维传入中枢的。痛觉主观体验的特点是定位明确，痛觉产生迅速，消失也快，常伴有受刺激的肢体出现保护性反射，一般不产生明显的情绪反应。灼痛，又称为第二疼痛、慢痛或钝痛，其痛觉信号是经周围神经中的 C 纤维传入的。其主观体验的特点是定位不明确，往往难以忍受，痛觉的形成慢，消失也慢。酸痛，又称为第三疼痛，其疼痛信号经周围神经中的 A8 纤维和 C 纤维传入。其主观体验的特点是痛觉难以描述，感觉定位差，很难确定疼痛源头。

（4）按疼痛部位分类，疼痛可分为躯体痛（somatalgia）、内脏痛（visceralgia）和牵涉痛（referred pain）。躯体痛是指伤害性刺激激活皮肤、骨骼肌、骨膜、关节等躯体性器官的疼痛感受器而产生的疼痛。躯体痛又可分为浅表痛和深部痛。浅表痛是由于刺激皮肤引起的，其特点是定位明确，反应较快；深部痛是由于刺激肌肉、肌腱、骨膜和关节而引起的，其特点是定位模糊，反应迟钝，近似内脏痛的特征。内脏痛是指伤害性刺激激活内脏器官感受器而产生的疼痛。其特点是直接对内脏器官的切割、切断和烧灼，常不引起明显的内脏痛，但内脏组织缺血、炎症、平滑肌痉挛及牵拉血管、韧带及系膜等使内脏神经末梢受到弥散性刺激时，则可产生剧烈疼痛。牵涉痛是内脏病变时的一个非常普遍的重要现象。当内脏器官损伤或有炎症时，患者经常会叙述一些与损伤部位似乎毫无关系的躯体体表部位的疼痛，并且常伴有痛觉过敏产生，严重者甚至会发生水肿和血流的变化，皮肤及皮下组织质地与结构变化等。当内脏器官病变疼痛时，常在邻近或远离该脏器的某些特定体表区产生疼痛或痛觉过敏，这一现象即为牵涉痛。

3. 疼痛相关概念

（1）痛阈（pain threshold）：受试者首次报告引起痛觉的最小刺激量。

（2）神经源性疼痛（neuropathic pain）：由中枢或周围神经系统损伤或疾病引起的疼痛综合征。通常包括自发痛和诱发痛。

（3）自发痛（spontaneous pain）：指在没有可见的刺激条件下产生的疼痛。

（4）诱发痛（evoked pain）：由可见的刺激诱发的疼痛。包括痛过敏和痛超敏。

（5）痛过敏（hyperalgesia）：对伤害性刺激产生过强的疼痛反应。

（6）痛超敏（allodynia）：又称痛性感觉异常，指在非伤害性刺激作用下产生痛觉。

（7）中枢性疼痛（central pain）：指由中枢神经系统本身伤病造成的自发痛和对于外加刺激的过度疼痛反应，包括一种不愉快的触物伤痛。

（二）疼痛的解剖生理学基础及调控

1. 痛感受器

痛感受器是指能够向中枢神经系统传递有效、确切、可分辨的伤害性和非伤害性刺激信号的神经结构单元，主要是游离神经末梢，但并非所有的游离神经末梢都是痛感受器。痛感受器按照部位又可分为体表痛感受器、躯体深部痛感受器和内脏痛感受器；按照传输纤维的直径，可分为主要传导刺痛等快痛感受器和主要传导灼痛等慢痛感受器。

有专家提出，痛感受器是化学敏感的，而不是伤害性敏感的，这一学说已有众多实验证据支持。一般来讲，痛觉是由伤害性感受器的冲动激活中枢神经系统引起的，但是由神经损伤引起的疼痛，多不依赖伤害性感受器的活动，是神经系统可塑性变化的结果。目前认为，痛感受器的神经冲动通过兴奋性氨基酸和肽类物质两类神经递质传递。兴奋性氨基酸作用于 NMDA（N-甲基 -D- 门冬氨酸）受体和非 NMDA 受体发挥作用；肽类物质，最重要的是

P 物质，作用于神经激肽（NK$_1$）受体。如果 NK$_1$ 受体和 NMDA 受体同时激活，可引起强烈疼痛。

2. 疼痛的传导

疼痛的传导通路，可分为以下几类：

（1）脊髓丘脑束：在脊髓的痛觉传导中起主要作用。其中，新脊髓丘脑束主要传导有定位特征的痛感觉成分，旧脊髓丘脑束主要传导痛情绪成分。

（2）旁中央上行系统：与慢痛和情绪反应有关。传导快痛的特异性传导通路由新脊髓丘脑束、脊髓网状束、背柱突触后纤维束、脊颈束构成。传导慢痛（也可传导快痛）的非特异传导通路由旧脊髓丘脑束、脊髓中脑束、脊髓旁臂杏仁束、脊髓旁臂下丘脑束、脊髓下丘脑束构成。两条通路间的功能和作用是相辅相成的。

（3）躯体痛的传导通路：躯体痛包括体表痛和来自肌肉、关节、肌腱等处的深部痛。发生在体表某处的痛感觉称为体表痛。当伤害性刺激作用于皮肤时可先后引起两种痛觉，即快痛和慢痛。快痛是一种尖锐而定位明确的刺痛，在受刺激的瞬间产生，当刺激撤除后很快就会消失。慢痛是一种定位不明确的烧灼痛，出现慢，持续时间长，常难以忍受，并伴有心率加快、血压升高、呼吸变化及情绪改变等反应。研究认为，快痛是由较粗的、有髓鞘、传导速度较快的 A6 纤维传导，其痛阈较低；慢痛由无髓、传导速度较慢的 C 纤维传导，其痛阈较高。发生在躯体深部，如肌肉、关节、肌腱、韧带、骨和骨膜等处的痛感觉称为深部痛。深部痛一般表现为慢痛，出现深部痛时可反射性引起邻近的骨骼肌收缩而导致局部组织缺血，进一步加剧疼痛。

（4）内脏痛的传导通路：主要由交感神经中的 C 纤维传导。脊髓网状束、脊髓中脑束、脊髓旁臂杏仁束参与内脏痛觉的传入。

3. 疼痛的调控

脊髓尤其是后角的第二层（胶状质）是痛觉整合、调控的第一站，其抑制疼痛的功能是最经济有效的，闸门学说的核心是脊髓的节段性调控。脑干是内源性痛觉调控系统的中心，延髓、脑桥等的网状结构中的重要核团在痛觉的调节和整合中占有重要地位。

丘脑是最重要的痛觉整合中枢，其外侧核群主要行使痛觉的分辨功能，髓板内核群主要行使痛情绪反应功能。大脑是痛觉整合、感知的最高级中枢，第一感觉区（疼痛的感觉分辨区）、第二感觉区（内脏痛的感觉）、第三感觉区（痛反应）和边缘系统（内脏痛和精神性疼痛）参与痛觉的全过程。

在痛觉的下行调控机制中，脑干的功能尤其重要。中脑导水管中央灰质（PAG）与间脑的室周区、下丘脑边缘系统形成往返联系，可能是边缘前脑活动与感觉信息的会聚区，主要起以情感状态为基础的痛信息调控作用。中脑中央灰质和间脑室周区（富含脑啡肽和阿片受体），向下传导冲动到延髓中缝大核（NRM），巨细胞旁网状核的 5- 羟色胺能神经元、单胺能神经元通过下行纤维作用于后角胶状质的脑啡肽神经元，使其抑制初级传入末梢而发挥镇痛作用。中脑中央灰质、延髓中缝大核和脑桥背外侧网状结构被认为是特异的抑痛系统，起到承上启下的作用。

这三个层次的下行性调控系统和内源性阿片样肽、神经递质在痛情感、痛经验、痛行为方面起重要作用。同时，初级传入纤维所激活的传递细胞投射到延脑的网状巨细胞核，对 PAG 和 NRM 的下行镇痛系统细胞起负反馈的调节作用。上述三个水平的交互作用组成了内源性疼痛控制手段。

在中枢镇痛系统中还有很多化学物质调控痛信息的传递。Terenius 等发现机体内存在内源性阿片样肽类物质，如甲硫脑啡肽（M-ENK）、β 内啡肽、强啡肽（Dyn）等具有强力镇痛作用；P 物质、胆囊收缩素、胃泌素等脑肠肽类，5- 羟色胺、乙酰胆碱、γ - 氨基丁酸等神经递质也与疼痛或镇痛有关。

综上所述，疼痛不仅是与躯体的解剖部位有关，由神经系统的传导通路和神经核团及神经递质进行传递、在中枢部位进行调控，而是由神经系统内特异与非特异系统等多重传导通路之间、大脑皮质和皮质下各结构之间多种往返联系相互调节的结果。后者为机体提供伤害性刺激的位置、强度等信息，提出逃避的方向，并帮助神经系统结合经验进行分析，对疼痛认知，产生痛行为学反应。在这一复杂的多重系统中，破坏任何一个环节都会引起整个系统一系列"雪崩式"的变化来代偿被破坏部位的原有功能，这是机体内部调节机制和可塑性所决定的。

因此，一般而言，在疼痛治疗中永久性地损坏某一神经结构（如传导通路）的方法是不可取的，其止痛作用短暂，往往造成疼痛复发或改换形式，通常使疼痛程度加剧，甚至成为顽固性疼痛。故在疼痛治疗中采取的"调节感觉的输入"法，一般不是指永久性"切断"某些痛觉传导通路，而是"暂时地阻断"输入，这一基本观点已为众多的临床及基础实验所证实。可据此开发不影响其他感觉运动功能和全身状态，也不要求复杂设备和昂贵药物的镇痛方法，如选择某些特定频率的电刺激，少量多次循环使用，可以降低患者对治疗的耐受性，大大提高镇痛疗效。

痛觉学说

第三节　长期卧床或制动的不良生理和心理效应

制动（immobilize）是临床最常用的保护性治疗措施，固定、卧床和瘫痪是制动的三种形式。长期制动和卧床休息对机体的多种生理和心理功能造成不良的影响。

一、对肌肉骨骼系统的影响

（一）关节挛缩

肢体和关节长期制动，尤其当关节本身有炎症或肌肉瘫痪，或肢体放置位置欠佳时，容易造成关节挛缩。例如，由于制动，肌肉维持在一个缩短的状态下 5~7 天，就会显示肌腹变短，这是由于肌原纤维缩短的缘故。超过 3 周，在肌肉和关节周围，疏松的结缔组织会变为致密的结缔组织，从而易致关节挛缩。

（二）肌肉萎缩及无力

在完全卧床休息的情况下，肌力每周减少 10%~15%，亦即每天减少 1%~3%；如卧床休息 3~5 周，肌力即可减少一半。肌肉亦出现失用性萎缩，在股四头肌、背伸肌处尤为明显。肌耐力亦见减退。

（三）骨质疏松

长期制动，由于缺乏肌腱牵拉和重力负荷作用于骨质，以及内分泌和代谢的变化，骨质的钙和羟脯氨酸排泄增加，导致骨质疏松。

43

二、心血管系统的改变

（一）直立性低血压

正常人从卧位坐起或站起时，体内血流立即重新分布，约有 700 mL 血液从胸腔流至双腿，足踝静脉压从仰卧时 1.47 kPa 增至直立时 11.76 kPa。由于每搏输出量减少，以致动脉收缩压平均下降约 1.87 kPa。此时，正常人能通过活跃的交感神经反射使血浆中肾上腺素水平增高，从而促使肾素及血管紧张素 II 释放，使下肢血管及肠系膜血管收缩，从而得以迅速恢复正常血压。正常人完全卧床休息 3 周后（有严重疾病、损伤者及老年人则在完全卧床休息数天后），此种适应能力即完全丧失，会出现直立性低血压，表现为由卧位向坐位或站位转换后即刻收缩压下降 20 mmHg，而舒张压下降 10 mmHg。在恢复期及早进行运动，如离床步行、做保健操等，有助于克服直立性低血压。

（二）心率变化

基础心率对保持一定水平的冠状动脉血流具有极为重要的意义。长期卧床可增加基础心率，缩短舒张期。因此，长期卧床者即使从事轻微的体力活动也可能导致心动过速。最大摄氧量（maximum oxygen uptake，$\dot{V}O_2\max$）是衡量心血管功能的常用指标，它既反映心排血量，又反映氧的分配与利用。长期卧床后 $\dot{V}O_2\max$ 下降，肌肉功能也随之减退，肌肉力量与肌肉耐力均有所下降。

（三）心功能减退

长期卧床可使每搏心输出量减少，左心室功能减退，导致静息时心率增加。完全卧床静息时，心率每两天增加 1 次 /min。心脏对定量负荷的反应也会变差，如做 30 min 的步行试验（3.5 mile/h，10% 坡度步行），其心率反应比正常人高 35~45 次 /min，离床后经 26~72 天的连续活动才能恢复到卧床前的水平。

（四）血容量改变

长时间卧床休息可在 30 天内引起血容量进行性减少，其程度以第 6 天最为显著。血浆容积减少导致血黏稠度增加，从而使血栓栓塞发生的危险性也增加。卧床休息第 4 天血浆容积可比卧床休息前减少 12%。为防止血浆容积减少导致的心输出量降低，宜进行等张性运动。

（五）血栓栓塞

由于长期卧床而致血液凝固性增加，下肢血流瘀滞，易致深部静脉血栓塞。预防方法为下肢间歇性施压（促进血液回流、减轻瘀滞），小腿用弹性绷带包扎或穿弹力袜，或做主动被动、踝泵运动。

三、泌尿、生殖系统的改变

泌尿系统结石可由于长期卧床导致的高尿钙症所引起，并与尿磷排泄量增加、尿液滞留有关。膀胱结石的存在能促进细菌的生长，增加感染概率，增加尿 pH 和氨浓度，导致钙沉积。脊髓损伤和糖尿病可加剧上述并发症。

四、呼吸系统的改变

长期卧床能使潮气量、每分通气量减少及最大呼吸能力降低，肺活量及功能性残余气量减少 15%～30%，呼吸表浅，呼吸频率增加，横膈活动范围下降，呼吸道内分泌物积聚不易排出。

五、消化系统的改变

缺乏活动及长期卧床可导致食欲减退，肠黏膜及腺体萎缩，吸收变差，厌食富含蛋白质的食物，从而导致营养性低蛋白血症、便秘和粪便结积。

六、内分泌系统的改变

卧床休息可导致糖耐量变差，其严重程度与卧床休息时间成正比。卧床时因缺乏运动可导致肌细胞膜上的胰岛素受体减少，胰岛素作用下降，糖耐量降低。长期卧床患者血清胰岛素和胰岛素 C 肽也同时增高，且在制动后 1 个月达到高峰。可以通过进行腿部大肌群的等张运动得到改善。卧床患者血清甲状腺素和甲状旁腺素增高或不稳定，并与缺乏运动而引起的高钙血症有关。缺乏运动可致雄性激素分泌减少及精子生成减少，从交感髓质系统分泌的儿茶酚胺则增加，抗利尿激素的分泌在卧床后的第 2～3 天开始下降，尿液增多。

七、神经系统的改变

长期卧床可引起幻觉和定向障碍。严格卧床休息 3 h，即可出现明显的幻听。经数天卧床休息后，可见注意力、空间和时间定向力及其他在智能和技巧的明显改变，亦可出现不安、焦虑、抑郁、对疼痛的耐受力下降、易受激惹、失眠等症状，积极性下降，平衡及协调能力变差。

八、代谢的改变

（一）负氮平衡

卧床不动的患者，每天约损失 2 g 氮。第 5~6 天氮的损失量增加，而在第 2 周达到顶点。卧床 3 周后，须经 1 周的活动才能恢复氮的正常代谢。

（二）负钙平衡

卧床患者尿钙排出量增加，平均每周失钙量为 1.5 g，而以第 4~5 周失钙最为显著。失钙是由于缺乏肌肉运动，以致长骨的骺部和干骺端的松质骨的钙丢失。通过规律的等张运动、等长运动或步行等，可预防或延缓骨质疏松和钙的丢失。

九、皮肤的改变

长期卧床或制动可使皮肤及其附件产生萎缩和压疮，皮下组织和皮肤的坚固性下降。食欲不佳和营养不良加速了皮下脂肪的减少和皮肤的角化；皮肤卫生不良可导致细菌和真菌感染及甲沟炎。大面积压疮使血清蛋白质，尤其是白蛋白减少，从而使组织渗透压降低，加速液体向细胞间渗出，导致下肢皮肤水肿。

十、心理障碍

正常人强制卧床 5 周后，会出现焦虑不安、发脾气、情绪低落和睡眠形态改变的现象，同时，对环境的刺激也变得不敏感。肢体残疾患者常因疾病必须长久卧床，扮演一种软弱病态的角色，显得依赖、无助，必须靠药物或靠别人才能去除因生理障碍而引发的心理障碍。

总之，长期制动患者可引起废用综合征，对于严重疾病和损伤者而言，卧床是保证患者度过伤病危重期的必要措施，但长期卧床或制动可引起新的功能障碍，加重残疾，并可能损害多个系统的功能。因此，对长期制动患者，要提倡合理运动，对卧床患者要提倡起床、站立和适度活动。

第四节　体育运动的生理和心理效应

体育康复治疗中所进行的各种功能训练可对人体的各个器官产生相应的影响和改变，特别是经过一段时间的各种功能训练后，常可使原来失调的机能状态重新获得比较高的能力。这不仅包括对骨骼肌、骨、关节等运动器官功能的提高，还包括对其他脏器功能的改善。

一、体育运动对骨骼肌功能的效应

肌肉约占人体组织的40%。人体肌肉由上万个不同长度的肌纤维构成，肌纤维直径为50~70 μm，长度从数毫米至数十厘米。肌肉收缩时，主要产生两种不同的生理特性，即力量和耐力。力量是指肌肉在神经兴奋后收缩时产生的力或张力。尽管调节肌肉收缩产生能量的因素极为复杂，但肌肉的最大力（最高张力）常和收缩物质的横断面积相关，当肌肉收缩以最快的速度产生最大的力量时，称为爆发力。耐力是指肌肉在亚极量负荷时收缩所能维持的时间或重复收缩的能力。一般来说，耐力的大小与维持肌肉收缩过程能源的多少有关。

研究发现，运动强度为最大肌力的40%以下时，是动用了慢肌纤维，运动强度为最大肌力的60%以上时，则要动用快肌纤维。运动强度为最大肌力的40%~60%时，则快肌纤维和慢肌纤维共同参与活动。

（一）抗阻运动对骨骼肌的影响

负荷大和重复次数少的抗阻训练可增加肌肉横断面积，增强肌肉力量，对肌肉耐力无明显影响。肌肉力量的增加与运动单位的募集有密切的关系，力量运动可改变中枢神经系统对运动单位的募集和放电频率，使更多的运动单位同步收缩而产生更大的收缩力量。所有类型的肌纤维均会对力量训练产生适应性，这种适应性是通过肌肉中收缩蛋白含量的增加而增强了肌纤维对抗外界阻力的能力。负荷较小、重复次数较多的抗阻运动可增强训练肌肉的耐力，增加肌肉线粒体功能和毛细血管密度，增强肌肉抗疲劳特性。

（二）有氧耐力运动对骨骼肌的影响

全身大肌群参与的、周期性有氧耐力运动可使骨骼肌慢肌纤维选择性肥大，线粒体和毛细血管数量增多，有氧代谢酶活性增强，线粒体的数量和密度增加，且是随训练量的增加而增加。

（三）运动对肌腱的影响

运动对肌腱的结构和力学性质有长期的正面效应。运动能增加胶原的合成，增加肌腱中大直径胶原纤维的比例和胶原纤维之间蛋白和多糖的连接桥，从而增强肌腱组织的强度和韧性。

二、体育运动对骨和关节功能的效应

在正常情况下，骨不断由成骨细胞和破骨细胞维持着钙、磷的平衡。在幼年时期，由于骨生长较快，所以成骨细胞功能占优势，维持着骨代谢的正平衡。老年后则为破骨细胞的功能占优势，维持着骨代谢的负平衡，因此，老年人都有不同程度的骨质疏松。此外，雌激素是稳定骨钙的重要因素，女性在绝经后，由于雌激素水平的下降，骨量丢失速度加快。运动可使绝经后妇女的雌激素水平轻度增加，从而增加骨钙含量。

（一）对维持骨的结构起着重要的促进作用

骨和关节的代谢主要依赖于日常活动时的加压和牵伸，如站立位时重力使骨和关节受压、肌腱对骨的牵伸，这两种作用直接影响骨和关节的形态和密度。

（二）对维持骨和关节功能起着重要的促进作用

体育康复有利于保持关节活动范围，关节附近骨折或关节置换术后，应及时正确地应用体育康复疗法，以刺激软骨细胞，增加胶原和氨基己糖的合成，防止滑膜粘连和血管翳的形成，从而增加关节活动范围，恢复关节功能。运动提供的应力使胶原纤维按功能需求有规律地排列，促进骨折的愈合。早期运动以及早期负重都可以有效防止卧床、制动导致的骨钙流失和尿钙增加、尿结石形成等不利影响。在幼年期进行系统的负重训练，不但可以维持骨代谢的正平衡，并可促使骨皮质增厚，骨的网络结构排列得更趋向于"受力型"，增加成年时峰骨量，以延缓衰老时患骨质疏松症风险。

长期固定不动，即可引起关节囊萎缩，关节液变稀，其中长链的透明质酸和硫酸软骨素分子裂解，从而降低了对软骨的营养供给，再加上缺少"挤压"效应，常可使软骨变薄、破坏，最终使关节形态改变，造成关节功能障碍。运动对软骨组织有维持营养的作用。关节软骨是没有神经分布的组织，神经不能为软骨细胞传递信息，但软骨细胞对压力形变非常敏感，作用在组织中的力学变化导致了细胞膜应力－应变的变化，使软骨细胞获得足够的信息。关节的负重及其活动方式是软骨生化特性改变的主要刺激因素，关节软骨受到机械刺激时，会发生重塑从而影响软骨的生物力学特性，运动可保持关节液的营养成分。因此，体育运动在维护关节形态和功能方面起着重要作用。

三、体育运动对心血管功能的效应

当持续运动数秒钟后，人体的心血管系统就会出现复杂的功能调节，其调节程度取决于运动的强度。这种调节主要在于满足运动肌氧的需求和废物的清除，从而维持正常的肌肉工作环境。

（一）体育运动对肌肉血流量的影响

体育运动可以扩张肌肉血管，增加血流量，提高肌肉摄氧能力。在安静状态下，血液流经每 g 肌肉的流量极低，这主要是由于骨骼肌血管中平滑肌具有较高的内在张力导致血管收缩引起的。运动状态下，在自主神经的主导作用下，在刚开始运动的数秒钟后这种血管张力很快减弱，血管舒张，肌肉从血液中摄取较多的氧来满足运动的需要。此外，肌肉做功产生局部代谢物也会促进肌肉血管扩张，这种局部作用比持续运动达到稳定状态时的调节更为重要。局部因素包括：① 局部组织的氧张力降低；② CO_2 的含量增加；

③ 乳酸堆积；④ ATP 水解，细胞内 K^+、组织胺和腺嘌呤复合物（腺甙）等释放。

由于肌肉中血管系统的总容量极大，若充分扩张，可超过总血容量。因此，在运动中血管开放的同时其他脏器血管相应收缩，使血液得到重新分配。在正常安静情况下，内脏器官接受的血容量约为 3 L/min，而皮肤为 0.25 L/min，肌肉为 1 L/min。运动时，除心脏外，其他内脏器官的血流量均减少，皮肤血管先收缩后扩张，便于散热，这主要是交感神经通过肾上腺素受体兴奋所致。这样可以使工作肌获得较多的血液，摄取比安静状态下高 50~75 倍的氧量。

由于运动中的肌肉氧耗增加，使组织中的氧张力低下，扩大了血液和组织间的氧梯度，同时由于 CO_2 增多和乳酸的堆积，血液中血红蛋白氧离曲线右移，即使组织中的氧张力保持相对不变，仍可使肌细胞获得更多的氧，从而扩大了动静脉之间的氧差。一般来说，中等强度运动可使心输出量增加 3 倍，其综合的结果，使做功肌获得氧的能力提高 90 倍。

（二）体育运动对心功能的影响

1. 心率和每搏输出量

（1）心率。心率上升是心脏对于运动的第一反应，也是心脏对于运动最敏感的反射。安静时，健康成年人心率是 60~80 次 /min。在运动中，心率会随着运动强度的增加而增加；低强度运动时，心率增至 100 次 /min；中等强度运动时，心率可达 150 次 /min；大强度运动时，心率可超过 200 次 /min。这一线性关系是临床上用心率来衡量运动强度的依据。心率加快常可在运动开始前和开始后立即出现。神经和体液参与调控运动心率反应。运动去除了副交感神经（迷走神经）的抑制作用，并且交感神经同步兴奋发挥作用。此外，运动中肾上腺髓质分泌的儿茶酚胺和体温的升高均可使心率加快。

（2）每搏输出量。心室收缩力增强、心室流出通道和血管的阻力下降，以及回心血量增加是运动中心脏每搏输出量增加的重要原因。增强心肌收缩力是运动中增加心脏每搏输出量的重要代偿机能。已知左心室搏出量的大小决定于左心室舒张末容量和收缩末容量的差值，而左心室舒张末容量则受回心血量、心室流出通道阻力和心室充盈时间的影响。由于心室充盈是在舒张期，而运动时心率快而心室舒张期缩短，每搏输出量减少。但由于运动增强了心肌收缩力，使左心室收缩末容量缩小，最终运动时每搏心输出量增加。

2. 心输出量

心输出量是指心脏每分钟搏出的血液量，等于每搏输出量乘以心率。正常成年人静息状态的每搏输出量是 60~70 mL，心输出量是 5 000~6 000 mL。运动中必须保持高的心输出量，才能保证肌肉、呼吸和全身脏器的需要。但是心输出量的增加与代谢率或通气量的增加并不完全一致。例如，在剧烈运动中，总的耗氧量和肺泡通气量可比安静时增加 24 倍，而心输出量只增加 8 倍。因此，运动中的循环反应是通过有选择性地对做功肌肉供应血流，使其局部组织摄取较多的氧，以保证活动肌的血液需要。

长期坚持运动锻炼可以改善安静时心脏的工作效能。经过良好训练的体育运动者安静时心率较慢，而每搏输出量增大，心输出量并不减少，心脏储备功能增强，使在亚极量负荷下仍可以较低心率来完成运动，极量负荷下可以较快心率来满足机体需要。对无训练者来说则相反，运动中主要以增快心率来完成，而较少增加每搏输出量。

（三）体育运动对血管功能的影响

动脉血压是血流对大动脉的侧向压力，压力的高低取决于心输出量和末梢血管阻力。运动开始时心输出量增加，同时循环血管阻力因素增大，可以引起相应的血压增高。但在运动中，由于骨骼肌血管床的扩张，总的末梢血管阻力明显下降，有利于增加心输出量，减小输送氧给做功肌肉的阻力。具有正常血管反应者，在剧烈运动时收缩压可以增高，但很少超过 23.99 kPa，舒张压仅轻微升高或不变。在进行无氧运动和等长收缩运动及仅有局部肌群参与的大强度运动时，也可明显增加心输出量，但此时局部血管扩张作用较小，总的外周阻力没有相应的下降，心室后负荷加大，也可出现心室效应。

进行体育运动时，骨骼肌血管床扩张，大量血流灌注，若没有相应的代偿机制，常可妨碍静脉血回流。因为静脉壁较薄，且有静脉瓣，可阻止血液逆流。当肌肉收缩时，可使静脉受挤压，而迫使血液向心脏流动，下一次肌肉舒张使静脉重新充盈。反复挤压，产生"按摩"效应，防止了血液的淤积。同样，运动时的呼吸动作也促进肢体的血液流入胸、腹腔。大的胸腔和腹腔静脉可容纳血液量为 400~500 mL。股静脉、颈静脉和锁骨下静脉瓣组成一个封闭系统，吸气时胸腔扩张，胸膜腔内压下降，膈肌收缩，腹内压增高，而左心房是这一封闭系统中唯一开放部位，且压力低，所以，血液可源源不断地流向心脏。另外，交感神经对容量血管的作用，使静脉系统中血流量减少，也是保证回心血量的重要因素。

四、体育运动对呼吸功能的效应

（一）正常呼吸调节

肺的容积为 4~6 L。肺的基本单位是肺泡，人的肺泡数达 6 亿多个。肺的功能是进行气体交换、调节血容量和分泌某些内分泌激素。每分通气量是潮气量和呼吸频率的乘积。成年人安静时每分钟呼吸 11~17 次，通气量为 5~8 L。潮气量又分为两部分，一部分气体进入肺泡进行气体交换，称为肺泡通气量；另一部分并不进入肺泡，只在解剖无效腔部，称为无效腔通气量，无效腔通气量和潮气量的比值表示肺泡通气效率，正常值接近 0.3。呼吸商是 CO_2 排出量和 O_2 摄取量之间的比值。日常饮食以碳水化合物为主时，CO_2 排出量约为 200 mL，而氧摄取量为 250 mL，其比值为 0.8。如营养代谢改变（如以高碳水化合物饮食为主）或需要进行无氧代谢时，则每摄取一单位容量的 O_2 要排出较多的 CO_2，从而使呼吸商增大，其值甚至可超过 1。

在肺部完成气体交换的血液进入肺静脉、左心房和左心室，然后被射入主动脉到达外周动脉，作用于外周化学感受器；信息传入呼吸中枢，进行整合，再将信息传出到呼吸肌，使呼吸肌舒张。肺循环血管床阻力低，且有很高的顺应性。但血液在肺部分布并不均匀，如肺下部由于重力的影响使血液灌注量比肺上部大。在肺血管和肺泡壁上均有平滑肌细胞，它们收缩和舒张用以调节局部的循环血量或通气量。对健康人，在各种调节因素作用下可获得最佳气体交换。调节通气功能的因素包括有意识性的、无意识性的、脑干呼吸中枢和外周化学感受器等，体力活动、化学和神经等因素等也参与呼吸调节。

（二）体育运动对呼吸的影响

逐渐增大运动量时，随着需氧量的增加而使通气量增高。在安静时，每摄取 1 L 氧需通气 20~25 L。当超过无氧阈时，无氧代谢产物（酸性产物）经血液中的缓冲作用产生 CO_2，为排出过多的 CO_2，通气量增加，每分钟通气量与摄氧量的比值增大。在正常情况下，无氧阈大约为最大摄氧量的 60%。若在稳定状态下运动，则运动开始时摄氧量增高，到达稳定状态后就维持在一个相当的水平；运动停止后，摄氧量缓慢下降，并恢复至安静水平。

最大摄氧量受循环和肌肉系统的协同影响。当运动时间超过 10~15 min 时，限制运动能力的因素即为最大摄氧量。最大摄氧量受性别、年龄、运动习惯和健康状态等因素的影响。一般来说，男性高于女性，20 岁左右达最高，25 岁以后，随着年龄的增高而逐渐减退，65 岁时约为 25 岁的 75%。体育运动可提高最大摄氧量 10%~20%。当患心肺疾病时，最大摄氧量下降。在正常情况下，肺本身限制运动能力作用较小。

五、体育运动对代谢功能的效应

（一）对糖代谢的影响

肌糖原是运动中的主要燃料，随着运动方式、运动强度、运动时间、饮食条件、训练水平和周围环境不同而变化。在一定强度的运动中，运动开始时肌糖原的降解较快，以后随着时间的延长呈曲线相关。在任何时间内，运动强度愈大，肌糖原利用愈多。

在最大摄氧量为 70%~80% 的强度下持续运动 1~2 h，可用尽肌糖原。运动前肌糖原储备与亚极量运动时间成高度相关。在上述运动强度中，即使静脉滴注葡萄糖，使血糖高达 11.2~93.6 mmol/L，但肌糖原仍与未注射葡萄糖时相同，说明这一外源性糖并不能替代肌糖原，只有在最大摄氧量为 50% 的运动强度下，摄入的糖才能取代肌糖原被活动肌肉所利用。大量的研究证明，在最大摄氧量为 70% 的强度下运动时，肌糖原是维持肌肉做功的主要原料，至少在开始的 40~60 min 运动中如此，以后当肌糖原分解减少后，肌肉摄取和利用的葡萄糖（可以从糖原分解或糖原异生而来）逐渐成为愈来愈重要的原料。

由于长时间运动而导致肌糖原耗竭时，饮食成分常可影响肌糖原重新补充的时间和程度。若饮食中以脂肪和蛋白质为主，则 4 天后肌糖原的再合成仍极慢甚至还不充分。相反，若运动后采用高糖饮食，则在 24 h 内几乎完全恢复，72 h 后可比原肌糖原含量高 3~4 倍。这一现象仅见于运动肌中，非运动肌中的肌糖原增高极微。耐力训练者可产生代谢适应性，即做功肌利用脂肪的能力增强，从而相应减少了对肌糖原的利用。

环境温度可影响糖代谢，过冷、过热均可增加安静时和运动中的糖代谢，并且在过冷环境下有增加利用脂肪的倾向，而在过热环境下，则更多利用糖类。当吸入的空气中含氧量降低时，糖的利用明显加快，肌糖原较快用完，血中乳酸量明显升高。

无论是安静时还是运动中，糖的利用都受胰岛素的调节。运动对胰岛素影响的机理可能为：① 胰岛素在收缩反应中能增加葡萄糖的运送和弥散；② 运动促进胰岛素与肌细胞膜上的受体结合，增加胰岛素敏感性；③ 胰岛素有可能参与收缩肌肉产生的"肌肉细胞因子"的释放过程，后者是具有类似胰岛素特性的肽类，增敏胰岛素效用。

（二）对脂肪代谢的影响

脂代谢受多种因素调控，长链脂肪酸是脂肪氧化的主要原料。脂肪酸的来源有：① 血浆脂质；② 细胞内甘油三酯和磷脂；③ 肌纤维间脂肪组织中的三酰甘油。应用放射免疫法测定标记的脂肪酸代谢研究表明，肌肉做功时脂肪酸是最重要的脂质原料，并且是安静和轻至中等强度运动中有氧 ATP 形成的主要能源。在最大摄氧量为 40% 的强度下运动时，脂肪酸的氧化约占肌肉能量来源的 60%。同时，运动可提高脂蛋白脂肪酶的活性，加速富含甘油三酯的乳糜粒和极低密度脂蛋白的分解，因此，可降低血脂，使高密度脂蛋白胆固醇的含量升高。运动还具有促进内源性激素，如儿茶酚胺和胰岛素等转移至骨骼肌、增加脂蛋白脂肪酶活性的作用。有研究表明，运动和胰岛素均能促使葡萄糖转载体移位至细胞膜、增加细胞膜的转运和糖原合成，提高机体葡萄糖的利用率，改善脂质代谢。

（三）对蛋白质代谢的影响

一般情况下，蛋白质不是人体能量的来源。生理学家认为，运动中蛋白质提供的能量可不予计算。但是，最近的研究表明，剧烈运动中蛋白质也参与分解提供能量。蛋白质供应能量可通过其分解产物丙氨酸、谷氨酸、天冬氨酸在肝中脱氨基分别形成丙酮酸、酮戊二酸、草酰乙酸参与三羧酸循环，提供 ATP。也可以通过糖的异生作用形成葡萄糖供应能量。

六、运动对内分泌功能的效应

内分泌系统是由内分泌腺及其释放的激素和各激素间靶细胞的受体组成，它协同神经系统控制和调节全身的运动与物质代谢，完成运动和维持身体内环境的稳定。激素的分泌并不是固定不变的，激素在血浆中的含量受多种因素的影响，实际血浆中的激素含量应该是激素的合成量、释放量、靶细胞受体结合量，以及肝、肾等器官当时清除量的总和。

（一）生长激素（growth hormone，GH）

生长激素促进氨基酸进入细胞内，促进 RNA 的生成和激活细胞内的核蛋白体，从而促进组织蛋白的合成；促进细胞的分裂和增生；抑制糖代谢，促进脂肪供应能量。生长激素由下丘脑生长激素释放因子直接控制，急性运动时，下丘脑生长激素释放因子幅度下降，常见于持续 2～3 h 极量运动，运动后经 1 h 或更多时间可恢复到运动前水平。

（二）生长抑素（somatostatin）

研究表明，长时间低强度运动时血浆生长抑素浓度逐渐升高，但其意义还有待进一步研究。

（三）胰岛素（insulin）

坚持有氧运动可以降低血清胰岛素水平，改善胰岛素抵抗。短时间剧烈运动或亚极量较长时间运动后，可以有血浆胰岛素浓度的"回跃"甚至超过运动前水平现象，可能是运动结束后交感神经兴奋性突然降低、解除细胞抑制所致。运动还能改变体内细胞对胰岛素的敏感性，使其对胰岛素的亲和力增大，短时间大强度运动时，细胞对胰岛素亲和力降低。因此，采用亚极量运动可以改善糖尿病患者对胰岛素的敏感性，减少胰岛素的用量，但是，这种体力活动改善的胰岛素敏感性只能保持 1～2 天。

（四）胰高血糖素（glucogan）

胰高血糖素的分泌受多种因素影响，其分泌与血糖浓度成反比，血糖下降促进胰高血糖素分泌，长链脂肪酸和酮体能抑制胰高血糖素分泌，某些氨基酸、肾上腺素、生长激素、皮质醇也可以促使胰高血糖素分泌。运动时，胰高血糖素激活细胞膜上的腺苷酸环化酶，促进环磷酸腺苷（cAMP）生成，最终促进肝糖原分解，并释放入血液。胰高血糖素还可以激活脂肪酶，促使脂肪组织释放游离脂肪酸、甘油和生成酮体。另外，还可以促进蛋白质分解和氨基酸糖异生作用。

（五）睾酮（testosterone）

关于运动和雄性激素的关系，研究结果不一，运动后睾酮下降、不变或上升的报告都有。多数报告指出，一定时间的中等强度运动可以使睾酮升高，长时间的力竭性运动可以使血浆雄性激素浓度下降。长期参加运动训练者静息血浆睾酮显著高于正常人平均水平。

（六）雌性激素（estrogen）

运动后雌性激素的分泌与月经周期有关。大运动负荷训练可使雌二醇、孕酮浓度降低。适当的力量训练可以提高雌激素水平，即使更年期后也可看到该效应，对改善骨密度有利。

七、运动对消化功能的效应

低强度运动对胃酸分泌或胃排空仅有轻微的影响。随着运动强度的增加，胃酸分泌明显减少。但对于某些疾病患者来说，如慢性十二指肠球部溃疡患者，即使按 50% 最大强度进行运动，在运动中和恢复期均出现高酸性反应，这一反应只能用患者的异常自主神经功能反应来解释。中等至大强度运动，可延缓胃的排空，特别在过饱、高渗性饮食和高脂饮食时尤为明显，但进行长时间间歇性蹬踏运动时可以加速胃排空。

以往认为，运动时由于胃肠血液循环下降，从而降低胃肠吸收功能，但在实际观察中未能证实，而只有当血流量下降低于 50% 时才发生吸收功能下降。运动时肝血流量可降低 80% 以上，因此长距离运动可使谷丙转氨酶、胆红素、碱性磷酸酶升高。运动有利于脂肪代谢及胆汁合成和排出。运动可降低肌肉中胆固醇，增加粪便排出胆固醇的量，并且可减少胆石症的发生。

八、运动对泌尿功能的效应

安静时，心输出量的 20% 通过肾过滤；在运动中，肾血流量减少。在剧烈运动时，肾血流量可下降至安静时的 50%。取仰卧位后，肾血流量可在 1 h 内恢复。虽然运动时肾血流量减少，但肾小球滤过率仅下降 30%，因此滤过分数反而增高近 20%，这一结果可能与肾小球流出小动脉发生收缩有关。

运动时，体内水分因蒸发和水分子跨膜运动的综合影响而丧失。在剧烈运动开始时，水分从血液中移至活动肌细胞中，导致组织的高渗性。以后，水分从细胞间隙或细胞内丧失水分。当脱水相当于体重的 6% 时，血浆渗透压升高较多。当脱水进一步加重时，细胞内成为主要丧失水分的场所。但长期训练后，血容量并不减少，相反还会使血容量增高，这种现象可持续到停止运动后数天。

剧烈运动后尿钠排出量减少。汗中钠离子浓度在安静时相当于 20 mmol/L，在大量出汗时，汗中钠离子浓度可达 50 mmol/L，但在活动肌肉中钠浓度不变，血浆中钠的浓度可增高至 600 mmol/L。在低运动强度时，尿中排钾量稍有增加，短暂大强度运动时，尿中排钾量减少。在热环境中运动，可发现总钾量减少近 500 mmol/L，而在寒冷环境中运动未发现此现象。肌肉活检证明，活动肌内部钾外流、总血容量因失水而减少时，血钾浓度反而增高 13%。马拉松可增高血钾 0.5 mmol/L，80 km 跑可提高血钾浓度，甚至有出现高血钾的危险。

血浆镁离子浓度在长期运动中可减少 0.2 mmol/L，大部分从汗中流失，汗中含镁约 2.3 mmol/L。血钙在剧烈运动后无改变。

九、运动对神经系统功能的效应

运动要求肢体（肌肉）有一定的力量、速度，而且动作准确、协调。运动姿势的优美、准确、有力、协调是神经系统完善的调节和控制的结果。通过长期的运动训练，大脑整体功能得以维持，人体处于良性循环状态，睡眠良好，精神焕发，体质增强，生活质量从根本上得以改善。

运动还可以提高体温调节中枢神经系统的灵敏度。运动是中枢神经系统最有效的刺激形式，所有的运动都能够向中枢神经系统提供感觉、运动和反射性传入信息。研究发现，多次重复训练是条件反射的形成条件，随着运动复杂性的增加，大脑皮质可建立暂时性的联系并形成条件反射，使神经系统活动的兴奋性、灵敏性和反应性都得到提高。另外，在体育康复训练过程中，运动对大脑的功能重组和代偿也起着重要作用。

十、运动对血液功能的效应

（一）血液比重

运动中，血液比重增加，运动后逐步下降，并恢复正常。

（二）血液温度

运动时，血液温度可升至 38.9 ℃。血液温度上升可使血红蛋白对氧的亲和力下降，有利于氧的解离，使组织获得更多的氧；血液温度上升还可以使血浆氧吸收率减少，溶解的氧减少，有更多的氧释放给组织细胞；血液温度上升也可加快气体的弥散速度和内外呼吸的气体交换速度，有利于运动的进行。

（三）血液黏稠度

长时间剧烈运动中大量排汗，使血中红细胞相对增多，血液黏滞性增加，一般需 24~48 h 才能恢复正常。

（四）血浆渗透压

血浆渗透压一般指血浆渗透压，它包括晶体渗透压和胶体渗透压。正常体温时，血浆渗透压约为 7.6 个大气压，剧烈运动时，血浆渗透压会暂时升高，原因是运动时大量出汗，水分从血液进入肌肉，大量代谢产物如乳酸等进入血液。

（五）红细胞

运动能使血液中红细胞增多。经常从事运动训练的人红细胞可达 $600 \sim 650$ 万个 $/m^3$，有利于机体携氧能力提高。但是，也有从事剧烈运动的人出现红细胞减少，称为"运动性贫血"，多数学者认为造成运动性贫血的原因是运动时血流速度过快，红细胞与血管壁碰撞使红细胞过多遭到破坏；运动中脾收缩，释放溶血卵磷脂，使红细胞膜脆性增加；蛋白质和铁摄入不仅能满足运动需求，也可使血红蛋白合成减少。

十一、运动对代偿功能的效应

运动是由一系列条件反射组成的，正常动作是通过运动形成和熟练的。不运动可使复杂的条件反射消退，从而使动作生疏甚至发生遗忘。由于伤病而导致肢体或功能丧失时，人类为了生存，必然需要产生各种代偿功能，来弥补丧失的功能。对于代偿可能达到的极限往往和人的精神、意志、生活环境的压力是分不开的，有时甚至是常人难以想象的。人体产生的代偿功能有以下几种类型：

（1）适应或自发形成的代偿功能：此种代偿功能无须特殊训练。例如，一侧肾切除，对侧肾即自动担负起全身的排泄功能。

（2）训练形成的代偿功能：例如，肌肉、神经移植术后，由于改变了原先的功能状态，需要加以训练才能产生所需要的功能。

（3）刻苦训练才能形成的代偿功能：这类代偿功能主要表现在肢体残缺或偏瘫、截瘫后的患者，通过系统训练，降低突触传导的阻力，有可能在病灶周围网样神经突触联系中形成新的传导通路，或者用健侧肢体代替患侧肢体的功能，如用下肢代替丧失的上肢功能等。

十二、体育运动的心理效应

（一）体育运动有助于调节情绪

体育运动可以降低焦虑、抑郁等不良情绪。有研究表明，规律体育锻炼相当于一种抗抑郁药物。

（二）体育运动有助于增强自我观念和自信

自我观念是个体主观上关于对自己的看法和观念的总合，是个体在主观上对自己的身体、思想和情感的整体评价。体育锻炼可以增强锻炼者对自身身体形象、体质、运动能力、免疫力与健康等的自信力，提升自我观念。

（三）体育运动促进良好的人际关系和增进社会交往

人际关系是人与人之间在一段交往过程中，借由思想、情感和行为所表现出的亲近、疏离、抗拒、排斥、竞争、领导、服从等交互关系。良好的人际关系是人与人交往中充满信任、亲切、交流、适度竞争和愉快等良好情绪的相互关系。体育锻炼有助于增进良好的人际关系，促进社会交往，减少自我中心和社会隔离感。

（四）体育运动有助于降低应激反应

应激反应指当各种应激源作用于人体时，所引起的机体激烈的生理和心理应对反应。在身体方面表现出肾上腺素升高带来的一系列应激表现，在心理方面表现出焦虑、紧张、愤怒、不安等情绪。长期坚持体育锻炼可以很好地提升应对不预期的重大事件等应激源的能力，这也是健康体适能的体现，即良好的身体功能和处理应激的能力。

（五）体育锻炼有助于改善认知功能

认知功能是指人脑接受外界信息，经过整合加工，转换成内在的心理活动，从而获取知识或应用知识的过程。它包括感知觉、注意力、记忆力、语言能力、视空间能力、定向力、执行能力、计算力和判断力等多项内容。长期坚持规律的体育锻炼可以显著增强记忆力、增加专注力和反应能力，并且可以增加海马重量和大脑额叶功能。

第二章思考
题参考答案

思考题

1. 肌肉收缩的形式有哪几种？决定肌力大小的因素有哪些？
2. 试述制动和运动对肌力的不同影响。
3. 试述感觉系统的组成，以及机体有哪些反射活动。
4. 试述运动的控制与调节。
5. 试述长期卧床或制动的不良生理和心理效应。
6. 试述体育运动的生理和心理效应。

实践训练题

　　某男，70岁，最近其家人反馈记忆力减退，行动减少，既往无明显疾病史，活动自如。请为其设计一份体育康复计划，以改善其大脑功能。

在线测评题

（张钧　上海师范大学）

本章导言

　　体育康复评定的意义在于明确功能改变的部位、性质和程度；明确病变器官、组织或全身功能状态和残余功能的能力，即补偿的能力，从而为选择合适的体育康复方案提供依据；判断和评定康复治疗的效果，根据功能检查结果及时、合理地调整体育康复治疗方案；鉴定伤、病患者日常生活活动、工作、学习和运动的能力。本章重点介绍体育康复中最重要的运动功能（包括肌肉力量、关节活动度、平衡能力和步态）、感觉功能、心肺功能和认知功能的评定方法。

学习目标

1. 掌握肌力评定的方法和评定标准。
2. 掌握关节活动度检查方法和主要关节的活动度。
3. 掌握平衡能力的常见评定方法。
4. 掌握正常步行的基本参数和步行周期的分期法。
5. 掌握各种心肺功能评定的方法。
6. 了解感觉功能和认知功能评定的常用方法。

关键术语

　　徒手肌力测试（manual muscle testing，MMT）：让受试者处于不同的受检位置，令检测部位在减重、抗重力或抗徒手阻力的状况下做一定动作，检测肌肉活动能力及对抗阻力的情况从而确定肌肉力量的大小，是临床评定肌肉力量的方法。

关节活动度（range of motion，ROM）：是指关节活动时可达到的最大弧度。

平衡能力（balance ability）：是指身体重心偏离稳定的支撑面时，通过自发的、无意识的或反射性的活动，使重心重返稳定支撑面的能力。

步态（gait）：指人类步行的行为特征，是行走时人体结构与功能、行为与心理活动的外在表现，也是人体运动功能的综合表现之一。

心肺运动试验（cardiopulmonary exercise testing，CPET）：是依据机体随着运动负荷递增，心肺功能和代谢机能也随之逐渐提高的原理，记录受试者以一定程序进行递增负荷运动过程中呼出 CO_2 量与摄入 O_2 量的比值（呼吸商），直至达到受试者最大能力的检测方法。心肺运动试验是一种客观评定人体心肺储备能力和运动耐力的无创性检测方法。

六分钟步行试验（six-minute walk test，6 MWT）：是临床上应用最广泛的亚极量运动试验，它可以评定运动过程中所有系统的全面完整的反应，包括呼吸系统、心血管系统、运动系统，主要用于评定有氧耐力。

第一节　运动功能评定

一、肌肉力量评定

（一）概述

肌力测试是体育康复评定的一项重要内容，是肌肉功能评定的重要方法，对运动系统伤病、神经系统病损，尤其是周围神经病损的功能评定十分重要。徒手肌力评定是一种简单实用的肌力测试方法。肌力评定的主要目的是：判断有无肌力低下及肌力低下的范围与程度；发现导致肌力低下的原因，为制订体育康复计划提供依据；检验治疗和训练的效果；优化肌力训练方案。

（二）徒手肌力评定

徒手肌力评定（manual muscle testing，MMT）于 1916 年由 Lovett 提出，简便易行，与受试者的功能能力高度相关，至今仍被广泛使用。检查时，根据受检肌肉或肌群的功能，让受试者处于不同的受检位置，令其检测部位在减重、抗重力或抗徒手阻力的状况下做一定动作，并使动作达到尽可能大的活动范围。根据肌肉活动能力及对抗阻力的情况，按肌力分级标准来评定受检肌肉或肌群的肌力（表 3-1-1）。

▶ 表 3-1-1　Lovett 肌力分级标准

级别	名称和符号	标准	相当正常肌力的百分比 /％
0	零（Zero，0）	无可测知的肌肉收缩	0
1	微缩（Trace，T）	有轻微收缩，但不能引起关节运动	10
2	差（Poor，P）	在减重状态下能做关节全范围运动	25
3	尚可（Fair，F）	能抗重力做关节全范围运动，但不能抗阻力	50
4	良好（Good，G）	能抗重力和抗一定阻力运动	75
5	正常（Normal，N）	能抗重力和抗充分阻力运动	100

注：每一级还可用"＋"和"－"号进一步细分。如测得的肌力比某级稍强时，可在该级的右上角加"＋"号，稍差时则在右上角加"－"号，以更详细描述肌力分级。

（三）仪器肌力评定

1. 等长肌力测试

等长肌力测试（isometric muscle testing，IMMT）即在标准姿势下用测力器测定一块或一组肌肉等长收缩时所能产生的最大张力。

（1）握力：用握力计测定，以握力指数评定，高于 50 为正常。

$$握力指数 = \frac{握力（kg）}{体重（kg）} \times 100$$

（2）背肌力：用拉力计测定，以拉力指数评定，正常标准为：男 150～200，女 100～150。

$$拉力指数 = \frac{拉力（kg）}{体重（kg）} \times 100$$

（3）四肢各组肌群的肌力测定：在标准姿势下通过钢丝绳及滑车装置牵拉固定的测力计，可测定四肢各组肌群（如腕、肩、踝的屈伸肌群及肩外展肌群）的肌力。

2. 等张肌力测试

等张肌力测试（isotonic muscle testing，ITMT）是测试完成一次关节全范围运动所能对抗的最大阻力值，用 1 RM（repetition maximum）表示，因此，可以有屈曲、伸展、外展、内收、内旋或外旋各个方向的 1 RM 值，用 kg 或 N 表示。

3. 等速肌力测试

肌肉收缩时，围绕关节轴心，牵动的关节对抗仪器调节的某种可变阻力做等角速度圆弧运动称为等速收缩。等速收缩对抗的阻力是可变的，关节有圆弧运动，所以等速肌力不同于等张或等长肌力。用等速测试系统测定肌力的方法称为等速肌力测试（isokinetic muscle testing，IKMT），其值为力矩（N·m）。等速肌力测试可分别在向心和离心收缩状态下得到以下重要参数，包括峰力矩、峰力矩体重比、指定角度时的力矩、拮抗肌间力矩比、关节活动度、爆发力、总做功、平均功率和耐力比等，是非常有用的实验室测试方法。

（四）肌力评定注意事项

肌力受影响因素很多，因此，在测试时要注意两侧对比。意识障碍者在饱餐和疲劳时、骨折未愈合时或血压没有控制在正常范围时避免进行最大力量测试，也要注意情绪对肌力的影响。上运动神经元损伤所致肌肉功能障碍时，单纯测试肌力对功能训练指导意义不大，应该结合肌张力和运动模式等测试综合考虑肌肉功能障碍问题。老年人或虚弱的人群可以进行肌肉耐力测试，或亚极量力量测试推算最大力量。

二、关节活动度检查

（一）概述

关节活动度（range of motion，ROM）是指关节活动时可达到的最大弧度。

关节活动度检查是机体运动功能检查中最常用的项目之一，检查方法及评定标准有多种，常用的方法有通用量角器法和方盘量角器法。

关节活动范围的测定是评定肌肉、骨骼、神经病损患者的基本步骤，是评定关节运动功能损害范围与程度的指标之一。其主要目的是：确定是否有关节活动受限或扩大，发现影响关节活动的原因；确定关节活动障碍的程度；为确定合适的治疗目标，判定可能康复的程度和选择适当的治疗方式、方法提供客观依据；客观测量关节活动范围的进展情况以评定体育康复治疗效果。

（二）通用量角器检查方法

通用量角器由一半圆规或全圆规加一条固定臂及一条移动臂构成。使用时首先使身体处于检查要求的适宜体位，将待测关节按待测方向运动到最大幅度，使量角器圆规的中心点准确地放置到代表关节旋转中心的骨性标志点上并加固，固定臂按要求对向一端肢体上的骨性标志或沿一端肢体的纵轴放置，或处于垂直或水平的标准位置，再将移动臂对向另一端肢体上的骨性标志或与此端肢体纵轴平行放置，然后读出关节所处角度。

（三）方盘量角器检查方法

方盘量角器的中心有一可旋转的指针，受重力影响，指针永远指向正上方。使用时使待测关节的任何一端肢体处于水平位或垂直位，另一端肢体在垂直于地面的平面上做待测方向的运动至最大幅度，以方盘量角器的一边紧贴运动端肢体，同时使0°刻度对向规定方向，在肢体运动到最大幅度时，即可在刻度盘上读出关节所处角度。

（四）主要关节活动度检查方法

1. 上肢关节

上肢主要关节活动度见表3-1-2。

▶ 表 3-1-2 上肢主要关节活动度

关节	运动	受试者体位	量角计放置方法			正常活动范围
			轴心	固定臂	移动臂	
肩	屈、伸	坐位或站立位,臂置于体侧,肘伸直	肩峰侧面	与腋中线平行	与肱骨纵轴平行	屈:0~180° 伸:0~50°
	外展	坐位或站立位,臂置于体侧,肘伸直	肩峰前/后面	与身体中线(脊柱)平行	与肱骨纵轴平行	0~180°
	内、外旋	仰卧位,肩外展90°,肘屈90°	鹰嘴	与腋中线平行	与前臂纵轴平行	各0~90°
肘	屈、伸	仰卧位、坐位或站立位,臂取解剖位	肱骨外上髁	与肱骨纵轴平行	与桡骨纵轴平行	0~150°
桡尺	旋前、旋后	坐位,上臂置于体侧,肘屈90°	尺骨茎突	与地面垂直	腕关节背面(测旋前)或掌面(测旋后)	各0~90°
腕	屈、伸	坐位或卧位,前臂完全旋前	尺骨茎突	与前臂纵轴平行	与第二掌骨纵轴平行	屈:0~90° 伸:0~70°
	尺、桡侧偏移(尺、桡侧外展)	坐位,屈肘,前臂旋前,腕中立位	腕背侧中点	前臂背侧中线	第三掌骨纵轴	桡偏:0~25° 尺偏:0~55°

2. 下肢关节

下肢主要关节活动度见表 3-1-3。

▶ 表 3-1-3 下肢主要关节活动度

关节	运动	受试者体位	量角计放置方法			正常活动范围
			轴心	固定臂	移动臂	
髋	屈	仰卧位或侧卧位,对侧下肢伸直	股骨大转子	与身体纵轴平行	与股骨纵轴平行	0~120°

关节	运动	受试者体位	量角计放置方法			正常活动范围
			轴心	固定臂	移动臂	
髋	伸	侧卧位，被测下肢在上，对侧下肢伸直或自然体位微屈	股骨大转子	与身体纵轴平行	与股骨纵轴平行	0~15°
	内收、外展	仰卧位，两腿伸直	髂前上棘	左、右髂前上棘连线的垂直线	髂前上棘至髌骨中心的连线	各0~45°
	内旋、外旋	仰卧位，两小腿于床缘外下垂	髌骨下端	与地面垂直	与胫骨纵轴平行	各0~45°
膝	屈、伸	仰卧位或坐在椅子边缘	股骨外髁	与股骨纵轴平行	与胫骨纵轴平行	屈：0~150° 伸：0
踝	背屈、跖屈	仰卧位，膝关节屈曲，踝处于中立位	腓骨纵轴线与足外缘交叉处	与腓骨纵轴平行	与第5跖骨纵轴平行	背屈：0~20° 跖屈：0~45°

3. 脊柱

脊柱主要关节活动度见表3-1-4。

▶ 表3-1-4 脊柱主要关节活动度

关节	运动	受试者体位	量角计放置方法			正常活动范围
			轴心	固定臂	移动臂	
颈椎	屈、伸	直立位或坐位	下颌角	与地面平行	受试者牙咬压舌板，移动臂与压舌板长轴平行	各0~45°
	侧屈	直立位或坐位	C_7棘突	与地面平行	移动臂指向枕骨粗隆	0~45°
	旋转	坐位或仰卧位	头顶	头顶中心，矢状面	移动臂指向鼻尖	0~60°

续表

关节	运动	受试者体位	量角计放置方法			正常活动范围
			轴心	固定臂	移动臂	
胸腰椎	屈	直立位或坐位	L₅棘突	与地面垂直	与C₇和L₅棘突连线平行	0~80°
	伸	直立位或坐位	L₅棘突	与地面垂直	与C₇和L₅棘突连线平行	0~30°
	旋转	坐位,骨盆固定	两肩胛骨连线与正坐位后背平面交点	与双髂前上棘连线平行的后背平面	与两肩胛骨切线平面	0~45°
	侧屈	直立位或坐位	L₅棘突	与地面垂直	与C₇和L₅棘突连线平行	0~50°

(五)关节活动度异常分析

正常关节有一定的活动方向与范围。同一关节的活动范围可因年龄、性别、职业等因素而异。因此,各关节活动范围的正常值只是平均值的近似值。达不到或超过该平均范围,尤其是与健侧相应关节比较存在差别时,就应考虑为异常。正常情况下,关节的主动活动范围要小于被动活动范围。当关节被动活动受限时,其主动活动受限的程度一定会更大。关节被动活动正常而主动活动不能者,常是神经麻痹或肌肉、肌腱断裂等肌无力所致。关节主动活动与被动活动均部分受限者为关节僵硬,如关节内粘连、肌肉痉挛或挛缩、皮肤瘢痕及关节长时间固定等。关节主动活动与被动活动均完全不能完成者为关节强直,提示构成关节的骨骼之间已有骨性或牢固的纤维连接。

关节活动度超过正常范围也是异常表现,如关节韧带损伤、松弛或骨关节破坏等。但也有部分人是由于从小进行柔韧性训练引起的韧带、肌腱等伸展性较好所致,应该属于正常,如体操运动员、舞蹈演员等,需要询问运动史,并进行两侧测试对比。

三、平衡能力评定

（一）概述

平衡（balance）是指人体无论处在何种位置、运动或受外力作用时，自动调整并维持所需姿势的过程。平衡能力是指身体重心偏离稳定的支撑面时，通过自发的、无意识的或反射性的活动，使重心重返稳定支撑面的能力。

平衡能力可以分为静态平衡和动态平衡两类。静态平衡指人体在无外力作用下，在睁眼和闭眼时维持或保持某姿势稳定的过程，如坐位、立位时的平衡。动态平衡可分为自动态平衡和他动态平衡。自动态平衡是指在无外力作用下从一种姿势调整到另外一种姿势的过程，在整个过程中保持平衡状态，如进行由坐到站或由站到坐等各种姿势间的转换运动时，能重新获得稳定状态的能力。他动态平衡是指人体在外力作用下当身体重心发生改变时，迅速调整重心和姿势，保持身体平衡的过程，如推、拉等干扰患者平衡时，其产生的恢复稳定状态的能力。

（二）平衡能力评定方法

平衡能力的评定是运动功能评定的重要组成部分，常用的评定方法包括观察法、仪器测试法和量表法。

1. 观察法

（1）闭目直立测试法（Romberg's test）。

受试者闭目直立，双脚并拢，两手臂下垂、侧平举或两手交叉于胸前，观察受检者有无站立不稳或倾倒的现象。若有前庭功能障碍，将向患侧偏倒；转动头部时，偏倒方向也随之改变。若小脑有病变，将向患侧或后方偏倒，头部转动时不会引起偏倒方向的改变，并且患者在睁眼情况下也会出现倾倒的现象。若为本体感觉障碍，患者可在闭目站立时出现站立不稳，而睁眼时则站立稳定。此方法仅适合于前庭功能障碍的患者，不适合于正常人。

（2）强化 Romberg 测试法（strengthening Romberg's test，SR）。

受试者闭眼采用足尖接足跟，两足一前一后直立的方式，记录维持此种站立姿势稳定性的时间、睁闭眼时身体的摆动。维持时间为 60 s 视为良好。

（3）单腿站立测试法（one leg stand test，OLST）。

受试者单脚站立，双手叉腰，观察其闭眼保持平衡的时间。时间越长，平衡能力越好。一般认为 60 s 以上为良好，30~60 s 为一般，30 s 以下为差。平衡障碍患者或老年人常采用 30 s 闭眼单脚站立测试法。

（4）前庭步测试（vestibulum step test，VST）。

首先在地上画一条横线，在横线的左边垂直于横线画一条大约 50 cm 的垂线相交于横线。受试者双脚后跟抵于横线，同时左脚外沿抵垂线。站立姿态开始向前走 10 步，停止时保持站立姿态，记录左脚外沿的偏移程度，通过脚步的偏移来评定受试者前庭功能，偏移程度越小说明前庭系统控制能力越强，空间位置感越强。

（5）平衡木测试（balance beam test，BBT）。

受试者站立在简易平衡木（10 cm 宽、10 m 长、30 cm 高）的一端，听到开始的口令后立即快速行走，测量在平衡木上往返一次的时间。时间越短，说明动态平衡能力越好。此方法适用于各年龄段健康人群和运动员。

2. 仪器测试法

（1）静态测试方法。

静态测试方法主要包括睁眼双脚或单脚站立测试、闭眼双脚或单脚站立测试等，要求测力台和显示器保持稳定。睁眼测试时，包括视野内有物体晃动和无物体晃动两种情况。适用于各年龄段健康普通人群、运动员、前庭功能障碍者和本体感觉功能障碍者。评定平衡能力时的主要依据是人体重心的移动情况，体现人体重心移动的指标是压力中心（center of pressure，COP）。COP 的晃动轨迹通过测力台检测，并传输到计算机存储。COP 轨迹图能体现不同患者的轨迹特征。

（2）动态测试方法。

动态测试方法是检测人体在动态活动过程中调节自身平衡的能力。适用于各年龄段健康普通人群、运动员和前庭功能障碍者。动态测试又可以分为主动测试和被动测试。

主动测试指患者原地自主倾斜身体到达其最大位置并不能跌倒，通过测力台或其他动作捕捉设备来收集人体的运动数据，作为评定依据。测试中，受试者站在测力台上，倾斜身体驱动显示屏上的 COP 点跟踪特定位置的目标。受试者身体的运动信息通过测力台、关节角度计或图像动态捕捉方式获得。

被动平衡测试按照外界激励条件的不同，可以分为三类，① 感觉反馈测试：视觉干扰检测，给予特殊的视觉干扰图像，观察受试者通过前庭感觉及本体感觉保持平衡的情况；② 外力推动：外力推动受试者身体，促使人体平衡状态受到干扰，可得到不同平衡能力的患者对外力应对能力的信息；③ 足底支持面运动：受试者直立于受力平台上，平台水平或俯仰运动，依照传感器获得的受试者身体重心变化数据进行平衡能力指标的计算。

3. 量表法

（1）Fugl-Meyer 平衡功能量表。

此量表由瑞典医生 Fugl-Meyer 等人在 Brunnstrom 评定基础上发展而来，常用于测试上运动神经元损伤的偏瘫患者的平衡功能。

（2）Berg 平衡量表（BBS）。

此量表由加拿大流行病学专家 Katherine Berg 于 1989 年首先报道，包括 14 个项目，测试一般可在 20 min 内完成。BBS 可综合评定人体的平衡能力及协调性。BBS 主要应用于具有平衡功能障碍的患者或老年人群。测评者按照说明示范每个项目给予受试者指导。如果某个项目测试双侧或测试 1 次不成功需要再次测试，记分时记录此项目的最低得分。

测评工具：秒表或带有秒针的手表 1 块，直尺或带有 5 cm、12 cm、25 cm 刻度的测量尺 1 把。测试所需的椅子要高度适中。在进行第 12 项任务时要用到一个台阶或一只高度与台阶相当的小凳子。

Fugl-Meyer 平衡功能量表

Berg 平衡量表

四、步态检查

（一）概述

步态（gait）是指人类步行的行为特征，是行走时人体结构与功能、行为与心理活动的外在表现，也是人体运动功能的综合表现之一。步态分析是康复评定的组成部分。对于因患神经系统或运动系统伤病而可能影响到行走能力的患者，有必要进行步态分析，以判断有无异常步态及步态异常的性质和程度，为进行行走能力判断和矫治异常步态提供必要的依据。通过再评估有助于观察体育康复措施的效果，以及必要时为调整和优化体育康复方案提供依据。

（二）正常步态

正常步态是指人体在没有躯体疾病和异常心理因素影响情况下的步行状态，它包括恒定步行、自由步行、规定步行、负荷步行、裸足步行等。通常的步态分析是以恒定步行状态作为对象，步行的运动包含从静止状态转为迈步，到一定速度的步行，再停止下来。恒定步行是指一定速度的连续步行，在步行中遇有障碍物或有心理压力等可影响其恒定性。

步行周期是从一侧足跟着地起，向前迈步到该侧足跟再次着地所用的时间。在一个步行周期中，每一侧下肢都要经历一个与地面接触并负重的支撑期和离地向前迈步的摆动期。正常人的支撑期占整个步行周期的60%~65%，摆动期占35%~40%，其中约有15%的时间双足都处于支撑期。

1. 步行的基本参数

（1）步长是指行走时两侧足跟或足尖之间的垂直距离，正常成年人为50~80 cm，步长受身高的影响。

（2）步频是指单位时间内行走的步数，正常成年人为95~125步/min。步频是步速的一种表达方式，步频快，步速也快。

（3）步幅是指同侧足前后两次着地两点之间的距离，正常成年人为100~160 cm。步幅是步长的2倍。

（4）步速是指单位时间内行走的距离，正常人约为1.2 m/s，步行速度受步长和步频的影响。

2. 步行周期

步行周期包括两个基本时期，即支撑期和摆动期，这两个基本时期又可细分为若干个时期。目前有两种分期方法，即传统分期法和RLA（Rancho Los Amigos）分期法。

（1）传统分期法。

支撑期，动作依次为：

足跟着地—足跟接触地面的瞬间；

足放平—足跟着地，脚掌随即着地的瞬间；

支撑中期—躯干随支撑腿移动，重心转移，躯干位于支撑腿的正上方；

足跟离地—支撑中期后，支撑腿足跟离地的瞬间；足趾离地—支撑腿足跟离地后，足趾仍然接触地面的瞬间，又称蹬离期。

摆动期，动作依次为：

加速期—从足趾离地到该侧下肢向前迈进至身体的正下方；

摆动中期—加速期结束到减速期开始；

减速期—小腿向前减速迈步，准备进入下一周期的足跟着地。

（2）RLA 分期法。

支撑期，动作依次为：

首次着地—足跟或足底的其他部位接触地面的瞬间；

承重反应—从一侧足跟着地后，到对侧下肢离地时；

支撑中期—从对侧下肢离地后，到躯干位于支撑腿正上方时；

支撑末期—从支撑中期到对侧下肢足跟着地时；

摆动前期—从对侧足跟着地到支撑腿离地之前。

摆动期，动作依次为：

摆动初期—从支撑腿离地到该腿的膝关节达到最大屈曲；

摆动中期—从膝关节最大屈曲向前迈步，到该侧小腿与地面垂直；

摆动末期—从小腿与地面垂直迈步，到再次着地之前。

步行周期图

（三）步态检查方法

1. 步行基本参数的测量

（1）步行速度的测量：在平地上画一条长 10 m 的直线，两端做上标记，测量步行所需要的时间。在开始计时之前，即在 10 m 距离之外，至少要有 3 步以上的助行区间，受试者在 10 m 范围内以恒定的自由步行状态行走。

（2）步幅的测量：是指从足跟着地位置到 1 个步行周期后，同侧足跟着地位置之间的距离。足跟着地位置的基准点为足印的足跟部中间。

（3）步行周期和步频的测量：步行周期是指同侧下肢支撑期与摆动期之和。步频的测量是指对平均每一分钟的步数进行测量。常用的方法有开关测量法和图像测量法。

2. 步态仪器分析法

利用步态仪器分析法进行步态分析首先要测运动（运动学）和测力（动力学）。测地面反作用力可应用三维测力台，绘出步态曲线。测运动可采用摄影、高速摄影、录像或光学方法获得运动信息；然后通过电子计算机进行分析，计算出人体重心运动的轨迹、速度和加速度，以及步行周期中身体重心移动轨迹。

3. 步态目测法

患者以自然的姿态和速度来回步行数次，观察其步行时的全身姿势是否协调，步行周期各阶段下肢各关节的状态和动作幅度是否正常，速度是否匀称，骨盆运动、重心转移和上肢摆动是否协调等；然后嘱患者进行加速和减速行走，以及立定、拐弯、转身、上下坡、上下楼梯、绕跨障碍物、缓慢原地踏步、单腿站立等动作并进行评定。有时也可嘱患者做闭眼步行，使轻度异常步态表现得更为明显。对使用手杖或拐杖者，还要目测不用手杖或拐杖时的步态。

目测法对步态检查只能是粗测，而不能细测；定性容易，定量困难，其结果因观察者而异，难以进行客观的记录。但其测试方法简便，仍不失为一种实用的检查方法。

步态分析时，还可配合有关肌群的肌力和张力检查、关节活动度测定、下肢长度测量、脊柱和骨盆检查等，这对分析步态异常的性质和类型，选择矫治方法很有帮助。

（四）病理步态

由于器质性病变引起行走时重心移动、骨盆运动、下肢各关节和肌肉运动不协调造成的步行状态异常称为病理步态。常见的病理步态有：

（1）臀大肌步态：因臀大肌无力，不能主动伸髋，步行时身体后仰，重力线在髋关节后方，以被动伸髋，呈挺腰凸腹体态。

（2）臀中肌步态：因臀中肌无力，髋关节外展无力，不能维持髋关节侧向稳定，故支撑期躯干向患侧弯曲，髋被动外展，并以内收肌力量维持髋部稳定。两侧臀中肌无力者步行时躯干左右摇摆，故又称鸭步。

（3）股四头肌无力步态：因股四头肌无力，支撑期时不能主动伸膝，故身体前倾，重力线在膝关节前方，才能使膝被动伸直，并伴髋微屈，甚至步行时用手按压大腿前方，以助伸膝。此种步态见于脊髓灰质炎患者。

（4）胫骨前肌无力步态：行走时，抬足无力、足下垂拖地，常用增加髋和膝屈曲程度及提高患足来代偿，呈跨门槛式，见于腓神经麻痹、胫前肌瘫痪。

（5）偏瘫步态：瘫痪侧上肢屈曲、内旋，下肢痉挛伸直、足内翻下垂，步行时划圈、呈弧线型回旋向前，又称回旋步。此种步态见于脑血管意外后遗症。

（6）剪刀步态：步行时下肢僵直、内收，两膝相互碰撞摩擦，两腿一前一后交叉，呈剪刀状。此种步态多见于脑瘫等两侧中枢性病损。

（7）前冲步态：行走时，躯干强硬且略微前屈，双臂摆动幅度减小或消失，步履细小，但愈走愈快而难以迅速停步或转向。此种步态见于帕金森病等。

（8）关节强直步态：因髋、膝或踝关节挛缩强直而引起。此种步态见于损伤、炎症等引起的关节固定。

（9）减痛步态：一侧下肢出现疼痛时，患者为减轻行走时的疼痛，患肢支撑期缩短，步长变短，甚至可呈跳跃式。腰部疼痛时，患者常缩短步长，减慢行走速度，以减轻疼痛。

第二节　感觉功能评定

一、概述

感觉（sensation）是指人脑对直接作用于感受器官的客观事物的个别属性的反映，个别属性包括：大小、形状、颜色、坚实度、温度、味道、气味、声音等。感觉分为躯体感觉和内脏感觉两大类，其中躯体感觉是体育康复评定中最重要的部分。躯体感觉又分为浅感觉、深感觉和复合感觉。

浅感觉包括皮肤和黏膜的触觉、痛觉、温度觉和压觉。深感觉又称为本体感觉，是由于肌肉收缩，刺激肌肉、肌腱、关节、骨膜等处的本体感受器而产生的感觉，包括运动觉、位置觉、振动觉。复合感觉又称为皮质感觉，包括皮肤定位觉、两点辨别觉、体表图形觉、实体辨别觉，是大脑综合分析、判断的结果。

二、评定

（一）适应证与禁忌证

1. 适应证

（1）中枢神经系统病变：如脑血管病变、脊髓损伤或病变等。

（2）周围神经病变：如臂丛神经麻痹、坐骨神经损害等。

（3）外伤：如切割伤、撕裂伤、烧伤等。

（4）缺血或营养代谢障碍：糖尿病、雷诺病、多发性神经炎等。

2. 禁忌证

意识丧失者、严重认知功能障碍不能配合评定者和严重语言障碍影响交流者。

（二）评定方法

在感觉功能评定的过程中，需清楚以下情况：① 受影响的感觉类型；② 受影响的躯体部位；③ 感觉受损的范围；④ 感觉受损的程度。

1. 浅感觉检查

（1）触觉：嘱患者闭目，评定者用棉签或软毛笔轻触患者皮肤，让患者回答有无一种轻痒的感觉或让患者报告所触次数。每次给予的刺激强度应一致，但刺激的速度不能有一定规律，以免患者未受刺激而顺口回答。检查四肢时，检查的顺序应与肢体长轴平行，由近及远，检查胸腹部时刺激的走向应与肋骨平行，由上向下。通常检查顺序为面部、颈部、上肢、躯干、下肢。

（2）痛觉：嘱患者闭目，评定者先用大头针针尖在患者正常皮肤区域刺激数下，让患者感受正常刺激的感觉，然后再进行正式的检查。以均匀的力量用针尖轻刺患者需要检查部位的皮肤，嘱患者回答："痛"或"不痛"，进行两侧比较、近端和远端比较，记录感觉障碍的类型（即感觉过敏、减退或消失）与范围。对痛觉麻木的患者，检查要从障碍部位向正常部位逐渐移行，而对于痛觉过敏的患者要从正常部位向障碍部位逐渐移行。为避免患者主观的不正确回答，可用大头针针帽钝端触之，或将针尖提起用手指触之，以判断患者是否感觉正确。

（3）温度觉：包括温觉和冷觉。嘱患者闭目，用分别盛有冷水和热水的试管，交替、随意的接触皮肤，嘱患者说出"冷"或"热"的感觉。选用的试管直径要小，管底面积与皮肤接触面不宜过大。试管与皮肤的接触时间为 2~3 s。测定冷觉的试管温度为 5~10 ℃，测定温觉的试管温度为 40~45 ℃。若温度低于 5 ℃或高于 50 ℃，将会引起皮肤的痛觉反应。

（4）压觉：嘱患者闭眼，评定者用大拇指用力挤压患者的肌肉或肌腱，请患者指出感觉，对于瘫痪的患者，检查应从有障碍的部位到正常部位。

2. 深感觉检查

（1）运动觉：嘱患者闭目，评定者轻轻夹住患者手指或足趾的两侧，上下移动5°左右，让患者说出移动的方向，如果感觉不明确可加大移动的幅度或测试较大关节，以了解其减退的程度。

（2）位置觉：嘱患者闭目，将其肢体放到一定的位置，然后让患者说出所放的位置，或嘱患者用另一侧肢体放到与检查侧肢体相同的位置。测定共济运动的指鼻试验、跟膝胫试验、站立、行走步态等，如在闭眼后进行，也可作为测定位置觉的方法。

（3）振动觉：嘱患者闭眼，评定者将振动频率256 Hz的音叉放在患者的骨骼突出部位，如手指、尺骨茎突、鹰嘴、桡骨小头、内外踝、髂嵴、棘突、锁骨等处，询问患者有无震动感和持续时间。检查时应注意对身体上、下、左、右对比。

3. 复合感觉检查

（1）皮肤定位觉：嘱患者闭目，一般常用棉签、手指等轻触患者皮肤后，让患者说出或用手指指出被触部位。手部正常误差＜3.5 mm，躯干部正常误差＜10 mm。

（2）两点辨别觉：区别一点还是两点刺激的感觉为两点辨别觉。嘱患者闭目，检查时用两脚规或叩诊锤的两手柄尖端同时轻触皮肤，检测患者有无能力辨别，再逐渐缩小两点间距，直到患者感觉到一点为止，测定其实际间距。两点需同时刺激，用力相等。正常人舌尖的距离为1 mm，手掌为8~15 mm，手背为20~30 mm，前胸为40 mm，背部为40~50 mm，上臂及大腿部的距离最大，约为75 mm。正常人手指末节掌侧为2~3 mm，中节为4~5 mm，近节为5~6 mm，7~15 mm为部分缺失，15 mm为完全丧失。

（3）实体辨别觉：用手抚摸物体后，确定该物体名称、软硬、轻重和形状的能力即为实体觉。嘱患者闭目，令患者单手触摸熟悉的物体（如笔、钥匙、硬币等），并说出物体的名称、大小、形状、硬度、轻重等，两侧对比，先测患手，再测健手。

（4）体表图形觉：指辨认写在皮肤上的字或图形的能力。嘱患者闭目，用手指或其他物品（如笔杆等）在患者皮肤上画一个几何图形（如正方形、三角形或圆形等）或写数字（1~9），由患者说出所画/写的图形或数字，应双侧对比。

第三节 心肺功能评定

一、概述

心功能是指心脏的泵血功能，包括收缩和舒张功能。肺功能指肺具有的呼吸、防御、代谢等多种功能。两者的功能可以单独评定，但由于心血管系统和呼吸系统在有氧代谢方面相互依赖，功能障碍的临床表现也非常接近，因此在评定时经常进行心肺功能的综合评定，如心肺运动试验等。

二、主观评定

（一）呼吸困难评定

1. 改良英国医学委员会呼吸困难量表（mMRC）

mMRC 用于描述患者活动后出现气促气短的时间和程度，根据患者自觉呼吸困难严重程度分为 0~4 五个等级，0~1 级表示症状少，2 级以上为症状多（表 3-3-1）。

▶ 表 3-3-1　改良英国医学委员会呼吸困难量表（mMRC）

分级	表现
0 级	仅在费力运动时出现呼吸困难
1 级	平地快步行走或步行爬小坡时出现气短
2 级	由于气短，平地行走时比同龄人慢或需要停下来休息
3 级	在平地行走 100 m 左右或数分钟后需要停下来喘气
4 级	因严重呼吸困难以致不能离开家，穿脱衣服时出现呼吸困难

2. 心功能分级

纽约心脏协会心脏功能分级是目前临床上评定心血管疾病患者心功能最常用的分级方法，该量表依据患者症状与活动能力将心功能分为 4 级，操作简单。但此分级受患者自我感觉和表述能力影响明显，故评定者判断变异较大（表 3-3-2）。

▶ 表 3-3-2　纽约心脏协会心脏功能分级及 MET 量化心功能

功能分级	活动情况	代谢当量（METs）
I	患有心脏疾病，其体力活动不受限制。一般体力活动不引起疲劳、心悸、呼吸困难或心绞痛	≥7
II	患有心脏疾病，其体力活动稍受限制，休息时感到舒适。一般的体力活动时引起疲劳、心悸、呼吸困难或心绞痛	≥5，<7
III	患有心脏疾病，其体力活动大受限制，休息时感到舒适，轻度体力活动即可引起疲劳、心悸、呼吸困难或心绞痛	≥2，<5
IV	患有心脏疾病，不能从事任何体力活动，在休息时也有心功能不全或心绞痛症状，任何体力活动均可使症状加重	<2

3. 呼吸感觉量表（RPB）

RPB 最初被用于评定自觉用力时的呼吸感觉，后来也应用于呼吸困难的评定（表 3-3-3）。

▶ 表 3-3-3　呼吸感觉量表（RPB）

评分	呼吸困难程度
0	非常非常轻松
0.5	非常轻松
1	轻松
2	呼吸急促感弱
3	呼吸急促感适度
4	呼吸急促感有些强
5	呼吸急促感强
6	
7	呼吸急促感非常强
8	
9	非常非常费力（几乎接近最大用力）
10	最大用力

（二）主观用力程度分级（RPE）

通过运动过程中的自我感觉来判断运动强度，在 6~20 级中每一单数级有相对应的运动感觉特征（表 3-3-4）。RPE 与心率和耗氧量具有高度相关性，各级乘以 10 约等于该强度运动时的心率。

► 表 3-3-4 主观用力程度分级（RPE）

评分	自我感觉的用力程度
6	（安静）
7	非常非常轻松
8	
9	非常轻松
10	稍累
11	
12	有些累
13	
14	
15	累
16	
17	非常累
18	
19	非常非常累
20	精疲力竭

三、客观评定

（一）心率

心率指心脏每分钟的搏动次数。可由心脏听诊获得，也可通过触诊浅表动脉的搏动（如桡动脉）获得。正常成年人静息心率为 60~100 次/min。

静息心率>100 次/min 定义为心动过速，常见于运动后、发热、焦虑、紧张，以及心脏疾病患者。静息心率<60 次/min 则定义为心动过缓，常见于长期有氧运动后适应者、病态窦房结综合征或药物副作用。

（二）呼吸频率

呼吸频率指每分钟呼吸的次数。正常人静息状态下为 12~18 次/min。呼吸频率升高常见于发热、疼痛、心力衰竭等，呼吸频率降低常见于麻醉或镇痛过量。

（三）血压

血压主要指体循环的动脉血压。在安静状态下，我国健康青年人的收缩压为 100~120 mmHg，舒张压为 60~80 mmHg，脉压为 30~40 mmHg，成年人血压在 90~130/60~85 mmHg 为正常。

（四）心电图

将引导电极放置于肢体或躯体一定部位记录到的心电变化的波形，反映心脏兴奋的产生、传导和恢复过程中的生物电变化。心电图对心律失常、传导障碍和心肌缺血具有重要的诊断价值。

（五）血氧饱和度

血氧饱和度指血液中氧合血红蛋白占总血红蛋白的百分比，正常动脉血氧饱和度为 95%~98%。

（六）胸廓扩张度

胸阔扩张度即呼吸时胸廓的动度。检查时，检查者将双手置于患者胸廓下面的前侧部或背部，嘱患者深呼吸，观察患者动度大小，以及两侧是否一致。通常有 3~5 cm 的运动范围，一侧扩张受限常见于肺不张、大量胸腔积液等。

（七）呼吸音

人体做呼吸运动时，气体通过呼吸道和肺泡时产生湍流引起振动，发出的声响，这种声音可通过听诊获得。呼吸音对于气道阻塞、气道分泌物增多、胸廓活动度下降、呼吸肌力量下降、肺部炎症、肺部空洞、肺不张等有良好的诊断价值。

（八）运动耐量

见下节 CPET 和 6MWT。

四、心肺运动试验

心肺运动试验（cardiopulmonary exercise testing，CPET）是依据机体随着运动负荷递增，心肺功能和代谢机能也随之逐渐提高的原理，记录受试者以一定程序进行递增负荷运动过程中呼出 CO_2 量和摄入 O_2 量的比值（呼吸商），直至达到受试者最大能力的检测方法。CPET 是目前常用的检测人体心肺代谢整体功能的方法，在体育康复评定中有较大的应用价值。

（一）适应证与禁忌证

1. 适应证

诊断冠心病、判定冠状动脉病变程度及预后；诊断心功能不全及判定其严重程度；鉴定心律失常；鉴定呼吸困难和胸闷的性质；评定体力活动能力和残疾程度；评定手术风险；确定患者运动的安全性；指导康复治疗，以及为运动处方的制订提供定量依据；评定康复治疗效果。此外，也可对正常人进行心肺耐力评定，指导运动锻炼。

2. 禁忌证

（1）绝对禁忌证。急性心肌梗死（2 天内）；高危的不稳定性心绞痛；未控制的、伴有血流动力学不稳定的心律失常；有症状的严重主动脉狭窄；未控制的、有症状的心力衰竭；急性肺栓塞或肺梗死；急性心肌炎或心包炎等。

（2）相对禁忌证。左冠状动脉主干狭窄；中度狭窄的瓣膜性心脏病；电解质异常；严重的高血压（收缩压＞200 mmHg 和（或）舒张压＞110 mmHg）；快速性或缓慢性心律失常；肥厚性心肌病或其他形式的流出道梗阻；精神或身体异常不能运动；高度房室传导阻滞等。

（二）运动方式与试验分类

1. 运动方式

（1）平板运动试验：受试者在运动平板上进行走路或跑步，速度和坡度可调节，优点是接近日常生活运动，各种坡度、速度时的心肺反应可直接用于指导患者的步行锻炼。缺点是存在数据测定干扰性大、摔倒风险高等问题。

（2）功率自行车试验：推荐使用。可定量增加踏车阻力，调整运动负荷。优点：运动时无噪音，运动中心电图记录较好，血压、气体测量比较容易，受试者心理负担较轻，可以在坐位或卧位进行，占地面积小，价格低，运动损伤少等。缺点：对于体力较好者（如运动员）往往不能达到最大心脏负荷，患者易因腿部疲劳而终止运动，老年人或不会骑车者难以完成运动等。

2. 试验分类

（1）极量运动试验：指运动强度逐步递增，直至受试者感到精疲力竭，或心率、摄氧量在继续运动时不再增加为止，即达到生理极限的运动试验测试方法。由于极量运动试验具有一定的危险性，所以更适合于运动员或健康的年轻人，以测定个体最大运动能力、最大心率和最大摄氧量。达到最大摄氧量的指征有：① 随着运动强度递增，摄氧量增加 $< 150 \text{ mL/min}$；② 随着运动强度递增，心率不再增加；③ 呼吸交换率（呼吸商）> 1.15；④ RPE > 17。

（2）亚极量运动试验：测定一级或多级次亚极量负荷下患者的心率和其他生理反应，以此来推算患者的摄氧量，以评定患者对运动的功能性反应。运动至心率达到预计亚极量心率，即按年龄预计最大心率（220 − 年龄）的85% 或储备心率的 70%，或出现终止指征时结束试验。此方法较安全方便，但预计亚极量心率个体差异较大，并且某些药物（如 β 受体阻滞剂）会影响安静心率和运动心率，故这些患者不宜采用预计亚极量心率作为终止指标。此方法适用于非心脏病患者的心功能及身体运动能力测试。

（3）症状限制性运动试验：运动进行至出现必须停止运动的指征为止，是临床上最常用的方法。用于冠心病诊断，评定正常人和病情稳定的心脏病患者的心功能和体力活动能力，为运动处方的制订提供依据。常见的终止指征有：出现呼吸急促或困难、胸闷、胸痛、心绞痛等症状和体征；运动负荷增加时收缩压不升高反而下降，较基础血压下降 10 mmHg，心率不增加反而下降 10 次/min；心电图异常；患者要求停止运动等。

（4）低水平运动试验：运动至特定的、低水平的靶心率、血压和运动强度为止。即运动中最高心率达到 130~140 次 /min，或与安静时相比增加 20 次 /min；最高血压达 160 mmHg，或较安静时增加 20~40 mmHg；运动强度达 3~4 METs 作为终止指征。此法目的是检测受试者从事轻度活动和日常生活活动的耐受能力。临床上将此方法常用于急性心肌梗死后或心脏术后早期康复患者，以及其他病情较重者，作为出院评定、运动处方制订、预告危险及用药的参考。

（三）试验方案

可根据受试者个体情况和实验目的的不同选择适合的方案。运动试验的起始负荷必须低于受试者的最大承受能力。以下是平板运动和功率自行车试验方案：

1. 平板运动试验

（1）Bruce 跑台测试方案：通过同时增加速度和坡度来增加负荷，由于每级之间耗氧量和运动负荷增量较大，易于达到最大心率。此法应用最早，也最为广泛。缺点是运动负荷增加不规律，起始负荷较大（4~5 METs），运动增量较大，老年人和体力较差者往往不能耐受第一级负荷或负荷增量，也不易精确确定缺血阈值。此外，此方案是走–跑试验，患者在走跑之间不易控制自己的节奏，心电图记录也难以精确。后来人们更多选择的是改良 Bruce 跑台测试方案（表 3–3–5）。

▶ 表 3–3–5 改良 Bruce 跑台测试方案

级别	速度		坡度 /%	持续时间 /min
	mph	km · h^{-1}		
1	1.7	2.7	0	3
2	1.7	2.7	5	3
3	1.7	2.7	10	3
4	2.5	4	12	3
5	3.4	5.5	14	3

续表

级别	速度		坡度 /%	持续时间 /min
	mph	km · h^{-1}		
6	4.2	6.8	16	3
7	5	8.0	18	3
8	5.5	8.8	20	3
9	6	9.7	22	3

注：mph 表示 mi/h。1 mph ≈ 1.6 km/h。

（2）Balke 平板运动试验方案：运动速度不变，仅依靠增加坡度来增加运动负荷。运动负荷递增较均匀、缓慢，受试者较容易适应。本方案适用于心肌梗死早期、心力衰竭和体力活动较差的患者。具体方案见表 3-3-6。

▶ 表 3-3-6　Balke 平板运动试验方案

级别	速度 /mph	坡度 /%	持续时间 /min	耗氧量 / [mL · (kg · min^{-1})]	METs
1	3.2	2.5	2	15.1	4.3
2	3.2	5	2	19	5.4
3	3.2	7.5	2	22.4	6.4
4	3.2	10	2	26	7.4
5	3.2	12.5	2	29.7	8.5
6	3.2	15	2	33.3	9.5
7	3.2	17.5	2	36.7	10.5

注：mph 表示 mi/h。1 mph ≈ 1.6 km/h。

2. 功率自行车试验——RAMP 方案

静息 3 min，无功率踩车 3 min，运动增加阶段（5~25 W/min），直至出现终止指征。蹬车速度一般为 60 r 左右，运动时间一般为 8~12 min。

（四）检查程序

1. 心电图的测量

用酒精擦皮肤至微红，以尽可能降低电阻，减少干扰。检测常规导联心电图时，两上肢电极分别位于锁骨下胸大肌和三角肌交界处或锁骨上，两下肢电极置于两季肋部或两髂前上棘内侧；胸导联电极分别位于：V_1：胸骨右缘第 4 肋间；V_2：胸骨左缘第 4 肋间；V_3：V_2 和 V_4 两点连线中点；V_4：左锁骨中线与第 5 肋间相交处；V_5：左腋前线与 V_4 同一水平处；V_6：左腋中线与 V_4 同一水平处。

2. 安静血压和静态肺功能测试

受试者测量血压时，测试体位应与试验体位一致。穿戴好面罩，确保与面部接触良好，检查是否漏气，连接好压差发生器，嘱患者进行相应的呼吸运动以获取最大通气量、1 s 用力呼气容积及最大流速－流量周期等。

3. 按运动方案进行全程及恢复期监测

运动过程中应密切观察心率、血压、心电图、受试者的各项症状和生命体征及各项气体代谢指标，询问患者疲劳感觉。如果没有终止试验的指征，在受试者同意增加运动强度的前提下，将运动负荷增加至下一级，直至达到运动终点，如果出现终止试验的指征，应及时终止试验，并密切观察和处置。当达到预定的运动终点或出现终止试验的指征时，应迅速降低跑台或功率自行车的速度为初始负荷或空蹬状态，受试者继续行走或蹬车作为整理运动。运动停止后，应于坐位或卧位描计即刻、2 min、4 min、6 min 的心电图并测量血压，以后每 5 min 测定一次，直至各项指标接近试验前水平或患者的症状或其他异常表现消失为止。

4. 运动后记录

运动结束后，记录并分析各项指标，以指导制订合理的运动处方，一般观察时间依据受试者的情况而定，患者或老年人需要观察 8～10 min，健康青年人一般观察 5～8 min 即可。

（五）主要指标的临床意义

1. 最大摄氧量（maximal oxygen uptake，$\dot{V}O_2max$）

最大摄氧量是指机体在运动时所能摄取和利用的最大氧量，是综合反映心肺功能状况和体力活动能力的最佳生理指标，用于评定运动耐力、制订运动处方和评定疗效。它可通过极量运动试验直接测定，也可通过亚极量运动时获得的心率、负荷量等参数推算，但后者有 20%～30% 的误差。对于心血管或呼吸系统疾病患者，由于早期的症状限制了运动，可测定其达到运动终点时的摄氧量（又称 $\dot{V}O_2$peak），以此作为运动处方制订和评定疗效的依据。无锻炼习惯的健康人最大摄氧量参考值见表 3-3-7。

▶ 表 3-3-7　无锻炼习惯的健康人的最大摄氧量参考值

年龄/岁	最大摄氧量	
	（L·min^{-1}）（男性/女性）	[mL·(kg·min^{-1})]（男性/女性）
20～29	3.1～3.69/2～2.49	44～51/35～43
30～39	2.8～3.39/1.9～2.39	40～47/34～41
40～49	2.5～3.09/1.8～2.29	36～43/32～40
50～59	2.2～2.79/1.6～2.09	32～39/29～36

2. 无氧阈（anaerobic threshold，AT）

无氧阈指人体在负荷运动中，有氧代谢已不能满足运动肌肉的能量需求，开始大量动用无氧代谢供能的临界点。它是测定有氧代谢能力的重要指标，AT 值越高，说明机体耐力运动能力越强。

3. 代谢当量

代谢当量又称梅脱（metabolic equivalent，MET），是一种表示相对能量代谢水平和运动强度的重要指标。健康成年人坐位安静状态下耗氧量为 3.5 mL/kg·min，将此定义为 1 MET。其他各种体力活动均有其相对应的 METs 值。此外，运动中测得的最大梅脱值对判断疾病预后，确定心功能水平，区分残疾程度和指导日常、职业活动等方面都有着重要的意义。

4. 氧脉搏（O$_2$ pulse）

氧脉搏即氧摄取量和心率之比值，表示每次心搏所能输送的氧量。在一定意义上反映了每搏输出量的大小。

5. 呼吸商（respiratory quotient，RQ 或 R）

呼吸商为每分钟二氧化碳排出量与每分钟耗氧量之比。反映体内能量产

各种身体活动的代谢当量

生的来源（是有氧供能还是无氧功能）和酸碱平衡状况，当有氧供能转为无氧功能时，RQ 明显升高。

6. 最大通气量（maximal voluntary ventilation，MVV）

最大通气量指以最快呼吸频率和最大呼吸幅度呼吸 1 min 的通气量。正常成年男性为 104±2.71 L，女性为 82.5±2.17 L。它是临床上常用的通气功能障碍和通气储备能力的判定指标，受呼吸肌肌力和体力强弱，以及胸廓、气道和肺组织病变的影响。

7. 氧通气当量

氧通气当量指摄取或消耗 1 L 的氧量所需要的通气量。极量运动试验中氧通气当量最低点反映无氧阈的位置，是确定无氧阈最敏感的指标，也反映化学感受器的敏感度。氧通气当量最低点正常值为 22~27，随年龄增长可达 30。

8. 二氧化碳通气当量

二氧化碳通气当量是反映排出 1 L CO_2 所需要的通气量，可反映通气效率，是无效腔通气的指标之一。二氧化碳通气当量最低点正常值为 26~30，随年龄增长，肺内生理无效腔增长可达 33。

五、六分钟步行试验

六分钟步行试验（six-minute walk test，6MWT）是临床上应用最广泛的亚极量运动试验，它可以评定运动过程中所有系统的全面完整的反应，包括呼吸系统、心血管系统、运动系统。主要用于评定有氧耐力。

（一）适应证与禁忌证

1. 适应证

评定功能状态（慢性阻塞性肺疾病、肺囊性纤维化、心力衰竭、周围血管疾病、老年患者）；治疗前和治疗后的比较（肺移植、肺切除、肺切除术、肺康复、慢性阻塞性肺疾病、肺动脉高压、心力衰竭）；预测发病率和死亡率（心力衰竭、慢性阻塞性肺疾病、肺动脉高压）。

2. 禁忌证

（1）绝对禁忌证。1 个月内发生不稳定心绞痛或心肌梗死。

（2）相对禁忌证。静息心率超过 120 次 /min，收缩压超过 180 mmHg，舒张压超过 100 mmHg。

（二）场地要求与物品准备

场地为一条 30 m 的走廊，一个计时器和一个计数器用来计时间和圈数，两个小锥体用来标志转弯折返点，标志物用于地面上记录距离（米数），一把可沿步行路线灵活移动的椅子，评定记录表，血压计，Borg 量表，除颤仪等急救设备，根据患者情况准备便携式吸氧器、助行器等。

（三）测试步骤

测试前告知受试者测试目的，讲解测试过程并进行演示，让受试者知悉如何使用 Borg 量表，尽量按照自己的步速前进，尽可能行走最远的距离，发生不良反应时减慢速度或停下来。在康复治疗师充足的情况下，一位康复治疗师记录测试前、测试中每分钟末、测试后恢复期的血压、心率、血氧饱和度、Borg 量表等指标，并记录往返次数，另一位康复治疗师跟随患者行走并汇报数据，每分钟末标准化指引患者（第 1 min 过后，用平缓的语调告诉患者"您做得很好，还有 5 min"；当剩余 4 min 时，告诉患者"再接再厉，您还有 4 min"；当剩余 3 min 时，告诉患者"很好，已经一半了"；当剩余 2 min 时，告诉患者"加油，您只剩 2 min 了"；当剩余 1 min 时，告诉患者"您做得很好，还有 1 min 就结束了"）。避免使用肢体语言。如果患者遇到不适，可让患者放慢脚步或休息，但不停止计时，并在表格中记录休息时间、原因与重新行走时间，只要时间没到，在患者身体允许的情况下可继续行走。当计时结束，嘱患者放慢脚步在有扶手的地方原地踏步一会，逐渐放松。

（四）测试结果与分级

6 min 步行总距离为主要判定指标。<150 m，提示重度心功能不全；150~425 m，提示中度心功能不全；426~550 m，提示轻度心功能不全。

第四节 认知功能评定

一、概述

认知是一种人们了解外界事物的活动，即知识的获得、组织和应用等过程，是人类适应周围环境的才智，包括感知、学习、记忆、思考等过程，广义的认知包括与脑功能有关的任何过程。

当各种原因引起脑组织损伤时，导致患者记忆、语言、视空间、执行、计算、理解判断等功能中一项或多项受损，影响个体的日常和社会活动能力，称为认知功能障碍，又称高级脑功能障碍，包括注意障碍、记忆障碍、知觉障碍和执行能力障碍。

二、常用的认知功能评定方法

（一）意识状态判定

1. 意识状态初步判定

患者处于以下任何一种意识状态水平，均不适合进行认知功能评定。

（1）嗜睡：睡眠时间过度延长，但能被叫醒，醒后能配合检查或回答简单问题，停止刺激后患者又继续入睡。

（2）昏睡：正常的外界刺激不能使其觉醒，需高声呼唤或其他较强烈刺激方可唤醒，醒后可做含糊、简短而不完全的回答，停止刺激后又很快入睡。

（3）昏迷：患者意识完全丧失，各种强刺激均不能使其觉醒，有无目的的自主活动，不能自发睁眼。分浅昏迷、中昏迷和深昏迷。

① 浅昏迷：意识完全丧失，但仍有较少的无意识自发运动。对周围事物、声、光等全无反应，对强刺激有回避动作及痛苦表情。吞咽反射、咳嗽反射、角膜反射及瞳孔对光反射依然存在，生命体征无明显改变。

② 中昏迷：自发动作很少。对强刺激的防御反射、角膜反射和瞳孔对光反射减弱，大小便潴留或失禁，生命体征已有改变。

③ 深昏迷：全身肌肉松弛，无任何自主运动。眼球固定，瞳孔散大，各种反射消失，大小便多失禁。生命体征明显改变，呼吸不规则，血压或有下降。

2. 格拉斯哥昏迷量表（Glasgow Coma Scale，GCS）

GCS 总分为 15 分，最低为 3 分。8 分以下为重度损伤，预后差；9～11 分为中度损伤；≥12 分为轻度损伤。≤8 分提示有昏迷，≥9 分提示无昏迷，数值越低，提示病情越重。GCS 得分达到 15 分时，才有可能进行认知功能评定。

格拉斯哥昏迷量表

（二）认知功能障碍筛查

1. 简明精神状态检查（Mini-Mental State Examination，MMSE）

由 Foltein 等在 1975 年编制，是国内外应用最广泛的认知功能筛查工具。总分为 30 分，评定时间为 5～10 min。根据患者文化程度划分认知障碍标准，一般文盲≤17 分，小学文化≤20 分，中学文化≤24 分。

简明精神状态检查

2. 蒙特利尔认知评定量表（Montreal Cognitive Assessment，MoCA）（北京版）

由加拿大 Nasreddine 等 2004 年编制，可快速筛查轻度认知功能障碍。MoCA 北京版推荐界值为文盲≥14 分，小学≥12 分，中学及以上≥25 分为认知正常。MoCa 对轻度痴呆比 MMSE 敏感，但对中、重度痴呆的筛查能力不如 MMSE。

蒙特利尔认知评定量表（北京版）

思考题

1. 常见的肌力评定方法包括哪些？
2. 平衡能力常见的评定方法有哪些？
3. 步行周期的两种分期法有何不同？
4. 如何进行心肺功能评定？
5. 常用的认知功能评定方法有哪些？

第三章思考题参考答案

实践训练题

患者张某，男，55 岁，因"阵发性心悸、胸闷 1 月余，加重 3 天"就诊，患者平时体力活动无明显受限，一般体力活动不引起疲劳、心悸、呼吸困难，无心绞痛，主诉症状发作无明显规律。查心电图提示正常。为明确诊断，需进行平板运动试验，请为该患者设计平板运动试验并严格实施检查和评定。

在线测评题

（张海峰　河北师范大学）
（温晓妮　西安体育学院）

第四章
体育康复治疗方法

本章导言

有效的体育康复治疗方法对于老年患者、躯体残疾或者患有精神心理障碍的患者是一种有效的康复手段。本章介绍了心肺功能、肌肉力量、关节活动度、肌张力、平衡能力和协调能力训练的基本原则、方法、适应证、禁忌证和注意事项等。

学习目标

1. 了解体育康复治疗的作用和特点；肌张力的概念及临床表现；关节活动度的概念、关节活动度的影响因素；维持平衡能力和协调能力的机制。

2. 掌握体育康复治疗的基本原则，运动处方的概念、构成要素与分类；心肺功能康复训练的基本原则、运动处方和注意事项；肌肉力量康复训练的基本原则、方法和注意事项；调整肌张力的方法和注意事项；关节活动度训练的基本原则、方法、适应证和禁忌证；平衡能力和协调能力训练的方法和注意事项。

关键术语

运动处方是由运动处方师、运动健康指导师、康复医师、康复治疗师、社会体育指导员或临床医生等专业人员依据参加体育活动者的年龄、性别、个人健康信息、医学检查、体育活动的经历，以及心肺耐力等体质测试结果，根据健身目的，用处方的形式，制订的系统化、个性化的体育活动指导方案。

心肺功能（cardiopulmonary capacity）：即心肺耐力，是指人体的心、肺、血管、血液等组织的功能，与氧气和营养物质的输送以及代谢物的清除有关。

肌肉力量训练（muscle strengthening exercise）：是用于维持和发展肌肉功能的专门性训练方法，是通过运动的手段，促使肌肉反复收缩，使之产生适应性改变，以提高肌肉收缩力量的锻炼方法。

肌张力（muscle tone）：是指被动活动身体某部分的抵抗感，即拉长或牵拉肌肉时所产生的阻力，静息肌张力通常是指静息清醒状态下肌肉的紧张度。

协调能力（coordination）：是指个体产生准确、平稳和有控制的运动能力。

第一节　体育康复治疗方法概述

一、体育康复治疗的作用和特点

（一）体育康复治疗的作用

在进行治疗性体育运动过程中，机体对外界的负荷、强度刺激将产生相应的反应与适应性变化。反应是指一次性或短时间治疗性体育运动引起的机体变化，而适应是指长期治疗性体育运动引起的机体变化，表现在功能上、形态结构上的持久变化，以及心理适应与情绪的改善。

1. 体育康复的生理作用

体育康复的手段与方法在疾病的预防、治疗和康复过程中并非万能，但通过治疗性体育运动可以使患者在生理上产生适应性的变化，对加强机体抵抗疾病的生理防御功能，促进暂时性代偿机制的形成是其他疗法所不能代替的。

（1）提高中枢神经系统的调节机能。

中枢神经系统对全身的生理活动起着调节作用，当人体患病或受伤后，被迫采取静养或长期卧床休息时，由于缺乏运动，身体运动器官等传到大脑皮质的刺激冲动会显著减弱，特别是大脑皮质的兴奋性会明显降低，容易造成机体内稳态失衡，以及机体与外界环境的适应障碍。针对这种情况，体育康复可通过适当体育运动，加强人体外周感觉刺激，通过信号传入来提高中枢神经系统的兴奋性，改善大脑皮质和神经－体液调节功能。另外，长期坚持体育锻炼可加强大脑皮质的活动能力，使机体对外界环境的适应能力增强，从而提高机体的防病能力。

（2）改善血液循环和促进新陈代谢。

人患病后，整个身体机能处于较低水平，由于缺乏运动，血液循环和新陈代谢功能会减弱，不利于疾病痊愈和康复。体育康复能通过促进神经反射和改善体液调节，使心跳加快、心肌收缩加强、血液发生重新分布、骨骼肌血液供应明显增加、血液循环得到改善，有利于病愈和康复。

对于损伤局部，由于体育运动使肌肉收缩加强，可改善血液和淋巴循环，加速炎症物质吸收和损伤局部瘀血消散。此外，体育运动的应力作用可以帮助损伤组织改造塑形，如损伤韧带虽可自主愈合，但体育运动可以使韧带细胞及胶原纤维的排列更有规律，而无运动负荷干预时，胶原纤维细胞排列相对凌乱。在骨折时，早期采用体育康复者，骨痂形成的时间比不进行体育康复者缩短三分之一，且骨痂生长良好，新生骨痂可较快地具有正常骨组织的功能。因此，体育运动对加速疾病恢复、损伤的痊愈和康复有良好作用。

（3）维持和恢复机体的正常功能。

体育康复有促进机体功能正常化的作用，当机体出现功能障碍时，通过专门的运动训练能使其功能得到最快速恢复。例如，大脑损伤或病变引起肢体麻痹时，可通过被动运动或一些本体反射来恢复肢体的运动功能。又如，骨折固定致关节功能障碍的患者，专门的功能运动可使其局部血管扩张，血流加快，促进损伤后局部肿胀的消退，并可牵伸挛缩和粘连组织，防止关节粘连僵硬，减轻肌肉萎缩。

（4）增强身体代偿功能，提高免疫力。

由于损伤和疾病可使身体某些器官功能发生严重损害，甚至完全丧失，有时身体需要依靠健全组织和器官的作用代偿缺失的功能，某些代偿功能需要专门的功能锻炼，才能使这些受损器官的功能尽量恢复。例如，在肺切除术后，呼吸功能训练使健肺代偿患肺的功能；健肢对截肢或截瘫功能的代偿，通过强化健肢运动功能可以使患者形成新的运动技巧以适应残疾生活的功能需求；心肺耐力康复锻炼促进生物免疫防御机能的代偿等。

2. 体育康复的心理作用

（1）体育康复可以减少焦虑与抑郁的发生。

我国著名的心理学家陈家庚认为：在已发现的可降低现代人心理压力发生率的影响因素中，有两个最为突出的因素，那就是社会支持和体育运动。体育运动，尤其是定期的有氧运动能减少正常的自主反应引起的紧张焦虑的发生，而这种自主反应被认为是焦虑等一系列紧张情绪的生理基础。运用体育运动方式，人们一方面可以转移情绪指向，另一方面也可以扩大社会途径，从而获得较多的社会支持。国外研究也证实，体育运动相当于一剂抗抑郁药。

（2）体育康复有助于改善情绪。

体育运动可改善人们的情绪，这是因为体育运动可反射性提高大脑皮质和下丘脑部位的兴奋性。因此，体育运动使人表现为乐观、愉快和兴奋，对因疾病产生的失望、悲观、精神抑郁等不良情绪具有良好的、独特的作用和效果。例如，慢跑过程中大脑会产生 β- 内啡肽使人保持一种良好的心理状态。人体进行肢体动作的过程中，兴奋性可以从肌肉传至大脑，肌肉活动越积极，从肌肉向大脑传递的冲动越多，大脑的兴奋性水平相对就高，情绪就会高涨。

（3）体育康复有助于提升意志品质，增强自信。

各种体育活动大多有一定的竞争性，它总是与克服困难相联系的，体育康复很好地利用了体育运动培养人勇敢果断、坚毅顽强、拼搏进取的意志品质的特点，从而达到改善心理疾病、促进心理健康的目的。

（4）体育康复有助于增强人际交流能力，减少孤独感。

体育运动创造了与人沟通交流的良好契机，加强了人际间接触、交往的能力，对减少孤独感，促进身心愉悦有益。

（二）体育康复治疗方法的特点

1. 体育康复是一种积极主动的康复疗法

体育康复是一种主动康复疗法，进行体育康复要求患者主动参与治疗过程，通过自我锻炼治疗，有利于调动患者治病的积极性，树立信心，促进健康恢复。但在病伤后启动体育康复过程中，可以采取被动运动或助动运动诱发主动运动出现，以便尽可能调动患者主动参与运动治疗的积极性。

2. 体育康复是一种兼顾局部与全身康复的康复疗法

体育康复不仅通过全身运动以及神经反射和神经体液的调节，达到整体体力的恢复和功能改善的目的，而且可以根据肌力低下、关节活动度受限等局部损害进行局部体育康复，达到增强肌力和改善关节活动度的效果。

3. 体育康复是一种自然康复疗法

体育康复利用人类固有的自然运动能力作为治疗手段，如慢跑，因此，不受时间、地点、设备等条件的限制。根据患者的自身特点和所处环境，科学地进行运动时不会产生副作用。

4. 体育康复是一种注重功能恢复的康复疗法

体育康复把功能的恢复与改善作为首要任务，在认识结构与功能辩证统一关系的基础上，更加注重以从功能上治愈为最终目标。

5. 体育康复的执行具有严格的"处方特点"

体育康复方法的应用是针对有功能障碍的各类患者，因此，必须进行运动前健康筛查，科学评估，制订、实施合理的运动处方。一个完整的运动处方应该包括运动目的、运动频率、运动强度、运动方式、运动时间、运动总量、运动进度和注意事项等。

二、体育康复治疗的基本原则

体育康复注重伤病引起的功能变化，着眼于恢复人体的各项功能活动。它重视功能评估，并针对残疾人生理、心理的功能缺陷进行功能训练。为了使体育康复达到良好的效果，避免意外或损伤等副作用，在进行体育康复时，应该按照 ICF 的康复原则制订运动处方（表 4-1-1）。

▶ 表 4-1-1　残疾的层次、残疾的水平、康复医学的基本原则

残疾的层次	残疾的水平	康复医学的基本原则
身体功能和结构损伤	生物水平	功能训练
身体活动受限	个体水平	整体训练（残疾防治）
身体参与的局限	社会水平	重返社会

1. 参加体育康复之前必须进行健康筛查

参加体育康复之前应由康复医师对患者进行全面的身体检查，了解体育康复参加者身体健康状况、伤病的种类及性质，以确定是否有体育康复的禁忌证及其他风险，在康复运动中是否需要监护，以及在体育康复之前须做哪些进一步检查，避免康复过程中发生不必要的副作用。

2. 体育康复计划的制订与实施要遵循个体化原则

体育康复计划的制订与实施必须根据患者的性别、年龄、伤病情况、风险因素和功能检查结果，以及锻炼基础等进行个体化设计，安排适当的体育康复锻炼。在锻炼内容方面，肢体功能障碍患者可选用医疗体操和功能练习；身体发育畸形患者可采用矫正体操；心血管系统疾病患者及代谢性疾病患者以采用医疗性运动为宜；呼吸系统疾病患者可练习呼吸体操；神经衰弱或溃疡病患者可采用我国传统体疗手段。体育康复运动量的安排，同样也应做到个性化，因人而异。

3. 体育康复锻炼应遵守循序渐进的原则

在进行体育康复时必须遵循循序渐进的原则，运动量要由小到大，动作由易到难，使身体逐步适应。在开始进行锻炼时应有短期的适应时间，经过观察和实践确定锻炼方案。锻炼过程中随着功能的提高，应逐步调整运动量，以取得较好效果。不宜突然加大运动量，损害患者的机能，使病情、伤情加重。

4. 体育康复锻炼应遵循持之以恒的原则

体育运动对人体产生的作用是一个较长期的过程，只要坚持锻炼方能见到体育康复的效果，如心脏功能锻炼效果要 6~8 周后才可看出，肌肉力量也要经过 4~6 周后才能增长。

5. 体育康复过程中必须加强医务监督

体育康复锻炼是治疗性实践活动，因此，要定期或有针对性地对体育康复患者进行医学观察，加强医务监督，以避免意外情况发生。锻炼中应密切观察患者的症状和体征，注意伤病情况的变化，如发现不良反应，要及时处理，并调整康复方案，修改锻炼方法，调整运动量。锻炼后如出现疲乏等反应，但在次日锻炼之前可恢复到原来状况的，属于正常运动反应。但若疲乏不适等症状持续 24 h 不消退，应积极进行相应检查评估以排除运动量过大或病情变化可能。

6. 体育康复可采取不同的组织形式

体育康复以"一对一"的个体化锻炼形式为主，但对病情相似的患者有时也可分组进行集体锻炼。在疗养院、康复机构及特殊学校中，可在康复治疗师或体育教师的带领下，将伤病性质、功能障碍相近的患者或学生编为一组，采用相近的锻炼方法进行集体锻炼。集体锻炼可提高患者情绪，调动患者的积极性和竞争意识。

三、体育康复治疗的运动处方

运动处方是由运动处方师、运动健康指导师、康复医师、康复治疗师、社会体育指导员或临床医生等专业人员依据参加体育活动者的年龄、性别、个人健康信息、医学检查、体育活动的经历，以及心肺耐力等体质测试结果，根据健身目的，用处方的形式，制订的系统化、个性化的体育活动指导方案。随着全民健身的深入发展，无论是临床医学、健康管理、康复医学，还是科学健身指导，对运动处方的需求都日益增加，因此，学习运动处方相关知识将有助于对体育康复的理解与认识。

（一）运动处方的构成要素

运动处方的基本要素包括运动频率（frequency，F）、运动强度（intensity，I）、运动方式（type，T）、运动时间（time，T）、运动总量（volume，V）和运动进度（progression，P）6 项基本内容即运动处方的 FITT-VP 原则。在运动处方中还应明确运动目的、运动中的注意事项及医务监督力度。在实施过程中应注意观察体育活动者的反应和健身效果，及时调整运动处方。

1. 运动目的

依据运动处方进行练习与普通的体育锻炼不同，有着很强的针对性和目的性。因此，在制订运动处方时，应首先明确体育康复的运动目的，根据运动目的制订出有针对性的运动处方。常见的运动目的包括提高心肺耐力、控制体重、增肌减脂、矫正不良姿势、改善关节活动度、提高体适能水平和各种慢性疾病的预防与控制等。

2. 运动频率

运动频率是指每周运动的天数，对促进或保持机体功能及体适能健康至关重要。对大多数成年人推荐的运动频率是每周进行 5 天中等强度的有氧运动；或每周至少进行 3 天较大强度的有氧运动；或每周进行 3~5 天中等和较大强度相结合的运动。力量训练 2~3 次，隔天进行。柔韧性锻炼，每周 2~3 次。必要时进行每周 2~3 次的平衡训练。体育康复的频率根据患者的病情而定，通常每周 5 次，周末休息。需要注意，运动频率也与采用的运动强度密切相关，运动强度大则频率少，运动强度低则频率高。

3. 运动强度

运动强度是运动处方的核心内容之一，其与获得的健康收益有着明显的量效关系，需要根据受试者的具体情况（如心肺耐力水平、年龄、健康状况、生理差异、基因、日常体力活动情况、运动习惯、社会因素和心理因素等）和期望达到的运动目标，确定适合患者的个性化运动强度。

一般来说，有氧运动的运动强度可根据最大摄氧量百分比、最大心率百分比、代谢当量、RPE 和无氧阈等指标来确定。多种运动强度评估方法都可以用于制订有效的、个性化的运动处方。

（1）最大摄氧量百分比（%$\dot{V}O_2$max）。

最大摄氧量（maximum oxygen consumption，$\dot{V}O_2$max）是指单位时间内最大耗氧量，是心肺耐力的标准测试指标，实践中常用这一指标的相对值 mL/kg/min 或绝对值 L/min 或 mL/min 表示。最大摄氧量由最大心输出量 Q（L/min）和最大动静脉氧差（mLO$_2$/L 血液）决定，与心脏功能水平密切相关。在实践中，运动强度通常采用最大摄氧量的百分比（%$\dot{V}O_2$max）进行评价。在逐级递增负荷运动测试中，最终的 $\dot{V}O_2$max 可以反映个体真实的生理水平，但在心肺疾病患者中可能因出现症征而不能达到最大值，因此常用峰值摄氧量（peak oxygen consumption，$\dot{V}O_2$peak）来描述这类人群的心肺耐力，其运动强度可用峰值摄氧量百分比（%$\dot{V}O_2$peak）表示。

（2）最大心率百分比（%HRmax）。

最大心率（maximum heart rate，HRmax）是在最大强度运动负荷试验中测得的心率最大值，也可根据年龄预测的公式推测得到（表 4-1-2）。目前推荐 60%~80%HRmax 的强度为有氧训练强度。此外，也可用公式计算出运动中允许达到的靶心率（taget heart rate，THR），即：THR =（年龄预计最大心率 - 安静心率）×（40%~80%）+ 安静心率，年龄预计最大心率 = 220 - 年龄。靶心率所表述的运动强度与最大摄氧量表述的运动强度有很好的一致性，对有心脏病的患者和老年人，靶心率应适当降低。

（3）代谢当量（metabolic equivalent，MET）。

使用 MET 值来确定运动处方强度范围时，一般认为为 2~7 METs 的运动强度为适宜有氧耐力训练强度，3~6 METs 为中等强度有氧运动（表 4-1-2）。

▶ 表 4-1-2 常见体力活动的能量消耗计算方法

活动类型	安静部分 /METs	水平运动部分 /METs	垂直运动部分 /METs	限制
走路	3.5	0.1× 速度	1.8× 速度 × 坡度	速度在 50~100 m·min⁻¹
跑步	3.5	0.1× 速度	0.9× 速度 × 坡度	速度 >134 m·min⁻¹ 最准确
登台阶	3.5	0.2× 每分钟登台阶次数	1.33×［1.8× 台阶高度（m）× 每分钟登台阶次数］	登台阶速度在 12~30 步·min⁻¹ 时最准确
下肢自行车	3.5	3.5	（3.96× 功率）/体重（kg）	功率在 50~200 W 最准确
上肢自行车	3.5	—	（6.6× 功率）/体重（kg）	功率在 25~125 W 最准确

（4）主观用力感觉量表。

Borg 等人建立的主观用力感觉量表（rating of perceived exertion，RPE）是由受试者主观报告用力感觉程度，与前述客观检查和计算的各项指标有良好的相关关系，可用来表示有氧耐力训练的运动强度，有氧耐力的 RPE 运动强度范围是 10~15。

（5）无氧阈（anaerobic threshold，AT）。

出现无氧阈时，说明机体无氧代谢供能逐渐占优势，运动强度较大，所以有氧耐力训练要以低于无氧阈的水平进行，可通过测定呼吸商、血乳酸水平和通气量来确定无氧阈。

在体育康复中，有氧运动强度要根据患者的病情和功能水平，从小强度开始，逐步提高，循序渐进进行，切忌按照健康人运动水平进行指导。

肌肉力量训练的运动强度以最大力量的百分比来确定，如等张力量 1 RM 的百分比，或 10 RM，或者最大等长力量的百分比（%MVC）等表示。如果进行肌肉力量训练强度较高，可达 3~8 RM，或 70%~85%MVC，如果进行肌肉耐力训练可采用 12~15 RM，或 40%~60%MVC 训练方法。

4. 运动方式

对心肺耐力进行训练时，建议所有成年人都应进行有规律的、大肌肉群参与的、所需技巧较低的、中等强度的有氧运动。例如，步行、慢跑、游泳、骑自行车、越野滑雪、滑冰和舞蹈等，都是可选择的有氧耐力训练的运动形式，但对年老体弱者，或有残疾妨碍从事上述活动者，力所能及的日常体力活动同样可产生有益的作用，如整理床铺、收拾房间、打扫卫生、驱动轮椅等。对于其他需要运动技巧和体适能水平较高的竞技运动，仅仅推荐给那些拥有相应技巧和较高体适能水平的人。

力量训练方式包括自身重量、自由重量和器械抗阻等，在体育康复中也常用等动肌力训练仪、等惯性训练器等进行针对性训练。

扩大关节活动度训练的方式包括被动运动、助动运动和主动活动等。

平衡训练的方式涉及运动、感觉、认知和环境多种因素，因此，其体育康复方式可采用增肌、扩大关节活动度、调节肌张力、改善心肺耐力、增加灵活与稳定的神经控制性运动、改变感觉输入以及在不同环境条件下进行运动等多种形式。

5. 运动时间

运动时间指每次运动的持续时间。对大多数成年人推荐的有氧运动时间是每天进行 30~60 min 的中等强度运动，或每天进行 20~60 min 的较大强度运动。

力量训练时间取决于训练的肌肉或肌群数量，通常以每组 3~15 RM，或某强度下重复 10 次为 1 组，每次 3~6 组来计算运动时间。

6. 运动总量

运动总量指完成运动的总数量，由运动频率、运动强度和运动时间共同决定的。运动总量可以用运动的总时间来表示，如周累计运动 150 min，也可以用力量练习中克服的总重量来表示，如周累计卧推 1 500 kg，还可以用有氧运动总的距离来表示，如周累计跑步 50 km 等。运动总量可用来估算运动处方的总能量消耗。运动总量的标准单位可以用 MET-min/ 周和 kcal/ 周表示。对大多数成年人推荐的运动总量是 500~1 000 METs-min/ 周，相当于消耗 1 000 kcal/ 周的中等强度体力活动，或大约每周 150 min 中等强度的运动或每天步行 5 500~8 000 步。

7. 运动进度

运动处方的进度取决于运动处方对象的健康状况、体适能水平、训练反应和运动目的。在运动计划的开始阶段，一般先采取低于运动处方要求的强度、时间、频率进行康复，经过一段时间适应后，逐步递增到运动处方要求。此外，当体育康复按照运动处方进行一段时间后，患者能力提升，需要进一步增强运动效果时，也需要逐步调整运动处方中各个变量，安全地晋级。通常在实施运动处方时，可以通过增加运动处方中某单项或某几项内容来递进增量，体育康复的运动进度一般采用如下原则：先增加运动时间，保持其他处方参数不变，在能力提升后，再改变运动频率，身体适应并且能力改善后，再增加运动强度，并且递进幅度大约相当于原始量程度 5%，逐步进展到新运动处方要求。推荐给一般成年人的较合理的运动进度是在计划开始的 4~6 周中，每 1~2 周将每次运动的时间延长 5~10 min。当运动锻炼 1 个月之后，在接下来的 4~8 个月（老年人和体适能水平较低的人应延长时间），逐渐增加运动的频率、强度和时间，以达到最佳的健身效果。在运动处方递进过程中，康复治疗师应该遵守循序渐进原则，从低负荷、小强度开始，这样可以将肌肉酸痛、损伤、过度疲劳的发生，以及过度训练的概率降到最低。

（二）运动处方的分类

1. 根据锻炼人群分类

（1）健身性运动处方。应针对不同年龄段、不同性别、不同身体活动水平、不同机能状态和不同运动环境制订运动处方。健身性运动处方的主要目的是指导锻炼者根据自己的实际情况，采取适当的体育活动进行科学锻炼，以便安全有效地提高健康水平、提高机能状态和提高体适能水平。健身性运动处方广泛适用于学校、社区、健身机构、疗养院和科研机构等场所。

（2）慢性疾病预防性运动处方。针对有不同慢性疾病风险，尤其是心血管疾病危险因素的锻炼者，制订个体化的运动处方，其目的是逆转心血管等慢性疾病的危险因素或延缓其发展，预防慢性疾病发生，实现一级预防的目的。慢性疾病预防性运动处方主要用于学校、社区、健身机构、健康管理机构、疗养院、科研机构等场所。

（3）康复性运动处方。康复性运动处方的对象是经过临床治疗基本痊愈，但尚遗留有不同程度身体机能下降或功能障碍的患者，如冠心病、脑卒中、手术后患者及已经得到一定控制的高血压、血脂异常、糖尿病、肥胖症等慢性疾病患者。这类运动处方的目的是通过运动疗法帮助患者提高身体功能，缓解症状，减轻或消除功能障碍，预防并发症，减少疾病的危害。通过运动处方的实施可以防止伤残和促进功能恢复，尽量提高患者的生活自理能力和工作能力，提高生命质量，延长寿命，降低病死率，实现二级和三级预防的目的。康复性运动处方主要用于综合医院的康复科、康复医疗机构、健康管理机构及社区康复工作中。

2. 根据锻炼目的分类

（1）心肺耐力运动处方。心肺耐力是体适能的核心要素和基础体适能，提高心肺耐力可以降低心血管疾病等多种疾病的发病率和死亡率。心肺耐力运动处方被用于指导科学健身，防治慢性疾病高危人群危险因素和促进慢性疾病患者提高心肺耐力，维持合理的身体成分，改善代谢状态，提升或保持功能，减少发病率、住院率、并发症和死亡率。

（2）力量运动处方。力量运动处方主要的作用是提高肌肉力量、肌肉耐力和爆发力。肌肉力量训练可以使肌肉体积增大，肌力增强，而肌耐力训练可使肌肉产生抗疲劳的适应性变化，改变肌肉能量供应模式，提升肌肉耐力。此外，抗阻力量训练也可促进韧带等结缔组织和骨骼强健。肌肉力量的增加可以降低心血管疾病的危险因素、全因死亡率和心脏病发作的概率。通过规律的抗阻练习，受试者可以提高肌肉力量，改善身体成分、血糖水平和胰岛素敏感性等，有助于减少慢性疾病危险因素，改善慢性疾病患者功能，矫正畸形等。

（3）柔韧性运动处方。柔韧性运动处方的作用是提高患者的关节活动范围；它可以提高韧带的稳定性和平衡性，减少锻炼者的肌肉、韧带损伤，预防腰痛，缓解肌肉酸痛。在康复医学中，通过各种主动、被动的柔韧性练习，使因伤病而受影响的关节活动度得以维持、增加或恢复到正常的范围，保障其他运动活动的顺利进行，改善肢体运动功能。

（4）平衡运动处方。平衡运动处方相对比较复杂，它需要心肺耐力、肌力、柔韧性等基本体适能支持，同时更加强调对核心肌群、身体协调性、神经控制性和环境适应性进行训练。平衡训练对防治老年人跌倒、骨折，促进伤病患者恢复运动能力极为重要。

（三）运动处方的注意事项

（1）根据运动处方对象的具体情况做好运动前健康筛查与医务监督。

（2）根据运动处方对象的个人情况确定最佳运动时间段。

（3）运动前充分热身及运动后放松拉伸。在注意事项中最好明确给出具体的热身及拉伸的方式、次数或时间，保证每次运动后拉伸动作正确，且拉伸时间和次数足够。

（4）根据运动处方对象的个人情况给出降低运动强度或终止运动的指征。

（5）根据运动处方的具体内容和运动处方对象的个人情况，给出服装、场地、运动环境的具体要求。

（6）饮食配合。为了更好地达到预期目标，几乎所有的运动处方在执行时都应该辅以饮食配合。

此外，为了实现运动处方的目的，可在实施运动处方的过程中制订阶段性目标，即短期目标和长期目标。短期目标是指根据运动处方对象目前的健康状况、体力活动水平制订近2~3周或4~8周需要达到的运动目标，包括预期的运动强度、运动时间、运动总量及运动效果。长期目标是指制订半年、一年，甚至更长时间的运动目标，最终的目的是使体育运动更好地融入体育运动参加者的日常生活，从根本上改变体适能水平和身体状况，达到理想的运动效果。

第二节　心肺功能康复训练

心肺功能是指人体的心、肺、血管和血液等组织的综合功能，与氧气和营养物质的输送及代谢物的清除有关。健全的心肺功能是健康体魄的关键，体育锻炼能够有效增强人体心肺功能。

一、心肺功能康复训练的作用

（一）呼吸训练的作用

肺功能出现障碍时，细支气管可能因炎症、充血、水肿、痰液潴留及痉挛等原因而变窄，因此很容易失去管腔支持。在呼气时，细支气管塌陷闭塞，气体无法从肺泡排出体外，导致肺泡膨胀，造成横膈下降、活动范围变小、腹式呼吸功能减弱，出现呼吸困难和缺氧表现。此时，患者常动用辅助呼吸肌和胸式呼吸来代偿，使呼吸运动的耗氧量增加。呼吸训练的作用如下：

1. 呼吸训练可改善气体代谢

呼吸训练是需要患者参与的主动运动，腹式呼吸促进横膈活动，膈肌收缩每增加 1 cm 活动度，可增加通气量 250～350 mL，膈肌呼吸耗氧量较低，可提高呼吸效率。呼吸运动可改善胸廓的顺应性，进而改善肺组织的顺应性和弹性，加大呼吸肌的随意运动可明显使呼吸容量增加，从而改善呼吸功能。

2. 呼吸训练可改善血液循环和缺氧状态

呼吸运动也可改善胸腹腔压力，调节血液循环，随着血液循环的改善，有利于肺及支气管炎症的吸收及肺组织的修复。

3. 呼吸训练有助于降低机体耗氧量和呼吸困难症状

在安静时，呼吸运动中吸气是主动过程，呼气是被动过程。吸气中，横膈活动对增进肺容量有较大影响，且耗氧量较低，呼吸训练中吸气肌训练，可显著改善横膈活动度，减轻机体耗氧量和呼吸困难症状。此外，辅助呼吸肌在一定程度上可增加呼吸深度，但也可增加无效耗氧量，加重呼吸困难症状。因此，可用放松训练，降低辅助呼吸肌过度紧张和机体耗氧量，减轻呼吸困难症状。

4. 呼吸训练有助于通畅呼吸道和改善缺氧状态

呼吸训练可增强呼吸肌及呼吸辅助肌力量，有助于促进咳嗽排痰，减少呼吸道分泌物，通畅呼吸道，改善缺氧状态。

（二）有氧耐力训练的作用

1. 中心效应

科学合理的有氧耐力训练可对心功能产生良好的适应性作用。长期进行有氧耐力训练可降低患者心率、血压和血管阻力，增加每博量、心输出量和静脉回流，改善冠状动脉供血量，增加心肌血管侧支循环，提高心肌摄氧能力和心功能。

2. 外周效应

长期进行有氧耐力训练还可促进心脏之外的组织和器官发生适应性改变，

改善血液循环，增加组织摄氧量；有氧耐力训练还有助于减体重，提高胰岛素敏感性，降低胰岛素抵抗，增强代谢，提高组织器官功能。

二、心肺功能康复训练的基本原则

（一）超负荷原则

超负荷原则是指要达到一定的康复锻炼效果，患者所做的运动训练必须要超出其平常所习惯的运动量阈值和耗氧量阈值，对身体形成刺激效应，以提升心肺功能。运动负荷包括运动强度、运动时间和运动频率三个方面，三者的共同作用决定了运动量水平和能量消耗。运动量需要客观地评估，超负荷的量也需要根据患者的情况逐步递增，避免盲目增量造成损伤或意外风险。在康复训练过程中如果降低运动负荷或中断锻炼，则不能保持通过运动提高了的生理功能，甚至会导致功能下降，需要重新确定运动负荷。

（二）特殊性原则

心肺功能训练的特殊性原则是指运动效果与参与运动的组织器官、形态、机能变化之间的对应性。心肺功能训练可以增加参与运动的肌纤维中的毛细血管数量和线粒体数量及功能，增强组织有氧代谢和肌肉抗疲劳的能力。心肺功能训练需要全身大肌群参与的持续时间较长的运动形式，如跑步、步行、骑自行车或游泳等，才能激活机体的有氧代谢能力，长期坚持可改善和提升心肺耐力。

（三）循序渐进原则

心肺功能训练的健康效应需要长期坚持才能获得，根据运动负荷不同及患者的运动基础不同，获得健康收益的时间也不同。运动负荷越大，取得健康效果的时间越短，反之，训练更长些；患者参加锻炼前有氧耐力差，经过训练获得康复效果可能会较为凸显，但总的运动能力还是相对较低的。一般来讲，所有患者都需要从小负荷训练开始，循序渐进，长期坚持，逐渐递增运动负荷，使其产生适应性，获得康复训练效果。

（四）持之以恒原则

心肺功能训练需要长期坚持才能提升心肺耐力和组织代谢能力。一般要求每周至少进行 3~5 次中等强度运动，持续 8 周以上产生康复效果。康复患者运动负荷较低，需要每日进行，每次至少持续 10~30 min，12~24 周方可产生康复效果。

三、心肺功能康复训练的运动处方

（一）运动处方

心肺功能训练的效果是由心肺功能系统所承受的负荷及运动强度、运动时间和运动频率来决定的。在体育康复中，心肺功能训练主要是进行心肺耐力训练，其运动处方内容包括运动频率、运动强度、运动时间、运动方式、运动总量和运动进度，即 FITT-VP 原则。一般推荐每周锻炼 3~5 天，以 $50\%~80\%\dot{V}O_2max$ 运动强度进行运动，运动时间为 20~60 min，每次锻炼的运动强度和运动时间的总工作量消耗 837~1 256 kJ（200~300 kcal）的热量。运动进度需从低强度开始，逐渐适应，渐进增量，从延长时间到增加运动频率，最后增加运动强度，以产生和提高训练效果。一般认为，第 1~4 周为适应期，第 2~5 个月为提高期，6 个月以上为稳定保持期。心肺耐力训练的运动强度可用客观的 $\%\dot{V}O_2max$、%HRmax、靶心率法、代谢当量法，也可采用主观的 RPE 和谈话试验等方法，或者选择上述两者相结合使用。一方面，心肺耐力中主、客观运动强度表述方法间有很好的相关性，另一方面，主观运动强度对那些没有条件直接测定最大摄氧量，或者服用影响心率的心血管疾病药物的患者，能够更加准确地反映真实的运动强度，避免客观指标不能真实反映运动强度，从而造成运动风险的情况。心肺耐力训练的 RPE 区间（6~20 级）为 10~15 级。谈话试验是指在运动过程中能够自由地与人交谈，甚至可唱歌视为低强度运动；若不再能唱歌，但尚能讲话，稍感费力，且身体微热有汗则视为中等强度运动；若不能继续说话表明已达高强度运动。

在设计运动处方的 FITT-VP 内容时，应充分考虑锻炼者的 ① 运动目标；② 健康状态；③ 运动能力及与健康相关的身体素质；④ 日程安排；⑤ 运动和社会环境；⑥ 运动器材和设施的资源。提高心肺耐力的运动处方总结见表 4-2-1。

▶ 表 4-2-1 提高心肺耐力的运动处方总结

要素	具体内容
运动频率（F）	≥5 天·周⁻¹ 的中等强度运动，或 ≥3 天·周⁻¹ 的较大运动强度，或 3~5 天·周⁻¹ 的中等和较大强度运动组合
运动强度（I）	中等和/或较大强度运动，对于大多数健康成年人推荐的运动强度应 ≥ 50%HRR，患者需从较小运动强度开始
运动时间（T）	中等强度有氧运动 30~60 min·d⁻¹（150 min·周⁻¹），或较大强度有氧运动 20~60 min·d⁻¹（75 min·周⁻¹），或对于大多数成年人每天中等和较大强度运动的组合；分段运动累计达到 150 min·周⁻¹ 有氧运动量有利于心肺耐力的提高，适用于久坐或身体活动不足的人群
运动方式（T）	有氧运动；大肌群（上肢、下肢、躯干）连续不断且有节奏的运动，如快走、慢跑、骑自行车、游泳、划船、越野滑雪、登楼梯和有氧舞蹈等
运动总量（V）	建议目标为 500~1 000 METs-min/周。低于此推荐量的人群仍然能从规律的运动中获益，但是获益程度较少。锻炼可以每天 1 次连续运动，也可以每天分多次完成推荐量。分段完成可能使身体状态较差的个体容易实施，并有良好的依从性。高强度间歇训练可以用于心肺耐力良好的成年人
运动进度（P）	通过调整运动时间、运动频率和/或运动强度来逐渐增加运动量，直到达到期望的运动目标为止。规律运动可降低肌肉、骨骼损伤和心血管事件的风险

（二）注意事项

（1）进行心肺耐力训练时，要配合呼吸训练，尤其是腹式呼吸训练，可增强呼吸功能。

（2）在进行体育康复活动中，应注意对心肺功能障碍患者进行心理疏导。慢性疾病患者常常有多种心理问题，如失望、抑郁、忧虑等，特别害怕运动中出现呼吸困难，害怕活动，更倾向于依赖药物和亲友的帮助。康复治疗师需要关注患者心理问题，进行心理疏导和支持，解释医疗体育的身心效应，打消患者的顾虑。

（3）要经常变换体育康复活动形式，增加趣味性，避免单调乏味。

（4）避免长期进行一种运动活动造成局部组织劳损。

（5）在进行心肺耐力训练同时，要对患者进行健康教育，鼓励患者戒烟、戒酒，形成良好作息和平衡膳食规律和良好生活习惯，增强心肺锻炼效应。

（6）在对患者进行体育康复训练时，通常需要先确定患者的患病时期，如果是急性期患者，一般不做运动试验，从低强度、小剂量、日常活动方式开始进行训练，目的是给予运动感觉，改善心理感受，促进开始活动，避免功能衰退；训练中要加强监护。亚急性期患者根据病情稳定情况酌情增量进行体育康复，通常也需要训练监护，指导安全运动。运动前可进行运动试验以确定患者的运动能力、安全运动界限及运动终止时症状，为制订安全有效的运动处方和运动中是否需要密切监护提供指导。慢性稳定期患者是否需要进行运动试验取决于患者将要采取多大运动强度进行康复，如果患者要从事较大运动强度的体育康复，在运动前需要进行运动试验，以确定安全的运动强度，同时在开始运动时加强监护，待适应运动后减少监护，随访体育康复锻炼情况。

（7）其他影响心肺耐力训练的因素还包括年龄、性别、训练史、疾病类型和可利用的体育康复资源等。

四、心肺功能康复训练的适应证及禁忌证

（一）适应证

（1）循环系统疾病患者：如隐匿型冠心病、稳定性心绞痛、安装心脏起搏器和高血压病等心血管疾病病情稳定者。

（2）呼吸系统疾病患者：如慢性阻塞性肺疾病、慢性限制性肺疾病、哮喘等慢性呼吸系统疾病伴呼吸功能障碍者。

（3）全身疾病造成的心肺功能障碍患者：因手术/外伤术后心肺功能障碍，内分泌代谢性疾病和其他器官系统疾病等造成的心肺功能下降者。

（4）中枢神经系统疾病患者：如脑卒中、截瘫等肌肉瘫痪无力、帕金森病肌紧张无力等患者。

（5）为增强心肺功能要求参加锻炼的健康人。

（二）禁忌证

（1）疾病失代偿期，生命体征不稳定，如心力衰竭、心律失常、心源性休克、肾功能衰竭未控制、高血压及其危象等。

（2）严重器质性疾病或影响血流动力学，如严重的主动脉瓣狭窄或二尖瓣狭窄、限制性心肌病、严重低血压或高血压等。

（3）不稳定性心绞痛、心肌炎、心包炎、心内膜炎等心脏疾病。

（4）深静脉血栓形成和主动脉夹层动脉瘤。

（5）全身性感染性疾病，如肺炎、传染病等。

（6）严重贫血、电解质紊乱等全身性疾病。

第三节　肌肉力量康复训练

肌肉力量训练（muscle strengthening exercise）是用于维持和发展肌肉功能的专门性训练方法，是通过运动的手段，促使肌肉反复收缩，使之产生适应性改变，以提高肌肉收缩力量的锻炼方法。在康复医学中，肌力训练常用于肌肉萎缩无力的患者，通过肌肉力量训练以达到恢复肌肉力量和日常生活活动能力的目的。

一、肌肉力量康复训练的作用

（一）增强肌肉力量

肌力训练可以刺激骨骼肌肌球蛋白、肌动蛋白和酶蛋白等蛋白质合成增加，使肌纤维变粗；也可促进卫星细胞分化增殖成肌细胞，促进肌肉肥大，从而增加肌肉力量。

（二）增强神经动员能力，提高爆发力

肌力训练可以促进神经肌肉动员能力，增强运动单位的放电频率和募集数量，提高肌肉收缩速度，从而增强爆发力。

（三）增强肌肉耐力

较低阻力负荷、较多重复的肌肉力量训练，可以增加肌肉肌红蛋白含量和 ATP 以及糖原储备，提高肌肉毛细血管密度，改善肌肉有氧代谢能力，从

而提升肌肉抗疲劳能力，增强肌肉耐力。

（四）改变基础代谢率

肌肉力量训练可以促进肌肉肥大和增加肌肉量，而肌肉质量是影响机体基础代谢率的重要因素，基础代谢率增加有助于维持机体内稳态、减少胰岛素抵抗和控制体重，对防治代谢综合征及代谢相关疾病意义重大。

二、肌肉力量康复训练的基本原则

（一）超负荷原则

超负荷原则是指训练的阻力负荷应超过患者现有的能力水平，从而对肌肉形成应激刺激，逐渐使之产生适应性变化，促使肌肉肥大、肌力增长。超负荷训练，消耗更多的骨骼肌能源物质，造成一定程度结构微损伤，产生疼痛、疲劳等反应，肌肉力量、速度和耐力可暂时性下降；运动结束后、休息过程中，运动中消耗的物质开始恢复，损伤的结构逐渐修复，其恢复程度可超出原有水平，称为超量恢复。在超量恢复的上升期对肌肉再次施加训练，可延续训练效果，促进肌肉肥大。如果在超量恢复结束后给予肌肉力量训练，效果就会下降。如果在肌肉能源物质尚未恢复，结构未修复时继续给予训练，也会造成过度疲劳，不利于肌肉肥大和力量增长。

（二）特异性原则

肌力增长是运用阻力负荷施加到一组肌群或一块肌肉，反复训练获得的训练效果，训练哪组肌群或哪块肌肉，该肌群或肌肉获得的肌肉训练效应就最大，而与之无关、没有得到训练的肌肉或肌群力量增长并不显著，该现象称为力量训练的特异性原则。在等长力量训练中，关节角度特异性也很鲜明，在哪个角度下进行训练，该角度测量的最大随意收缩（MVC）就最大，其他角度测量的 MVC 则低于训练角度的 MVC。

（三）交叉迁移原则

交叉迁移是指进行某肌群或肌肉力量训练时，除了训练肌肉的力量增长外，未受训练的同源肌肉力量也可获得同步增长，其机制可能与神经控制因素有关。在体育康复中，可利用此原则对制动肢体的肌肉进行早期干预。

（四）可逆性原则

该原则意为肌肉力量训练的效果在停止训练，或中断训练后，将在一段时间后逐渐消失。中断训练后，力量增长消失的时间取决于原来训练的运动强度和运动量，如果运动强度大，力量增长明显，训练效果在 4~8 周消失，而如果运动强度小，力量增长少，训练效果可在停训后 3~6 周消失。提示要持续进行力量训练，保持较好的肌肉力量。训练效果消失后，再次进行训练，仍应从小剂量开始，逐渐增量。

三、肌肉力量康复训练的方法

抗阻训练是肌肉力量（肌力）训练的基本方法，在徒手肌力低于 3 级时，也可采用电刺激方法、针灸刺激方法和生物反馈训练法。如果是整个肢体力量不足，也可采用功能性电刺激方法进行训练。在制订肌力训练方式时，需根据肌肉活动能力及对抗阻力的情况，按肌力分级标准选择对应的肌力训练方法。

1. 肌力为 0 时

患者肌肉瘫痪无力，徒手肌力 0 级只能进行电刺激疗法或穴位针灸刺激以延缓肌萎缩；也可通过运动想象，激发内在的神经动力诱发瘫痪肌肉的收缩，以活跃神经轴突，增强神经营养作用，促进神经再生。

2. 肌力为 1~2 级时

此时肌肉已可随意运动，因此一方面可采用肌肉电刺激疗法，也可使用生物反馈性电刺激训练，促进肌肉收缩，增强肌肉力量。另一方面进行助力运动练习，即外力辅助收缩无力的肌肉主动收缩，以便完成大幅度的关节运动。助力运动强调患者的主观用力，仅给予最低限度的助力，避免以被动运动代替主动运动。助力可由康复治疗师或患者的健肢提供，也可以通过滑轮、体操棒或者特殊器械提供。

3. 肌力为 3 级时

肌力为 3 级时，训练者能以主动肌肉收缩形式完成抗重力的运动。主动运动时，应注意训练者初始的运动重量、速度、次数、间歇等，进行合理的训练，训练时一定要注意训练者的身体位置和承受重力的位置等，将需要锻炼的肢体放在抗重力的位置上进行主动运动，避免训练过程中，产生代偿和不正常的发力模式。

4. 肌力为 4 级及以上时

肌力达到 4 级及以上时，肌肉不但能负担自身肢体重量，而且具有充分抗阻力的能力。此时可运用抗阻运动训练。对抗较大阻力进行收缩时，可增加运动单位募集，提高运动训练效果。最大收缩练习为肌肉对抗能承受的最大阻力，竭尽全力进行收缩练习。最大收缩练习持续时间很短，重复次数很少，即可引起肌肉疲劳，能募集Ⅱa 及Ⅱb 型肌纤维，有利于促进肌肉肥大和增强肌力。以低于最大阻力（如 80%MVC、60%MVC、40%MVC 或 1 RM 等）的亚极量负荷进行练习时，可以重复较多次数或持续较长时间，不易疲劳，这种练习方法主要募集Ⅰ型肌纤维，有利于增强肌肉耐力，故又称肌肉耐力训练。肌力训练处方见表 4-3-1。

▶ 表 4-3-1 肌力训练处方

运动参数	增强肌肉力量	增强肌肉耐力	增强肌肉爆发力
运动方式	自身重量、自由重量、等动训练	自身重量、自由重量、等动训练	自身重量、自由重量、等动训练
运动肌群	8~10 块大肌群，或损伤的相关肌肉	8~10 块大肌群，或损伤的相关肌肉	8~10 块大肌群，或损伤相关肌肉
运动强度	3~8 RM，66%~90%MVC	10~15 RM，40%~70%MVC	60%~70%RM，快速收缩
运动次数	3~10 次·组$^{-1}$	10~15 次·组$^{-1}$	8~10 次·组$^{-1}$
运动组数	3~4 组·d^{-1}，组间休息 3~5 min	3~6 组·d^{-1}，组间休息 1~3 min	2~3 组·d^{-1}，组间休息 1~3 min
运动频率	2~3 次·周$^{-1}$，隔日进行	3~5 次·周$^{-1}$	2~3 次·周$^{-1}$，隔日进行
运动进度	1~6 周起效，8~12 周见效，13~24 周保持	1~6 周起效，8~12 周见效，13~24 周保持	1~4 周起效，5~12 周见效，13~24 周保持

四、肌肉力量康复训练的适用范围及注意事项

（一）适用范围

肌力训练通常用于治疗各种原因引起的肌肉萎缩，在康复医学中应用极

其广泛，主要应用范围包括以下几个方面：

（1）维持肌肉伤病时的肌肉舒缩功能。

（2）防止失用性肌萎缩，特别是伤病在固定肢体后的肌肉萎缩。

（3）防止因创伤、炎症引起的疼痛所致反射性的抑制脊髓前角细胞的肌肉萎缩。

（4）促进关节和神经系统损害后的肌力恢复。

（5）通过调整肌力平衡，选择性地增强肌力，对脊柱侧弯等畸形有矫治作用。

（6）增强躯干肌力及调整腹背部的肌力平衡，防止颈椎病及各种下腰痛等病症。

（7）增强肌力和改善拮抗肌平衡，加强关节的动态稳定性，防止负重关节的退行性病变。

（8）选用适当的训练方法，增强腹肌和盆底肌训练，对防治内脏下垂，防治尿失禁，产后塑身和改善呼吸及消化功能有一定的积极作用。

（二）注意事项

1. 选择适当的训练方法

训练前，应先评定训练部位的关节活动度和肌力，然后根据肌力等级选择训练方法。肌力为 1 级时，进行主动静力性运动；肌力为 2 级时，进行助力运动和抗部分阻力运动；肌力为 3 级时，进行抗轻微阻力运动；肌力为 4 级时，进行抗较大阻力运动。

2. 正确掌握运动量与训练节奏

遵循疲劳和超量恢复的原理，每次练习应引起适度的肌肉疲劳，肌力训练后要有充分的间歇消除疲劳，在超量恢复阶段进行下一次练习从而积累和巩固疗效。

3. 调整阻力

所加阻力是否得当是肌力训练的关键因素之一。阻力的方向总是与肌肉收缩使关节发生运动的方向相反；阻力通常加在训练的肌肉远端附着部位，当肌力较弱时，也可靠近肌肉附着的近端；每次施加的阻力应平稳持续一定时间，不应感到顿挫。若患者增加阻力的部位出现疼痛、不能完成全范围关节运动、出现肌肉震颤或代偿性运动时，应调整施加阻力的部位或大小。

4. 适当动员患者

肌力练习的过程是患者主观努力的过程。应使患者了解肌力增长的大致规律，掌握科学的练习方法，避免不良反应。练习前应经常给予患者语言鼓励，使其充分了解肌肉力量练习的意义和作用，并显示练习的效果，以提高其信心和长期坚持练习的积极性。

5. 防止出现疲劳和疼痛

运动中，训练肌肉发生疼痛应被视作引起或加重损伤的信号，应予以重视并尽量避免。肌力训练后，短时间内的疼痛和肌肉疲劳是正常的生理反应；如疼痛超过 24 h，则应调整运动强度，因为较长时间的疼痛可反射性地引起脊髓前角运动细胞抑制，阻碍肌肉收缩，影响练习效果。应做好准备活动和放松活动。

6. 防止出现心血管反应

肌肉的大强度收缩，特别是等长收缩，可引起心率和血压的突然升高，造成心血管系统的额外负担，故对有高血压、冠心病或其他的血管疾病者应慎用等长抗阻运动，特别是对抗较大阻力时的过分用力或闭气。心血管系统疾病患者做肌肉练习时，需避免最大强度练习、避免等长练习，以及学会呼吸方法，并随时观察心率和血压变化情况。有较严重心血管疾病者，不宜进行中等以上强度的肌力练习。

第四节　肌张力调节

肌张力（muscle tone）是指被动活动身体某部分的抵抗感，即拉长或牵拉肌肉时所产生的阻力，静息肌张力通常是指静息清醒状态下肌肉的紧张度。适当的肌张力可以提供控制运动的能力，保证运动控制的效率与准确性。肌张力的高低取决于大脑中枢的下行通路与脊髓反射回路之间的相互作用，并与运动单位活跃程度和肌肉结缔组织的弹性有关。肌张力的高低可受体位、温度、年龄、性别、体适能等多种因素的影响。

正常肌张力是被动活动时检查者感受到适当的抵抗感，允许运动无间断地、平滑地进行。肌张力过低的肢体软弱松弛，运动时感觉阻力很小或无阻力感，当松手时，被动的肢体向重心方向下落。张力过高则肢体有沉重感，运动时感觉阻力增加，程度从轻微迟滞到需非常用力才能移动这部分肢体，当松手时，肢体被拉向肌肉痉挛的方向。出现张力过高或痉挛时，不管是屈肌还是伸肌，均以典型的僵硬刻板的模式表现出来，都是紧张性反射性的释放。

一、肌张力异常的临床表现

（一）肌张力低下

肌张力低下，是指肌肉松软无力，不能主动活动，被动活动时无抵抗感。其原因主要有：① 神经病变所致。如大脑基底核、小脑、脊髓后索、脊髓后根、周围运动神经损伤时神经冲动的传导发生障碍，脊髓反射减慢或中断，导致肌肉松弛无力；② 肌肉病变所致。肌肉废用萎缩，表现为肌肉缺乏弹性，触之较软，关节活动范围增大，可有关节过伸或过屈，被动运动时牵张阻力小；③ 小脑病损所致。小脑病损尤以旧小脑与新小脑病损时发生肌梭感觉传入缺失，运动减弱，造成同侧张力低下为主要表现；④ 脊髓休克。是肌张力低下的特殊形式，指脊髓或脊髓之上神经中枢遭受损害而使脊髓突然与高位中枢离断后，暂时性丧失活动能力进入无反应状态的现象。脊髓休克表现为损伤水平面以下的脊髓所支配的骨骼肌紧张性消失，同时伴有血压下降，末梢血管扩张，发汗反射不出现，不能排便和排尿等，脊髓所有功能暂时性丧失。上述现象持续数周至数月后逐渐恢复。阴部反射，如球海绵体反射、小阴唇反射出现标志着脊髓休克开始恢复。在运动方面首先是腱反射、屈肌反射等较原始反射先恢复，然后是对侧伸肌反射等比较复杂的反射恢复，血压逐渐上升到一定水平，排尿、排便有一定恢复。脊髓休克的恢复说明脊髓本身可以完成这些简单的反射活动，但正常时它是在高位中枢的调节下进行活动的。值得注意的是，脊髓休克恢复后，屈肌反射、发汗反射比正常时加强。

（二）肌张力增高

肌张力增高通常指被动活动患者身体某部分时感显著抵抗感、僵硬感。其原因最主要是中枢神经系统疾病或损伤所致，可表现为 ① 去大脑强直。指中脑脑干病变时脊髓失去与大脑的联系，仅与延髓、脑桥相连，因而出现头后仰、四肢均僵硬伸直、上臂内旋、手指屈曲的现象；② 强直。是指在肢体运动的全范围中，主动肌群和拮抗肌群同时收缩，对被动牵张的阻抗增高，它与运动速度无关，而是依赖于肌肉长度的牵张反射亢进状态。可出现：a. 齿轮现象，即被动活动患者肢体，可感受到有阻力和无阻力交替出现的情况，通常在肢体震颤伴有肌张力增高时出现；b. 铅管现象，即被动活动患者肢体可感受到强直肌从运动开始到结束都有始终如一的阻力感；③ 痉挛。指在肢体运动中肌肉对被动牵张的阻抗增高，产生协调异常的特定模式，且阻抗的增高与运动速度有关，速度越快，抵抗感越明显。痉挛可表现为：过度活跃的牵张反射；对被动运动的阻抗增高；上肢处于屈曲姿势，下肢处于伸展姿势；相互拮抗的肌肉过度协同收缩；刻板的运动协同。

（三）肌张力障碍

肌张力障碍指肌张力增高与降低变换不定，交替出现，或出现异常痉挛性动作。其病变主要位于大脑基底神经节，也可见于全脑感染，如脑炎、核黄疸和肝豆状核变性，常见表现为徐动症、舞蹈症、扭转痉挛、抽动症等。

二、调整肌张力的方法和注意事项

（一）神经肌肉促进技术

肌张力异常
的机制

神经肌肉促进技术是通过中枢性反射、周围皮肤感觉和本体感觉易化等不同途径，遵循人体神经发育的自然规律，调整和改善脑部病变部位及其周围神经组织的兴奋性，以实现高级中枢对神经肌肉功能的重新支配。因此，神经肌肉促进技术是脑卒中、偏瘫等中枢神经伤病患者常用的康复治疗技术之一。常用手法有 Rood 技术、Brunnstrom 技术、Bobath 技术及本体感神经肌肉促通术（PNF）。Rood 技术能进行感觉刺激，加强患侧肢体感觉信息的输入，调节中枢神经系统的兴奋性，调控肌张力。Brunnstrom 技术可调动和利用机体的各种反射，促进软弱无力的肌群收缩，增强肌张力。因此，常用于偏瘫早期及软瘫期的患者。Bobath 技术和 PNF 能抑制痉挛，调整肌张力，建立正确的姿势和功能活动模式。

（二）肌牵张技术

通过对不同部位关节、肌肉缓慢或快速的牵拉，可改善关节的活动范围，

改变或调节肌张力，预防关节、肌腱组织的挛缩或畸形，是偏瘫康复治疗中最常用的手法。常用的牵张技术有被动牵张、主动抑制和自我牵张。牵张技术可用于脑血管意外的各个时期，以促进肌肉功能的恢复，减少各种并发症。在偏瘫患者早期肌张力较低时，手法操作上要注意防止肌肉的拉伤或者关节的损伤、脱位，尤其是肩关节。当肌张力较高，有明显肌痉挛牵张时，应避免用力过猛而造成损伤。

（三）生物反馈训练

生物反馈训练，是指患者清醒进行配合情况下，依赖电生理设备运用视觉、听觉等反馈显示肌张力高低，主动根据反馈信息调整肌肉紧张度的训练方法。该训练方法是患者主动调控改变肌张力的方法，可起到促进或降低肌张力的作用，是有效缓解中枢神经系统损伤后肌张力异常的调控方法，并可结合到身体活动中。

（四）注意事项

肌张力受患者情绪影响，因此，应该在患者情绪稳定的情况下进行。抑制肌张力增高时，通常采用慢速牵拉技术和其他肌张力抑制技术，有时需要药物如巴氯芬和肉毒素等协同治疗。肌张力很低时，有时需要用针灸、电刺激等配合治疗。在高位脊髓损伤后腕部肌张力低下、难以恢复肌张力时，有时需要用支具在手的功能位保持固定，以实现手的抓握功能。

三、肌张力调节的适应证

（一）适应证

肌张力调节的适应证包括中枢神经系统疾病、损伤后肌张力异常、周围神经肌肉损伤后肌张力异常和肌肉疾病肌张力异常。

（二）禁忌证

（1）感染发热。
（2）出血性疾病。
（3）恶性肿瘤部位。

（4）严重器官衰竭。

（5）关节挛缩畸形。

（6）骨化性肌炎部位。

（7）骨关节不稳或脱位者。

（8）急性骨关节损伤。

第五节　关节活动度训练

关节活动度有主动和被动之分，主动关节活动度是指被检查者做肌肉随意收缩时带动相应关节的活动范围，由肌肉的主动收缩产生。被动关节活动度是指被检查者肌肉完全松弛的情况下，由外力作用于关节而发生运动的范围，无随意的肌肉运动。正常情况下，被动关节活动范围较主动关节活动范围略大。

炎症、外伤、手术、肢体制动、神经损伤或其他原因所致的失用都可以引起关节囊、关节韧带或肌腱挛缩及关节内外粘连，导致关节活动受限。关节活动度障碍可分为骨性与纤维性两类，因骨骼变性、骨质增生或因关节内外的创伤或炎症，关节骨骼互相卡阻或互相融合，引起关节活动度障碍，称为骨性关节活动障碍，一般需要进行截骨矫正术、关节成形术或人工关节置换术等手术矫治。因关节内外纤维组织增生、挛缩或瘢痕粘连引起的关节活动度障碍，属于纤维性关节挛缩，这种关节挛缩通常采用关节活动度练习、手法松解及手术松解进行处理。其中，最常用的方法是关节活动度练习，是指经临床处理后应用各种主动或被动的方法，通过合适的功能锻炼使其恢复并维持正常关节活动度的练习。

一、关节活动度的影响因素和异常原因

（一）影响关节活动度的因素

1. 关节面的面积差

构成关节的两个关节面的面积差越大，关节活动度也越大。例如，肩关

节与髋关节相比，尽管两者均属球窝关节，为三轴关节，但因肩关节的肱骨头大、肩胛骨的关节盂小，面积差大，髋关节的髋臼大而深，面积差小，故肩关节活动度较髋关节大。

2. 关节囊的厚薄和松紧度

关节囊薄而松弛，则关节的活动度大，反之则小，如肘关节关节囊的前、后壁薄而松弛，故肘关节伸屈活动度大。

3. 关节韧带的强弱和多少

关节韧带少而弱，则活动度大，反之则小。例如，髋关节主要有参与支持体重、直立行走和跑跳的功能，故其周围关节韧带力量强，有髂股韧带、耻股韧带、坐股韧带、轮匝带，关节囊内有股骨头韧带，这些结构大大限制了髋关节的活动度。

4. 关节盘

关节盘可使两骨关节面更适应，将关节腔一分为二，两个关节腔可产生不同的运动，增加了关节运动的形式和范围，如膝关节的半月板使得膝关节除屈伸运动外，还可以做旋转运动。

5. 关节周围的骨结构

关节周围的骨突，常阻碍关节的活动，影响关节的运动幅度。例如，桡腕关节附近的桡骨茎突，影响手的外展幅度。

6. 关节周围组织的弹性程度

一般来说，肌肉弹性越好，关节活动度也越大，但若肌肉体积过大和周围脂肪组织过多也会限制关节的活动度，关节周围皮肤的疤痕也可限制关节活动范围。

7. 年龄、性别及训练水平

儿童和少年的关节活动度比成年人大，女性比男性大。体育运动对人体关节活动幅度影响很大，训练水平高者关节活动度比低者大。经常参加体育锻炼的人，如果注重柔韧性练习直至老年仍可保持较好的关节活动度。

8. 生理状态

人的生理状态对关节活动度有着明显的影响。当人在麻醉或昏迷状态时，由于肌肉松弛，使关节呈软弱而不稳的状态，关节活动度较通常情况加大；而当人体处于紧张状态，如寒冷时关节活动度减小。

（二）关节活动度异常的原因

关节活动度异常分为活动度减小和活动度扩大两类，临床上以关节活动度减小更为常见。

1. 关节活动度减小

活动度减小，关节活动范围受限在临床上最常见。其原因有：① 关节本身的疾病。关节内骨折或软骨损伤、关节内游离体、关节积血或积液、类风湿性关节炎、骨关节炎、关节先天性畸形引起的疼痛、肌肉痉挛或软组织粘连，均可使关节的结缔组织纤维融合，导致关节活动度减小；② 关节外的疾病。骨折、制动、肌肉痉挛、关节周围软组织损伤及粘连、疤痕挛缩、严重的肢体循环障碍、各种伤病所致的肌肉瘫痪或肌无力、运动控制障碍等均可引起关节活动度下降。

2. 关节活动度扩大

关节活动度扩大指关节囊松弛，关节活动范围超出同年龄、性别的正常范围，并有损伤关节风险的情况。常见原因有各种原因的肌肉瘫痪无力，良性关节囊松弛症，特殊职业，如舞蹈、杂技演员等。

二、关节活动度训练的机制和基本原则

减轻关节粘连和关节周围组织挛缩，扩大关节活动度是治疗关节活动受限的基本原则。其机制是瘢痕组织或粘连的关节囊等限制关节活动的成分中胶原纤维在牵引力的作用下，发生弹性延长和塑性延长反应，通过持续牵拉最终使关节活动度扩大。弹性延长指胶原细纤维的螺旋形结构在应力牵拉下变直，而在牵引力去除后又重新回缩。塑性延长可能是相邻胶原分子之间横腱裂解，致使胶原分子互相滑移所致。短暂的牵引只能使胶原纤维产生弹性延长。而胶原纤维在反复多次、特别是持续较久的牵引后，方能产生较长的塑性延长。持续性延长是产生关节活动度增加的主要原因，因此，关节活动度练习的任务就是利用反复多次或持续一定时间的牵引，牵拉挛缩和粘连的纤维性组织，使其产生更多的塑性延长。

对关节活动过度有损伤风险的患者进行关节稳定性训练是基本原则。其机制是促进关节周围纤维软组织缩短和肌肉收缩、强化功能。因此，稳固制动和肌肉力量练习可改善关节活动扩大，增强关节稳定性。制动有助于关节

周围胶原纤维自动回缩，达到缩短的目标；而肌肉力量增强可通过肌肉收缩达到关节动态稳定，避免损伤风险。

三、关节活动度训练的方法

关节活动度训练是改善和维持关节的活动范围，促进患者完成功能性活动的一种重要的康复治疗技术。关节活动度训练方法很多，出现关节活动度障碍时，选择的方法要视关节的具体情况而定。

（一）主动运动

当患者肌力、关节活动度有相当恢复时，应鼓励其主动运动。主动运动最常用的是各种徒手操或器械操，可根据患者关节活动受限的方向和程度进行。动作宜均衡缓慢，尽可能使关节活动范围达到最大幅度，用力维持以引起紧张或轻度疼痛感为度，每次重复 20~30 次，多轴关节的各个方向运动依次进行，每天可练 2~4 次。主动运动适用于患者意识清楚、肌肉无瘫痪、关节受限早期，对较牢固的关节挛缩、粘连效果不够理想。

主动运动可改善关节血液循环，增强肌肉力量；消除肿胀；牵拉挛缩组织，松解肌肉、韧带和肌腱的粘连，有利于维持和增加关节活动度。

（二）被动运动

当患者主动活动有困难时，可利用人力或器械进行被动运动。由康复治疗师进行或由患者自己用健侧肢体协助进行，活动到最大关节幅度时宜做短时间的维持。切忌突然用力，须根据疼痛感觉控制用力程度，以免引起新的损伤。

1. 被动关节活动

被动关节活动指康复治疗师对患者实施关节活动的操作。康复治疗师需要对受限关节或有受限风险的关节进行各个运动方向的活动训练，缓慢进行，每次达到最大范围，每天活动关节 1~2 次，每次使所有受限关节做 3~5 次全范围运动，逐步恢复关节活动度。

2. 关节松动术

关节松动术是最常用的促进关节内活动，增加关节囊和关节周围韧带弹性，扩大关节活动度治疗技术。其要点是关节内操作，通过手法速度、活动范围和不同技法达到减痛、增加关节活动的目的。手法分为Ⅰ至Ⅴ级，Ⅰ至Ⅳ级很安全，并可解决绝大多数问题。Ⅴ级手法也称为搬法，需要用快速的手法撕裂粘连的纤维组织，有一定微创性，治疗者需要经过严格培训后才能施行治疗技术。

3. 推拿

中国传统推拿手法包括推、揉、滚等，可使肌肉放松，也可用拔、刮等手法缓解肌肉的痉挛和松懈粘连。但忌用暴力被动折屈关节，以免引起新的损伤。

4. 关节功能牵引

关节功能牵引的基本方法是将挛缩关节的近端肢体用支架或特制的牵引器稳定地固定于适当姿势，然后在其远端肢体上按需要的方向做重力牵引，应用力学原理，通过机械装置，使关节和软组织得到持续的牵伸，从而解除肌肉痉挛和改善关节挛缩。

5. 连续被动运动

连续被动运动（continuous passive motion，CPM）是指使术后对肢体进行早期和无痛范围内的持续被动运动，主要用于防治制动引起的术后关节挛缩，促进关节软骨、韧带和肌腱的修复，改善局部血液、淋巴循环，消除疼痛和肿胀。连续被动运动需用专用器械进行，关节活动幅度、速度和持续时间可酌情设定，关节术后早期或炎症活动期应较慢，关节活动幅度一般从无痛的可动范围开始，之后酌情扩大，直至产生轻微疼痛为止。运动持续时间最初宜24 h连续进行，至少为时1周，以后改为间歇进行，逐渐缩短为每天12 h、8 h、4 h。也有人主张每次1~2 h，每天进行两次。人工关节置换术后，一般应用连续被动运动康复1~2周。

（三）助动运动

当患者肌力有所恢复，肿胀疼痛好转，关节活动度有所增加时，可进行主动助动运动，以帮助关节活动度进一步改善。通常由健肢徒手或通过棍棒、滑轮和绳索装置等简单器械，对患肢的主动运动施加辅助力量。助动运动兼有主动运动和被动运动的特点，应用很广。

1. 助动运动

由有经验的康复治疗师根据患者的具体情况，沿着关节活动的方向帮助患者进行关节活动，并逐步减少外部辅助力量，尽量促使患者主动用力，如康复治疗师在偏瘫患者的早期，利用PNF技术中导引手的作用帮助患者患侧肢体进行对角线运动，维持和改善关节活动度。

2. 器械训练

根据杠杆原理，以简单器械为助力，带动活动受限的关节进行活动。例如，体操棒、肋木、肩关节练习器、肘关节练习器和踝关节练习器等。

3. 滑轮训练

利用滑轮装置和绳索，通过健侧肢体帮助患侧肢体运动，其优点是活动幅度易掌握，患者很愿意接受。

4. 悬吊训练

利用挂钩、绳索和吊带等网架装置将拟活动的肢体悬吊起来，使患者在减去自身重力的前提下进行主动活动。

5. 水中运动

水中运动是利用水的浮力，使严重无力的肌群无须使用多大的力即可进行活动，水中运动是助力活动中增加关节活动度较好的练习方法，采用水中运动训练的患者必须在康复治疗师的协助和支持下进行。

（四）抗阻运动

利用 PNF 技术中的维持－放松技术和收缩－放松技术可有效使关节活动度增加。其操作是使患侧肢体活动至运动范围的受限终点，再进行拮抗肌的等长抗阻收缩，维持 6~10 s，然后要求收缩的肌肉快速放松，再进行主动肌收缩，移动肢体达到比运动前更大的活动范围。该技术适用于由于肌肉紧张、痉挛造成的关节活动范围受限的情况。

（五）关节松解手术

严重关节挛缩时，关节内外存在广泛而致密的瘢痕粘连，不能使关节活动度达到功能活动所要求的范围或关节活动度练习无效时，施行关节松解手术，有选择地切开挛缩、粘连组织，必要时做肌腱延长术或肌肉成形术，以恢复必要的活动度。

（六）关节活动度稳定训练技术

1. 制动技术

可利用夹板、石膏或支具对关节活动度扩大、不稳的关节进行制动保持，使之长期处于功能位，而达到稳定关节，实现功能的目的。适用于关节周围纤维组织少而松弛和肌肉瘫痪无力者。制动时间要求较长，一般为一周到几周，甚至在运动活动中也需要固定支持，如使用护腕、护踝、护膝等。

2. 关节周围肌肉抗阻训练

关节周围可以主动改变的组织只有肌肉，通过抗阻训练，尤其是等长抗阻训练可增加关节稳定性和控制，减少因为关节活动度扩大而带来的损伤风险。

四、关节活动度训练的注意事项

（1）关节术后或炎症早期，为了预防关节活动障碍，使用连续被动运动为首选方法。如没有条件，则需进行缓慢、平稳、不引起疼痛的主动运动、助力运动或被动运动。

（2）关节制动时间不长或术后不久，关节在做被动活动时表现出较大的弹性，较易感到明显的关节紧张或疼痛。需要在无痛范围内进行，并注意制动原因和术式等因素，根据组织愈合情况进行活动可用常规的主动运动、助力运动或辅助被动运动及功能牵引法等。

（3）如损伤或炎症较重，病程较长，被动活动时感觉关节挛缩坚硬，弹性比较差时，如无禁忌证可选用物理因子治疗联合活动度训练方法保持和改善关节活动范围。

（4）因为肌肉瘫痪无力，尤其伴有感觉障碍时，为预防关节挛缩而进行的被动活动训练，应注意活动范围要在正常范围内，活动次数不宜过多，避免过度牵拉，造成疼痛或损伤，影响功能。

五、关节活动度训练的适应证和禁忌证

（一）适应证

（1）各种原因导致的重病卧床、昏迷不醒时，需要进行关节活动度训练，以保持关节活动范围，预防挛缩。

（2）骨关节和肌肉疾病、损伤和手术等因素导致的关节活动受限时，需要进行关节活动度训练，以保持和改善关节活动范围，维护关节功能。

（3）其他系统疾病或损伤，如神经系统疾病、皮肤烧伤等所造成的关节活动障碍，需要进行关节活动度训练，以保持和改善关节活动范围，维护关

节功能。

（二）禁忌证

（1）骨关节疾病急性炎症期。

（2）骨关节损伤未愈合。

（3）出血性疾病未得到控制。

（4）感染性疾病未得到控制。

（5）患有脆骨病。

第六节　平衡能力和协调能力训练

一、平衡能力和协调能力概述

　　人体进行正常的活动需要良好的姿势控制，即保持身体的平衡能力。保持平衡，一方面依靠感觉，包括外感受器、本体感受器、眼和前庭的信号传入；另一方面依靠运动系统和固有姿势反射的整合。当感觉、运动或前庭系统受损，平衡就会受到影响。平衡反应、保护性伸展反应、跨步及跳跃反应都是人体的自动反应，平衡所提供的稳定性，对一切技巧活动都是必需的。静态平衡取决于支撑面的大小和重心是否落在支撑面内。姿势是指人体在任何位置时维持稳定的状态，通常需要较多的肌群收缩来维持。静态平衡和姿势是相互关联的。平衡状态的维持是通过姿势的自动调整来完成的。人体的平衡功能包括坐、立、行三种状态的功能，即静态的稳定性（Ⅰ级平衡）和动态的协调性（Ⅱ级平衡），同时还包括在三种状态下的抗干扰能力（Ⅲ级平衡）。

　　平衡能力训练就是维持和发展平衡功能所采取的锻炼方法。平衡能力训练可分为静态平衡练习和动态平衡练习。健康人能很好地维持平衡，是下意识的。在对患者进行平衡能力训练时，除了训练患者有意识地、随意地控制平衡外，还应进行下意识的训练。平衡能力训练不仅适用于所有患有神经系统疾病的患者，还适用于下肢骨折、软组织损伤或手术后的患者。

　　协调能力是指个体产生准确、平稳和有控制的运动能力。协调性运动指完成运动的质量是按照一定的方向和节奏，采用适当的速度、距离和肌力，达到准确的目标等的运动活动。不协调通常指不平衡、不准确和笨拙的运动状态。协调能力训练主要是为了改善对主动运动的控制能力，恢复动作的协调性和精确性，提高动作质量。协调能力训练的基础是利用残存部分的感觉系统，以及视觉、听觉和触觉来管理随意运动，其本质在于集中注意力，进行反复正确的练习。协调能力训练广泛用于深部感觉障碍，小脑性、前庭迷路性和大脑性运动失调，以及一系列因不随意运动所致的协调性运动障碍。

二、影响平衡能力和协调能力的因素

（一）年龄对平衡能力和协调能力的影响

平衡能力和协调能力与年龄的相关性成复杂的曲线关系。老年人各器官功能随着年龄增长出现逐渐减退，表现为感觉迟钝、行动迟缓、反应差。儿童中枢神经系统和动作发育尚未完善，其平衡能力和协调能力也较成年人差。

（二）体型对平衡能力和协调能力的影响

有研究证实，体重与姿势稳定性之间存在很强的关联性。目前，体重对平衡能力和协调能力的影响主要有两个假说：一是由于较大体重的持续压迫，使足底机械感受器超活化，导致足底敏感性下降；二是由于较大的体重本身及身体能量的分布比例需要一个更大的转动轴，导致了更大的重力矩。为了保持身体直立，必须有足够的肌肉力矩抵消重力矩，导致了姿势稳定性的下降。

（三）前庭器官对平衡能力的影响

内耳迷路中除耳蜗外，还有三个半规管、椭圆囊和球囊，后三者合称为前庭器官，是人体对自身运动状态和头的空间位置的感受器。有研究表明，当躯体感觉和视觉信息输入均被阻断或输入异常时，前庭感觉输入在维持平衡中变得至关重要。

（四）本体感觉对平衡能力的影响

本体感觉是指肌肉、肌腱、关节等运动器官本身在不同状态（运动或静止）时产生的感觉。本体感觉是直立时维持平衡的一个重要的感觉反馈来源；在老年个体中，平衡状态对于本体感觉的反馈表现敏感，特别是震动对肌腱的干扰、支持面的意外移动和在平板上的晃动。

（五）肌力对平衡能力的影响

肌力对平衡能力的维持起着重要的作用。有研究证明，老年人下肢伸膝肌力对平衡能力有影响，肌力较差者平衡能力也较差。下肢肌力与人体直立的姿势稳定性有着密切关系，老年人增加下肢肌肉力量可以延缓平衡能力的下降。

（六）视觉对平衡能力的影响

单纯的视觉在静态平衡和姿势控制方面均有重要作用。在静态站立中，睁眼比闭眼时对下肢非对称负荷更小，表明视觉可以影响下肢非对称负荷，而下肢负荷的非对称性可作为与年龄相关的平衡能力下降的早期诊断指标。

（七）药物因素对平衡能力的影响

精神类药物、心血管药物、降糖药、非甾体消炎药、镇痛剂、多巴胺类药物、抗帕金森病药及复合用药（多于 4 种）等都可导致患者头晕、乏力、共济失调等，进而影响患者的平衡能力，其中精神类药物与老年人跌倒的关联度最强。

三、维持平衡能力和协调能力的机制

正常的肌张力和完整的神经系统结构与功能是维持人体平衡的基础。视觉有稳定姿势和调节平衡的作用；前庭器官是感知平衡的主要功能结构；位置觉感受器能感知头部静止的位置，头直线运动引起的刺激及头部旋转变速运动的刺激。前庭器官病损将出现平衡障碍；反射弧的完整性及大脑的整合作用是完成调节平衡运动的基础与关键要素，在保持姿势和调整姿势及维持动态稳定的过程中发挥重要作用。

人体保持静态平衡的能力与身体的重心和支撑面有关，当身体的重心落在支撑面内，就可以保持平衡，反之失去平衡。支撑面大，体位稳定性好，则容易维持平衡。身体重心提高、支撑面变小，体位的稳定性则需要较强的

平衡能力来维持。支撑面的大小变化直接影响平衡能力。

四、平衡能力和协调能力训练的方法和注意事项

（一）平衡能力训练方法

1. 静态平衡法

静态平衡主要依靠肌肉相互协调的等长收缩以维持身体的平衡，其方法基于本体感觉促进技术，可以在任何一个体位进行并采用负荷以刺激姿势反射。在静态平衡练习中应遵循以下规律：

（1）平衡是逐步发展的，练习应从稳定的体位开始，逐步转变至稍不稳定体位，最终至最不稳定的体位。练习的顺序为：① 前臂支撑俯卧位；② 前臂支撑俯卧跪位；③ 前倾跪位；④ 跪坐位；⑤ 半跪位；⑥ 坐位；⑦ 站立位（可以先扶平行杠站立，然后靠墙站立、单腿站立），站立位时也可先睁眼、后闭眼进行。

（2）在平衡练习中，必须首先保持头于稳定的位置。头的稳定需要有强有力的颈肌来维持，而强有力的颈肌又可强化其他部位的肌肉收缩。

2. 动态平衡法

动态平衡法即从支撑面由大到小、或由静到动以及重心由低到高的练习过程中，逐步在各种体位施加外力来提高维持动态平衡能力。外力可由他人施加，注意不应施加过强的力，只要能诱发姿势反射即可。也可利用各种设施，进行不同体位的动态平衡练习。常用设施有：平衡板、包氏球或动态平衡仪。动态平衡练习实际上就是训练下意识平衡的维持。

3. 平衡能力训练的要领

平衡能力训练前应首先要求患者学会放松，减少紧张或恐惧心理，设法缓解肌肉痉挛。其次要决定从何种体位开始训练，并可准备一面镜子以反馈性矫正姿势。平衡能力训练的基本原则是从易到难，从头到尾，从稳定到不稳定，从睁眼到闭眼，即从最稳定的体位开始训练逐步进展到最不稳定的体位，从静态平衡进展到动态平衡，逐步加大平衡难度。其方法要领即调整训练支撑面、改变身体重心高度和利用视觉去留进行训练，具体操作是逐渐缩减人体支撑面积和提高身体重心，在保持稳定的前提下逐步增加头颈、躯干和四肢运动，从睁眼下活动逐步过渡到闭眼下活动。

（二）协调能力训练方法

协调能力训练的顺序要考虑患者现有的功能水平，从个别原动肌或肌群的控制训练开始，逐步发展到多组肌群的协调能力训练。种类可包括上肢协调性训练、下肢协调性训练和躯干协调性训练，可在卧位、坐位、站立位、步行位和增加负荷的步行中训练。协调性能力训练的要点包括：

（1）系统、有顺序地进行，无论是轻症还是重症患者，都应从卧位练习开始，在熟练掌握要领后再进行坐位、站立位、步行中的训练。

（2）从简单的单侧动作开始，逐步进行比较复杂的动作，如单双侧同时、上下肢同时、上下肢交替，直至两侧同时，但互不相关的动作。

（3）在运动的范围和速度上，活动范围大的运动较容易完成，与缓慢运动相比快速的动作更容易完成。故应先做大范围和快速的动作，熟练后再做活动范围小的、缓慢的动作练习。

（4）有残疾者进行协调性练习时，如两侧轻重不等，应先从轻的一侧开始，如两侧相同程度残疾，则原则上先从右侧开始。

（5）先睁眼、后闭眼。最初睁眼运动，熟练后交替睁眼和闭眼运动，最后闭眼做运动。以上练习，每个动作要重复 3~4 次。所有练习要在正常可动范围内进行，并应注意对患者进行保护。

（三）注意事项

训练时要在患者旁边进行保护，以免发生跌倒。训练过程中应注意：① 切忌过度用力，避免兴奋扩散；② 要确保运动在正常活动范围内进行；③ 注意安全，对下肢失调的患者要注意防止跌倒，负重训练时要尽量应用关节紧缚带，以减轻运动失调；④ 严重的骨质疏松症、虚弱症患者谨慎进行平衡和协调性训练，并在训练中加以保护。

五、平衡能力和协调能力训练的适应证和禁忌证

（一）适应证

平衡能力和协调能力训练主要适用于中枢神经系统病变和前庭疾病导致的平衡和协调功能障碍患者。

（二）禁忌证

严重的心律失常、心力衰竭、3级高血压病、严重感染、严重痉挛和精神过度紧张者暂时不宜锻炼。

第四章思考
题参考答案

思考题

1. 运动处方的构成要素包括哪些?
2. 心肺功能康复训练运动处方常选用的运动方式是什么，有何特点?
3. 肌肉力量康复训练的方法包括哪些?
4. 影响关节活动度的因素有哪些?
5. 协调能力训练方法的要点包括哪些?

实践训练题

张某，男，40岁，办公室职员，每日从事电脑前工作6 h，无特殊病史，无规律运动习惯，身高170 cm，体重80 kg，健康评测心肺功能稍差，其锻炼目的为增强心肺耐力及控制体重，请为其制订切实可行的运动处方。

在线测评题

（王琳 上海体育学院）

第五章
运动系统疾病的体育康复

💬 本章导言

运动系统疾病的体育康复主要解决关节和软组织疼痛、关节僵硬、肌肉力量下降、不能行使正常功能的问题。因此，体育康复主要是在疾病不同时期，进行减轻疼痛、改善关节活动度、增强肌肉力量和功能性使用训练，促进疾病的恢复，提高功能能力。本章详细介绍了骨性关节炎、人工全髋关节置换术后、骨折、软组织损伤和脊柱侧凸的体育康复评定方法和治疗方法。

📖 学习目标

1. 掌握骨性关节炎体育康复评定、治疗方法和注意事项。
2. 掌握人工髋关节置换术后体育康复治疗方法和注意事项。
3. 了解骨折后体育康复的作用。
4. 掌握软组织损伤后体育康复原则和治疗方法。
5. 掌握脊柱侧凸体育康复的治疗方法和作用。

⚛ 关键术语

踝泵练习（ankle pump exercise）：胫前肌收缩，尽力背伸踝关节，小腿三头肌尽力收缩跖屈踝关节，可以使小腿肌群得到锻炼，还可以起到肌泵作用，促进下肢血液循环。

脊柱侧凸（scoliosis）：是指脊柱的某一节段偏离身体中线的表现，脊柱侧凸不是单一疾病，许多病因都可引起这种畸形，包括非结构性脊柱侧凸及结构性脊柱侧凸，以特发性脊柱侧凸最多见。

第一节 骨性关节炎的体育康复

一、骨性关节炎概述

（一）概念与病因

骨性关节炎（osteoarthritis，OA）是以骨关节软骨退变、破坏及伴有相邻软骨下骨板病变、关节边缘骨质增生、骨赘形成为特点，导致关节功能障碍的慢性退行性关节疾病，又称骨关节病、退行性关节炎、增生性骨性关节炎、肥大性骨性关节炎、老龄性骨性关节炎等。OA 多发于 50 岁以上的中老年人，随着年龄增加发病率逐步增加。2017 年，我国 OA 总体人群发病率为 3.1%。不同部位发病率不同，在中老年人群中，腰骨关节炎以 25.3% 位居首位，之后依次为膝 21.52%、颈 20.46% 和手 8.99%，女性高于男性，南方女性尤其高发，70 岁前发病增加，之后发病率有所下降。OA 的总体患病率约为 15%，40 岁人群的患病率为 10%~17%，60 岁以上则达 50%，75 岁以上人群患病率达 80%，致残率约为 53%。OA 的病因尚不明确，目前认为与 OA 发生有关的危险因素包括年龄、肥胖、营养、性别、遗传、机械损伤、免疫因素，以及肌力低下、内分泌紊乱、骨质疏松、骨关节代谢异常等。

（二）临床诊断

疼痛是 OA 的首发症状，通常是受累关节出现定位不明确的呈钝性、弥漫性或酸胀感的深部疼痛，早期在关节过度使用或活动后出现，休息后可缓解，随着病情恶化，出现持续疼痛或静息痛。晨起或关节较长时间处于静息状态后出现关节僵硬，活动 15~30 min 后缓解。OA 患者随着病情进展，出现关节肿大，关节活动时出现"嘎吱嘎吱"的摩擦音，最终导致关节无力，活动障碍。影像学表现为受累关节出现非对称性关节间隙狭窄，软骨下骨质硬化或囊性变，关节边缘增生和骨赘形成，有些患者出现关节腔积液，严重患者可见关节面萎陷、变形或半脱臼。血液生化无特异性指标，伴有滑膜囊炎的 OA 患者可出现 C 反应蛋白和红细胞沉降率轻度增高。

临床诊断主要依据患者的症状和体征、危险因素和影像学检查确定。例如，膝骨性关节炎诊断标准为5条，第1条必备，其余4条任意2条存在即可诊断：① 近1个月内反复膝关节疼痛；② X线片显示（站立位或负重位）关节间隙变窄，或软骨下骨硬化、囊性变，关节边缘骨赘形成；③ ≥50岁；④ 晨僵≤30 min；⑤ 活动时有摩擦音。

（三）主要功能障碍

OA主要影响负重大、活动多的关节，如髋关节、膝关节、脊柱和手关节。主要功能障碍是疼痛、僵硬和关节活动障碍，后期关节肿胀、肥大、变形、活动受限。由于疼痛使肢体运动减少，可致失用性肌萎缩，肌肉萎缩使关节不稳加重，进一步加重骨性关节炎，如此形成恶性循环。

二、骨性关节炎体育康复评定

（一）运动功能评定

1. 疼痛评定

骨性关节炎的疼痛评定主要采用视觉模拟评分指数（visual analogous score，VAS）进行。

2. 肢体围度与关节围度评定

肢体围度与关节围度评定主要是评价患者肌肉的萎缩程度和关节有无肿胀或变形。

3. 关节活动度评定

关节活动度评定主要是评价患者的关节活动范围（见第三章体育康复评定方法），关节受累程度，以及对日常生活活动产生的影响。

4. 肌力的评定

OA患者可采用徒手肌力评定方法，主要对受累的肢体关节周围肌力进行检测。膝关节OA主要检测股四头肌和股二头肌、半腱肌和半膜肌、胫骨前肌和小腿三头肌。髋关节OA主要检查髋关节屈伸、内收外展及内、外旋肌群肌力。手关节OA主要检测掌指关节、近端指间关节、远端指间关节屈伸肌力，手指内收、外展肌力及握力。脊柱关节OA主要检测颈椎和腰椎屈伸活动肌群肌力（见第三章体育康复评定方法）

（二）其他功能障碍评定

OA 患者需进行手功能和下肢功能评定，日常生活活动能力（ADL）评定，生活质量评定。

三、骨性关节炎体育康复治疗

（一）康复目标

OA 患者康复的主要目标是减轻或消除关节疼痛，阻止和延缓疾病的进展；减轻受累关节的负荷，保护受累关节；改善关节活动度、增强肌力和全身耐力，恢复关节功能；改善步态和步行功能，提高日常生活活动能力和生存质量。

（二）康复原则

OA 康复包括止痛消肿和体育运动康复，康复治疗应因人而异，结合患者自身情况，选择合适的治疗方案。

（三）康复方法

1. 物理因子治疗

OA 患者关节疼痛，尤其是活动时疼痛明显，并伴有肿胀时需要使受累关节暂时制动，必要时绷带加压。并根据有无禁忌证，选择合适的物理因子治疗，如超短波和短波消除急性炎症肿胀；中频电、超声波、激光或短波控制慢性炎症等。物理因子能使局部组织炎症因子减少，血液循环加速，促进炎症消除和组织愈合，解痉止痛。按摩针灸对 OA 也具有较好的辅助治疗作用。

2. 体育康复治疗

OA 患者的体育康复主要以增强局部肌力和全身耐力，保持或恢复关节活动度，改善关节功能及预防和减轻骨质疏松为主，以促进日常生活活动能力提高和提升生活质量。在关节疼痛期需采用不影响受累关节的力量训练，如等长肌力训练；待患者关节疼痛缓解后，体育康复方法应该逐渐丰富，并与日常活动密切结合，常见的运动形式有被动运动训练、主动运动、助力运动、抗阻训练、牵伸训练，以及全身的有氧耐力训练（见第四章体育康复治疗方法）。

3. 膝关节骨性关节炎体育康复方案示例

（1）关节活动度训练。

关节松动技术：OA 急性期，关节肿胀、疼痛明显时可采用膝关节松动Ⅰ、Ⅱ级手法治疗；OA 慢性期伴有关节僵硬和关节周围组织粘连、挛缩可采用关节松动Ⅲ、Ⅳ级手法治疗。

被动关节活动度锻炼：康复治疗师可辅助患者在不同体位下屈伸膝、髋和踝关节，增加关节活动度。

主动关节活动度锻炼：患者自己可进行膝、髋和踝关节的屈伸锻炼，仰卧位，双侧下肢交替伸直、屈曲训练，由于骨性关节炎往往以屈曲受限为明显，所以屈曲训练更为重要，但也有患者长期疼痛制动导致屈曲畸形，此时应先进行被动牵拉后，再做主动伸展训练。

注意事项：在关节活动度训练前可先进行物理因子治疗，软化局部软组织，有利于扩大关节活动范围；对高龄有骨质疏松风险的患者治疗要轻柔，避免损伤骨骼引发疼痛。

（2）肌力训练。

等长收缩练习：患者仰卧位，伸直膝关节进行股四头肌静力收缩锻炼股四头肌；患者仰卧位，双腿伸直，踝下垫毛巾卷或 5 cm 左右软垫，直腿下压锻炼臀肌和股后肌群；每次收缩尽量用力并坚持尽量长的时间，重复数次以受训练肌肉感觉有酸胀为宜。① 直腿抬高练习：患者仰卧床上，伸直下肢上抬离床约 30°，坚持 10 s，每 10~20 次为 1 组，训练至肌肉有酸胀感为止；② 静蹲练习：患者关节疼痛消失后，可屈曲膝、髋关节，由小角度开始，逐渐呈半蹲状，坚持 10 s，每 10~20 次为 1 组，注意下蹲练习是负重静力性下肢等长收缩练习，强度较大，要循序渐进从小角度开始，逐渐增加角度，锻炼中要求患者扶着扶手或给予必要保护，下蹲角度不宜低于 90°。高龄体质差者、有跌倒风险者禁用此法。

抗阻肌力训练：患者仰卧位，在小腿上绑缚适当重量的沙袋进行直腿抬高训练，并随肌力增强逐渐增加沙袋的重量。如患者到医院或康复中心锻炼，可在力量训练器械上进行相应部位肌肉等张抗阻肌力训练。有条件时，可以进行下肢等速肌力练习，帮助患者更好更快地恢复肌力。

踝泵练习：胫前肌收缩，尽力背伸踝关节，小腿三头肌尽力收缩跖屈踝关节，可以使小腿肌群得到锻炼，还可以起到肌泵作用，促进下肢血液循环（图 5-1-1）。

图 5-1-1　踝泵练习

水中运动：水具有浮力并且有黏滞性形成阻力，可以减轻体重对于关节的负荷，并可锻炼肌肉力量，增加身体稳定性，促进平衡功能，尤其有利于肥胖的骨关节炎患者体育康复。可以进行水中步行训练、平衡训练和力量训练及游泳。游泳同时也是一项极好的有氧运动，可以增强体质。

步行训练：步行是一项简单实用的运动形式，有利于软骨的代谢及防止肌肉废用性萎缩。从小步行走，慢速行进，逐渐过渡到正常步伐和速度，可正走、侧走和倒走练习。

（3）其他康复治疗。

当 OA 患者走路困难，活动能力受限时，通常可用轮椅代步或借助拐杖行走，此时要教会患者使用这些辅具，并加以训练。当 OA 患者关节局部疼痛或不稳时，在活动时可能需要护膝、护腰甚至颈托等矫形器辅助。此外，OA 患者如果有手术指征，在术后还需进行康复治疗，尤其是体育康复治疗，以恢复机体功能和日常生活活动能力。

（四）康复的作用

1. 促进关节软骨的营养

关节软骨的营养来自关节液，只有通过关节活动，关节面软骨受到挤压才能很好完成软骨的新陈代谢，所以在 OA 康复中，为了修复受损的软骨面及消除关节炎症物质，需要进行关节活动以加强关节软骨营养和新陈代谢。

2. 促进血液循环

运动使全身及关节局部血液循环增加，有利于炎症的消退。临床上，常见到患者经过活动后疼痛减轻，关节活动度增加。

3. 增强肌力和关节稳定性

通过运动增强肌力，纠正失用性肌肉萎缩，增加关节的稳定性，打破肌无力—关节不稳—增加炎症损伤的恶性循环，减少炎症复发，延缓疾病发展。

4. 增加关节周围软组织的柔韧性

通过运动治疗牵伸关节周围的软组织，使关节囊、韧带及肌肉的弹性增加，防止关节粘连，增加关节的活动度。

（五）康复的注意事项

1. 联合辅具或理疗

在急性发作期，关节出现明显的疼痛、肿胀，应以休息为主。减轻关节的负荷，避免引起关节疼痛加重的动作，如上下楼梯、爬山等，行走时应使用拐杖或手杖，以减轻关节的负担。发作期还可配合药物和物理因子等治疗，以更好的缓解症状。

2. 制动休息与运动应均衡安排

运动一方面可以增加肌力及关节活动度，防止肌肉萎缩，维持关节稳定性。另一方面，关节软骨的损坏程度与关节负重活动有直接关系。所以运动和休息是一对矛盾，也是困惑患者的一大问题。在 OA 急性活动期，应以休息为主，运动为辅，而且运动应以对关节无负载或较小负载的床上运动、水中运动为主，行走时扶拐以减轻关节的负担。在缓解期应加强肌力、关节活动度及有氧运动训练，促进修复，改善关节功能，延缓疾病发展。避免加大关节负载的运动，如爬山、爬楼梯等运动。选择运动以不引起关节疼痛、肿胀明显加重为宜。

第二节　人工全髋关节置换术后的体育康复

一、人工全髋关节置换术概述

（一）概念与病因

全髋关节置换术是指应用人工材料的全髋关节结构植入人体以替代病损的自体关节，从而获得髋关节功能的术式。自 20 世纪 60 年代以来，人工髋关节已经在世界范围内取得快速发展，近 30 年，尤其是随着我国老龄化社会的加速，人工髋关节置换已经在我国得到广泛开展，人工髋关节置换术主要用于治疗髋关节毁损性疾病。该手术可以改善髋关节功能，减轻疼痛，矫正畸形，提高患者的生活质量。我国人工髋关节置换术在手术技术、关节假体的应用等方面与国外无差异，但手术后的最终治疗效果差距较大，最主要的原因可能是由于髋关节置换术后的康复未能普及和规范。

人工髋关节置换术主要适用于骨性关节炎、类风湿性关节炎、髋部严重骨折、股骨头缺血坏死及髋关节畸形等疾患导致髋关节功能严重丧失、伴有严重疼痛且不能用保守治疗方法缓解的患者。

（二）功能障碍

人工全髋关节置换术后，常见的并发症有术后脱臼、下肢深静脉血栓、疼痛、假肢松动及异位骨化等，患者术后主要功能障碍有关节活动度障碍、关节周围肌群肌力下降和疼痛，严重患者甚至会出现日常生活活动和运动能力（如转移、行走、上下楼梯等）障碍，丧失劳动能力。

二、全髋关节置换术体育康复评定

（一）术前评定

术前评定主要针对髋关节功能的局部检查，如髋关节形态、关节活动度、肌肉形态和肌力的评定、步态分析、手术肢体长度和围度测量等（见第三章体育康复评定方法）。

（二）术后评定

髋关节Harris
评分

术后评定分别对术后 1~2 天、1 周、2 周的住院患者，以及术后 1 个月、3 个月和 6 个月患者进行评定，可以采用 HHS 评分进行评定，该评分包括量化疼痛、功能评定和物理检查，其中功能评定包括行走能力、腿支撑能力、上下楼梯能力、坐位耐力、使用交通工具能力和穿脱鞋袜能力；物理检查包括跛行和活动度。HHS 评分满分为 100 分。

（三）其他评定

全髋关节置换术评定还包括日常生活活动能力评定、生活质量评定（见

第三章体育康复评定方法）。

三、全髋关节置换术体育康复治疗

（一）术前体育康复治疗

对全髋关节置换患者术前要进行康复指导，首先对患者进行健康教育，目的是减轻患者对手术的恐惧和精神压力；术前体育康复包括关节活动度练习，臀部肌肉、股四头肌和腘绳肌肌力训练；心肺功能训练，包括深吸气和咳嗽训练。

（二）术后体育康复治疗

1. 康复目标

主要通过体育康复方法，防止组织粘连与挛缩，恢复正常关节活动度，增强关节周围肌群肌力，重建髋关节稳定性，最终恢复日常生活活动能力。

2. 术后体育康复方案

（1）肌力训练：术后第 1 天开始进行患肢踝泵运动，股四头肌、腘绳肌及臀肌的等长收缩练习，这些运动不仅可增强肌力，而且对于防治下肢深静脉血栓有极大帮助。双上肢及健侧下肢的肌肉力量训练，可利于早期持杖步行。术后第 2 天开始进行伸髋练习：患肢外展，进行抬高臀部的桥式运动。术后第 3~4 天开始进行直腿抬高练习：站立位，伸髋屈膝，练习腘绳肌。酌情逐步开展股四头肌、腘绳肌和臀肌的抗阻肌力练习。肌力训练要在无痛的情况下进行，根据患者的情况酌情不断增加练习的次数及强度。注意由于全髋关节置换术患者年龄都相对较大，伴发病可能比较常见，当在体育康复过程中出现气短、乏力等症状，要及时与医生联系，检查是否有全身性疾病，或手术所致的失血性贫血等情况，及时纠正，避免造成安全隐患。

（2）关节活动度练习：双上肢及健侧下肢诸关节每天进行 3~4 次主动关节活动度练习。术后 2~3 天开始进行患髋的被动关节活动度练习，术后第 5~6 天开始进行主动屈曲膝和髋及髋外展练习。但屈髋不能大于 90°，避免内收、内旋和半屈动作。

（3）负重及体位转移：术后第 2~3 天，训练患者由卧位到坐位的转移。术后第 5~6 天，从床上到椅子转移。术后第 7 天，扶两拐站立，练习扶双拐或步行器行走。非骨水泥型固定的关节置换患者给予 20% 负重，6 周之后逐渐增加到 100% 负重；骨水泥型固定的关节置换患者可给予 100% 负重；混合型固定患者，根据患者的疼痛情况酌情参照非骨水泥型负重负荷。术后 2 周，达到患肢肌力Ⅳ至Ⅴ级，患髋关节伸屈 0~90°，骨水泥固定者能扶拐负重行走，非骨水泥固定者可扶拐部分负重行走，基本达到生活自理。

（三）出院后体育康复治疗

一般患者在人工髋关节置换术后 2 周出院，出院前应进行肌力、关节活动度、行走能力等评定。教会患者家庭训练方案，包括继续强化肌力、关节活动度、关节本体感觉、平衡功能及 ADL 的训练。强调术后应避免的动作及体位，为了保证康复质量，术后 3 个月内每周返院康复治疗 1~2 次。

术后 3 个月，日常生活可完全自理，逐渐恢复体育活动，患者可以根据自身情况进行散步、游泳、跳慢步交谊舞、打高尔夫球，但应该避免剧烈的运动。

（四）注意事项

1. 翻身时注意事项

向患侧翻身时，应伸直术侧髋关节，保持旋转中立位；向健侧翻身时，也应伸直术侧髋关节，两腿之间夹软枕，防止髋关节内收引起假体脱臼，同时伸直同侧上肢以便用手掌托住髋关节后方，防止髋关节后伸内旋引起假体脱臼。

2. 下上床时注意事项

患者先保持坐位位移至患侧床边，健侧腿先离开床并使足部着地，患肢外展屈髋离开床并使足部着地，再扶助行器站立。上床按相反的顺序进行。

3. 穿袜时注意事项

患者坐在床沿双足着地，伸直健侧膝关节，患侧髋关节外展、外旋，膝关节屈曲，用足跟沿健侧下肢前方向近端滑动，然后适当弯腰，伸直双侧上肢帮助患足穿袜。

4. 上下楼梯时注意事项

患者上楼时，健侧先上，下楼时患侧先下。

拐杖的使用

第三节　骨折的体育康复

一、骨折概述

（一）概念与病因

骨的连续性和完整性中断称骨折。骨折在日常生活中较常见，骨折的原因很多，可由直接暴力、间接暴力引起，也可由肌肉的牵力或骨骼本身的病理原因引起。由于交通事故、工伤事故发生的增加，骨折的发病率逐年上升，较严重的多发骨折发病率亦逐年升高。

骨折的康复治疗包括局部治疗和全身治疗，贯穿骨折治疗的始终。尽早地康复治疗有利于骨折的愈合，可防止或减少后遗症和并发症的发生，降低残疾率和残疾程度。骨折的愈合是骨组织修复独特的过程，类似骨组织生长发育模式，与其他组织修复不同，它不是以瘢痕形成作为结局，而是骨的再生。骨折的愈合即骨折断端间组织修复，大致可分为两个阶段：准备阶段和骨痂的成熟及骨组织的重建阶段。根据骨折愈合的过程，骨折的康复治疗亦分为两期，准备阶段的康复治疗、骨痂成熟和骨组织重建阶段的康复治疗。

（二）骨折体育康复的作用

应力和肌肉的牵张力刺激、活跃局部的静脉和淋巴循环是维持骨组织代谢所必需的；一定应力的刺激所产生的生物电场帮助钙离子沉积于骨骼，防止钙质脱失；维持一定的肌肉收缩是促进肌肉生理功能的最佳方法，可防止肌肉萎缩；维持创伤区邻近关节适当的运动，能牵伸关节囊及韧带，防止关节挛缩，改善关节的血液循环，促进关节内滑液的分泌，从而防止关节的萎缩和关节液的减少；适量的活动可以活跃呼吸系统、消化系统使患者保持良好的状态。总之，体育康复的目的是促进炎性渗出、血肿、坏死组织的吸收，防止粘连；改善血液循环，促进骨折愈合；防止或减轻肌肉和骨萎缩；改善患者身心状态。

由于骨折部位、骨折类型及临床治疗方法不同，体育康复的方法也应不同，本节仅以肘关节骨折为例介绍骨折的体育康复。

二、肘关节骨折体育康复的诊断与评定

肘关节解剖
结构

（一）肘关节骨折症状与诊断

骨折一般都有外伤史，体格检查时，可以发现肘关节肿胀，皮下瘀血，关节畸形，肘后三角改变，异常活动，骨擦音及骨擦感。应注意有无血管及神经损伤。X 线拍片可以显示骨折的部位及类型，后期可以判断有无骨化性肌炎。

（二）肘关节骨折的体育康复评定

首先对骨折术后固定、愈合情况进行评估，其次对由于长时间固定后引起的肩肘关节功能障碍、肌肉萎缩程度、肌力以及关节活动度等进行评定。

三、肘关节骨折体育康复治疗

（一）体育康复训练

术后第 1 天开始对患肢肱二头肌、肱三头肌进行等长收缩练习，10~20 次 / 组，3~4 组 / 天；肩关节、腕关节及手指诸关节主动、被动 ROM 练习，各活动度训练至最大范围。

术后第 3~5 天开始肘关节 CPM 机练习，从无痛可动范围开始，酌情增加等级，运动速度每分钟一个周期，每天 30~60 min，结束后，冰敷 10~15 min。疼痛可耐受范围内进行肘关节主动 ROM 训练，10~15 次 / 组，2~3 组 / 天。

术后 7~10 天骨折固定牢靠者开始进行肘关节被动 ROM 练习，在疼痛可耐受范围内进行，3~4 次 / 组，1 组 / 天，活动后，冰敷 10~15 min；继续 CPM 机练习，练习肱二头肌、肱三头肌肌力。

术后第 14 天开始继续做被动 ROM 训练及 CPM 机练习，此时手术部位已拆线，被动 ROM 训练前辅以蜡疗，每日 30 min；渐进性抗阻力练习；肩、腕、手指诸关节各轴向主动或被动活动至正常范围。

术后第 4~20 周，视患者不同情况尤其是骨折是否稳定及愈合情况，继续进行患肢肌力、ROM 及 ADL 训练。对肘关节粘连的患者施以关节松动术，手法应轻柔以不引起明显疼痛为宜，避免引起骨折移位。结束后冰敷 10~15 min 以防关节肿胀和骨化性肌炎的发生。

（二）物理因子治疗

冰敷：在关节运动治疗结束后进行，每次 10~15 min；蜡疗：盘蜡，在被动关节活动度训练前，每次 30 min；超声波治疗：每次 5~10 min 可软化瘢痕、松解粘连，促进骨折愈合。

（三）日常生活活动能力训练

鼓励患者在日常生活中无痛范围内使用患肢，使功能训练生活化，如吃饭、梳头、系衣扣、开门、开灯及开水龙头等。

（四）肘部支具

骨折固定不牢固者，可以用肘部支具外固定限制关节活动，根据情况使用肘角度可调节型支具，控制肘关节在安全范围内活动。

第四节 软组织损伤的体育康复

一、软组织损伤概述

（一）概念与病因

四肢及脊柱的软组织损伤是日常生活及体育运动中经常发生的创伤。随着竞技体育水平的提高，以及全民健身、体育休闲娱乐活动的广泛开展，四肢及脊柱的软组织损伤越来越多见。这类损伤主要是韧带、肌肉、肌腱、关节囊及软骨的急性损伤及其他慢性软组织的微小创伤。本节主要介绍韧带、肌肉、肌腱等软组织急性损伤的康复。

（二）软组织损伤的分期治疗原则

软组织损伤康复的基本原则是按照不同的病理过程进行分期处理。

1. 急性期

肌肉、韧带损伤初期，治疗重点是止痛、止血，防治肿胀。应用

"POLICE"原则进行常规治疗，即做好保护，防止伤处再受伤（protect）；适当负荷（optimal loading），施加于伤部肌肉；冰敷（ice），减少血液渗出、水肿和减痛；加压包扎（compression），减少水肿；抬高患肢（elevation），促进静脉回流。这样初期处理可以止痛、止血，防止肿胀，并且对关节、肌肉施加适当负荷，十分重要而且有效。对于有骨折或韧带、肌肉、肌腱断裂的患者应做适当的外固定。

2. 稳定期

伤后 48 h，出血停止，治疗重点是血肿及渗出液的吸收。可使用物理治疗、按摩、中药外敷等温热和加速血液循环的方法促进创伤恢复。采用支具保护，局部制动至创伤愈合。

3. 恢复期

局部肿痛消失后，渐进进行损伤肢体肌力、关节活动度、平衡及协调性、柔韧性的训练。辅以物理治疗，促进疤痕软化，防止瘢痕挛缩。

二、常见软组织损伤术后体育康复治疗

（一）关节镜半月板术后的体育康复方案

1. 手术当天至术后 1 周体育康复

（1）手术当天：麻醉消退后，开始活动足趾、踝关节。踝泵运动：即用力、缓慢、全范围屈伸踝关节，5 min/组，1 组 /h（图 5-1-1）。股四头肌等长练习：即大腿肌肉绷紧及放松，应在不增加疼痛的前提下尽可能多做。腘绳肌等长练习：患腿用力下压所垫的枕头，使大腿后侧肌肉绷劲及放松，要求同上（图 5-4-1）。所有练习在不

图 5-4-1　腘绳肌等长练习

增加疼痛的前提下，尽可能多做。术后 24 h 后可扶拐下地行走，但只限去卫生间等必要活动。

（2）术后第 1 天：继续以上练习，踝泵改为抗重力练习（可由他人协助或用手扶住大腿）（图 5-4-2）。单腿臀桥练习：骨盆离开床面，患侧肢体伸膝后直腿抬高与健侧大腿水平位，保持 5 s（图 5-4-3），30 次 /组，3~4 组 / 天。开始侧抬腿练习（图 5-4-4），要求及次数同上。开始后抬腿练习，俯卧位，

伸膝后直腿抬高至足尖离床 5 cm 处，保持 5 s，要求及次数同上。开始内收腿练习（图 5-4-5）。开始平衡训练，保护下，双足稍分开，与肩等宽，在微痛范围内左右交替移动重心，5 min/ 次，2 次 / 天；双足前后分开站立，移动重心（图 5-4-6）。如疼痛肿胀不明显，可扶单拐或不用拐下地，但不鼓励多行走。

图 5-4-2　负重踝泵练习　　　　　　　图 5-4-3　单腿臀桥练习

图 5-4-4　侧抬腿练习

图 5-4-5　内收腿练习

图 5-4-6　平衡训练

（3）术后第 3 天：继续以上练习，开始进行屈膝练习，以微痛为度，达到尽可能大的角度。

（4）术后第 4 天：继续以上练习，开始做单腿站立平衡练习（图 5-4-7），5 min/次，2~3 次/天。开始俯卧位腘绳肌力量练习，即"勾腿练习"（图 5-4-8），30 次/组，2~4 组/天。以沙袋为负荷，在 0~45° 屈伸范围内进行，练习后如关节肿痛即刻冰敷。主动屈膝达 90°。

图 5-4-7　单腿站立平衡练习

图 5-4-8　腘绳肌力量练习

（5）术后第 5 天：继续并加强以上练习。开始患腿站立位负重，0~45° 范围内主动伸屈练习（图 5-4-9），但不靠墙。30 次/组，2~3 组/天，练习后出现肿、痛则冰敷。

（6）术后 1 周：主动屈曲大于 90°。可单足站立，可不用拐杖短距离行走。开始靠墙静蹲练习，后背靠墙，双脚与肩同宽，脚尖及膝关节向前，不得"内外八字"，随力量增加逐渐增加下蹲的角度（小于 90°），2 min/次，间隔 5 s，5~10 次/组，2~3 组/天（图 5-4-10）。开始下肢抗阻训练（图 5-4-11），抗阻屈至无痛的最大角度保持 10~15 s，30 次/组，4 组/天。

图 5-4-9　患腿负重练习

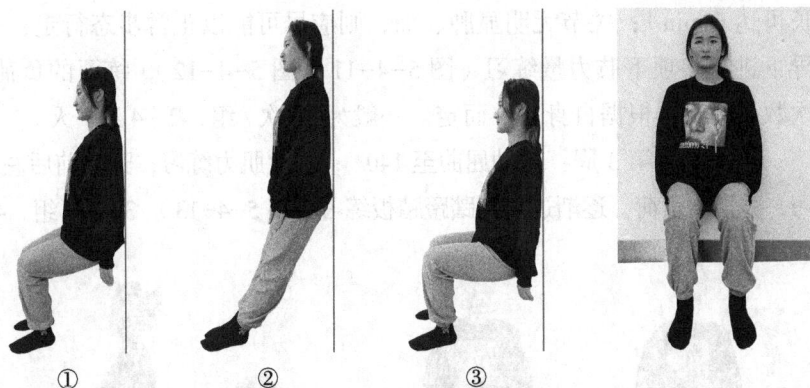

图 5-4-10　靠墙静蹲练习

图 5-4-11　下肢抗阻训练

2. 术后 2 周至 1 个月体育康复

加强活动度及肌力练习：提高关节控制能力及稳定性，并开始恢复日常活动。随肌力水平的提升，此期以提高绝对力量的练习为主。选用中等负荷（完成 20 次动作即感疲劳的负荷量），20 次 / 组，2~4 组连续练习，组间休息 1 min，至疲劳为止。应注意控制运动量，避免关节肿胀、积液。练习后，关节有发胀、发热感，应及时冰敷。

（1）术后第 2 周：主动屈曲 120°~130°；强化肌力练习（一次直抬腿最

151

长可达 6 min）；关节无明显肿、痛，则应尽可能以正常步态行走；开始在指导下进行各项下肢力量练习（图 5-4-11 和图 5-4-12），练习的负荷、角度、次数及时间，根据自身条件而定。一般为 30 次／组，2~4 组／天。

（2）术后第 3 周：被动屈曲至 140°；强化肌力练习；开始前后左右跨步练习，并渐增负荷，逐渐过渡到踏蹬踏板练习（图 5-4-13），30 次／组，4 组／天。

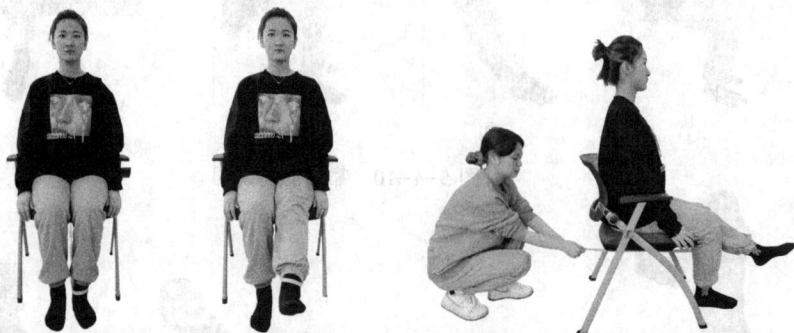

图 5-4-12　下肢力量练习

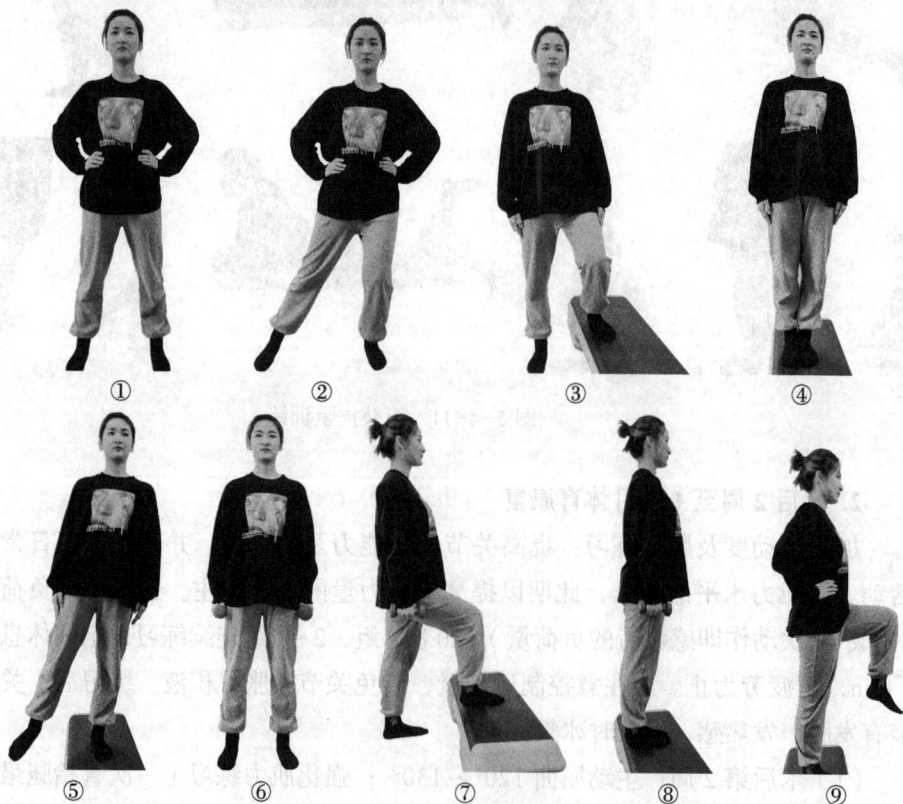

① ② ③ ④

⑤ ⑥ ⑦ ⑧ ⑨

图 5-4-13　变向跨步和踏板练习

3. 术后 1 个月至 2 个月体育康复

强化关节活动度训练，目标与健侧相同；强化肌力训练，改善关节稳定性；恢复日常生活活动能力及部分体育运动基本动作。

（1）术后第 5 周：主动屈曲达 150°（全范围，与健侧腿相同），且基本无痛。开始患侧单腿 45° 位半蹲练习，5 min/ 次，4 次 / 天；开始固定自行车练习，30 min/ 次，2 次 / 天。

（2）术后第 6~8 周：膝关节主动屈伸角度至与健侧相同，且无疼痛。可完成日常的各项活动，如上下楼、骑自行车、行走 5 000 m 以上关节无肿痛。开始进行跪坐跪起练习（图 5-4-14）、蹬踏练习（图 5-4-15）、游泳、跳绳及慢跑。

图 5-4-14 跪坐跪起练习

图 5-4-15 蹬踏练习

153

4. 术后2个月至3个月体育康复

全面恢复日常生活各项活动；强化肌力及关节稳定；逐渐恢复运动。提高最大力量，选用70% 1 RM 负荷，8~12次/组，练习2~4组，组间休息90 s，至疲劳为止。

开始进行膝绕环练习（图5-4-16），跳跃练习（图5-4-17），侧向跨跳练习（图5-4-18），某些专项运动中基本动作的练习。必要时可戴护膝保护。

图5-4-16 膝绕环练习

图5-4-17 跳跃练习

图5-4-18 侧向跨跳练习

5. 术后3个月后体育康复

逐渐恢复剧烈活动，或专项训练；强化肌力及跑跳中关节的稳定性；肌力测试，患肢肌力达健侧85%以上，运动中无痛，无明显肿胀，则可完全恢复运动。

（二）跟腱断裂缝合术后的体育康复方案

1. 早期（术后0天至第3周）

减轻疼痛，肿胀；早期肌力练习，尽可能避免肌肉萎缩。

（1）手术当天：麻醉消退后，开始活动足趾；如疼痛不明显，可尝试收缩股四头肌。

（2）术后第1天：活动足趾，用力、缓慢、尽可能大范围地活动足趾，5 min/组，1组/h。促进血液循环、消退肿胀、防止深静脉血栓。股四头肌等长练习，在不增加疼痛的前提下尽可能多做（≥500次/天）。

（3）术后第2天至第3周：继续以上练习。可扶双拐行走，患侧不负重。单腿臀桥练习，骨盆离开床面，患侧肢体伸膝后直腿抬高与健侧大腿水平位，保持5 s（图5-4-3），30次/组，3~4组/天。侧抬腿练习（图5-4-4和图5-4-5），30次/组，组间休息30 s，练习4~6组，2~3次/天。后抬腿练习，俯卧位，患腿伸直向后抬起至足尖离床面5 cm为1次，30次/组，组间休息30 s，连续4~6组，2~3次/天。根据损伤及手术特点，手术后石膏固定3~4周。固定期间一般只能进行上述练习，3~4周后将石膏托去短至腓骨小头以下。

2. 中期（术后4周至8周）

练习时，取下石膏托，其余时间佩带。开始关节活动度练习，强化腿部肌力练习；开始负重练习，逐步恢复正常步态行走。

（1）术后第4周：踝关节活动度练习，主动最大限度屈伸踝关节，无或微痛范围内进行，10~15 min/次，2次/天。练习前温水泡足20~30 min，以提高组织温度，改善延展性，加强练习效果；主动膝关节屈曲练习；伸展练习（坐位悬吊），于足跟处垫一枕头，使患腿完全离开床面，放松肌肉使膝关节自然伸展（图5-4-19），30 min/次，1次/天，至患腿可伸直和健侧腿相同为止；腿部肌力练习（图5-4-11和图5-4-12）。绝对力量训练，选用中等负荷（完成20次动作即感疲劳的负荷量），20次/组，练习2~4组，组间休息1 min，至疲劳为止。

图5-4-19　坐位悬吊

（2）术后第5周："滚筒"练习，温水泡足后坐于椅子上，选一酒瓶或皮球，屈膝、患足踩在其上来回滚动，逐渐加力并增大活动度，反复练习20 min，1~2次/天；可扶单拐脚着地行走；加强各项肌力练习。

（3）术后第6周：拆除石膏；足跟垫高行走，约3 cm高的脚跟后垫逐层累积（10层）垫在鞋后跟内，开始扶拐以患足负重行走，大约每2天撤掉一层，最后3片每3天撤掉一层，约15天过渡至穿平底鞋行走。开始前后、侧向跨步练习（图5-4-6）。注意：跨步幅度不能过大，以免过度牵拉跟腱。

（4）术后第7周：开始静蹲或靠墙滑动练习，加强腿部力量（图5-4-10）；踝背屈抗阻力量训练（图5-4-2），坐床上，腿伸直，皮筋一端固定于床头等处，另一端套在脚尖上，抗橡皮筋阻力完成"勾足（脚尖向上勾的动作）"动作，30

次/组，组间休息30 s，练习4~6组，2-3次/天；抗阻"绷足"，坐床上，腿伸直，皮筋一端握手中固定，另一端套在脚尖上，抗橡皮筋阻力完成"绷足（脚尖向下踩的动作）"动作，30次/组，组间休息30 s，连续4~6组，2~3次/天。

（5）术后第8周：加强蹬踏练习的强度（图5-4-13），30次/组，4组/天。强化肌力，开始患侧单腿45°位半蹲屈伸膝练习，5 min/次，4次/天。开始双足提踵练习。

3. 后期（术后3个月）

强化关节活动度训练至与健侧相同。强化肌力训练，改善关节稳定性；恢复日常生活并逐步恢复运动能力；固定自行车练习，无负荷至轻负荷，跟腱处不得有过度牵拉感，30 min/次，1~2次/天；开始蹬踏练习（图5-4-15），双脚提踵逐渐过渡到单脚提踵训练；可开始游泳，但避免滑倒；运动员开始基本项目动作的专项练习。此期间缝合的肌腱尚不足够坚固，故练习及训练应循序渐进，不可勉强或盲目进行。且应强化肌力训练以保证踝关节在运动中的稳定，并应注意安全。

4. 恢复运动期：（3个月至6个月）

强化肌力训练，开始跑跳练习，逐步恢复运动或剧烈活动。继续单脚提踵训练。3个月后开始进行慢走—快走—慢跑—快跑练习。运动员术后6个月时开始恢复正式运动训练。

（三）前交叉韧带（ACL）损伤重建术后的体育康复方案

1. ACL损伤临床诊治

（1）ACL损伤的临床诊断。

① 临床症状：运动中突然发生"砰"的响声，落空感，水肿，疼痛和不能继续运动。

② 临床检查：水肿、压痛、不能行走，前抽屉试验、Lachman's试验、俯卧位Lachman's试验和轴移试验（pivot shift test）检查发现膝关节前后松弛。

③ MRI影像学检查：ACL连续性中断、水肿、增厚、行走异常。MRI可以清晰地反映ACL完全撕裂还是部分撕裂。

（2）ACL损伤的临床治疗。

ACL损伤的临床治疗包括保守治疗和手术治疗。选择哪种治疗，取决于患者未来是否想继续高强度运动和ACL损伤程度，手术治疗不是唯一选择。

前交叉韧带
损伤流行病
学

如果未来还想继续参与竞技运动或高水平运动，并且 ACL 完全撕裂者，一般推荐采取手术修复重建。本节将主要介绍 ACL 重建术后康复。

2. ACL 损伤的体育康复评定

（1）临床评定。

病史、症状、体征和膝关节 MRI 检查可确诊 ACL 损伤及程度。此外，手术重建术术式也对患者功能产生影响，需要了解评估。

（2）体育康复评定。

① 运动功能评定：评定内容包括股四头肌和腘绳肌肌力评定、ROM 评定、膝关节稳定性评定、平衡和协调能力评定、跳跃试验、运动质量评定。

② 社会心理功能评定：焦虑、抑郁、害怕、自信、自我效能评定。

③ 体能评定：恢复从事赛事和训练的评定。

3. ACL 损伤的体育康复治疗

（1）ACL 损伤体育康复目标。

控制炎症；恢复充分膝关节屈曲和伸展；恢复膝关节活动度训练和肌肉力量训练；恢复正常步行；重返赛场，预防再次损伤。

（2）ACL 损伤体育康复原则。

依据 ACL 移植物的性质和时间决定采用的重建术后康复方案；依据患者未来所需的功能进行康复管理。

（3）体育康复方法。

① 消炎镇痛：冷疗和加压治疗减轻炎症，一般术后即刻开始，持续 1 周。

② 关节活动度训练：术后支具保持膝关节屈曲 10°，逐渐训练，术后 2~3 周达到膝关节伸直到与健膝一致。膝关节屈曲从小范围开始，30°—60°—90° 逐渐加大，约在术后 8 周达到充分屈曲。术后第 1 周一定要戴膝关节支具，使膝关节伸直以保障移植物在髁间窝内不出血并减少瘢痕形成。配戴支具期间，患者每天松开支具，膝关节小范围活动几次，鼓励俯卧位腿伸直或坐位腿伸直抬高。术后第 3~6 周时，当膝关节屈曲角度大于支具角度时，可去除支具。

③ 活动髌骨：术后第 1 周指导患者自己活动髌骨，上下左右活动，以利于扩大膝关节屈伸活动和促进股四头肌力量恢复。

④ 股四头肌力量训练：术后当天就开始股四头肌活动。首先进行膝伸展条件下股四头肌等长收缩，保持肌肉活动，为胫股关节加压，而 ACL 无应激，同时促进髌骨上移。在膝关节全伸展＜10° 条件下进行直腿抬高练习。在

膝关节屈曲 60°～90° 条件下进行股四头肌等长收缩，不产生前抽屉试验效果，不影响 ACL 修复。

⑤ 闭链运动：当膝关节屈曲＞90° 后可进行闭链运动，为负重做准备。另外，闭链运动不会对髌股关节造成应激及胫骨前移。方法为双下肢轻下蹲，逐渐增加角度和时间。

⑥ 负重练习及步行：在术后第 1 周可以在支具保持膝关节伸直情况下，以持杖部分负重开始步行训练，之后，逐渐增加负重量，减少拐杖支撑力度，第 4~6 周后患者可以弃杖步行，不伴有膝关节打软。

⑦ 运动康复：闭链运动、开链运动增加肌力和肌耐力，避免对移植物造成压力；本体感觉训练增加膝关节神经肌肉控制；功能性训练要贯穿整个康复过程，适当掌握力度；当没有明显炎症、膝关节可充分伸展、可进行功能性运动测试，如单腿跳跃试验、垂直纵跳试验检验肌肉力量和肌肉耐力恢复后，则可开始跑步训练，通常需要 4~6 个月时间；恢复到项目特定的活动需要 6~9 个月；术后 1~2 年都需要穿戴功能性支具。

⑧ 神经肌肉电刺激和肌电生物反馈治疗：对患者的股四头肌进行电刺激治疗可辅助增加肌力。

（4）注意事项。

① 各项运动训练要因人而异，在治疗中不断评估，确定患者能够承受的运动强度与时间。

② 在运动康复后，一般都需要冷敷治疗，减少活动中出现的炎症反应，然后再热疗，促进渗出物吸收，保持组织的柔韧性。

③ 术前膝关节伸直不足，股四头肌力量低于对侧 20%，对术后康复有显著影响。

（5）ACL 损伤的康复效果。

ACL 损伤重建术后康复可以取得很好的效果，术后 2 年随访，无论是在机构康复还是居家康复都可实现膝关节 ROM、肌肉力量、关节稳定性、关节功能甚至跳跃能力等良好恢复。

恢复竞技运动的能力需要进行肌肉力量检测、跳跃试验和运动质量视频分析，自我报告的膝关节功能也是恢复竞技运动能力的可靠指标。肢体对称性指数（6 项指标）＞90%～100% 可恢复竞技运动，其具体指数与运动形式有关，冲撞性接触运动需要达到 100% 可恢复竞技运动。ACL 损伤经过康复后，65% 的患者可恢复至原运动和竞赛能力，尤其是男性运动员比例较高，心理因素可能是影响恢复原运动能力的主要原因。ACL 损伤后更易发生再损伤，且再损伤更易发生在对侧膝关节。

（6）ACL 损伤的预防。

应以多种功能联合训练用于 ACL 损伤预防以减少非接触性间接性 ACL 损伤。该预防方案包括改善平衡功能、下肢生物力学、肌肉激活、功能能力（表现）、肌肉力量、爆发力和减少落地冲击力。具体训练内容包括：肌肉力量训练、快速拉长缩短训练、敏捷性训练、平衡训练和柔韧性训练，每周 2~3 次，对训练剂量、强度等加以控制。实施 ACL 损伤预防计划中，要对教练员、运动员和家长甚至老师进行教育，提高他们对损伤预防计划的认识和依从性。

第五节　脊柱侧凸的体育康复

一、脊柱侧凸概述

（一）概念与病因

正常人脊柱各椎体上下相连成为身体中线，脊柱侧凸（scoliosis）是指脊柱的某一节段偏离身体中线的表现，脊柱侧凸不是单一疾病，许多病因都可引起这种畸形，包括非结构性脊柱侧凸及结构性脊柱侧凸，以特发性脊柱侧凸最多见，占 80%~90%。

脊柱侧凸发病原因不明，许多研究表明，特发性脊柱侧凸可能与遗传因素、神经系统平衡功能失调、神经内分泌异常、生长不对称因素和生物力学因素等密切相关。

（二）特发性脊柱侧凸分型与特点

1. 婴幼儿型特发性脊柱侧凸

出现在 3 岁以下年龄的特发性脊柱侧凸，其特点为男性发病多，多为左侧凸，在 2 岁前发病，常常合并身体其他部位的先天性缺陷，如智力障碍、先天性髋关节脱臼或先天性心脏病等。

2. 少年型特发性脊柱侧凸

4~10岁的特发性脊柱侧凸，其特点为女性发病多，多为右侧侧凸，若患儿生长发育较快，侧凸发展加重的速度可能较快。

3. 青年型特发性脊柱侧凸

11~20岁的特发性脊柱侧凸，其特点为骨骼生长迅速，处于侧凸进展加速期。

（三）临床治疗

特发性脊柱侧凸的临床治疗包括保守治疗和手术治疗两大类。保守治疗的指征是Cobb's角<45°，且在生长发育期者。治疗方法包括矫形器治疗、牵引治疗、手法治疗和运动治疗。

脊柱侧凸的手术治疗指征：经用保守治疗后畸形仍进行性加重；侧凸畸形角度较大（胸椎Cobb's角>50°，胸腰段或腰椎Cobb's角>40°）者，年龄在10岁以上脊柱生长发育未完成，不宜再用保守治疗者；先天性脊柱侧凸。手术方法多种多样，主要分为前路、后路矫正器械矫正畸形固定脊柱，然后植骨融合畸形节段脊柱，以达到纠正畸形，防止发展或复发的目的。

二、特发性脊柱侧凸体育康复评定

（一）直立位评定

正常人直立时所有棘突相连成一条直线，为躯干的中线。检查时，自C_7棘突或枕外隆凸处挂一铅锤，垂线应与每个棘突和臀裂相重合，双侧肩胛骨等高，两肩及髂嵴连线应与垂线垂直。脊柱侧凸时，棘突、臀裂偏离中线，以cm记录偏离最远处的距离。

（二）脊柱前屈位评定

患者双膝伸直，腰部前屈90°，双上肢自然下垂。于背后从水平位观察背部，脊椎侧凸时凸侧背部高于凹侧。这个方法可以检查出直立位评定不易发现的轻微畸形（图5-5-1）。

图5-5-1　脊柱前屈位评定

（三）对脊柱侧凸性质及可纠正程度的评定

侧屈检查：脊柱向左右两侧屈曲，正常时双侧屈曲度相等。脊柱侧凸时，向凸侧屈，若侧凸角度消失，则为功能性侧凸；若畸形无明显变化，则为结构性脊柱侧凸。

牵拉试验：患者站立，让助手双手托住患者下颌及枕部向上牵引头部，观察脊柱变化，可根据侧凸畸形减少的程度来判断脊柱侧凸可纠正的程度。

（四）X 线检查

X 线常规拍片包括立位脊柱 $T_1 - D_1$ 正侧位片，并包括两则髂嵴，手及腕骨正位片。X 线片可以进行侧凸角度的测量，Cobb 法：于侧凸上端中立位椎体（该椎体上面的椎间隙凸侧由宽变窄，凹侧由窄变宽）的上缘作一延长线，再于下端中立位椎体（该椎体下面的椎间隙凸侧由宽变窄，凹侧由窄变宽）的下缘作一延长线，分别作两延长线的垂线，两垂线相交之角即为侧凸角度，称为 Cobb's 角。此法已为国际脊椎研究学会采用。代偿期，原发弯度为上下两继发弯度之和，若前者大于后者，则为失代偿期，说明脊椎侧凸仍有发展的可能。

三、脊柱侧凸体育康复治疗

（一）脊柱侧凸矫正操

以胸向左凸、腰向右凸为例，分为仰卧位或俯卧位两组动作，可以在床上或垫上进行，胸向左侧用力屈曲，腰向右侧用力屈曲，每一动作做 5~10 min，重复 20~30 次，直至肌肉疲劳。每日练习 1~2 次，坚持至骨成熟。若为胸向右凸、腰向左凸，则动作方向需要颠倒过来。

（二）爬行练习

肩带及骨盆的运动可以影响脊柱，如抬左上肢可使胸椎左凸，矫正胸椎右侧凸；提右下肢可使骨盆左倾腰椎右凸，矫正腰椎右凸。若为胸椎右侧凸，练习时左臂和右腿尽力向前爬，右臂和左腿跟进，但不要超过左臂和右腿，前进方向向右环形，其他部位及方向的侧凸依此方法设计动作。

（三）自身抗阻及借助重力的练习

根据力学原理，矫正侧凸可用两种方法：一种是在曲线顶端施加水平方向的推压力；另一种是在曲线的两端加以轴向的拉张力。患者可用双上肢加力，借助石膏对抗及重力锻炼矫正侧弯，每一动作做 5~10 min，重复 20~30 次。

（四）注意事项

支具疗法

电刺激疗法

特发性脊柱侧凸的康复治疗需要长期持续才能取得效果。此外，特发性脊柱侧凸的体育康复需要根据侧凸严重程度确定治疗方法，Cobb 角在 10°~20°，姿势矫正、运动治疗和电刺激治疗联合进行，可取得较好效果。而 Cobb 角为 20°~40° 时，还需运用矫形器辅助治疗。特发性脊柱侧凸体育康复中，还可配合手法治疗等提高疗效。在特发性脊柱侧凸康复治疗过程中，要定期进行评定，以便观察疗效和调整治疗方案。

四、脊柱侧凸体育康复的作用

（一）调整肌力平衡

通过肌力锻炼增加维持脊柱姿势肌肉的力量，主要是凸侧骶棘肌、腹肌、腰大肌和腰方肌的肌力，同时牵伸凹侧挛缩的软组织，调整肌力平衡，改善脊柱的柔韧性，矫正功能性侧凹并防止进一步发展。

（二）改善姿势和体态

主动姿势训练，结合肌电生物反馈纠正不正确的姿势，养成维持正确姿势的习惯，预防及纠正姿势性等非结构脊柱侧凸。

（三）延缓脊柱畸形发展

主动肌肉锻炼配合支架治疗，防止长期配戴支具所致的躯干肌萎缩性侧凹，防止其发展。

（四）改善肺功能，增加肺活量和胸廓扩张度

脊柱侧凸训练时胸廓畸形的矫正利于肺功能提升，而且呼吸训练也可辅

助脊柱侧凸矫正，增强肺功能。

思考题

1. 简述人工全髋关节置换术后的注意事项。
2. 简述髋关节置换术后常见的并发症。
3. 简述骨关节炎的体育康复评定方法。
4. ACL 损伤的体育康复应该包括哪些内容？
5. 脊柱侧凸的体育康复作用有哪些？

第五章思考
题参考答案

实践训练题

患者，范某某，男，足球运动员，在足球比赛进行中，疾跑转身伸右足踢球时，突感右膝关节无法自如屈伸并伴内侧一阵剧烈疼痛，即由担架抬离出场。查体：右膝关节局部肿胀，固定于轻屈曲位，被动活动时内侧可闻及弹响声、右膝关节内侧间隙局部压痛明显，McMurray（＋），摇摆试验（＋）。

1. 试述该患者最可能的临床诊断及其诊断依据。
2. 试述该患者体育康复评定的主要内容。

在线测评题

（周谋望　北京大学第三医院）
（曹龙军　天津体育学院）
（黄力平　天津体育学院）

第六章

心血管疾病的体育康复

本章导言

在心血管疾病的康复中，体育康复可以促进动脉硬化的逆转，降低血压，改善左心的射血功能，减少动脉支架术后再狭窄的发生，提高患者身体机能，并对于调节和改善心脏病患者情绪、提高患者自信和应激能力也有显著作用。本章主要介绍心血管疾病的相关理论，以及与冠心病、高血压和外周动脉病体育康复相关的评定、程序和方法及运动处方等内容。

学习目标

1. 了解冠心病的基本概况；熟悉冠心病体育康复的理论；掌握冠心病体育康复的程序和方法。

2. 了解高血压的基本概况；熟悉高血压的治疗原则、措施和体育康复机制；掌握高血压体育康复的程序、方法及效果评价。

3. 了解外周动脉病的基本概况；熟悉外周动脉病的致病危险因素和治疗措施；掌握外周动脉病体育康复的方法。

关键术语

有氧运动（aerobic exercise）：指周期性的、全身主要肌群参与的、持续较长时间的，主要以有氧代谢提供运动中所需能量的运动方式。

最大心率（maximal heart rate，HRmax）：个体心率增加所能达到的最大限度，又称极限心率，通常表示为最大心率（bpm）= 220 − 年龄。

心率储备（HHR）：最大心率（HRmax）与安静时心率（HRrest）的差值，表示人体劳动或运动时心率可能增加的潜在能力。

主观用力程度分级（rating perceived exertion，RPE）：根据运动者自我感觉用力程度来衡量相对运动水平的半定量指标。

心脏康复（cardiac rehabilitation）：指心脏病患者通过运动处方和医疗、营养措施，以及心理、职业教育和社会咨询指导重新获得正常或接近正常活动状态的综合方案，其中，体育康复是核心内容。

高血压（hypertension）：是指由于动脉血管硬化而导致的以动脉血压持续性增高为主要症状的一种全身性疾病。

外周动脉病（peripheral arterial disease，PAD）：是指周围动脉粥样硬化导致动脉狭窄，甚至发生闭塞，从而使远端组织出现相应的缺血性痉挛、坏死，或导致动脉瘤样扩张而发生夹层或破裂的疾病。

第一节　冠心病的体育康复

一、冠心病概述

（一）定义及流行病学

冠心病全称为冠状动脉缺血性心脏病，是由于冠状动脉粥样硬化导致的心肌缺血缺氧，造成胸痛、心律失常、心力衰竭、心源性休克等严重症状甚至死亡的重大疾病。在我国发病率和死亡率最高，《2020 中国居民营养与慢性病状况报告》显示，冠心病患病人数为 1 100 万，心脑血管疾病死亡率占所有非传染性疾病死亡率的 44%，而非传染性疾病死亡率占所有疾病死亡率的 71%，因此，冠心病是我国重点防治的慢性疾病之一。

（二）危险因素及发病机制

1. 危险因素

高血压、高血糖、肥胖、血脂异常、增龄、吸烟、冠心病家族史和体力活动不足都是冠心病的危险因素，其中除了增龄和冠心病家族史外，其他因素都是可以改变的，也是冠心病体育康复中重点关注和解决的问题。

2. 发病机制

各种高危因素长期作用于人体，导致血管内皮损伤，血小板聚集，血脂沉积，血液成分发生变化，动脉血管斑块形成，逐渐阻塞血管，减少心脏供血、供氧，造成心肌代谢障碍，不能满足心脏本身和全身血液循环需求，产生症征。这些渐进性变化是冠心病发生的病理学机制，早期认识这些问题，及早预防危险因素是冠心病康复的重要内容。

（三）临床诊断

冠心病的临床诊断主要依据临床表现、心脏电生理学、超声心动学、心肌酶学，以及心脏冠脉血管造影等予以确诊。心悸、胸闷、胸痛、呼吸困难等是最常见的临床表现，有时会出现血压降低、肺水肿等心衰和休克症征。心电图检查可表现出心律失常和心肌缺血及心肌梗死图形。超声心动可观察心脏腔室大小、射血分数、心肌收缩力或异常运动、瓣膜通畅性与关闭等情况。胸痛时，需做心肌酶学检查心肌是否坏死及受损时期。冠脉造影是确诊冠心病最确凿的证据，如果缺血达到 75% 以上可以考虑介入治疗。确诊冠心病后还要明确其分型，1979 年 WHO 将冠心病分为无症状型冠心病、心绞痛、急性心肌梗死、缺血性心肌病和猝死 5 型。

（四）临床治疗

冠心病的临床治疗主要包括内科治疗和外科治疗两类。内科治疗通常采取药物治疗，扩张冠状动脉，降低危险因素，通畅血液循环，增加心肌供氧，常用药物有硝酸酯类药物、控制血压类药物、他汀类降脂药物、抗凝类或抗血小板类药物，以及一些对症治疗药物。有手术指征时需采取介入治疗，包括经皮冠状动脉球囊扩张术（PTCA），冠状动脉内膜剥脱术和冠状动脉搭桥手术等。冠心病康复治疗是冠心病临床治疗的重要内容，贯穿临床治疗始终，内外科治疗都需要持续进行康复治疗，可增强和保持其治疗效果，并有二级预防作用，包括生活方式教育、心理疏导、营养教育和体育康复。

中国心脏病康复专家胡大一教授强调，冠心病康复和健康管理有五大处方，即运动处方、营养处方、心理处方、戒烟处方和药物处方。其中，运动处方对冠心病的功能康复起到关键作用，因为一个人是否规律运动与其心脏病发生率和死亡密切相关，而患病后适当运动干预可以促进功能恢复，且并没有增加心脏病恶化的风险。美国运动医学学会和美国心脏学会已经将"运动与否"作为第五生命体征，要求临床医生在接诊时都要询问患者。冠心病现代运动康复起源于欧洲，20世纪50年代我国派遣临床医生到苏联学习运动疗法，但我国的冠心病康复发展开始于20世纪80年代，周士枋、曲镭、励建安、张宝慧、杨静宜、胡大一、江钟立、郭兰等多位专家均在心脏康复领域取得了可喜的成绩。周士枋教授提出缩唇样呼气、腹式呼吸和放松训练等康复技术运用于冠心病稳定期患者康复；曲镭教授是最早进行无并发症急性心肌梗死康复医疗的专家，建立了4周、3周和2周康复程序；励建安教授采用有氧运动和中国传统拳操等对稳定期冠心病患者进行干预并取得了较好疗效；胡大一教授一直主张并践行心脏康复，并将此进行规范化推广。这些先驱者的工作为心脏康复的快速发展奠定了坚实的基础。

冠心病体育康复有显著成效。国外一项分析显示，规律运动可使心血管死亡率降低35%，全因死亡率降低33%。急性心肌梗死患者在监护下进行早期活动无不良影响，而且有利于预防卧床并发症。在20世纪70年代末，美国65岁以下无并发症急性心肌梗死患者的住院期已缩短到2周，85%以上的办公室工作人员和机械工人可在病后7周恢复工作，重体力劳动工人可在病后13周恢复工作，表明心脏体育康复能够减少患者的住院天数和医疗费用，降低患者的死亡率和致残率。

二、冠心病体育康复的理论

运动不足是引起冠心病的主要因素之一。运动不足导致脂肪堆积、高密度脂蛋白水平下降、低密度和极低密度脂蛋白水平上升等血脂异常和血黏度增高，使冠心病危险因素增加，冠状动脉硬化，心血管疾病发病率攀升，严重威胁着人们的生命。冠心病内外科治疗，尤其是介入治疗后（PTCA、支架植入术后等），冠脉再狭窄和长期服药产生的耐药也是临床治疗的难点。体育康复可以对冠脉血管产生剪切力，刺激血管内皮释放一氧化氮，起到扩张血管和降低心脏外周阻力作用；体育康复也可通过肌肉收缩促进静脉回流，增加心脏前负荷，增加心肌收缩力，促进每搏输出量增加；体育康复还可以消耗机体脂肪，调节血脂，增加高密度脂蛋白，体育康复与低饱和脂肪酸的饮食相结合可有效降低低密度脂蛋白，起到逆转血管斑块的作用，保护心肌功能；持续体育康复干预可改善经皮冠状动脉介入治疗术后患者的长期心理状态，减少心血管事件的发生，降低再狭窄可能性。

三、冠心病体育康复评定

（一）冠心病临床评定

1. 临床诊断

冠心病临床诊断包括症状、体征、辅助检查确定冠心病类型。

2. 并发症评定

评定有无心律失常，心肌缺血是否加重，有无心力衰竭表现，有无心源性休克表现等，可通过临床症状和客观的心电图检查、血压和心率测定、心脏射血分数等进行判断。通常在冠心病康复早期由康复治疗师或康复医师监护和遥测心电图监测。

3. 危险因素评定

采用生活方式问卷调查、体力活动问卷调查和体重、血压、心率、血脂、血糖测定等评定冠心病危险因素，以便为制订运动处方和健康教育与管理提供依据。

4. 活动能力评定

观察是否能活动，以及在床边和室内活动时是否有不适症状或病情加重等情况。

（二）运动试验

在冠心病急性期通常不做运动试验，当患者完成住院康复准备出院时才进行症状限制性或低水平有氧耐力运动试验测定，以指导患者安全、有效地进行院外康复和自我监测（测试方法详见第三章）。此时也可进行握力等力量测试、ROM 测试和老年人平衡功能测试。

四、冠心病体育康复的程序和方法

（一）冠心病体育康复的分期

目前心脏康复的标准模式包括：院内第Ⅰ期康复、院外监护下第Ⅱ期康复和社区、家庭第Ⅲ期康复。

1. 住院期体育康复治疗（第Ⅰ期心脏康复）

康复目标：避免卧床带来的不良影响（如运动耐量减退、低血容量、血栓栓塞性并发症），缩短住院时长，改善心理状态，促进日常生活能力及运动能力的恢复（家庭日常生活的运动量一般<4 METs），为之后的康复提供全面完整的病情信息。

（1）冠心病监护病房：此阶段可进行轻微、低强度运动，其能量消耗应<2 METs，活动方式宜为等张运动或动态运动，运动量可逐渐增加。

（2）普通病房：此阶段康复运动的能量消耗应<4 METs，运动后心率不超过安静时20次，血压不超过安静时20 mmHg。

（3）出院前阶段：此阶段一般应进行身体机能测定。

2. 出院后体育康复治疗（第Ⅱ期心脏康复）

康复目标：进一步改善患者的身心状况和功能状态，指导患者回归社会。与第Ⅰ期康复不同，除患者评估、患者教育、日常活动指导和心理支持外，这期康复计划应增加每周3~5次心电血压监护下的中等强度运动，包括有氧运动、抗阻运动及柔韧性训练。

（1）美国程序：出院后恢复期，一般持续12~18周，仍应在监护下进行前一阶段运动康复。

（2）英国程序：第Ⅰ期心脏康复的延续，出院后最初4~6周，康复手段是在监护下于家中进行较轻的体力活动。医务人员须定期或间断到家中监护患者活动及医学情况，及时发现和处理严重问题（如少量活动引起的心绞痛、心力衰竭、有潜在危险的心律失常等），并帮助患者减轻一些常见症状（如疲劳、左胸微痛、心律不齐等），以消除不必要的思想负担。

（3）中国程序：第Ⅰ期急性心梗康复后，达到出院标准，即75~100 W持续3 min的运动能力，可在院外和家中进行相应能量消耗的运动锻炼，或相应的日常生活活动锻炼，长期坚持，定期复查。

3. 院外长期康复（第Ⅲ期心脏康复）

康复目标：为心血管事件一年后的院外患者提供预防和康复服务，是第Ⅱ期康复的延续。减少其他心血管疾病风险，强化生活方式改变。

（1）美国程序：长期维持期，无须连续监测，以健身房或社区为基础进行体育康复。

（2）英国程序：有指导和某些监护的体育康复程序，一般持续12周左右；长期维持期，主要通过长期的康复活动改善冠心病患者自身的生活方式。健康工作者、保健医生应对患者进行定期检查，内容包括身心变化、危险因素、服药情况，以及运动程序调整等内容。

（3）中国程序：指发生急性心血管病事件12个月后的冠心病终身预防和管理服务时期，其核心内容涉及心血管疾病预防、治疗、康复和社会心理等问题的全程综合管理，重点帮助患者维持已经形成的健康生活方式和运动习惯，急性有效控制冠心病的高危因素，强化社会心理支持，保持规范的询证药物治疗。帮助患者恢复家庭和社会交往等日常活动，部分患者可重返工作岗位。内容有日常生活活动指导，驾车、乘飞机、性生活等特殊生活指导。

（二）冠心病体育康复的方法

1. 住院或出院早期的体育康复

运动处方是冠心病患者早期参加体育康复等综合干预措施的核心，运动强度的大小对于冠心病预后的改善效果不同，在一定范围内较大的运动强度可使心血管获益更大，但同时也伴随着风险的增加。因此，在保证患者安全的情况下，科学进行体育康复以实现心血管的最大获益是非常重要的。冠心病患者在接受体育康复前应先接受危险分层（表6-1-1）。

▶ 表6-1-1 运动过程中发生心血管事件的危险分层

项目		危险分层		
		低危	中危	高危
运动试验指标	心绞痛	无	可有	有
	无症状/无症状但有心肌缺血心电图改变	无	可有，但心电图ST段下移<2 mm	有，心电图ST_1段下移≥2 mm
	其他明显不适症状，如气促、头晕等	无	可有	有
	复杂室性心律失常	无	无	有
	血流动力学反应	正常	正常	异常
	功能储备	≥7 METs	5~7 METs	≤5 METs

续表

项目		危险分层		
		低危	中危	高危
非运动试验指标	左心室射血分数	≥50%	40%~50%	<40%
	猝死史或猝死	无	无	有
	静息时复杂性心律失常	无	无	有
	心肌梗死或再血管化并发症	无	无	有
	心肌梗死或再血管化后心肌缺血	无	无	有
	充血性心力衰竭	无	无	有
	临床抑郁	无	无	有

　　在观察症状、心电图、血压、心率、呼吸频率后,进行体育康复治疗。按照患者进度逐渐施加运动负荷,只有满足进阶标准后才可进入下一训练阶段(表6-1-2)。康复进程一般分为6个阶段(表6-1-3),每个阶段均对应相应的活动能力及范围。如果患者可完成100~200 m的步行训练,则可进行心肺运动负荷试验或其他代替性运动负荷试验以评价心功能,判断有无异常情况,从而制订出院运动处方。

　　除上述体育康复方案外,还可考虑进行以下训练:① 原地轻踏步30次一组,3~5组,每天可进行6~8次;② 缓步行走30~100 m,以无症状、不气喘为限,每天走6~8次;③ 快慢交替走,慢走1 min,再快走30 s,每次6~8组,每天2~3次;④ 稍大步的走1 min,在原地高抬腿走20步,反复6~8次,中间穿插徒手操(小幅度),每天2~3次;⑤ 加大强度步行,并加入浅半蹲10次,提踵10次,上肢伸展10次,以有轻度气喘为宜。值得注意的是,这些训练开始前需要采集所有患者的完整病史和进行体格检查,以评价患者的并发症和运动禁忌证,运动全程需要医护人员监护,视心功能情况调整或逐步增加运动量。若出现异常变化或症状时,应停止或调整运动处方。

▶ 表 6-1-2　体育康复进阶标准

1. 无胸痛，无呼吸困难，疲劳感低（Borg 指数＜13），无眩晕，无下肢痛等
2. 无发绀，无面色苍白，出冷汗等体征
3. 无呼吸急促（30 次 /min 以上）
4. 运动时未引起心律失常或心房颤动的节律改变
5. 运动时未出现血压的过度变化
6. 运动时心率增加未超过 30 bpm
7. 运动时未出现心电图的缺血性变化
8. 运动时血氧饱和度保持在 90% 以上

▶ 表 6-1-3　心外科术后急性期康复治疗方案

康复阶段	运动内容	如厕	其他
1	上下肢主、被动运动，靠背坐位，呼吸训练，排痰	床上	确认有无吞咽障碍
2	端坐位（10 min）	床上	
3	站立，踏步	便盆	
4	室内步行	可室内如厕	室内活动自由
5	监护下独立病区内步行（100 m），2 次 / 天	可病区内如厕	病区范围内活动
6	监护下独立病区内步行（200~500 m），2 次 / 天	可院内如厕	医院内活动自由，运动负荷试验，出院制订运动处方

2. 出院后期的体育康复

　　通常根据运动负荷试验结果制订运动处方，如运动平板试验、功率自行车试验等。在运动平板试验中，改良 Bruce 方案应用广泛。体育康复可在康复中心或家庭 / 社区完成，出院后期冠心病的体育康复程序可参阅图 6-1-1。一般先以有氧运动为主，适应后逐渐加入抗阻运动，运动强度可考虑通过无氧阈法、靶心率法等确定，以感到"稍微有些累"的程度为宜，运动频率为

3~5 次 / 周，每次运动 20~60 min，建议初始从 10~15 min 开始或分段完成，根据患者的运动能力和身体状况逐步增加运动强度和运动时间。

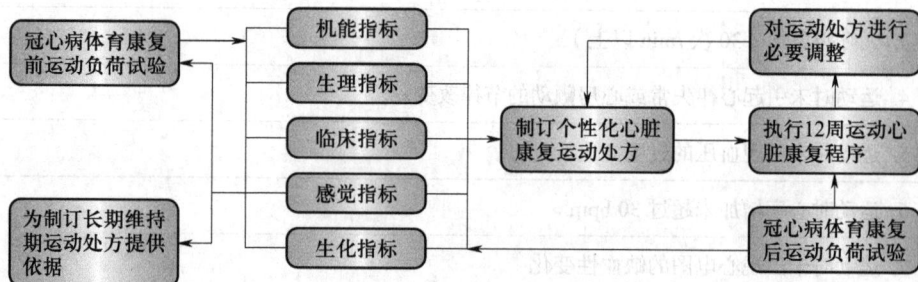

图 6-1-1　冠心病的体育康复程序

（1）康复中心活动：体育康复的初始强度根据机能测定结果而定，即参考摄氧量的峰值、心电图的变化、心率和血压的反应及患者的体征和感觉等方面信息而进行。通常，采取运动负荷试验确定患者的体育康复方式和强度（图 6-1-2）。训练设备的选择视患者的具体情况而定，一般包括自行车测功计、踏步机、活动跑台、划船器、上肢训练器、哑铃等。多种多样的训练既可以提高患者的兴趣使其最大限度受益，也可以尽量减少损伤的发生，建议患者在每种训练设备上的活动时间不短于 5 min。一般从第三周以后每两周运动强度增加 1 MET，每种训练设备的活动时间增加 30 s（但体育强度和体育时间的增加需要根据患者的具体情况而定）。体育康复每周进行 3 次，共持续 12 周，然后，患者再以同样的程序进行机能测定。

（2）家庭 / 社区活动：受家庭和社区的条件限制，达到前期心脏康复目标、能够脱离监护并掌握运动方法的患者才适合回到家庭 / 社区进行康复，康复医师及康复治疗师应指导患者因地制宜，采取一些运动强度适宜且容易开展的运动形式，如太极拳、八段锦、健身操等。具体训练方法可参考：① 散步 8 min（40 m/min）；② 徒手操：上肢伸展 + 弓箭步压腿 + 躯干伸展，5 min；③ 扶墙半蹲20次，2 组，组间休息 1~2 min，共持续 3 min；④ 立卧撑15次，2 组，组间休息 1~2 min，共持续 3 min；⑤ 大步走 1 min（快慢交替走）；⑥ 放松活动。另外，应嘱患者定期复诊，积极参与随访计划，以便及时更新运动处方。

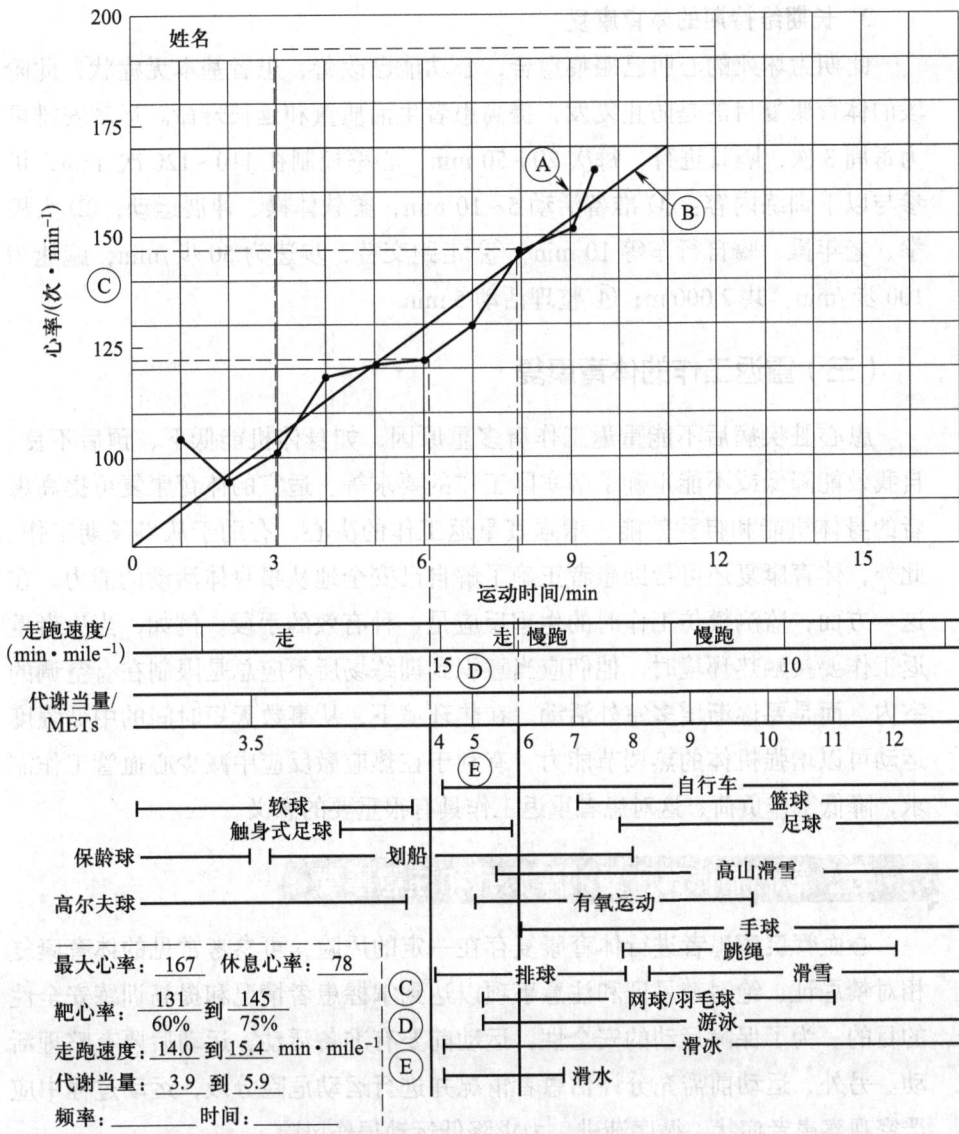

注：A. 运动中每分钟的心率；B. 心率的回归线；C. 靶心率范围；
D. 训练中适宜的走跑速度；E. 训练中适宜的METs值。

图 6-1-2 根据 Bruce 方案结果确定相应体育康复方式和运动强度的步骤

3. 长期维持期的体育康复

此期为坏死的心肌已瘢痕愈合，心功能已改善，患者基本无症状，此阶段的体育康复目的是防止复发，提高患者生活质量和延长寿命。运动安排可为每周 3 次，隔日进行，每次 20~50 min，心率控制在 110~120 次 /min，可参与以下训练内容：① 准备活动 5~10 min，柔软体操、伸展运动；② 太极拳、老年操、骑自行车等 10 min；③ 走跑交替，步速为 50 步 /min，跑速为 100 步 /min，共 2 000 m；④ 整理活动 5 min。

（三）重返工作的体育康复

患心脏疾病后不能重返工作有多重原因，如身体机能低下、预后不良、自我效能降低或不能正确了解实际工作的要求等。适宜的体育康复可提高患者的身体机能和自我效能，增强其重返工作的决心，有助于从事长期工作。此外，体育康复还可帮助患者正确了解自己安全地从事身体活动的能力。在这一方面，监测模仿工作时的生理反应是一种有效的手段。例如，当患者重返工作要接触热环境时，他们应当意识到训练场所不应总是限制在有空调的室内，而是要逐渐增多室外活动。在热环境下，从事数天短时间的中低强度运动可以增强机体的热调节能力，有利于在热应激反应中减少心血管工作需求，降低工作负荷，这对患者重返工作具有很重要的意义。

五、冠心病体育康复的禁忌证和注意事项

心血管疾病患者进行体育康复存在一定的风险，可参考常见的体育康复相对禁忌证、绝对禁忌证和注意事项以达到掌握患者情况和提高训练安全性的目的。为了保障运动的安全性，运动前要有准备活动，运动后要有整理活动。另外，运动前需充分评估患者情况并进行运动危险分级，运动过程中应严密观察患者症状，循序渐进，力求降低运动损伤风险。

存在以下相对禁忌证的患者应慎重考虑进行体育康复：① 电解质紊乱；② 心动过速或严重的心动过缓或静息心电图显示明显的心肌缺血；③ Ⅱ度房室传导阻滞；④ 未控制的高血压（静息收缩压≥160 mmHg 或舒张压≥100 mmHg）；⑤ 低血压（舒张压<60 mmHg 或收缩压<90 mmHg）；⑥ 血流动力学障碍，如梗阻性肥厚型心肌病（左心室流出道压力阶差<50 mmHg）、中度主动脉弓狭窄（压力阶差为 25~50 mmHg）；⑦ 未控制的代谢性疾病，如糖尿病、甲状腺功能亢进症（甲

六）、黏液水肿；⑧ 室壁瘤或主动脉瘤；⑨ 有症状的贫血。

存在以下绝对禁忌证的患者禁止进行体育康复：① 生命体征不平稳、病情危重需要抢救；② 不稳定型心绞痛、近期心肌梗死或急性心血管事件病情未稳定；③ 血压反应异常，直立引起血压明显变化并伴有症状、运动中收缩压不升反降＞10 mmHg 或血压过高、收缩压＞220 mmHg；④ 存在严重的血流动力学障碍，如重度或有症状的主动脉瓣狭窄或其他瓣膜疾病、严重主动脉弓狭窄、梗阻性肥厚型心肌病（左心室流出道压力阶差＜50 mmHg）等；⑤ 未控制的心律失常（心房颤动伴快速心室率，阵发性室上性心动过速，多源、频发性室性期前收缩）；⑥ Ⅲ度房室传导阻滞；⑦ 急性心力衰竭或慢性失代偿性心力衰竭；⑧ 夹层动脉瘤；⑨ 急性心肌炎或心包炎；⑩ 可能影响运动或因运动加重病情的非心源性疾病，如感染、甲状腺毒症、血栓性疾病等。

第二节　高血压的体育康复

一、高血压概述

（一）高血压的定义及临床表现

高血压是指由于动脉血管硬化而导致的以动脉血压持续性增高为主要症状的一种全身性疾病，又称为原发性高血压，这与继发于其他疾病（如肾炎）之后的症状性高血压不同。作为一种常见的心血管疾病，高血压是造成每年 100 万人心脏病发作和 50 万人心脏病致死的主要因素。世界上约有 10 亿高血压患者，据《中国心血管病健康和疾病报告 2019》显示，我国 18 岁及以上成人高血压病患者为 2.45 亿，患病率为 27.5%，年长者多于年轻者，男性多于女性。另外，高血压也是充血性心力衰竭、外周血管病和肾衰竭等疾病的致病因素。

根据 WHO 高血压病的定义，高血压的诊断标准是收缩压 ≥18.6 kPa（≥140 mmHg）或舒张压 ≥12.0 kPa（≥90 mmHg）。按照血压升高程度或器官损害程度进行的分期见表 6-2-1 和表 6-2-2。

► 表 6-2-1　高血压的分期（按血压升高程度）

	收缩压 /mmHg		舒张压 /mmHg	改善生活方式
正常	<120	和	<80	鼓励
临界性高血压	120~139	和（或）	80~89	需要
1 级高血压	140~159	和（或）	90~99	需要
2 级高血压	160~179	和（或）	100~109	需要
3 级高血压	≥180	和（或）	≥110	需要

注：当收缩压和舒张压不在一个分类等级时，应以较重的为准。

► 表 6-2-2　高血压的分期（按器官损害程度）

高血压分期	器官损害程度
Ⅰ期高血压	无器质性改变
Ⅱ期高血压	至少存在下列体征之一： ① 左室肥厚（被 X 射线、心电图、超声心动图证实） ② 视网膜动脉普遍或局限性狭窄 ③ 蛋白尿和（或）血浆肌酐浓度轻度升高 ④ 隐性冠心病的客观证据
Ⅲ期高血压	器官损害的症状和体征： ① 心脏：心绞痛、心肌梗死、心力衰竭 ② 脑：短暂脑缺血发作、脑卒中、高血压性脑病 ③ 眼底：视网膜出血、渗出 ④ 肾：血浆肌酐浓度大于 20 mg · L^{-1}，肾功能衰竭

（二）影响高血压发病的因素

1. 遗传

高血压不是遗传病，但其发病过程受遗传因素的影响，有高血压家族史的人患此病的可能性要远高于无家族史者。

2. 饮食

摄入的钠盐过多是我国居民患高血压的主要影响因素，在北方地区尤其突出；脂肪摄入过多（尤其是动物脂肪）也是重要的发病因素；饮酒与高血压的发病也有较密切的关系。

3. 职业及行为

在工作中，中枢神经系统经常处于紧张状态的职业人群和性情急躁、个性较强的人发病的风险较高。

4. 吸烟

吸烟是与高血压发病有关的不良行为。

5. 体力活动

长期缺乏有规律的运动易增加高血压的发病风险。

6. 肥胖

肥胖往往会伴有高血压，研究显示，约75%的男性和65%的女性高血压患者是由超重和肥胖引起的。

二、高血压体育康复的治疗原则和措施

高血压预防和管理的目标是以尽可能少的侵入手段降低其发病率和致死率，可通过达到和保持血压低于140/90 mmHg，以及控制其他心血管疾病危险因素来实现。目前的治疗手段不能使高血压的病理改变发生逆转，只能缓解症状和延缓病变的发展过程。因此，高血压治疗的总原则是长期坚持治疗，不能在症状病情好转后就停止治疗。

治疗的措施包括非药物治疗和药物治疗，前者主要指减少饮食中的食盐摄入量，控制体重及进行适宜的规律运动（表6-2-3）。一般来说，Ⅰ期高血压以非药物治疗为主，Ⅱ期高血压则以药物治疗为主，非药物治疗为辅。

▶ 表6-2-3 改善生活方式控制高血压策略

改善内容	建议	收缩压降低幅度
减轻体重	维持正常体重［BMI 18.5~24.9（kg·m⁻²）］	5~20 mmHg
采纳饮食预防高血压计划	食用水果、蔬菜和低脂肪食品，减少饱和脂肪酸的摄入量	8~14 mmHg
限制食物中的钠摄入	降低食物中钠的摄入量，每天不超过100 mmol（2.4 g钠或6 g氯化钠）	2~8 mmHg

改善内容	建议	收缩压降低幅度
体育活动	参加有规律的有氧运动，如快走，每天最少 30 min，每周多天运动	4~9 mmHg
适度饮酒	男子每天饮酒＜2 次（1 盎司或 30 mL 乙醇，如 24 盎司啤酒、10 盎司白酒、3 盎司 80 标准酒精度的威士忌）；女子和体重较轻者每天饮酒＜1 次	2~4 mmHg

注：1 盎司＝0.028 35 kg。

三、高血压体育康复评定

（一）临床评定

高血压的临床评定包括高血压的临床诊断和危险因素评定。

（二）运动试验

对高血压稳定期，并且患者准备进行中等以上强度运动时，需要进行有氧耐力运动试验，评定患者的运动风险和安全运动界限，指导制订运动处方。必要时进行力量测试、柔韧性测试和平衡测试。

美国运动医学学会针对高血压患者提供了下列运动测定和体育康复建议：

（1）高血压患者在进行最大运动负荷测定或参加高负荷训练前应先排除临床问题，之后可使用常规的运动程序进行测定（表 6-2-4）。

（2）在有其他因素干扰时，如肥胖或年龄偏高，可对测定程序进行适当的改良（如改良的 Bruce 方案）。

（3）服药时间和运动测定时间不要相互影响。

（4）测定中认真监测血压的变化，收缩压大于 260 mmHg，舒张压大于 115 mmHg 时停止测定。

（5）不应提倡对运动血压反应强烈的高血压患者进行大运动量测定。如果可以得到运动测定结果，而且上述患者对运动出现了高血压反应，则这些信息可为危险分层提供依据。同时，也说明他们应改善生活方式以减少血压的升高，并且在某些环境下，服药情况可能也需有所改变。

▶ 表 6-2-4 常规的运动程序及其代谢当量

功能分级	临床状态	耗氧量 (mL·kg⁻¹·min⁻¹)	代谢当量	功率自行车运动试验方案 70kg体重 kgm·min⁻¹ (WATTS)	BRUCE 3 MIN STAGES MPH/%GR	RAMP RER 30 SEL (mile·h⁻¹)	BRUCE RAMP PER MIN MPH/%GR	BALKE WARE %GRADE AT3.3 MPH 1 MIN STAGES	USAFSAM (mile·h⁻¹)	"SLOW" USAFSAM (mile·h⁻¹)	MODIFIED BALKE (mile·h⁻¹)	ACIP (mile·h⁻¹)	MOD. NAUGHTON (CHF) (mile·h⁻¹)	METs
正常和 I 级	健康年龄依赖性活动	73.5	21		5.5/20	3.0/25.0	5.8/20							21
		70	20			3.0/24.0								20
		66.5	19			3.0/23.0	5.6/19							19
		63	18		5.0/18	3.0/22.0	5.3/18							18
		59.5	17			3.0/21.0	5.0/18							17
		56	16	1 500 (246)	4.2/16	3.0/20.0	4.8/17	26						16
		52.5	15			3.0/19.0	4.5/16	25	3.3/25					15
		49	14		3.4/14	3.0/18.0	4.2/16	24 23 22	3.4/24.0				3.0/25	14
		45.5	13	1 350 (221)		3.0/17.0	4.1/15	21 20	3.3/20		3.0/25	3.1/24.0	3.0/22.5	13
		42	12	1 200 (197)	2.5/12	3.0/16.0	3.8/14	19 18			3.0/22.5	3.0/21.0	3.0/20	12
		38.5	11			3.0/15.0	3.4/14	17 16	3.3/15		3.0/20	3.0/17.5	3.0/17.5	11
	静息健康状态	35	10	1 050 (172)	1.7/10	3.0/14.0	3.1/13	15 14			3.0/17.5	3.0/14.0	3.0/15	10
		31.5	9	900 (148)		3.0/13.0	2.8/12	13 12	2/25		3.0/15	3.0/10.5	3.0/12.5	9
		28	8	750 (123)		3.0/12.0	2.5/12	11 10	3.3/10	2/20	3.0/12.5	3.0/7.0	3.0/10	8
	有活动受限状态	24.5	7	600 (98)		3.0/11.0	2.3/11	9 8		2/15	3.0/10		3.0/7.5	7
II		21	6			3.0/10.0 9.0	2.1/10	7 6	3.3/5	2/10	3.0/7.5	3.0/3.0	2.0/10.5	6
	有症状状态	17.5	5	450 (74)		3.0/8.0	1.7/10	5		2/5	3.0/5	2.5/2.0	2.0/7.0	5
III		14	4	300 (49)		3.0/6.0 4.0	1.3/5	4 3	3.3/0	2/0	3.0/2.5	2.0/0.0	2.0/3.5	4
		10.5	3	150 (24)		3.0/3.0 2.0		2	2.0/0		3.0/0			3
IV		7	2			1.5/0 1.0/0	1.0/0	1			2.0/0		1.5/0	2
		3.5	1			0.5/0							1.0/0	1

四、高血压体育康复的机制

（一）长期有规律的运动对安静时血压的影响

长期有规律的有氧运动可以降低高血压患者安静时的血压，其可能的机制包括：① 运动产生的刺激作用于大脑皮质及皮质下的血管运动中枢，调整其功能状态；② 运动使交感缩血管神经的兴奋性降低，迷走神经的兴奋性升高，使血管产生扩张；③ 运动使肌肉中的毛细血管扩张，降低了血管的外周阻力，尤其是对舒张压的降低具有较大的意义；④ 运动可改善情绪，与饮食控制相配合可以有效降低血液中胆固醇和低密度脂蛋白的含量，这些都有利于减少高血压发病的危险因素。

（二）运动过程中血压的变化

运动时由于心输出量增大，一般情况下，收缩压和舒张压均会上升。然而，在进行较长时间的全身性运动时，肌肉毛细血管的大量开放可使外周阻力降低，这时可表现为收缩压升高而舒张压变化不明显，有时舒张压反而会下降。

在进行力量训练时（尤其是肌肉等长收缩），肌肉中的血管被挤压增大了外周阻力，使得收缩压和舒张压都明显升高，这种现象在上肢肌肉力量训练时最为明显。一般而言，高血压患者不适宜采用这些运动方式。

五、高血压体育康复的程序和方法

（一）适应证与禁忌证

体育康复主要适宜于临界性高血压和Ⅰ、Ⅱ期高血压患者，其中，Ⅱ期高血压以药物治疗为主，辅以体育康复。对于Ⅲ期高血压患者，参加体育康复要视具体情况而定。需要指出的是，不是所有类型的高血压都适宜进行体育康复。例如，对因各种疾病而导致的症状性高血压患者，以及症状不稳定和有较严重并发症的患者，一般不适宜采用体育康复进行治疗。在进行体育康复前，应对高血压患者进行体检，并按照医生的建议进行下一步活动。

（二）体育康复的方法

有氧运动是高血压病的基本体育康复方法，可降低血压和减轻体重，低强度抗阻运动有助于增强康复效果。美国运动医学学会报道的 54 个随机临床试验（受试者超过 2 600 名）结果显示，有氧运动可使收缩压和舒张压分别降低 3~4 mmHg 和 2~3 mmHg，而且高血压患者训练后降低的幅度更大，收缩压和舒张压分别降低了 7.4 mmHg 和 5.8 mmHg。从训练安排上来看，当强度为 40%~70%$\dot{V}O_2$max，每周训练 3~5 天，每次持续时间为 30~60 min 时，可取得同样的降压效果。因此，有规律的体育活动和控制体重均是高血压一级预防和二级预防的核心内容。为了能够准确地了解高血压患者的身体状况和机能，在体育康复开始前一般应先进行运动测定，以便更好地为他们制订个体化的运动处方。

（1）运动频率：每周训练 3~7 天有氧运动和隔日进行的 2~3 次力量训练有降压的效果。由于每次运动后的血压降低可持续数小时，因此，每天训练可能会有更佳的效果。

（2）运动强度：40%~70%$\dot{V}O_2$max 或 40%~70%THR 是降低血压的适宜运动强度，对于年长或肥胖的高血压特殊群体应尤为注意运动强度。低强度力量训练阻力负荷一般建议为 12~15 RM，10 次 1 组，每次 3~6 组。

（3）运动时间：有氧运动的持续时间应为每次 30~60 min。力量训练为 20~30 min/次。

（4）运动方式：可以仅进行大肌肉群参与的有氧运动，或结合低负荷多重复的抗阻运动效果更好。在有氧运动过程中，机体摄入的氧气量与所消耗的氧气量基本相等，故处于"有氧"的状态。在这一阶段，略感气喘但未达到上气不接下气，稍微出汗但未达到大汗淋漓，感到全身舒展但不觉得肢体劳累是适宜的强度。有氧运动主要包括步行、健身跑、骑自行车、游泳、太极运动、气功等，丰富的活动形式既可增加参与人员的选择性，也可提高他们长期坚持运动的可能性。可借鉴的训练方案：① 步行。开始时速度为 70~90 步/min（3~4 km/min），持续 10 min 以上，适应后再考虑在坡地上步行或加快速度；② 健身跑。有一定锻炼基础的人可考虑健身跑，但应在实施锻炼前进行运动试验等检查。运动时要求精神放松，掌握好节奏并配合呼吸，心率一般不要超过 130 bpm，运动后不应出现头晕、心慌及明显的疲劳感；③ 自行车、游泳。

要求基本同健身跑；④ 太极拳、太极剑。太极运动的动作柔和，肌肉放松且活动幅度较大，运动时思绪宁静，均有利于降低血压；⑤ 气功。以放松功为好，配合呼吸训练，采用较大幅度、张弛有序、上下肢参与的动作，切忌进行长时间的等长收缩形式的气功动作。哑铃、弹力带等自由重量，或抗自身体重，或器械力量训练都是常用的抗阻力量训练方法。

（三）注意事项

（1）如果患者安静时收缩压大于 200 mmHg 或舒张压大于 110 mmHg，不要参加康复运动。

（2）服用 β– 阻断剂会减少最大和次最大负荷运动时的心率，降低运动能力，对于没有心肌缺血的人可能会较为明显。

（3）鉴于 β– 阻断剂和利尿剂可减弱人体在热和（或）湿环境运动时对温度的调节能力，服用 β– 阻断剂的高血压患者应了解热不耐受的征兆和症状，并谨慎调整常规运动以避免与热环境相关疾病的发生。

（4）α1– 阻断剂、α2– 阻断剂、钙通道阻断剂和血管扩张剂可能会引起用力后的低血压，故应强调运动后的整理活动。

（5）利尿可引起 K^+ 的减少，这可能会导致心律失常和假阳性运动心电图的出现。

（6）运动试验时停止运动的血压标准是大于 250/115 mmHg，但在训练中停止运动的阈值应当低一些，如大于 220/105 mmHg 时就需停止。

（7）抗阻运动应避免屏气动作。

（8）对于存在血压升高迹象的患者（如血压大于 160/100 mmHg）而言，有氧运动前应进行药物治疗。鉴于体育康复具有降低血压的作用，可能会使他们减少降压药的服用剂量。

（9）有氧运动导致的血压降低与基础肥胖状况及训练中的体重减轻无关。

六、高血压体育康复的效果

在高血压初期，若主要症状为功能性神经失调，采用体育康复的效果最好，能起到预防性、机能性及病因性的治疗作用。当病变稳定及存在并发症时，体育康复能起到减轻症状和巩固疗效等作用。经过适当的体育康复后，患者的头痛、头昏等自觉症状减轻，并感到全身轻松和精神愉快。根据 27 项随机对照试验的综合分析发现，中高强度有氧运动可以使高血压患者的血压平均降低 11/5 mmHg。相关研究显示，与正常血压人群相比，有氧运动对高血压患者的影响更大。因此，在高血压的预防和治疗中，应注重和提倡体育康复。

第三节　外周动脉病的体育康复

一、外周动脉病概述

（一）外周动脉病的概念及主要症状

1. 概念

广义的外周血管定义为心脑血管以外的血管。外周动脉病（peripheral arterial disease，PAD）是指周围动脉粥样硬化导致动脉狭窄，甚至发生闭塞，从而使远端组织出现相应的缺血性痉挛、坏死，或导致动脉瘤样扩张而发生夹层或破裂的疾病。PAD 是全身动脉粥样硬化的结果，危险因素包括高血压、高血脂、吸烟、糖尿病、家族史及增龄等，可使患者动脉血流减少，以致不能满足身体活动时氧的传输和代谢的需要。狭义的 PAD 更多发生在下肢的严重动脉粥样硬化、狭窄、组织缺血缺氧，尤其在运动活动时，造成运动时下肢疼痛、间歇性跛行等症，妨碍行走等功能性活动。在年龄大于 65 岁的人群中，PAD 的估测患病率为 20%。在美国，有 800 万至 1 000 万 PAD 患者。2019 年，我国报道外周动脉病患者约有 4 530 万人。

2. 主要症状

间歇性跛行是 PAD 患者最典型的症状，其特征是由步行引发的单腿或双腿疼痛，致使患者不能继续行进而必须休息加以缓解。跛行初始于小腿，再到臀部，然后放射到大腿，其症状有灼痛和痉挛等。在 PAD 患者中，有 15%~40% 存在跛行。为了减轻痛苦，患者步行时会减小步幅或缩短行程。与同年龄的健康人相比，他们的日常活动有所减少，最大摄氧量约降低 50%。因此，很多严重的患者不愿外出或需他人照顾，长期制动患者可能会出现肢体缺血，以致需要手术治疗，甚至截肢。

（二）跛行的分级

PAD 患者在进行运动试验测定中出现跛行症状时，应对其进行准确的等级划分（表 6-3-1）。这种分级对判断患者的动脉阻塞程度，确定治疗方案及估计预后非常有帮助。

▶ 表 6-3-1　跛行的分级

等级	症状
1	不舒服或疼痛，但较轻
2	中度不舒服或疼痛，但患者的注意力可被转移（如通过谈话）
3	很疼痛，患者的注意力不能被转移
4	不能忍受的剧烈疼痛

二、外周动脉病的致病危险因素和临床治疗

PAD 的致病危险因素与冠心病的致病危险因素很相似（表 6-3-2），因此，PAD 患者改善致病危险因素的目的也与冠心病患者相似（表 6-3-3）。对 PAD 患者进行治疗的目的是减轻疲劳和疼痛症状，提高运动能力和生活质量，以及减缓动脉粥样硬化发展速度。治疗内容包括改善心血管疾病的危险因素、体育康复和药物治疗。

▶ 表 6-3-2　PAD 的致病危险因素和有利因素

危险因素	有利因素
年龄：在 70 岁以上的老年人中，症状性 PAD 的发病率约为 5%，无症状 PAD 的发病率要高出数倍 吸烟：吸烟人群 PAD 的患病率是一般人群的 3 倍 糖尿病：血糖控制不良和糖耐量降低与 PAD 发病率有关 高血压：高血压程度与外周动脉病密切相关 纤维蛋白原升高：纤溶障碍 高脂血症：低密度脂蛋白胆固醇升高、高密度脂蛋白胆固醇降低，增加 PAD 发病率	规律运动 适度饮酒

▶ 表 6-3-3　冠心病的致病危险因素及其阈值

危险因素	阈 值
家族史	父亲或男性直系亲属在 55 岁以前，母亲或女性直系亲属在 65 岁以前发生过心肌梗死、冠脉血管成形术或猝死
吸烟	吸烟或戒烟不到 6 个月的人
高血压	收缩压≥140 mmHg 或舒张压≥90 mmHg 或服用降血压药物的人
血脂异常	低密度脂蛋白胆固醇＞130 mg/dL（3.4 mmol/L）或高密度脂蛋白胆固醇＜40 mg/dL（1.03 mmol/L）或血浆总胆固醇数值＞200 mg/dL（5.2 mmol/L）或服用降血脂药物的人
血糖异常	空腹血糖≥100 mg/dL（5.6 mmol/L）
肥胖	体重指数（BMI）＞30 kg·m^{-2}，或男子腰围＞102 cm、女子腰围＞88 cm，或男子腰臀比≥0.95，女子腰臀比≥0.86
缺少运动生活方式	不参加常规体育活动的人

三、外周动脉病体育康复评定

1. 临床评定

通过临床病征、超声血管检查等对 PAD 进行诊断。

2. 危险因素评定

通过生活方式问卷调查、体力活动问卷调查、营养问卷调查等确定吸烟、饮酒、运动、饮食等生活方式危险因素，通过体重、身高、心率、血压、血糖、血脂测定确定肥胖、高血压、高血脂和高血糖等危险因素。

3. 运动试验

一般采取运动平板试验或功率自行车等运动方式进行症状限制性运动试验，确定患者峰值摄氧量、出现症状的安全运动界限和对跛行进行分级，以便指导制订运动处方和观察训练效果。有时也需进行力量测试、平衡测试及柔韧性测试。

针对 PAD 患者，2005 年美国运动医学学会提供了下列的运动测定建议。PAD 患者通常被认为是高危患者，进行运动试验时须有专业医生在场。美国运动医学学会参照冠状动脉疾病的危险因素，提供了对 PAD 患者进行危险分层的方法（表 6-3-4）。

▶ 表 6-3-4　美国运动医学学会提出的 PAD 危险分层

等级	内容
低危	男子＜ 45 岁，女子＜ 55 岁，无症状，达到阈值的危险因素不超过一个
中危	男子≥ 45 岁，女子≥ 55 岁或达到阈值的危险因素大于等于两个
高危	具有心血管、肺及代谢性疾病一项或一项以上症状的群体

平板运动试验有助于评定跛行的程度，以及各种治疗的效果，测定可采用速度为 2 mile/h，每 3 min 增加 3.5% 坡度或每 2 min 增加 2% 坡度的跑台方案，记录出现跛行疼痛的时间或步行距离，以及最大步行时间或距离。

PAD 患者是心血管疾病高发病率群体，因此，运动测定中应有心电图监测，以便及时发现心肌缺血及心律失常等症状。

腿部行动不便的患者可利用上肢测功计进行运动以完成对其心血管状况的评价，可通过问卷调查协同运动测定结果完成对患者活动能力的评估。

四、外周动脉病体育康复的方法

有规律地进行体育运动对于 PAD 的康复非常重要。规律运动可以使初次跛行出现时的步行距离延长 179%，最大步行距离延长 122%。同样，一项纳入了 25 项随机试验的荟萃分析表明，与未进行体育康复的人群相比，在监督下进行跑步机训练能够显著提高 PAD 患者的步行能力。为了能够准确地了解 PAD 患者的身体状况和机能，在体育康复开始前一般应先进行运动试验测定，以便更好地为他们制订个体化的运动处方。针对 PAD 患者，2005 年美国运动医学学会提出了下列体育康复处方建议：

（1）体育康复是 PAD 和间歇性跛行患者治疗的一线推荐方案包括有氧耐力训练、抗阻训练和柔韧性训练（表 6-3-5）。

▶ 表 6-3-5 PAD 运动康复方案

运动康复内容	运动频率	运动强度	运动时间	活动要求
有氧耐力训练	3~5 天 / 周	40%/50%~85%$\dot{V}O_2$max，55%/65%~90%HRmax，RPE 12~16	20~60 min	腿部肌群参与的动力性活动
抗阻训练	2~3 天 / 周	达到主观疲劳（如 RPE 19~20）或在主观疲劳之前停止运动	1 组重复 3~20 次，能重复 2~3 组（RPE 16）	8~10 组，大肌肉群
柔韧性训练	2~3 天 / 周；理想 5~7 天 / 周	在允许范围内牵拉，但无疼痛	每个动作持续 15~30 s，每个肌群牵拉 2~4 次	静力牵拉全部大肌肉群

在临床监护的患者或高危群体运动时，应进行心电图、心率和血压的监测（表 6-3-6）。

▶ 表 6-3-6 运动程序的监护概要

	监护管理层次		
	无监护	职业监护	临床监护
健康状况	低危群体	中危或高危群体，但其心血管疾病、肺疾病或糖尿病得到了很好控制，处于稳定期	高危群体，近期有心血管疾病、肺疾病或糖尿病症状，但经医生处理后得以参加运动
运动能力	> 7 METs	> 7 METs	< 7 METs

（2）运动频率：一般每周进行 3~5 次。

（3）运动强度：利用跑台确定出使患者能在 3~5 min 内出现跛行的负荷；然后以此负荷行走直至达到中度跛行（3 级）；最后进行短时间的站位或坐位休息使其症状消失，之后再运动，这一模式贯穿整个训练时段。

（4）运动时间：准备活动和整理活动各 5~10 min；训练初始目标是让患者在跑步机行走累计时间 ≥15 min（不包括热身和放松时间），最终目标是使患者运动累计时间达到 50 min，可包括 5 min 热身运动和 5 min 放松运动。

（5）运动方式：步行是减轻跛行最有效的训练手段之一；抗阻和上肢训练可作为辅助手段，但不能代替步行训练。

（6）体育康复训练至少需要 3~6 个月，最好有他人看护，长期坚持运动。

五、外周动脉病体育康复的注意事项

（1）踝－臂收缩压比（ankle-brachial index，ABI）也称踝臂指数，是对外周循环进行评估的常规指标，可进行以下分类：① 正常为 0.91~1.3；② 轻/中度 PAD 为 0.41~0.9；③ 重度 PAD 为 0~0.4；④ 钙化血管为大于 1.3。

（2）运动后踝收缩压和 ABI 会有一定的下降，因为流经腿部的外周循环血液被分流进入了邻近的腿部肌肉。

（3）连续测定 ABI 被用来评估疾病的进展状况，但体育康复增加腿部血流的程度有限。因此，单纯使用 ABI 来评估运动干预的效果是不准确的。

（4）间歇性跛行开始出现的时间是运动试验需要得到的一个非常重要的参数。

（5）当患者运动能力增加达到较高心率和血压时，要注意防止患者出现心脏不适等症状。

六、心血管疾病的体育康复研究进展

在心血管疾病的体育康复过程中，为了避免过多地加大心脏工作负担，抗阻训练（特别是静力性抗阻训练）曾被列入禁忌范围。然而，自 20 世纪 80 年代中期以来，抗阻训练作为一种体育康复手段，在心血管疾病康复领域里逐渐被人们所接受。将抗阻训练用于心脏康复的后期，目的是使患者得到维持日常生活所必需的肌肉力量，其训练方法偏重于采用小强度、多重复次数的抗阻训练。很多研究证明了抗阻训练比单纯有氧训练更不易引发心肌缺血现象，这可能是因为抗阻训练时需要的较低心率和较高舒张压联合起来导致冠状动脉充盈的提高所致。因此，运动强度在运动处方规定范围之内的抗阻训练将成为康复活动中心血管机能训练的常规手段之一。

思考题

1. 适宜运动可对冠心病患者的康复起到哪些有益作用？
2. 简述递增负荷试验在心脏的体育康复中的重要性。
3. 高血压的治疗原则和措施有哪些？
4. 制订高血压体育康复运动程序与方案时应注意考虑哪些因素？
5. 制订外周动脉病体育康复运动程序与方案时应注意哪些因素？

第六章思考
题参考答案

实践训练题

为心血管疾病患者制订一套安全有效的体育康复方案，同时说明如何能够提高患者的参与度与依存度。

在线测评题

（郭琪　上海健康医学院）
（齐洁　上海师范大学）

第七章
呼吸系统疾病的体育康复

本章导言

由于大气污染、吸烟、人口老龄化及其他因素，使呼吸系统疾病成为一种常见病、多发病。慢性阻塞性肺疾病患者的体育康复方法主要包括有氧训练及抗阻运动，结合患者教育及吸气肌训练、上肢训练、柔韧性训练等，以改善其呼吸困难和运动不耐受，增强肌肉功能、延缓疲劳、缓解焦虑、抑郁，达到改善患者健康状况的目的，是慢性阻塞性肺疾病治疗和管理中的重要组成部分。支气管哮喘患者的体育康复主要在于预防支气管哮喘发作、增强体质，选择合适的运动环境以及合理的运动方式、运动时间和运动强度。在运动过程中有特殊的注意事项。本章主要介绍了慢性阻塞性肺疾病和支气管哮喘的疾病概况、功能障碍，以及针对各种功能障碍的体育康复评定、治疗方法和康复效果。

学习目标

1. 了解慢性阻塞性肺疾病患者的主要功能障碍；熟悉慢性阻塞性肺疾病体育康复评定方法；掌握慢性阻塞性肺疾病患者的体育康复方法。

2. 了解支气管哮喘患者的主要功能障碍；熟悉支气管哮喘患者的体育康复方法；掌握对支气管哮喘患者体育康复评定及运动处方制订的方法。

3. 掌握运动性哮喘的体育康复评定方法和治疗方法。

✵ 关键术语

慢性阻塞性肺疾病（chronic obstructive pulmonary disease，COPD）：简称慢阻肺，是一种常见的、可以预防和治疗的疾病，以持续呼吸症状和气流受限为特征，通常是由于明显暴露于有毒颗粒或气体引起的气道和／或肺泡异常（包括肺部发育异常）所导致。

支气管哮喘（bronchial asthma）：是以慢性气道炎症为特征，气道的过敏反应性疾病。

运动性哮喘（exercise-induced asthma，EIA）：是指在剧烈运动后出现的大、小气道阻塞，阻塞的严重程度与气管的过度反应性直接相关。

运动性支气管收缩（exercise-induced bronchoconstriction，EIB）：仅伴随肺功能相关参数下降、气道阻力变高等实验室指标的改变，而不伴随临床症状。

第一节 慢性阻塞性肺疾病的体育康复

慢性阻塞性肺疾病严重影响患者生活质量，需采取措施进行疾病的预防和管理，以减少致残率、死亡率，减轻经济负担和社会负担，提高患者生活质量。

一、慢性阻塞性肺疾病概述

慢性阻塞性肺疾病（chronic obstructive pulmonary disease，COPD），简称慢阻肺，是一种常见的、可以预防和治疗的疾病，以持续呼吸症状和气流受限为特征，通常是由于明显暴露于有毒颗粒或气体引起的气道和／或肺泡异常（包括肺部发育异常）所导致。

2018年《关于中国慢阻肺疾病负担的系统评价》指出，中国各省市报告的慢阻肺患病率在1.20%～8.87%，男性（7.76%）高于女性（4.07%），并且该疾病在农村地区（7.62%）比城市地区（6.09%）更普遍。在世界范围，慢阻肺是导致死亡的第四位原因。在中国，慢阻肺的直接医疗费用占当地平均年收入的 33.33%～118.09%，是较大的经济负担。与非慢阻肺患者相比，慢阻肺患者的生活质量更低，且有更高的抑郁风险，需采取措施以提高对疾病的预防和管理。

（一）病因、危险因素与发病机制

1. 病因

慢阻肺的病理变化表现在气道、肺实质和肺血管中，包括慢性炎症，肺不同部位特定炎症细胞类型的数量增加，以及反复损伤和修复后引起的结构变化。这些病理改变引起气道陷闭及进行性加重的气流受限。通常，气道的炎症和结构变化随疾病的严重程度而增加，并在戒烟后持续存在。

在慢阻肺的肺部病理学改变基础上，出现相应的慢阻肺特征性病理生理学改变，包括气道过度分泌黏液、纤毛功能失调、小气道炎症、纤维化及管腔内渗出、气流受限及气道陷闭、肺过度充气、气体交换异常、肺动脉高压和肺源性心脏病及全身的不良效应。过度分泌黏液和纤毛功能失调导致慢性咳嗽及多痰，这些症状可出现在其他症状和病理生理异常发生之前。随着慢阻肺的进展，外周气道阻塞、肺实质破坏及肺血管异常等降低了肺气体交换能力，产生低氧血症，并可出现高碳酸血症。长期慢性缺氧可导致肺血管广泛收缩和肺动脉高压，常伴有血管内膜增生，某些血管发生纤维化和闭塞，导致肺循环的结构重构。慢阻肺晚期出现肺动脉高压是其重要的心血管并发症，进而导致慢性肺源性心脏病及右心衰竭，提示预后不良。

慢阻肺的炎症反应不仅局限于肺部，也可以导致全身不良效应。全身炎症反应表现为全身氧化负荷异常增高、循环血液中促炎细胞因子浓度异常增高及炎性细胞异常活化等，进而导致骨质疏松、抑郁、慢性贫血及心血管疾病风险增加。这些均可使患者的活动能力受限加剧，生命质量下降，预后变差，因此具有重要的临床意义。

2. 危险因素

目前对慢阻肺危险因素的认识并不全面。吸烟是研究最深入但非唯一的危险因素。流行病学研究表明，非吸烟者也可能发展为慢性气流受限。其他可能的危险因素包括：遗传因素、年龄和性别、肺生长与发育、颗粒物暴露、社会经济状态、哮喘和气道高反应、慢性支气管炎、感染等。

3. 发病机制

慢阻肺的发病机制目前尚不明确。慢阻肺患者的呼吸道对香烟、烟雾等慢性刺激物的正常炎症反应产生了变化，更容易形成呼吸道炎症。肺中的氧化应激和蛋白酶的增多可进一步改变肺内炎症。这些机制综合作用引起慢阻肺的特征性改变。肺组织炎症在戒烟后仍会持续，尽管自身抗原及持续存在的微生物可能发挥一定作用，但具体机制尚不明确。炎症反应导致支气管和肺泡壁被破坏，造成气管和支气管在吸气时可使气体流入，但呼气时气道塌陷、萎闭，使气体残留肺内，在肺内聚集大量气体后，形成肺气肿，导致肺通气和肺换气功能受损。

（二）临床表现

慢性进行性加重的呼吸困难是慢阻肺最典型症状。约30%的患者可伴有咳嗽和咳痰。症状会出现日间变异，并有可能先于气流受限多年而存在。呼吸困难是慢阻肺的主要症状，是使患者致残和焦虑不安的主要原因。患者常将呼吸困难描述为呼吸费力、胸部有紧缩感、气不够用或者喘息。其他症状还包括咳嗽、咳痰、喘息和胸闷等。重症患者的其他症状还包括乏力、体重下降和食欲减退并常伴有焦虑抑郁等。

（三）临床诊断

对任何有呼吸困难、慢性咳嗽或咳痰，和／或有危险因素接触史的患者都应该考虑到慢阻肺的临床诊断（图7-1-1和表7-1-1）。肺功能检查是诊断慢阻肺的必备条件。可测定用力肺活量（FVC）和第一秒用力呼气量（FEV_1），并且计算二者比值（FEV_1/FVC）。如支气管扩张剂后$FEV_1/FVC<70\%$，可确定存在持续气流受限。如果有相应的症状和明显的危险因素接触，则可诊断慢阻肺。

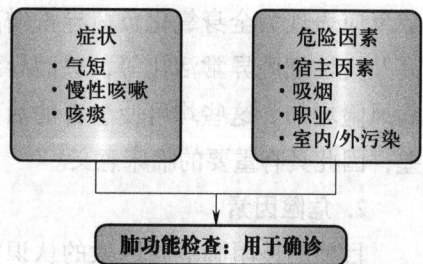

图 7-1-1　COPD 的诊断路径

▶ 表 7-1-1　诊断慢阻肺的关键点

- 年龄在 40 岁以上人群，如果存在下述指标，考虑慢阻肺可能，并行肺功能检查
- 下述指标本身不具有诊断性，但患者具有的指标越多，慢阻肺的可能性越大
- 确诊慢阻肺依赖于肺功能检查

呼吸困难	随时间进行性加重 特征表现为活动后加重 持续存在
慢性咳嗽	可呈间歇性，可不伴咳痰 发作性喘息
慢性咳痰	任何形式的慢性咳痰可能提示慢阻肺
反复下呼吸道感染	
危险因素	宿主因素（如遗传、先天发育异常等） 吸烟（包括当地流行的烟草制品） 家庭烹调和取暖燃料产生的烟雾 职业粉尘、蒸汽、烟雾、气味，以及其他化学物质
慢阻肺家族史和 / 或幼年因素	如出生低体重、幼年反复呼吸道感染等

（四）治疗

慢阻肺的治疗主要包括：药物治疗、减少危险因素暴露、氧疗、外科治疗、流感及肺炎疫苗的注射、康复治疗、健康教育及自我管理等。

二、慢性阻塞性肺疾病的主要功能障碍

（一）精神心理障碍

焦虑抑郁是慢阻肺重要的共患疾病，与预后不良相关，应在临床给予重视。

（二）呼吸功能障碍

表现为呼吸困难，异常呼吸模式，心肺功能降低等。

（三）运动功能障碍

慢阻肺可导致肌力及肌耐力下降等骨骼肌功能障碍，表现为运动不耐受，影响生活质量且与发病率和死亡率相关。

三、慢性阻塞性肺疾病体育康复评定

患者在进行体育康复之前应该进行评估，包括患者目标的确认、特殊的医疗需求、吸烟状态、营养状态、自我管理能力、心理健康状态、社会环境、并发症、运动能力和局限性等。

慢阻肺的评定目的是确定气流受限水平，对患者健康状况及未来发生不良事件的风险，以便指导治疗。

（一）临床评定

1. 症状评估

过去，慢阻肺被视为主要以呼吸困难为特征的疾病，用改良版英国医学研究委员会问卷（modified medicial research council，mMRC）作为评价呼吸困难的简单指标就足以评价患者的症状。同时，mMRC 与反映健康状况的其他指标相关性良好，并能预测远期死亡风险。

现在已认识到，慢阻肺可有多种症状，对患者造成的影响远超呼吸困难。因此，目前推荐应用综合症状评估方法而不是仅仅测定呼吸困难程度。慢性呼吸问卷（CRQ）和圣乔治呼吸问卷（SGRQ）是非常全面的疾病特异性健康相关的生活质量或健康状况问卷，但因太过复杂并不适合在日常实践中应用。目前，已开发出 2 个较短的适合临床应用的综合评价量表，即慢阻肺评估测试（COPD assessment test，CAT）和慢阻肺控制问卷（COPD control questionnaire，CCQ），用于反映慢阻肺症状对患者的影响，根据评分将患者分组，以指导治疗。

2. 实验室检查

COPD 实验室检查包括胸部 CT 检查、血氧饱和度（SpO_2）检测、血气分析、血液常规检查及痰液检查等。

（二）运动功能评定

客观评价患者运动耐力受损的方法包括：自测步行距离和在实验室进行

的递增负荷运动试验（graded exercise test，GXT），能够很好地反映患者的生活质量和预后。实验室内进行的运动试验，如踏车或跑台运动试验，可以帮助识别患者其他伴随疾病，如心脏病的诊断。

根据患者的临床状态可选择亚极量运动负荷测试，以评估患者的运动耐力，并测定患者的最大耗氧量、最大心率和最大功率等一系列的生理指标，运动测试过程中可使用 Borg CR10 量表来评价劳力性呼吸困难程度，可根据患者功能受限情况调整传统测试方案，在血氧饱和度 ≤80% 时应终止测试。而对于重度或极重度的患者推荐进行 5~9 min 的 GXT 测试。

步行测试可用于评估残疾和死亡风险，并用于评估肺康复的有效性。目前应用的两种步行试验包括往返步行试验和六分钟步行试验。

值得注意的是，有肺部疾病的患者其通气受到限制，会影响运动。因此，用年龄预测的 HRmax 来估算峰值摄氧量可能不太合适。

（三）COPD 相关功能评定

1. 肺功能检查

肺功能检查是检测气流受限最为客观、重复性良好的指标，而且无创伤，随时可以进行测试。肺功能应该测定用力肺活量（FVC）和第一秒用力呼气量（FEV_1），并且计算二者比值（FEV_1/FVC）。为了尽可能减少测定误差，所有患者均应该在吸入足够剂量的短效支气管扩张剂后进行测定。表 7-1-2 显示了慢阻肺气流受限严重程度的肺功能分级。

应当指出的是，在 FEV_1、症状和患者健康状况的损害之间仅存在较弱的相关性。基于这个原因，还需要对患者进行症状评估。

▶ 表 7-1-2　慢阻肺气流受限严重程度的肺功能分级（基于支气管扩张剂后 FEV_1）

患者 $FEV_1/FVC < 0.70$：

GOLD 1：	轻度	$FEV_1 \geq 80\%$ 预计值
GOLD 2：	中度	$50\% \leq FEV_1 < 80\%$ 预计值
GOLD 3：	重度	$30\% \leq FEV_1 < 50\%$ 预计值
GOLD 4：	极重度	$FEV_1 < 30\%$ 预计值

2. 其他

COPD 通常还需要对生活质量、睡眠、焦虑、抑郁、体重指数等方面进行评定。

四、慢性阻塞性肺疾病体育康复治疗

（一）体育康复目标

慢阻肺患者的体力活动会逐渐减少，并导致患者生活质量下降、住院概率增加、死亡率增加，形成恶性循环。因此，积极鼓励患者实施有针对性的行为进行措施，目的是改善患者体力活动能力，缓解呼吸困难和疲劳，改善情绪，提高生活质量，这是对慢阻肺患者管理的重要组成部分。

（二）体育康复方法

在开始体育康复训练计划之前，需要进行运动评估以指导制订个性化运动处方，评估潜在的补充氧气需求，帮助排除某些心血管并发症及确保干预措施的安全性。

慢阻肺患者体育康复训练计划的核心组成部分是有氧训练和抗阻运动，在所有计划中均应使用。慢阻肺的运动方案需持续 6~8 周，运动方案执行后，应进行维持性运动，至少在日常生活中保持足够的身体活动。另外，只要运动频率和运动强度相同，社区康复项目、家庭康复项目与医院康复项目一样有效。

1. 有氧耐力训练

运动频率：3~5 天 / 周。

运动强度：峰值做功率的 60%~80%。替代标准为呼吸困难在 Borg CR10 评分为 4~6，或 RPE 量表为 12~14/20，有些困难。

运动方式：步行、功率车、游泳、改良的有氧舞蹈等，如果目标是增加步行耐力，则步行被认为是最好的训练方式。

运动时间：20~60 min/ 次。

注意事项：运动前热身，根据患者健康状况和健身运动情况进行个性化设置，最初可以使用间歇训练，逐步到个人可以忍受的更长的锻炼时间。最初训练的 4~6 周，每 1~2 周将持续时间增加 5~10 min，此后，运动时间，

运动频率和 / 或运动强度逐渐增加。如有不适则应暂停训练，查明原因。如患者病情急性加重，应控制运动。

2. 抗阻运动

运动频率：2~3 次 / 周。

运动强度：40%~50% 1 RM 小强度；或 60%~70% 1 RM 中等强度。

运动方式：功能运动（如爬楼梯）、重复抗阻运动（哑铃、弹力带、器械）等。

运动时间：每次训练可进行 1~4 组，每组动作重复 10~15 次；组间休息 2~3 min。

注意事项：运动前热身，运动后拉伸；训练建立在患者无痛基础上，若训练中产生不适感，应立即停止；抗阻运动应涉及主要的肌群，包括多关节和单关节锻炼；全活动范围；逐渐增加阻力和 / 或重复次数和 / 或运动频率；监测 RPE 及肌肉疲劳，酸痛和关节疼痛；使用适当的呼吸技巧，发力时呼气，放松时吸气。可选择的抗阻运动：前臂弯举、伸肘练习、肩部侧平举、弹力带划船、臀桥、蛙式运动、下蹲、髋外展、股四头肌训练、硬拉、提踵、爬楼梯等。

3. 其他训练

除了有氧训练与抗阻运动外，慢阻肺患者还可进行吸气肌训练、上肢训练、柔韧性训练。

（1）吸气肌训练（inspiratory muscle training，IMT）：患有慢阻肺的个体吸气肌的压力产生能力降低，这主要归因于肺部过度充气的有害作用，这种作用会使横膈缩短且变平，使其处于机械上的不利位置。吸气肌产生压力的能力降低，使患者感到呼吸困难及运动不耐受。尽管有氧训练可以增加运动能力并减少呼吸困难，但未改善吸气肌产生压力的能力，这可能是因为全身运动过程中的呼吸负荷不足，没有产生训练适应性。基于这个原因，可以对弱化的吸气肌施加特定的训练负荷，努力提高运动能力并减少呼吸困难。适合于慢阻肺患者的呼吸训练方法有吸气抗阻训练、临界负荷训练及碳酸呼吸训练。吸气肌训练的最常见方法是使用施加阻力或阈值负荷的设备。在患有慢阻肺的个体中，以 ≥ 30%PImax 最大吸气压力（maximal inspiratory pressure，PImax）的负荷进行 IMT，可使吸气肌的力量和耐力得到提升。每周进行 4~5 次，每次训练 30 min 或每段 15 min 进行 2 段的训练。

（2）上肢训练：患有上呼吸道疾病的患者在日常生活中有许多涉及上肢的活动会出现问题，包括穿衣、洗澡、购物和做家务。因此，上肢训练通常会整合到运动方案中。上肢锻炼的方法包括有氧训练（如手臂功率车训练）和抗阻运动（如使用能提供阻力的自由重物和松紧带进行训练）。主要的目标肌肉是肱二头肌、肱三头肌、三角肌、背阔肌和胸肌。也可应用日常生活活动中实际的上肢功能动作进行练习，如取物、梳头、清洁等日常活动。

（3）柔韧性训练：尽管柔韧性训练是许多肺康复运动方案的组成部分，但迄今为止，尚无临床试验证明其在慢阻肺中的有效性。但是，上肢柔性训练可改善胸腔活动性和姿势，增加慢性呼吸道疾病患者的肺活量。患者可进行上、下肢的柔韧性训练，包括伸展主要肌肉群，如小腿三头肌、股四头肌、腘绳肌以及颈部、肩部和躯干的运动，每周 2~3 天。

五、慢性阻塞性肺疾病体育康复的效果

患有慢阻肺的患者会出现呼吸困难，运动功能、生活质量和心理健康状况下降，而运动训练和教育相结合所进行的肺康复是目前改善呼吸困难、健康状况和运动耐力的最有效治疗策略。肺康复的运动部分增加了吸气量并减少了动态过度充气，这两者都会减少呼吸困难。运动还可以增强肌肉功能，延缓疲劳，提高运动耐力并缓解焦虑、抑郁。运动治疗通常在慢阻肺患者处于稳定阶段时开始，越来越多的证据表明，在慢阻肺病情加重后，运动治疗也有着重要的作用。

第二节　支气管哮喘的体育康复

近年来，支气管哮喘患病率在全球范围有逐年上升趋势，调查显示，我国的哮喘患病率也在逐年上升，疾病导致患者各种功能障碍，影响患者生命质量。

一、支气管哮喘概述

支气管哮喘简称哮喘，是以慢性气道炎症为特征，气道的过敏反应性疾

病。临床上表现为反复发作的喘息、气急、胸闷、咳嗽等症状，常在夜间和 /
或清晨发作或加剧，同时伴有可变的气流受限。

（一）病因、危险因素与发病机制

1. 病因

目前认为遗传因素和环境因素是发病的主要原因。哮喘具有家族聚集现
象，并且亲缘关系越近，患病率越高。

2. 危险因素

环境中各种粉尘、气体、微生物，某些食物、药物和运动，以及气候变
化等都可引起哮喘发作。

3. 发病机制

哮喘的发病机制至今不完全清楚，目前可概括为气道炎症 - 免疫机制、
神经调节机制和遗传机制。

（二）临床表现

典型临床表现是发作性伴有哮鸣音的呼气性呼吸困难，根据发作持续时
间长短和严重程度可有胸闷、咳嗽、端坐呼吸等不同程度的呼吸道症状。哮
喘症状可在数分钟内发作，并持续数小时至数天，经支气管舒张剂等平喘药
物治疗后缓解或自行缓解。某些患者在缓解数小时后可再次发作。夜间及凌
晨发作 / 加重是哮喘的重要临床特征。发作时体格检查可显示满布肺部的哮
鸣音。

（三）诊断

1. 可变的呼吸道症状和体征

（1）反复发作喘息、气急，伴有或不伴有胸闷或咳嗽，夜间及清晨多发，
常与接触变应原、冷空气、物理性刺激、化学性刺激，以及上呼吸道感染和
运动等有关。

（2）发作时双肺可闻及散在或弥漫性哮鸣音，呼气相延长。

（3）上述症状和体征可经治疗缓解或自行缓解。

2. 可变的呼气气流受限

符合上述第（1）（2）两条，并排除其他疾病所引起的喘息、气急、胸闷

和咳嗽，可以诊断为哮喘。

（四）临床治疗

支气管哮喘的治疗主要由 4 部分组成：

（1）避免变应原。

（2）在不能避免变应原的情况下实施免疫疗法。

（3）药物治疗。

（4）教育和管理：教育包括正确使用吸入装置的指导和培训、增加用药依从性、传授哮喘知识以及病情自我监督和管理。

二、支气管哮喘的主要功能障碍

（一）精神心理障碍

支气管哮喘由于其病程长、反复发作、影响睡眠质量等特点，易导致患者产生抑郁、焦虑、恐慌等精神心理障碍。

（二）呼吸系统障碍

哮喘会引起喘息、胸闷等症状，导致呼吸肌疲劳、呼吸困难等呼吸系统障碍。

（三）运动障碍

哮喘可导致全身疲劳，影响患者运动功能，甚至影响患者日常生活活动能力，导致生活质量下降。

三、支气管哮喘体育康复评定

（一）临床评定

哮喘的临床评定包括临床症状、胸部 X 射线 /CT 检查、哮喘非急性发作期的控制水平分级、哮喘急性发作期的病情严重程度分级、并发症、哮喘的触发因素、用药情况，以及急性发作危险因素等。

（二）运动功能评定

1. 运动测试

运动测试采用运动跑台或功率车（上下肢皆可）方法进行。按照不同年龄节段（儿童、成年人、老年人）的运动试验标准，进行逐级递增负荷运动试验，在试验中观察生命体征、心电图、耗氧量、二氧化碳生成量、呼吸商、代谢当量和通气量等指标，通过试验获得患者的最大摄氧量、代谢当量、氧脉搏和运动中心肺功能情况，为制订体育康复训练计划、监测运动中反应、观察训练效果提供依据。

运动测试前服用支气管扩张剂（β2- 激动剂）可预防运动诱发的支气管痉挛，达到最佳化心肺耐力评定（需注明用药）。当血氧饱和度≤80% 时，应终止测试。运动中血氧饱和度降低 4% 的患者或在测试的前半部分中降至 88% 以下，可能会在日常生活中降低血氧饱和度。

采用 Borg CR10 量表来评价劳力性呼吸困难。指导患者选择量表上呼吸困难的水平进行评估，量表上"0"表示没有任何呼吸不畅的问题，"10"表示极度呼吸不畅。

对于中、重度哮喘患者可以采用六分钟步行试验（表 7-2-1）。

▶ 表 7-2-1　六分钟步行试验

绝对禁忌证	1 个月内有不稳定性心绞痛或心肌梗死
相对禁忌证	静息状态心率超过 120 次 /min，收缩压超过 180 mmHg，舒张压超过 100 mmHg。如果患者不能完成六分钟步行试验，可选用两分钟步行试验进行测试
指标	一般来说，男性比女性走得更远，步行距离随着年龄的增长而减小。六分钟步行距离与肺功能参数、心功能分级等指标相关。健康老年人的平均 6MWD 为 630 m

2. 肌力测试

肌力测试用肌力计或等动测力仪进行，若没有设备可采用徒手肌力测试或 30 s 前臂弯举试验、30 s 坐站试验对上、下肢力量进行评定，测试参考指标分别见表 7-2-2 及表 7-2-3。

▶ 表 7-2-2　30 s 前臂弯举试验参考指标

性别	年龄分组 / 岁						
	60~64	65~69	70~74	75~79	80~84	85~89	90~94
女 /（次·30 s^{-1}）	17	17	16	15	14	13	11
男 /（次·30 s^{-1}）	19	18	17	16	15	13	11

▶ 表 7-2-3　30 s 坐站试验参考指标

性别	年龄分组 / 岁						
	60~64	65~69	70~74	75~79	80~84	85~89	90~94
女 /（次·30 s^{-1}）	15	15	14	13	12	11	9
男 /（次·30 s^{-1}）	17	16	15	14	13	11	9

3. 柔韧性、协调性和平衡能力测试

柔韧性能力可用观察全身各关节的活动度、坐位体前屈试验等获得；协调性和平衡能力可用定时起立走或 Berg's 量表检查。

（三）哮喘相关功能评定

1. 生理功能评定

生理功能评定包括肺功能、动脉气血分析和 / 或直接或间接测试的血氧饱和度（SaO_2）等。其中，肺功能中以第一秒最大呼气量最有价值。哮喘发作时呈阻塞性通气功能障碍表现，FEV_1、FEV_1/FVC% 均下降。其中，以 FEV_1/FVC% ＜70% 或 FEV_1 低于正常预计值的 80% 为判断气流受限的最重要指标。缓解期，上述通气功能指标可逐渐恢复。无肺功能设备的基层医疗机构可以采用简便、易操作的《哮喘控制测试问卷》（ACT）评估哮喘患者的控制水平。

2. 其他功能评定

对患者日常生活活动能力、生活质量、抑郁和焦虑、肥胖等方面进行评定也是必要的。

四、支气管哮喘体育康复治疗

运动可以提高哮喘患者的心肺耐力和运动耐受能力。2020 版"全球哮喘防治倡议"（global initiative for asthma，GINA）中"控制哮喘症状和减少未来发病率—非药物干预"部分中列出了身体活动这一项，并作出了如下描述：鼓励哮喘患者进行常规体育活动，以获得一般健康益处。规律的体力活动可改善心肺功能，但除了患哮喘的儿童及年轻人可通过游泳运动获得益处，目前没有明确规律体力活动对肺功能和哮喘症状的具体益处。目前也无证据证明哪种类型的身体活动是最优的，故无法推荐最合适的锻炼方式。呼吸训练可能是哮喘药物治疗的一种补充，可以缓解症状、提高生活质量，有益于缓解压力，但不能改善肺功能或减少哮喘恶化风险。对于肥胖的成年哮喘患者，一周两次的有氧运动加力量训练比单纯减重更能有效控制哮喘症状。有关预防和管理运动诱发支气管痉挛建议，应日常服用吸入性糖皮质激素，以及在必要时和运动前服用短效肾上腺素能 β2 受体激动剂，或根据需要及在运动前使用低剂量的 ICS-福莫特罗，同时在运动前进行热身。

（一）体育康复目标

改善患者呼吸功能，减轻呼吸困难和缺氧状况；提高体力状况及全身耐力，减轻机体疲劳，恢复日常活动能力；减轻精神紧张；提高生活质量。

（二）体育康复方法

体育康复主要针对非发作期患者。无论是儿童、少年或成年人哮喘患者原则上都能参加与其年龄相适应的各种类型的非竞技体育活动。潜水可诱发支气管痉挛，因此一般不推荐哮喘患者进行潜水运动。

1. 运动功能训练

运动功能训练包括有氧运动、抗阻运动和柔韧性训练。根据不同年龄和身体健康状况患者可根据评定结果，对运动目标、运动方式、运动强度、运动频率、运动时间和运动注意事项进行个体化设计。成年哮喘患者运动处方建议见表 7-2-4。

▶ 表 7-2-4　成年哮喘患者运动处方建议

	有氧运动	抗阻运动	柔韧性
运动频率	推荐一周参加 3~5 天有氧运动	每周至少 2 天，每次锻炼之间至少安排 1 天的休息时间	每周大于 2~3 天
运动强度	以中等强度（40%~59%HRR 或 $\dot{V}O_2R$）开始，适应后，一个月后进阶到 60%~70%HRR 或 $\dot{V}O_2R$	肌肉力量：对于初学者而言，以 60%~70% 1 RM 强度开始；对于有经验的力量训练者而言，可进行 ≥80% 1 RM 的强度 肌肉耐力：<50% 1 RM	拉伸至感觉紧绷或轻微不适的位置
运动时间	逐步递进至每天 30~40 min，可以一次性完成或者分开完成，每次至少完成 10 min	肌肉力量：2~4 组，每组进行 8~12 次 肌肉耐力：≤2 组，每组进行 15~20 次	静态拉伸维持 10~30 s；每个动作重复 2~4 次
运动方式	大肌肉群参与的有节律的运动项目，如快走、跑步、骑自行车、游泳或水上运动	能够动用到主要大肌群的动作，自重或器械练习	静态、动态拉伸和/或 PNF
注意事项	避免在清晨和夜晚等最冷的时候锻炼；避免在空气污染最重的时间锻炼。在室内进行锻炼时，同样要防止烟雾和污染源；运动前、后分别进行 10 min 热身和放松；如果较长时间不运动，在开始运动时时间不宜过长（10~15 min），每次递增 5 min，并持续 2~4 周；运动前、中和后都注重补水；运动时不宜强度过高，以防哮喘发作和诱发运动损伤	避免发力时屏气，防止血压发生剧烈变化；如果有关节或其他健康相关问题，所有涉及主要肌群的练习以一组开始，重复 10~15 次；如要增加一组训练量，当下强度需能完成 15~20 次	循序渐进，避免拉伤

2. 腹式呼吸训练

腹式呼吸、用鼻吸气、缩唇呼吸等呼吸再训练对支气管哮喘患者也很有效。对有较重呼吸困难的支气管哮喘患者，呼吸再训练减少了支气管扩张剂的应用，减少了病情恶化，改善了生活质量。

具体操作：轻收腹部，开始吸气，注意闭口经鼻吸气，再经口呼气，并发出"呼"的声音，注意缓慢呼气，腹部、肩部、胸廓自然放松，分坐、立、卧位三种姿势进行训练，3~5 min/ 次，3 次 / 天。

3. 呼吸操训练

呼吸操也在临床上有较多应用。呼吸操能够改善膈肌的降低和胸廓容积，增加肺活量，控制哮喘发作。

具体操作：立正站直，两臂向上、向外伸展，合嘴用鼻尽量吸气，同时两手缓慢向胸前靠拢交叉抱在胸前，用嘴呼气，同时收腹下蹲，身体向前倾，至两脚跟提起。如此反复，1 次 / 天，每次重复 30~50 次。

（三）注意事项

病情加重的哮喘患者应等症状减轻，通气功能提高后再进行运动。运动前或运动后服用短效 β2 受体激动剂可以防治运动诱发的支气管痉挛。长期口服类固醇皮质激素的患者可能会出现肌肉萎缩，应进行抗阻运动加以防治。过敏体质患者应该限制在冷环境或空气中具有过敏原或污染的环境中运动，这些环境会诱发支气管痉挛。另外，长时间或大强度运动也可诱发支气管痉挛。

五、运动性哮喘

（一）运动性哮喘的概念

运动性哮喘（exercise-induced asthma，EIA）是哮喘的一种亚型，是指在剧烈运动后出现的大、小气道阻塞，阻塞的严重程度与气管的过度反应性直接相关。主要表现为运动后 5~15 min 支气管痉挛达到高峰，出现咳嗽、气急、胸闷、喘息等症状，而后 30~120 min 可自行缓解。仅伴随肺功能相关参数下降、气道阻力变高等实验室指标的改变，而不伴随临床症状，称为运动性支气管收缩（exercise-induced bronchoconstraction，EIB）。后者由于临床症状不明显而一般不诊断为一种疾病。不过在临床语境下，两者常通用，EIB 可以认为是 EIA 的一种病理症状。

（二）运动性哮喘的体育康复评定

运动性哮喘的评定用运动诱发哮喘发作来证实。

运动方式：有氧运动，如场地 6 min 跑步试验、6 min 走或实验室平板运动测试等。

运动时间：6~8 min。

测试内容：运动前、后测试肺功能，获得第一秒用力呼气量和呼气流量峰值（PEF）。

测试时间点：运动前，运动后 5 min、10 min、30 min。

诊断标准：第一秒用力呼气量在运动后任何时间点明显低于80%；呼气流量峰值在任何测试时间点下降≥15%为阳性结果，可诊断为运动性哮喘。也有人认为，只要运动诱发第一秒用力呼气量较运动前下降10%即可诊断为运动性哮喘。根据第一秒用力呼气量下降的水平，决定运动性哮喘的严重程度；轻度运动性哮喘者第一秒用力呼气量下降10%~24%；中度者下降25%~39%；重度者下降40%以上。

（三）运动性哮喘的发生机制

激烈运动后诱发的运动性哮喘与一般哮喘机制有所不同，有学者认为，运动作为一种压力源，对内分泌活动及神经和免疫系统有影响，从而激活心理—神经—免疫—内分泌通路中的几个复杂的相互作用机制。EIA 和 EIB 产生的机制尚不十分明确，主要有气道干燥假说和血管假说。这两个假说都是基于体力活动期间显著增加的气道气体交换，导致气道表面水和热损失。除此之外，运动时短时间、多次数的过度通气可能会导致支气管上皮出现损伤，可能也加重了气道反应。实验研究表明，让患者吸入温暖、加湿的空气后，可预防运动性哮喘发生。

（四）影响运动性哮喘的因素

运动性哮喘发生可能与运动方式、运动前热身情况、运动时间、空气洁净程度、服药与否、服药与运动的间隔时间等有关。

发生运动性哮喘风险低的运动是体力活动持续时间短、通气水平不高的运动。中等风险的运动项目一般为团队运动（其中存在有氧运动和无氧运动的交替），以及持续 5 min 左右的高强度运动，这些运动引起支气管高反应性的风险较低。高风险运动一般认为是耐力运动和冬季运动。观察发现，越野滑雪和冬季运动项目最易诱发运动性哮喘。

在运动性哮喘发作后 60 min 内再运动，气道痉挛的程度明显减轻，即存在所谓的不应期，提示活动性热身可增加气道空气的温暖、湿润，减轻哮喘发作的严重性。污染较重的空气会诱发运动性哮喘发作。

运动前用扩张支气管、减轻炎症、抑制免疫的药物可避免绝大多数运动性哮喘发作，效果显著。服药后 1 h 运动可使药物发挥作用，抑制运动性哮喘发作。

（五）运动性哮喘患者的体育康复治疗

运动性哮喘患者的运动处方见表 7-2-5。

▶ 表 7-2-5　运动性哮喘患者的运动处方

运动频率	每周 3~5 次
运动强度和运动时间	遵循短时间、低强度的原则，推荐间歇式的 5 min 轻到中等强度的运动。运动强度为 65%~75%$\dot{V}O_2$max，累计时间为 30~60 min。有研究显示，每周 10 h 中等强度的运动不会增加运动性哮喘发作
运动方式	尽量不选择耐力运动、冬季运动等容易诱发运动性哮喘的运动。可选择短距离游泳、手臂功率自行车等运动
注意事项	（1）运动性哮喘患者尽量避免在空气污染重的时间段和地点、在花粉充斥的环境和吸烟的室内运动 （2）运动性哮喘患者在运动时应携带扩张支气管的气体喷雾剂，在发作时及时使用。对有致死性发作或伴有严重慢性疾病，如糖尿病的运动性哮喘患者，不仅要带气雾剂药物，还要尽可能与人结伴运动，并教会同伴使用气雾剂。在运动前应用药物预防哮喘发作，运动前充分热身 （3）在冬季提倡进行户内运动，如进行户外运动时建议戴口罩。运动时用鼻吸气，用口呼气

哮喘患者相比于无哮喘的人参与体育活动更少，缺乏身体活动对哮喘患者健康会产生消极影响。定期的有氧运动可以改善哮喘症状、肺功能及心理健康，其机制可能与以下效应有关：抵抗免疫球蛋白 IgE 的作用，从而降低血 IgE 水平；降低痰液嗜酸性粒细胞和呼出一氧化氮水平；增强抗炎作用并恢复气道重塑。

六、支气管哮喘体育康复的效果

在哮喘患者无呼吸道症状的时期内，运动可以显著改善患者哮喘症状、生活质量、运动能力及气道高反应性。研究表明，5 个月的游泳训练可改善运动性哮喘患者的不良姿势，增强身体的做功能力，增加患者的最大摄氧量和肺泡通气量，减少体脂百分比，减少药物的使用量，但没有改变支气管高敏状态。Moreira 和 Delgado 提出，中等强度身体活动有着最低的哮喘发病率，随着运动强度的上升，哮喘发病率随之提高，这与规律中等强度运动所带来的整体健康效益密不可分。

第七章思考题参考答案

思考题

1. 慢阻肺患者进行体育康复前应进行哪些评定工作？
2. 试述慢阻肺患者体育康复的核心组成部分。
3. 支气管哮喘患者适宜哪些运动？不适宜哪些运动？
4. 如何为慢阻肺患者制订耐力训练运动处方？
5. 试述运动性哮喘的体育康复评定方法。

实践训练题

腹式呼吸训练操作。

在线测评题

（钱菁华 北京体育大学）

第八章

代谢性疾病的体育康复

💬 本章导言

　　随着我国经济发展和生活方式的改变，以肥胖、高血压、高血糖、血脂异常等为特征的代谢性疾病发病率显著上升。因其具有共同的胰岛素抵抗发病机理，常常多种病症集聚于同一个体形成代谢综合征。运动引起的能量消耗和应力负荷增加等可对蛋白质、脂肪、碳水化合物、嘌呤核苷酸和骨矿盐等物质的代谢产生综合生理作用，并可提高胰岛素敏感性，因此规律的体育康复成为预防和干预代谢性疾病发生、发展的重要举措。但运动频率、运动强度、运动时间和运动方式不同，代谢紊乱的防治效益不同，运动相关风险也存在差异。本章将介绍常见的代谢性疾病：肥胖症、糖尿病、高脂蛋白血症、高尿酸血症和骨质疏松症的体育康复机制及其评定和方法。

📖 学习目标

　　1. 了解肥胖症、糖尿病、高脂蛋白血症、高尿酸血症和骨质疏松症的定义和相关临床知识。

　　2. 掌握常见代谢性疾病体育康复的评定方法，并能够根据患者的个体状况制订针对性的体育康复运动处方。

　　3. 理解常见代谢性疾病的体育康复机制。

　　4. 培养学生理论联系实际、具体问题具体分析的理念和素质，培养学生的科研创新素质和能力。

✵ 关键术语

肥胖症（Obesity）：是指机体脂肪总含量过多和／或局部含量增多及分布异常，由遗传和环境等多种因素共同作用而导致的慢性代谢性疾病。

糖尿病（diabetes mellitus）：因胰岛素缺乏或机体对胰岛素抵抗，所引发的糖及脂质为主的代谢紊乱综合征。

高脂蛋白血症（hyperlipemia）：是指血脂浓度异常升高的现象。

高尿酸血症（hyperuricemia）：由于人体尿酸生成过多或（和）排泄减少，使血清尿酸水平在男性高于 420 mmol/L、女性高于 360 mmol/L 的病理状态。为嘌呤代谢紊乱所致的慢性代谢紊乱性疾病。过量的尿酸形成结晶沉积在关节引起痛风性关节炎，尿酸沉积在肾可引起肾结石。

骨质疏松症（osteoporosis）：由于缺钙或钙代谢障碍引起的，以骨量减少和骨组织微结构破坏为特征、导致骨脆性增加和易于骨折的代谢性骨病。

第一节　肥胖症的体育康复

随着人们生活水平的不断提高，肥胖症患者数量越来越多。肥胖已经成为全球性的公共卫生问题，并且有日益严重的趋势，因此，肥胖症被纳入 21 世纪影响人类生活质量的主要疾病之一。医学研究已经证实，肥胖不仅仅是体态的改变，而且是一种慢性疾病，是由特定的生化因子引起的一系列进食调控和能量代谢紊乱的疾病，发病过程非常复杂。肥胖已经与艾滋病、吸毒、酗酒并列为世界性四大社会问题。肥胖症的治疗十分困难，几乎需要终身的时间。对肥胖症的治疗单靠一种方法是远远不够的，必须采取综合治疗的方法，体育康复的尽早介入对预防肥胖症的并发症有重要作用。

一、肥胖症概述

（一）肥胖症的定义

肥胖症是指机体脂肪总含量过多和／或局部含量增多及分布异常，由遗传和环境等多种因素共同作用而导致的慢性代谢性疾病。它是由特定的生化因子引起的一系列进食调控和能量代谢紊乱的疾病，发病过程非常复杂。肥胖症的危害包括肥胖本身对健康的损害以及与肥胖相关的疾病（如高血压、糖尿病、高血脂、心脑血管疾病和某些癌症等）对健康的损害两个方面。肥胖症主要表现为体内脂肪含量增多，体脂的分布失调，以及局部脂肪的沉积。多数肥胖患者存在严重的脂代谢紊乱，常与 2 型糖尿病、冠心病、高血压等合并存在，并成为重要的致病原因，称为代谢综合征。脂肪组织是一种特殊的结缔组织，含大量的脂肪细胞，按细胞的颜色和结构分为白色脂肪细胞和棕色脂肪细胞。白色脂肪的功能主要是储存脂肪，棕色脂肪的功能主要是产热。与正常人和消瘦者相比，肥胖症患者白色脂肪较多而棕色脂肪较少，肥胖症患者由于棕色脂肪组织量少，致使产热这一有效的调节方式失灵，从而引起能量过度积蓄，进而转化为脂肪并积聚起来。

近 30 年，肥胖症的患病率明显增长，我国面对的肥胖形势也非常严峻。《中国居民营养与慢性病状况报告（2020 年）》显示，我国成年居民超重率和肥胖率分别为 34.3% 和 16.4%；6~17 岁儿童青少年超重率和肥胖率分别为 11.1% 和 7.9%；6 岁以下儿童超重率和肥胖率分别为 6.8% 和 3.6%。大量流行病学研究表明，肥胖症是代谢性疾病的首要因素，随后可相继出现一系列代谢异常，如血脂异常、高血压、胰岛素抵抗和葡萄糖耐受不良，肥胖症是 2 型糖尿病、心血管疾病、胆石症和某些癌症的重要危险因素。

（二）肥胖的分类

肥胖的分类有多种方法。按照产生原因，肥胖可分为先天遗传性肥胖、后天病理性肥胖和单纯性肥胖；按照体型的不同，肥胖可分为苹果型肥胖、梨型肥胖和均匀型肥胖；按照脂肪细胞的变化，肥胖可分为增殖型肥胖、肥大型肥胖和混合型肥胖；按照脂肪的分布，肥胖可分为中心型肥胖和周围型肥胖。通俗的方法是将其分为单纯性肥胖、继发性肥胖和药物引起的肥胖。

1. 单纯性肥胖

由遗传因素及营养过度引起的肥胖，称为单纯性肥胖。单纯性肥胖是各类肥胖中最常见的一种，约占肥胖总人数的 95%。其发生与遗传、饮食结构不合理和缺乏体力活动 / 运动等生活方式密切相关，这类患者全身脂肪分布比较均匀，没有内分泌紊乱现象，也无代谢性疾病，其家族往往有肥胖病史。

本节主要针对单纯性肥胖进行讨论。

2. 继发性肥胖

继发性肥胖是由内分泌紊乱或代谢障碍引起的一类疾病，占肥胖病的2%~5%。肥胖只是这类患者的重要症状之一，这类患者同时还会有其他各种各样的临床表现，多表现在皮质醇增多症、甲状腺功能减退症、胰岛β细胞瘤、性腺功能减退、多囊卵巢综合征、颅骨内板增生症等多种病变中。治疗时主要治疗原发病，运动及控制饮食的减肥方法均不宜采用。

3. 药物引起的肥胖

有些药物在有效地治疗某种疾病的同时，还有使患者发胖的副作用。例如，应用肾上腺皮质激素类药物（如去氢可的松）治疗过敏性疾病、风湿病、类风湿病、哮喘病等时，它同时也可使患者发胖。这类肥胖患者约占肥胖总人数的2%。

（三）肥胖的评定方法与评定标准

随着对肥胖症研究的深入，人们对肥胖的认识也在不断提高。WHO及亚太地区分别制订了肥胖症的标准，我国也提出了适合中国人的超重及肥胖的诊断标准。确定肥胖的标准是体脂含量，测定体脂含量的方法包括人体测量学和其他物理、化学、电子等技术。这里介绍几种评定肥胖常用的简便方法。

1. 体重指数

体重指数（body mass index，BMI）是WHO推荐的国际统一使用的肥胖分型标准参数。BMI的计算公式如下：

$$BMI = 体重（kg）/ 身高^2（m^2）$$

1998年，WHO发布了成年人的BMI分级标准。1999年，针对亚洲人的特点，WHO发布了《对亚太地区肥胖及其治疗的重新定义》。我国肥胖工作小组提出了中国成年人肥胖症诊断标准的建议。2013年，我国卫生与计划生育委员会也发布了成年人体重判定的标准与建议。根据BMI对肥胖的分级及发病危险性的评估见表8-1-1。

▶ 表 8-1-1　根据 BMI 对肥胖的分级及伴发病危险性的评估

分级	BMI/(kg · m⁻²)			相关疾病发病危险性
	WHO 标准	亚洲标准	中国标准	
偏瘦	<18.5			低（但其他疾病危险性增加）
正常范围	18.5~24.9	18.5~22.9	18.5~23.9	平均水平
超重	≥25	≥23	≥24	
肥胖前期	25.0~29.9	23.0~24.9	24.0~27.9	增加
Ⅰ级肥胖	30.0~34.9	25.0~29.9	≥28	中度增加
Ⅱ级肥胖	35.0~39.9	≥30.0	—	严重增加
Ⅲ级肥胖	≥40.0			非常严重增加

利用 BMI 衡量人体肥胖程度，简便实用，易于掌握，与肥胖有很强的相关性，受身高的影响较小。该方法的局限性在于不能反映局部体脂的分布情况，此方法对于肌肉特别发达者（如举重运动员、重体力劳动者）或水肿者不适用。

2. 理想体重与肥胖度

理想体重（kg）＝身高（cm）－105

或理想体重（kg）＝［身高（cm）－100］×0.9（男性）或 0.85（女性）

实际体重超过理想体重的百分数为肥胖度，即：

肥胖度＝［（实测体重－理想体重）/理想体重］×100%

体重正常为 ±10%；超重为 ≥10%~<20%；肥胖为 ≥20%。理想体重与肥胖度的计算已被广泛应用，但也有一定的局限性。该方法的优点是方法简单，易操作；缺点是精确度不高，不能反映局部体脂分布。

3. 腰臀比（waist hip rate，WHR）

中国人虽然高 BMI 者的数量不多，但实际上仍然存在脂肪堆积和脂肪分布异常的现象。WHR 是区分脂肪分布类型的指标，WHR 偏高为中心型肥胖；WHR 低则为周围型肥胖。1998 年，WHO 建议欧洲男性腰围 94 cm，女性 80 cm 是较合适的临界值；亚洲男性腰围 90 cm，女性 80 cm 作为临界值。亚洲男性 WHR>0.9 为中心型肥胖，女性 WHR>0.8 为中心型肥胖。腰围作为评估肥胖的指标非常重要，腰围降低，即使体重没有变化，也可以显著降低相关疾病发生的风险。不同体重指数与腰围水平的中国成年人与相关疾病危险的关系见表8-1-2。该方法的优点是能很好地反映腹内脂肪的变化；缺点是测量的经验、手法等会影响测量结果。

▶ 表8-1-2 不同体重指数与腰围水平的中国成年人与相关疾病*危险的关系

分级	BMI/ (kg·m⁻²)	腰围水平/cm		
		男<85 女<80	男85~95 女<80~90	男≥95 女≥90
体重过低**	<18.5	…	…	…
体重正常	18.5~23.9	…	增加	高
超重	24.0~27.9	增加	高	极高
肥胖	≥28	高	极高	极高

注：相关疾病*，指高血压、糖尿病、血脂异常和危险因素聚集；体重过低**，可能预示有其他健康问题。

4. 身体密度测定法

该方法是测量体脂成分的经典方法。目前主要使用间接测量方法，最常用的有水下称重法和皮褶厚度法。两种方法均是测量出身体的密度，再运用Brozek的推算公式计算体脂率，从而计算出人体的体脂重量和去脂体重，因此称为身体密度测定法。

（1）水下称重法：水下称重法是一种经典的、基本的和可靠的方法，是测定体脂的"金指标"，它主要根据阿基米德的浮力原理。把人体大致分为脂肪和非脂肪两部分，脂肪的比重较低为0.9 g/cm³，非脂肪的比重为1.1 g/cm³。依据公式求出人体的体积和密度，进而得出体脂含量。

计算公式：人体体积（g/cm³）=[陆地体重（kg）-水下体重（kg）]/水的密度（g/cm³）

人体密度（g/cm³）=陆地体重（kg）/人体体积（g/cm³）

体脂率（%）=[4.57/人体密度（g/cm³）-4.142]×100%

这一方法的优点是结果准确；缺点是耗时多，所使用仪器不便携带，需要受试者配合，在老年人和儿童中使用困难，不能测量局部体脂含量。

（2）皮褶厚度法：人体有 2/3 的脂肪组织分布在皮下，通过测定皮褶厚度，按公式推算出皮下脂肪、人体脂肪总量和体脂百分率，从而诊断人体的肥胖程度。通常测量的部位是肱二头肌区、肱三头肌区、肩胛下区、腹部、腰部等处。皮褶厚度法是一种既简单又经济的测量体脂的方法，因为其所用仪器相对便宜和便携，已被广泛地应用于临床和一些流行病学调查。但受试者肥胖部位、皮肤松紧度、皮下有无水肿、皮肤厚度及测量者的手法等因素都会影响测量结果。

当男性体脂＞25% 体重，女性体脂＞30% 体重，诊断为肥胖。

5. 生物电阻抗法

生物电阻抗法是利用脂肪组织与非脂肪组织电阻率不同的原理来测定人体体脂含量的方法。非脂肪组织含有较多的水分和电解质，是生物电的良性导体，而脂肪组织的导电性能相对较差，故非脂肪成分百分比越高，生物电阻抗就越小，导电性能就越好。测试时，受试者安静仰卧，在其手背部、腕部、脚背及脚踝各放置一个电极，通以微弱的高频交流电，通过检测整体的生物电阻抗，结合个体的身高、体重等数据，运用生物物理学公式可计算体脂含量。该方法与水下称重法所得结果之间存在较高的相关系数。然而，对于瘦体重相对较高的运动员，该方法所测值则较实际值偏高。由于影响人体生物电阻抗的因素较多，而且该方法需要特殊的仪器设备，因此生物电阻抗法的应用有一定的局限性。另外，该方法的理论基础还比较薄弱，因而该方法对个体测定的准确性不高。

还有许多肥胖测量与评价的方法，如同位素稀释法、双能 X 射线吸收法、计算机断层扫描（CT）、磁共振成像（MRI）、超声检测等，在此不一一介绍。

二、肥胖症体育康复的机制

能量代谢平衡失调，热量摄入多于消耗，使脂肪合成增加是肥胖的基础。因此，限制热量的摄入及增加热量的消耗是预防及治疗超重/肥胖的首选方案。在肥胖症饮食控制、适量运动、纠正不良生活方式和必要时的药物治疗的综合治疗措施中，运动是其中不可或缺的一部分。

（一）运动增加能量消耗，调节能量平衡并预防减重后体重的反弹

运动可增加能量消耗，步行、跑步、游泳等运动的能量消耗是静坐的几倍到几十倍。运动引起儿茶酚胺类激素分泌增加，使脂肪组织的脂解作用增强。各种形式的运动都会增加脂肪的氧化，尤其是长时间中低强度的有氧运动，脂肪供能的比例最大。运动可增加能量消耗，减少体内脂肪的积累、抑制脂肪细胞的积累，减少脂肪细胞的体积，同时降低摄食效率，减少脂肪的沉积。

不同于单纯饮食控制减轻体重，运动同时会减少瘦体重，长期规律的运动训练可使人的肌肉体重增加，从而提高安静状态下的基础代谢率，增加安静状态下的脂肪供能。因此，采用运动增加能量消耗，可使脂肪减少，体脂率降低，而瘦体重增加，使人体在较低的体脂肪水平下建立新的能量平衡，有利于调节体重，防止脂肪堆积，避免肥胖。

维持体重下降能够持久获益，但在停止运动等不同体重干预方式后一年内，33%～50% 的个体会出现体重反弹。研究表明，每周 200～300 min 的体力活动可预防减重后的体重反弹。

（二）运动改善脂代谢，改善肥胖相关并发症

持续规律的有氧运动可增强脂解酶活性，调节低密度脂蛋白受体和载脂蛋白 A（apolipoprotein A，ApoA）I 基因转录及表达，降低血胆固醇（tatol cholesterol，TC）、甘油三酯（triacylglycerol，TG）、低密度脂蛋白（low density lipoprotein-cholesterol，LDL-C）和 ApoB 水平，升高高密度脂蛋白（high denstity lipoprotein-cholesterol，HDL-C）和 ApoA I 水平，有效预防高脂血症。肥胖患者减轻 1 kg 体重，LDL-C 下降 1%；减轻 10 kg 体重，LDL-C 下降 15%，TC 下降 30%，TG 下降 10%，HDL-C 升高 8%。

运动降低血压。运动可改善糖尿病患者胰岛素敏感性，提高胰岛素效能，增加肌细胞膜上胰岛素受体数量，增强葡萄糖转运，特别是血浆和骨骼肌中葡萄糖转运蛋白 GLUT4 水平增加，因此是防治 1 型和 2 型糖尿病重要的辅助手段。动力型和力量型运动可激活成骨细胞，通过提高雌激素水平改善骨密度，有助于预防骨质疏松。

（三）运动调节肥胖基因的表达，在一定程度上抗衡基因的缺陷

人血清瘦素含量与体脂和体重指数呈正相关，肥胖个体或体重正常个体经过长期运动后，血浆人血清瘦素浓度均有不同程度下降。Gln27 Gln 基因型的个体，肥胖发生的危险性 OR 值为 3.45，但当基因缺陷者进行了规律运动后，发生肥胖的危险性显著降低，OR 值降为 1.61。有氧运动可使 ApoE 基因缺陷小鼠血 TG 和 TC 水平降低，HDL 和 ApoA I 水平升高，还使 ApoE 基因缺陷鼠的肝、肾上腺、睾丸、卵巢等组织的高密度脂蛋白受体基因（SR-B1）mRNA 表达量显著增加，这些结果均提示，运动可在一定程度上有力地抗衡遗传基因的作用。

三、肥胖症体育康复评定

运动是减重治疗中不可或缺的一部分。$BMI \geq 40 \ kg/m^2$ 或 $BMI \geq 35 \ kg/m^2$ 且同时存在多种危险因素的人群，减重手术后运动可以促进体重减轻，帮助患者达到和保持能量平衡。但超重和肥胖人群是潜在的低运动能力人群，且肥胖个体存在血脂异常、高血压、高胰岛素血症和高血糖等其他心血管疾病风险并发症时，静坐少动个体较大强度运动时的暂时性运动风险增高，因此肥胖症患者运动前需进行相关健康筛查，存在并发症者应依据并发症的体育康复原则制订体育康复方案。肥胖症个体进行较高强度运动前，还需进行相关的功能评定，尤其是心肺功能和运动功能的评定，如运动负荷试验等，根据个人的运动、呼吸、循环系统功能状况及其体质情况，选择适宜的运动项目及运动量。

四、肥胖症体育康复治疗

肥胖症个体可通过减重预防和治疗肥胖相关并发症、改善患者的健康状况。肥胖症患者体重减轻 5%~15% 或更多可以显著改善高血压、血脂异常、非酒精性脂肪肝、2 型糖尿病患者的血糖控制，降低 2 型糖尿病和心血管并发症的发生率。肥胖症患者的减重计划可在 3~6 个月减少初始体重的3%~10%。

由于肥胖症患者体适能水平较低，很难通过体力活动达到临床上有意义的减重量。因此，肥胖症患者进行可耐受的体育运动增加热量消耗时，还应

限制热量的摄入，改善饮食方式，适当减少能量摄入。饮食控制＋适量运动是公认的最佳方案。

（一）运动方式

运动减肥以中等强度、较长时间的有氧运动为主，辅以力量训练和柔韧性练习。

1. 有氧运动

可选择健身走、慢跑、骑自行车、跳绳、跳舞、游泳、爬山、各种球类等。这种大肌群参与的动力型周期性运动是目前普遍认为有效的减肥运动。在选择具体运动项目时，应根据个人兴趣和健康状况而区别对待。其原则为：根据个人的身体健康情况，选择个人喜欢、有兴趣的项目，而且最好是能够终生都可以坚持下去的运动项目。水中运动因其能量消耗较高，且下肢负荷较轻，是减肥的理想运动方式。

2. 力量训练和柔韧性练习

为增加肌肉重量和机体柔韧性，培养不易肥胖的体质，肥胖症患者还需进行适量的力量训练和柔韧性练习。力量训练可进行躯干和四肢大肌群的循环抗阻运动，如仰卧起坐、负重蹲起、俯卧撑等，也可以利用哑铃或拉力器进行力量练习。

此外，在全身有氧运动的基础上，针对中心型（腹部）肥胖者，可增加锻炼腹肌的运动，如仰卧起坐、仰卧起身、仰卧抬腿等，以平衡腰腹肌力，减轻因腰腹肌力失衡所导致的腰痛等问题。

（二）运动强度

有氧运动以中低强度（$40\% \sim 59\% \dot{V}O_2max$ 或储备心率，$3 \sim 6METs$，Borg 记分 $9 \sim 11$ 有一点累或稍累）起始，逐渐递增至较大强度（$\geqslant 60\% \dot{V}O_2max$ 或储备心率），以获得更多健康效益。

一般认为采取的有氧运动强度不宜太大，因为进行大强度运动时，机体消耗的能源物质是糖原而不是脂肪。且中、低强度的运动才能被肥胖者接受并坚持，从而达到减肥目的。

近期研究表明，身体条件允许情况下，大强度间歇运动更有利于内脏脂肪量的减少。长时间中、小强度运动减肥的重点是运动中的脂肪动员，而忽略了运动后的能量消耗。在身体条件允许情况下，大强度间歇运动可增加机体总能量消耗，特别是运动后能量消耗，运动后的能量消耗与运动强度呈正比。因此，年轻和体力较好的肥胖者适应运动负荷后，可尝试进行大强度的间歇运动，以达到更高效的体重控制。

力量训练的建议负荷强度为 60%~70% 1 RM，可逐渐递增以增加肌力和肌肉量。

（三）运动时间和运动频率

有氧运动起始的运动时间可为 30 min/ 天（150 min/ 周），逐渐增加至 60 min/ 天或 250~300 min/ 周。一天的运动时间可以累加，但每次运动应为 10~15 min，才能达到减脂的目的并增加体力活动的适应性和持续性。运动频率应≥5 天 / 周，最好 1 次 / 天，才可达到长期控制体重的效应"阈值"。

力量训练每个主要肌群进行 2~4 组，每组重复 8~12 次的练习，运动频率为 2~3 天 / 周。

（四）运动进度

减脂是一个长期过程，需要有目的、有计划地进行。对于一个体力活动水平很低的肥胖者，选择体育康复方法时应先易后难，先小运动量、后大运动量，先耐力、后力量，循序渐进、持之以恒。一开始不要做剧烈的运动，应立足于个人能力和目前的活动水平，考虑可行性和便捷性及运动爱好，尽量满足个人要求；避免过量运动，预防损伤，减体重速度不宜过快。运动结合饮食限制效果最好，水分的补充要充足。

对于强调没有时间参加运动的肥胖者，建议增加日常体力活动，尽可能想办法每天都活动，如由骑自行车或步行代替乘车，站立代替静坐，爬楼梯代替乘电梯，饭后步行，少看电视等；培养运动活动习惯，把活动当作改进健康的机会，是一种享受而不是浪费时间，强化终生运动的观念。

通常一个减脂运动方案应包括三个阶段：适应阶段、减脂阶段和巩固阶段。

适应阶段主要目的是培养运动或体力活动习惯，增强肌肉及关节活动度，使机体对运动有一个适应的过程；目标是每天运动消耗的能量达到 300 kcal，一般需要 1~2 个月时间。

减脂阶段以减少体内脂肪为目的。目标是减现体重的 5%～10%，以 1～2 kg/ 周的速度，每天运动消耗能量 500～600 kcal，一般需要 3～6 个月或更长时间。

巩固阶段的目的是培养活跃的生活方式，在较低能量水平上建立新的能量平衡。每天运动消耗 ≥ 300 kcal，一般需要 6～12 个月或更长时间。

（五）运动减脂的注意事项

由于肥胖者易并发其他并发症，因此，进行运动减肥时应注意以下几点：

（1）在制订减肥运动处方时，必须确定肥胖的原因及机体的健康状况，以便对症下药，最好在医生和体育指导员的指导下进行。

（2）实现减重 5%～10% 的目标需要更严格的营养、运动和行为干预。对生活方式干预完全无效的个体可选择医学治疗，如药物治疗或手术治疗。

（3）体育康复计划要因人而异，制订个体化运动方案。大运动量运动、短时间运动、快速爆发力运动是不利于减肥的三种运动方式。

（4）在实施体育康复方案的过程中，应遵循循序渐进的原则，不可操之过急，特别是中老年人，更应该加强医务监督，并根据自己身体的实际情况适当调整运动量。肥胖者因不经常运动，肌肉、关节都比较僵硬，需要慢慢锻炼，切不可求快而伤害身体，且肥胖者心肺负荷已经较大，如果在短时间内运动量增加很多，会造成心肺功能负担过重。

（5）要持之以恒，运动要达到减肥效果要坚持，为了避免单调，可以变换运动方式，增加运动乐趣。

（6）在运动减肥期间，要科学地控制饮食，保证膳食均衡，为机体提供适量的热量，全面均衡的营养物质。专家们一致认为，科学节食与运动相结合会使减肥取得更佳效果。减肥应当限制膳食的总能量，而不仅是限制脂肪的摄入。减肥期间应适当增加蛋白质、低糖和适量脂肪。正常情况下，碳水化合物比例为 55%～60%，脂肪为 20%～25%，蛋白质为 15%～20%，重量比为 4∶1∶1，在减肥期间也要保持营养素的摄入比例。

（7）出现下列症状应停止运动：心律失常（心跳不规则、心悸、快脉搏突然变慢）；胸部、上臂或咽喉部突然疼痛或出现沉重感；眩晕或轻度头痛、意识紊乱、出冷汗、晕厥；严重气短；身体任何一部分突然疼痛或麻木；上腹部疼痛或"烧心"；一时失明或失语。

第二节　糖尿病的体育康复

一、糖尿病概述

　　糖尿病是因胰岛素缺乏或机体对胰岛素抵抗，所引发的糖及脂质为主的代谢紊乱综合征。以血糖升高为基本特征。慢性高血糖可导致多脏器多系统损害，尤其是眼、肾、神经及心血管的长期损害、功能不全和衰竭。糖尿病慢性并发症及相关心血管疾病是糖尿病患者致残、致死的主要原因。在一些国家的居民中，30% 的慢性肾功能衰竭，40%~50% 的失明，50% 的心脑血管疾病，60% 的截肢原因与糖尿病有关。

　　在经济高速发展、生活方式改变和老龄化等多种因素影响下，我国糖尿病患病率逐年递增，患病人数已跃居世界第一。2015—2017 年流行病学调查数据显示，我国成年人糖尿病患病率为 11.2%，糖尿病前期的患病率为 35.2%，远高于世界平均水平。2017 年国际糖尿病联盟（IDF）公布的数据显示，我国糖尿病患病人数已达 1.21 亿，约占全球患病人数的 28.5%。此外，我国糖尿病患者日趋年轻化，40 岁以下人群糖尿病患病率达 5.9%。因此，糖尿病日益成为严峻的公共卫生问题。

　　目前，国际通用糖尿病的诊断标准和分类仍按 WHO 1999 年的标准。糖尿病的诊断标准为：① 有任何一种糖尿病症状：如多尿、烦渴、多饮，不明原因的体重下降等，随机血糖 ≥ 11.1 mmol/L；② 空腹血糖 ≥ 7.0 mmol/L（隔夜禁食至少 8 h 以上）；③ 75 g 葡萄糖负荷后 2 h 血糖 ≥ 11.1 mmol/L。根据病因，糖尿病可分为 4 种类型：1 型糖尿病、2 型糖尿病、妊娠期糖尿病和其他特殊类型的糖尿病（如遗传缺陷和药物所致）。其中绝大多数为 2 型糖尿病（占总患病人数的 85%~90%），其次是 1 型糖尿病（占总患病人数的 5%~10%）。

　　1 型糖尿病最常见的原因是胰岛 β 细胞自身免疫损伤所致分泌胰岛素缺乏，其中一些病例是先天性的。胰岛素绝对缺乏和酮症酸中毒倾向是 1 型糖尿病的基本特点。2 型糖尿病是由于骨骼肌、脂肪组织和肝胰岛素抵抗伴随胰岛素分泌缺陷所致。2 型糖尿病的常见特征是身体脂肪在躯干部位堆积过多（腹部肥胖或中心型肥胖）。2 型糖尿病多见于成年人，常在 40 岁以后起病；多数起病隐匿，症状相对较轻，半数以上无任何症状，不少患者因慢性并发症、伴发病就诊或健康体检时发现；常有家族史；很少自发糖尿病酮症酸中毒，但在应激、严重感染、中断治疗等诱因下也可发生。临床上常与肥胖症、血脂异常、高血压等疾病同时或先后发生。

　　运动治疗、饮食治疗、药物治疗、健康教育和血糖监测是糖尿病治疗的"五驾马车"。其中运动治疗，尤其是达标运动治疗被认为是糖尿病治疗最有价值的方法之一，是 2 型糖尿病患者进行疾病管理的重要组成部分。

二、糖尿病体育康复的机制

　　大量研究表明，适度而有规律的运动有利于糖尿病患者病情的控制，并可改善患者的全身状态，预防慢性并发症的发生和发展。

（一）运动调节糖代谢，降低血糖

　　糖是肌肉运动的主要能源物质之一。进行运动和体力活动时，骨骼肌摄取葡萄糖增加，以补充运动时能量的消耗。肌肉运动 10 min，从血中摄取葡萄糖增加 15 倍。适当的身体运动能加强肌肉内参与代谢的酶的活性，促进糖的氧化，使血糖迅速进入肌肉和其他组织内，从而使血糖浓度降低，尿糖减少。

（二）运动增强胰岛素敏感性

　　规律运动可改善肌细胞的胰岛素受体功能，提高组织与胰岛素的结合能力和肌细胞膜上的葡萄糖转运载体 GLUT4 活性，因此在胰岛素浓度较低时，保持较正常的血糖代谢，增强了胰岛素作用。运动提高肌细胞对胰岛素的敏感性，不仅有利于糖的利用和减轻胰岛β细胞的负担，还可纠正因胰岛素相对不足引起的糖和脂肪代谢紊乱，从而稳定血浆葡萄糖和胰岛素水平。

（三）运动可增加能量消耗，预防 2 型糖尿病

　　活动不足是 2 型糖尿病发生的重要危险因素，能量消耗与 2 型糖尿病的发生率成反比。运动和体力活动增加机体能量的消耗，降低 2 型糖尿病发生的风险。研究发现，有体力活动的人随年龄增长发生糖尿病的危险性比不活动的人少 20%。

　　糖尿病的发生与肥胖和胰岛素抵抗有关。超重者的标准化发病率为 13.81%，而非超重者的标准化发病率为 4.83%。胰岛素抵抗会使空腹血糖升

高，进食碳水化合物后血糖升高，从而刺激 β 细胞分泌胰岛素，加重胰岛细胞的负担。当胰岛 β 细胞胰岛素的高分泌状态减退而无法抑制血糖升高时，胰岛素抵抗个体就有发展为糖尿病的高风险。运动可控制体重，增强胰岛素的敏感性促进血糖运转，从而预防 2 型糖尿病的发生。

（四）运动可改善脂代谢，降低血压，预防或延缓糖尿病并发症的发生

2 型糖尿病患者常合并一个或多个代谢指标异常，如高血压、血脂异常、肥胖症等，使糖尿病慢性并发症的发生风险、发展速度及危害等显著增加。运动可降低血压，增强脂代谢，维持身体热量平衡，减少过多脂肪堆积保持正常体重，从而预防和延缓糖尿病并发症的发生、发展。例如，运动可提高脂蛋白脂酶活性，使体内甘油三酯清除增加；运动提高高密度脂蛋白和降低低密度脂蛋白，促进了胆固醇从周围组织转运回肝，消除周围组织包括动脉壁的胆固醇沉积，对糖尿病患者预防动脉硬化起重要作用。

同时，运动还可改善心肺功能、增强体力、改善精神状态，从而提高糖尿病患者的生活质量。

三、糖尿病体育康复评定

多数糖尿病患者存在代谢合并症，长期高血糖可导致心、脑、肾血管疾病等并发症，因此糖尿病患者体育康复时可能存在一定的运动风险。糖尿病患者运动前需进行相关临床筛查，以确定糖尿病患者体育康复的适应证，排除其运动的禁忌证。此外，糖尿病患者运动前需要进行运动功能评定，以指导个性化的体育康复方案，保障运动安全。

（一）糖尿病体育康复的适应证和禁忌证

1. 糖尿病体育康复的适应证

（1）肥胖的 2 型糖尿病患者运动治疗效果最佳，空腹血糖在 7.8~8.9 mmol/L，餐后血糖为 11.0~13.9 mmol/L，服用降糖药较恒定及饮食控制者。

（2）1 型糖尿病病情稳定者，进行体育康复可减少胰岛素的用量。

2. 糖尿病体育康复的禁忌证

（1）血糖未控制的糖尿病患者，餐后血糖在 13.9 mmol/L 以上。

（2）糖尿病合并酮症、低血糖和显著高血糖症。

（3）糖尿病肾病。

（4）糖尿病合并视网膜出血。

（5）糖尿病合并感染。

（6）糖尿病患者高血压控制不良和不稳定心绞痛者。

（二）糖尿病运动评定的特殊要求

（1）没有心血管疾病症状和低风险（Framingham 风险计算器评估 10 年心脏事件风险＜10%）的糖尿病或糖尿病前期患者，开始进行低至中等强度运动之前可不必进行运动功能评定。

（2）糖尿病患者尤其是静坐少动或希望参加较大强度运动的患者，应进行心电图监测下的运动负荷试验。

（3）运动测试时，心电图阳性或非特异性心电图改变的患者，或安静时存在非特异性 ST-T 改变的糖尿病患者，建议进行诊断性测试筛查心肌缺血。

（4）糖尿病患者的无症状心肌缺血不易被发现，因此应每年进行心血管风险评估。

四、糖尿病体育康复治疗

糖尿病的治疗策略是综合性的。运动作为 2 型糖尿病治疗方法的基石，应联合糖尿病健康教育、血糖监测、饮食控制和降糖药物，根据患者的年龄、病程或并发症等的不同，使患者的血糖、血脂和体重等指标控制在目标范围内。血糖达标主要有 3 个标准，即空腹血糖、餐后 2 h 血糖及糖化血红蛋白（HbA1C）的达标，2 型糖尿病患者各项代谢指标均有严格的控制目标，即空腹血糖为 4.4~6.1 mmol/L，餐后 2 h 血糖为 4.4~8.0 mmol/L，HbA1C＜6.5%。对于老年糖尿病患者，血糖控制标准可略放宽，达到良好的血糖控制目标即可（空腹血糖≤7 mmol/L，餐后 2 h 血糖≤10 mmol/L，HbA1C 为 6.5%~7.5%）。

（一）运动频率

1. 有氧运动

有氧运动频率为每周 5~7 天。有资料表明，终止运动 3 天，已获得改

善的胰岛素敏感性会随之消失。故运动频率以 3~5 天 / 周为宜，如果能坚持
1 次 / 天最为理想。

　　1 型糖尿病患者将运动作为每天治疗的一种形式，它与饮食疗法和药物治疗
结合起来形成一种较稳定的常规治疗形式。2 型糖尿病患者每周至少运动 5 天。

　　2. 抗阻运动：每周 2~3 天。

（二）运动强度

1. 有氧运动

　　运动强度为 40%~75%HRmax，40%~60%$\dot{V}O_2$max。1 型糖尿病患者避免
进行高强度、长时间的运动，以免发生低血糖反应，低血糖最晚可发生在运
动后 24~48 h。2 型糖尿病患者应参加频度大和持续时间较长的运动，因此运
动强度应维持在较低的范围如 50%~65%HRmax。

　　大多数糖尿病患者用心率计算运动强度，而伴有自主神经病变的糖尿病
患者，运动时会出现心率不能随运动量增加而加快的现象，建议采用 RPE 或
代谢当量值来计算运动强度。

2. 抗阻运动

　　抗阻运动的运动强度为 40%~50% 1 RM。

（三）运动方式

　　有氧运动联合抗阻运动可更好地控制糖尿病患者的血糖。

1. 有氧运动

　　防治糖尿病最有效的运动方式是有氧运动，如健步走、慢跑、游泳和骑
自行车运动等。老年人宜选择健步走、慢跑和太极拳运动；肥胖者选择游泳
和骑自行车运动；体力较好者可配合肌力练习。健步走是最简单易行的运动
方式，也是从事日常生活活动的运动，不受环境和条件的限制，每天步行
万步能增加葡萄糖代谢清除率，每天步行 1 h 可降低 2 型糖尿病的发病率近
50%。"步行运动，远离糖尿病"，是 2001 年美国医学界十大热点之一。试验
发现，运动引起总能量消耗最大的，并非高强度的运动者，而是参加健步走
或中等运动强度的运动者。由此可见，健步走和中等强度的规律运动，是防
治糖尿病的最佳运动方式。

　　适于有合并症糖尿病患者的运动方式如下：

（1）合并末梢神经病者，推荐进行游泳等水中运动、低阻力自行车运动和上肢运动等，并在运动后检查足踝部是否受伤。

（2）合并末梢血管病者，如间歇性跛行常合并末梢神经病，应进行上肢运动、健步走和游泳。

（3）有足部溃疡和延迟愈合的截肢者，避免负重运动，适宜参加上肢运动和肌力训练。

（4）肥胖者为减少下肢骨关节损伤，避免负重运动。

（5）进行性视网膜病变者不宜参加引起血压升高的运动和具有冲击性、震动性大的运动，血压升高或震动冲击将加重视网膜病变，或引起失明。

2. 抗阻运动

骨骼肌是胰岛素作用的主要靶点之一，参与了葡萄糖和脂肪稳态的调节。在胰岛素作用下，骨骼肌摄取大量膳食来源的葡萄糖，多余的葡萄糖转化为糖原储存于肌肉中，直到在机体需要的时候被重新动员转化成葡萄糖。相对于常规有氧运动，完善的力量性练习方案，可动员更多的肌群参与运动。因此，力量性练习在肌肉体积的增加和肌肉组织的糖代谢改善方面更有优势，可提高糖耐量和葡萄糖调节异常者胰岛素的敏感性，更有利于改善糖尿病患者的胰岛素抵抗和血糖控制。研究指出，2 型糖尿病患者每周参加 2 次渐进抗阻运动，其糖化血红蛋白明显改善，肌力增加 32%，大腿肌肉横切面积明显增加。循环阻力训练尤其适于肥胖的 2 型糖尿病人。

（四）运动时间

有氧运动持续时间依糖尿病类型不同而异。1 型糖尿病患者每天运动 15～30 min；2 型糖尿病患者为了消耗较多热量，每天运动时间延长至 40～60 min，一天可分多次完成。

运动时间应包括 3～5 min 的准备活动，15～60 min 的运动时间和 3～5 min 的整理活动。

（五）运动的时机选择

一般主张，餐后运动应在餐后 0.5～1.5 h 进行为宜，尤其是餐后 1 h 是运动最佳时间。2 型糖尿病患者最好每天在午餐和晚餐 1 h 后开始中、低强度有氧运动；1 型糖尿病患者运动时间最好选择在早晨胰岛素使用前，以减少低血糖反应。

在下列时间暂勿运动，以免出现低血糖反应：① 胰岛素或口服降糖药发挥最大效应的时间，如应用胰岛素 1.5 h 以后，口服优降糖 1 h 后等；② 血糖为 6 mmol/L 或低于此值时。发生上述反应时，可在进食 15～30 g 碳水化合物后进行运动。

（六）注意事项

糖尿病患者参加运动可能发生以下不良反应：① 糖代谢异常：高血糖或低血糖；② 心血管疾病：冠心病，心律失常，对运动产生不正常的血压反应，末梢血管疾病如间歇跛行；③ 肾异常：蛋白尿；④ 眼部疾病：视网膜出血；⑤ 肌肉骨骼疾病：足部溃疡，退行性关节病和骨骼软组织损伤。

因此，糖尿病患者运动过程中需控制好运动强度和运动量，避免剧烈运动，以免引起血糖升高或酮症等。此外，糖尿病患者参加运动训练过程中，最常出现的医学问题是低血糖和糖尿病足。所以糖尿病的体育康复需注意避免低血糖和糖尿病足的发生。

1. 低血糖的预防措施

（1）开始参加运动时，应经常监测血糖。

（2）运动前减少胰岛素用量，如减少 1～2 IU 或由医生决定；或者增加碳水化合物的摄入，每运动 1 h 增加 10～15 g 的碳水化合物。

（3）运动时间的安排应避开所用胰岛素作用的高峰期。

（4）胰岛素最好注射在运动时活动较少的部位，如腹部。

（5）参加长时间运动前或运动中应进食含碳水化合物的小食品。

（6）开始参加运动应有同伴陪同，并携带糖果备用。

2. 糖尿病足的预防措施

（1）教育：教育患者了解糖尿病足部病变发生原因及其危害，不适当的步行会导致足部损坏，严重者将导致的不良后果等。

（2）足部保护：每天用温水和无刺激的肥皂洗脚，用柔软毛巾擦干，保持趾缝间干燥。不用尖锐的工具如剪刀修剪趾甲。不能赤脚在地面上行走或赤脚穿鞋子走路，不穿露趾的鞋子，不穿新鞋运动或走远路，要穿透气较好的鞋子，每天检查鞋子是否合适。检查袜子是否有皱褶，冬季穿暖和的棉织品袜子，夏天穿透气性较好的袜子。

（3）足部的自我检查：每天检查有无异常变化，若发现有发红、水疱和皮肤温度变化，及时请专科医师检查。

第三节 高脂蛋白血症的体育康复

一、高脂蛋白血症概述

高脂蛋白血症是指血脂浓度异常升高的现象。因为脂质不溶或微溶于水，必须与蛋白质结合，以脂蛋白形式存在才能在血液中循环，所以通过高脂蛋白血症表现出来的，统称为高脂蛋白血症（hyperlipoproteinemia），简称为高脂血症（hyperlipidemia）。高脂血症可进一步分为总胆固醇（TC）、低密度脂蛋白胆固醇（LDL-C）或甘油三酯（TG）浓度升高。

目前，动脉粥样硬化性心血管疾病（atherosclerotic cardiovascular disease，ASCVD）成为我国居民首位死亡原因。血脂异常为 ASCVD 发生、发展中最主要的致病性危险因素。有研究发现，降低冠心病死亡率，其中胆固醇水平的降低贡献最大，因此，有效控制血脂异常，对我国 ASCVD 防控具有重要意义。

发生高脂血症的原因众多。常见的主要原因是不良饮食习惯和生活方式，遗传因素也在其中扮演重要角色。极高水平的胆固醇多有家族聚集性（单纯家族性高胆固醇血症和家族性混合型高脂血症）。不同的疾病状态也会影响血脂水平。LDL-C 升高多见于甲状腺功能减退和肾病综合征患者。极高浓度 TG 可见于肥胖、胰岛素抵抗或糖尿病患者。代谢综合征（metabolic syndrome，MS）的主要诊断指标之一是出现高 TG。

无论患者是否需要药物治疗血脂异常，改变生活方式都是治疗血脂异常的基础。健康的生活方式包括：抗动脉粥样硬化饮食，控制体重，规律锻炼，戒烟。

二、高脂蛋白血症体育康复的机制

运动可以改善血脂代谢异常。LDL-C 或 TC 水平对个体或群体 ASCVD 发病危险具有独立的作用，而 HDL-C 则能将周围组织包括动脉壁内的胆固醇转运到肝进行代谢，是一种抗动脉粥样硬化的血脂蛋白。运动训练可改善脂代谢过程中酶的活性，降低极低密度脂蛋白、低密度脂蛋白胆固醇和甘油三酯，增加高密度脂蛋白，从而使体内血脂清除增加并消除周围组织包括动脉壁的胆固醇沉积。通过冠状动脉造影发现，以运动疗法为主体的多项干预措施，可起到降低血胆固醇，逆转或延缓冠状动脉硬化的病理过程。

三、高脂蛋白血症体育康复评定

高脂血症的临床表现少见，但高脂血症患者心血管疾病的风险增高，运动可能诱发潜在的心血管疾病。因此，无症状患者拟进行低至中等强度运动计划时不需进行运动测试，但对伴有其他慢性疾病和健康问题的患者（如肥胖、高血压）应进行运动功能评定，并按需要调整运动测试方案。

四、高脂蛋白血症体育康复治疗

防治高脂血症的主要目的是为预防 ASCVD。高脂血症尤其是 LDL-C 升高是导致 ASCVD 发生、发展的关键因素，LDL-C 在 ASCVD 发病起着核心作用，因此高脂血症的治疗应以 LDL-C 为首要干预靶点，并兼顾其他血脂异常，以使血脂达到合适或理想水平。我国动脉粥样硬化性心血管疾病一级预防血脂合适水平和异常分层标准见表 8-3-1。

▶ 表 8-3-1　我国动脉粥样硬化性心血管疾病一级预防血脂合适水平和异常分层标准

分层	TC/(mmol · L^{-1})	LDL-C/$\frac{(mmol · L^{-1})}{(mg · mL^{-1})}$	HDL-C/$\frac{(mmol · L^{-1})}{(mg · mL^{-1})}$	TG/(mmol · L^{-1})
理想水平	—	<2.6（100）		—
合适水平	<5.2（200）	<3.4（130）		<1.7（150）
边缘水平	≥5.2（200）且<6.2（240）	≥3.4（130）且<4.1（160）		≥1.7（150）且<2.3（200）
升高	≥6.2（240）	≥4.1（160）		≥2.3（200）
降低	—	—	<1（40）	—

无伴随疾病血脂异常患者的体育康复方法与健康成年人类似，但血脂异常患者应强调健康体重管理。因此，以增加能量消耗减轻体重为目的的有氧运动

成为体育康复方案的基础。同时还可辅助抗阻练习和柔韧性练习，以更好地改善血脂异常，提高整体健康状况。具体体育康复方法可参见表 8-3-2。

▶ 表 8-3-2 血脂异常患者的体育康复方法推荐

	有氧运动	抗阻运动	柔韧性运动
运动方式	持续性的、有节奏的、动员大肌群的运动（如健步走、骑车、游泳）	器械练习和 / 或自由力量练习器	静态拉伸、动态拉伸和 / 或 PNF 拉伸
运动强度	40%~75%$\dot{V}O_2R$ 或 HRR	中等（50%~69% 1 RM）至较大强度（70%~85% 1 RM）以增加肌肉力量；<50% 1 RM 以改善肌肉耐力	拉伸至感觉紧张或轻度不适
运动时间	30~60 min/ 天以促进或维持减重，推荐 50~60 min/天或更长时间	进行 8~10 种不同动作的练习，肌肉力量：每组 8~10 次，重复 2~4 组；肌肉耐力：每组 12~20 次，重复≤2 组	静态拉伸 10~30 s，每个动作重复 2~4 次
运动频率	≥5 天 / 周	2~3 天 / 周	≥2~3 天 / 周

需要注意的是，使用降脂（如他汀和烟酸类）药物的个体可能会出现肌痛，表现为肌肉乏力或疼痛，虽然较为罕见，但降脂药物可直接导致严重的肌肉损伤。因此，当患者服用此类药物时，应关注其运动时是否出现异常或持续肌肉疼痛，如果发现上述问题应及时联系医生。

第四节 高尿酸血症的体育康复

一、高尿酸血症概述

尿酸是人体内嘌呤核苷酸的分解代谢产物，嘌呤核苷酸 80% 由人体细胞代谢产生，20% 从食物中获得。嘌呤经肝氧化代谢变成尿酸，后者由肾和肠道排出。由于人体尿酸生成过多或（和）排泄减少，使血清尿酸水平在男性高于 420 mmol/L、女性高于 360 mmol/L 的病理状态称为高尿酸血症。过量的尿酸形成结晶沉积在关节引起痛风性关节炎，尿酸沉积在肾可引起肾结石。

血尿酸超过其在血液或组织液中的饱和度可在关节局部形成尿酸钠晶体并沉积，诱发局部炎症反应和组织破坏，称为痛风；尿酸结晶在肾沉积引发急性肾病、慢性间质性肾炎或肾结石，称为尿酸性肾病。许多证据表明，高尿酸血症和痛风是慢性肾病、高血压、心脑血管疾病及糖尿病等疾病的独立危险因素，是过早死亡的独立预测因子。高尿酸血症和痛风是多系统受累的全身性疾病。近年来，我国高尿酸血症的发病率呈明显上升和年轻化趋势，中国高尿酸血症的总体患病率为13.3%，痛风为1.1%，已成为继糖尿病、高血压、高脂血症后的"第四高"。但患者对高尿酸血症和痛风的诊断、治疗及预防仍存在一些认识盲区与误区，因此高尿酸血症的诊疗相关知识亟待普及。

高尿酸血症及痛风根据病因主要分为原发性和继发性两大类。原发性高尿酸血症中，特发性尿酸增多症绝大多数发病原因不明，此外，高嘌呤饮食、酒精过多摄入、高糖饮食、核酸代谢增强等也可导致尿酸产生过多，并常合并代谢综合征相关的临床表现或疾病。继发性高尿酸血症可由血液系统疾病、各类肾病、服用某些药物或有机酸产生过多、抑制尿酸排泄等导致。高尿酸血症及痛风的临床病程常分为以下4个阶段：无症状的高尿酸血症，急性痛风性关节炎，间歇期、慢性痛风史及慢性痛风性关节炎。

高尿酸血症和痛风是一个连续、慢性的病理生理过程，因此，对其管理也应是一个连续的过程，需要长期甚至是终生进行病情监测与管理。改善生活方式是治疗痛风及高尿酸血症的核心，特别是对于早期发现的患者。规律锻炼是高尿酸血症和痛风治疗的重要手段之一。

二、高尿酸血症体育康复的机制

运动干预对治疗痛风具有一定的效果，可使血糖和血尿酸下降，痛风发作次数明显减少，缓解对肾的损害，降低其他疾病的发病率。但不同运动强度对痛风和血尿酸的影响不同：低强度的有氧运动可以降低痛风发病率，而中等和大强度运动可使尿酸排泄减少，血尿酸值上升，增加痛风的发病率。什么样的运动项目适合于痛风（高尿酸血症）患者，目前尚存在争议。

对于痛风性关节炎的患者来说，尽管疼痛和功能受限让运动更困难，但是规律的锻炼对于患者仍是非常必要的。运动可以减轻疼痛、维持关节周围的肌肉力量和肌肉耐力，有利于减轻疼痛、减轻关节的僵硬，预防功能下降，降低心脑血管事件发生率，并改善精神状态和生命质量。

三、高尿酸血症体育康复评定

高尿酸血症进展到痛风性关节炎可导致受累关节疼痛和功能受限。因此，无症状患者拟进行低至中等强度运动计划时，不需进行运动测试，但对痛风性关节炎患者应进行全面临床筛查，以确定其适宜的运动方案；对伴有其他慢性疾病和健康问题的患者（如肥胖、高血压）也应进行风险筛查和运动功能评定，并按需要调整运动测试方案。

四、高尿酸血症体育康复治疗

高尿酸血症治疗的目标是促进晶体溶解和防止晶体形成，合理的综合治疗能提高其生命质量，减少并发症的发生，改善预后。

（1）痛风性关节炎急性发作期：指导患者合理休息与进行关节周围肌肉等长收缩锻炼。

发作关节避免负重活动，适当进行等长肌肉收缩训练，以维持肌肉状态。以膝关节为例，急性期宜休息，尽量避免长时间站立、步行等膝关节负重活动，但可进行直腿勾脚训练等，维持膝关节周围肌肉状态。

（2）痛风性关节炎非急性发作期：指导患者进行运动锻炼及关节功能康复训练。

为慢性痛风性关节炎的患者制订运动处方的时候，应该遵循从尽可能只诱发患者轻微疼痛（例如，VAS 评分 2~3 分）的强度开始，逐渐增加剂量，达到维持健康的目的。具体的体育康复方法包括有氧运动、抗阻运动及柔韧性练习，可参考 FITT 原则：

① 运动频率：有氧运动 3~5 次 / 周，抗阻运动 2 次 / 周，柔韧性练习每天进行。

② 运动强度：轻度至中等强度的有氧运动和低强度的抗阻运动。

③ 运动时间：每周 ≥ 150 min。

④ 运动方式：应当强调有氧运动。但有氧运动对骨骼肌的刺激较小，对提高肌肉力量效果欠佳。有氧运动过程中还需辅助抗阻运动，以有效提高肌肉力量，刺激肌肉增长，增强关节的稳定性和功能。

（3）对于关节功能受限严重的患者，建议到康复科就诊，在指导下进行关节周围肌肉训练（加强关节周围各肌肉的力量，以膝关节为例，需要训练股四头肌、腘绳肌、胫骨前肌和小腿三头肌，其中股四头肌最为重要）和关节活动度训练（对受累关节及周围肌肉进行持续的牵伸，最大限度恢复关节活动度，以踝关节为例，背屈受限最为常见，应重点加强背屈关节活动，并牵伸小腿三头肌）。

第五节　骨质疏松症的体育康复

一、骨质疏松症概述

　　骨质疏松症是由于缺钙或钙代谢障碍引起的，以骨量减少和骨组织微结构破坏为特征、导致骨脆性增加和易于骨折的代谢性骨病。其临床症状包括腰背肢体疼痛、身体畸形、病理骨折，或伴有原发病表现。

　　骨质疏松症可发生于任何年龄，但多见于绝经后女性和老年男性。骨质疏松症分为原发性和继发性两大类。原发性骨质疏松症包括绝经后骨质疏松症（Ⅰ型）、老年骨质疏松症（Ⅱ型）和特发性骨质疏松症（包括青少年型）。绝经后骨质疏松症一般发生在女性绝经后5~10年；老年骨质疏松症一般指70岁以后发生的骨质疏松；特发性骨质疏松症主要发生在青少年，病因尚未明确。继发性骨质疏松症指由任何影响骨代谢的疾病和/或药物及其他明确病因导致的骨质疏松。本节主要针对原发性骨质疏松症进行介绍。

　　原发性骨质疏松症是一种与增龄相关的骨骼疾病。随着人口老龄化日趋严重，骨质疏松症已成为我国面临的重要公共健康问题。2018年，国家卫生健康委员会发布的我国首次骨质疏松症流行病学调查结果显示：我国40~49岁人群骨质疏松症患病率为3.2%，50岁以上人群骨质疏松症患病率为19.2%，其中男性为10.7%，女性高达51.6%。65岁以上人群骨质疏松症患病率达到32.0%。调查结果还显示：我国低骨量人群庞大，是骨质疏松症的高危人群。其中，40~49岁人群低骨量率达到32.9%，50岁以上人群低骨量率为46.4%。据预测，至2050年，我国骨质疏松性骨折患病人数将达599万例，相应的医疗支出将高达1745亿元。

　　骨质疏松症是人体衰老过程中出现的病理现象，它绝非是人老了以后骨骼正常衰退的表现。如同因人衰老而出现的白内障一样，骨质疏松症也是因为在衰老的过程中出现了病理变化，使人体衰老的速度异常加快，从而导致了疾病的出现。其中，不健康的生活方式包括体力活动少、吸烟、过量饮酒、过多饮用含咖啡因的饮料、营养失衡、蛋白质摄入过多或不足、钙和／或维生素 D 缺乏、高钠饮食、体质量过低等是骨质疏松症的重要危险因素。调整生活方式如规律运动、加强营养均衡膳食、充足日照、戒烟限酒等是骨质疏松症防治的基础措施。

二、骨质疏松症体育康复的机制

规律锻炼可刺激成骨细胞活动，促进骨形成和重建，提高骨密度和强度，增加峰值骨量，减缓骨质流失，从而维持骨健康，减少因骨脆性增加而引起的骨折。适宜的运动能增强肌肉力量，提高关节的灵活性，改善运动器官的协调性和平衡能力，减少跌倒的危险性，还能减轻因骨质疏松引起的疼痛症状，全面提高身体素质，从而有利于提高日常生活能力和生命质量，对于骨质疏松防治的最终目标——骨折的预防具有明显的作用。运动对骨代谢影响的机制有：

1. 运动生物力学作用

机械应力是骨代谢平衡的决定因素，根据 wolf 定律：骨在需要处多生长、而在不需要处多吸收，因此骨组织量与应力成正比。运动过程中，外界应力和肌肉对骨的牵拉等负荷增加，促进骨形成和重建，从而维持骨量或增加骨密度。应力负荷还可提高骨强度，增加骨弹性，使抗弯曲、挤压和扭转能力增强。

2. 运动训练对肌肉的兴奋作用

运动可使神经系统调控下的肌肉质量（肌肉体积和肌肉力量）提高。运动时产生肌肉收缩，动、静态运动都可使神经肌肉细胞保持持续较长时间的兴奋，提高了神经细胞的工作能力和增加了肌红蛋白含量。由于运动单位的募集及神经冲动发放增强，使肌肉增粗。

3. 运动促进骨组织的血液循环

运动时，通过肌肉的收缩和舒张作用，对骨膜起按摩作用，使骨血液循环加快，改善骨组织血液供应，促进骨营养物质如胶原蛋白、黏蛋白等有机物质和钙、磷、镁等无机盐的吸收。

4. 运动通过调节内分泌功能促进骨形成

白细胞介素 −1 和白细胞介素 −6 刺激骨吸收，规律运动训练可以降低这些细胞因子水平，延缓破骨细胞活性，减少骨量丢失。内源性前列腺素 E2（PGE2）和前列腺素 I2（PGI2）有促进骨形成作用，在运动机械应力下，PGE2 和 PGI2 分泌增加。运动训练提高睾酮和雌激素水平，促进骨骼生长、骨皮质增厚和骨密度升高。

三、骨质疏松症体育康复评定

骨质疏松患者骨密度降低，运动高应力负荷状态下，发生骨质疏松性骨折的风险升高，因此骨质疏松症患者进行健康筛查和功能评定时应注意以下问题：

（1）走路会引起疼痛的严重椎骨骨质疏松患者，在进行心肺耐力测试时，最好选用功率自行车而不是跑台。

（2）骨质疏松症患者脊柱的变形会影响通气量，导致身体重心的前移，可能会影响患者在跑台步行时的平衡。

（3）对严重骨质疏松症患者来说，可能不适合进行最大肌力测试。

（4）骨质疏松患者或骨量减少者应进行平衡能力或跌倒风险评估。

四、骨质疏松症体育康复治疗

骨质疏松症的防治应贯穿于生命全过程，骨质疏松性骨折会增加致残率或致死率，因此骨质疏松症的预防与治疗同等重要。骨质疏松防治的主要目标包括：① 儿童少年时期改善骨骼生长发育，促进成年期达到理想的峰值骨量；② 成年期避免各种促进骨量丢失的因素，维持骨量和骨质量；③ 老年期加强自我保护意识，防止跌倒、碰撞，多做户外运动，定期检查，合理膳食，以提高骨的强度。

运动是预防骨质疏松症的首选非药物性治疗方法。对于骨质疏松症的患者，骨应力不足情况下补充钙徒劳而有害；某些药物虽升高了骨密度，但并未有效降低骨质疏松性骨折的发生率。运动可为骨提供应力，运动配合药物或营养可有效促进钙质吸收于骨组织，并提高骨强度。因此，体育康复是骨质疏松症综合防治的主要方法之一。

（一）运动方式

骨质疏松症患者常见的体育康复方法

骨的功能适应性原理表明，正常限度内的应力刺激是骨正常发育的必要条件。只要全身骨都受到足够的张力和拉力，就可有效维持骨量和骨密度，因而任何一种运动方式都是可行的，但不同的运动方式会对不同部位的骨产生影响。运动对骨的效应具有部位特异性，即只有在运动中承受负荷最大的骨才会产生最强的反应。对于正常骨密度者可以训练易发生骨折的部位；对骨质疏松症患者，甚至有少量骨量丢失的人群，应针对应激的生理系统和部位进行运动训练。不同体育运动及其相应的骨密度增加的部位分别为：跑步（慢跑）增加跟骨、胫骨、股骨干和椎骨，网球增加击球臂的骨和椎骨，划船增加椎骨，排球增加椎骨和跟骨，篮球增加椎骨和跟骨的骨密度。

1. 有氧运动

如慢跑、快走和登台阶等。有氧运动可直接起到刺激骨形成和抑制骨吸收的作用。该项运动能产生多方面的张力作用于整个骨结构，同时也可克服外部环境阻力和自身体重，因而能有效地增加骨强度。

对那些不习惯运动的老年患者，可选择疾走、骑自行车等运动，应该避免跑步，以免发生跌倒和引起脊柱、负重骨的损伤。

2. 抗阻运动

承重运动在维持骨量中是最有效的运动方式。骨量与作用在骨上的肌肉量有密切关系，因此运动方案应针对增加肌力的运动，肌力以及肌肉肥大可增加肢体的骨量。但渐进抗阻运动只适用于无骨折的骨质疏松症患者。

骨质疏松患者的肌力训练推荐进行以较轻承重为主的综合运动方案。当然这些运动要根据患者的潜在能力，从最小负荷开始并逐渐递增，以使患者有足够的时间来适应。肌力训练的方式可根据具体条件灵活选择，如：

（1）负重抗阻练习：运用杠铃、哑铃等训练器械。

（2）克服弹性物体的练习：使用拉力器、橡皮带等进行抗阻训练。

（3）利用综合训练器械进行力量练习。利用力量训练器械，可以使身体处在各种不同的姿势（坐、卧、立、蹲等）进行练习，可以直接刺激练习者所需要的骨的部位，使训练更有针对性。使用训练器械，还可以减轻患者的心理负担，避免伤害事故的发生。

（4）对抗性练习：双人顶、推、拉等，依靠对抗双方短暂的静力作用发展力量，从而给骨以载荷作用。

（5）克服外部环境阻力的练习：沙地和草地跑、跳练习等。做这种练习往往在动作结束阶段所用的力量较大，每次练习要求不用全力，动作会轻快很多。

骨质疏松症的老年患者应避免在划船训练器上锻炼，因为最大限度地向前弯腰可能会引起后背的扭伤和脊柱的压缩性骨折。

3. 平衡功能和灵活性训练

体操、舞蹈、太极拳等运动可以改善患者平衡功能和灵活性，预防跌倒。进行太极拳运动可降低跌倒和骨折的发生率。对于骨密度很低和有多发性骨折的患者，需要有肌肉对骨进行保护作用，应进行增强肌力、提高平衡能力和灵活性的训练，但要避免进行脊柱屈曲的活动。

（二）运动强度

运动强度因不同个体和骨质疏松的程度不同而有差异。运动强度逐渐增加才能使骨强壮。运动负荷应在骨能承受的机械应力范围之内。

从运动的安全性、有效性角度考虑，宜选择中等强度，中等强度运动可减少骨量丢失，明显减轻骨质疏松的程度。对于那些体质较弱、运动能力低的中老年骨质疏松患者，其运动有效心率范围的确定建议以在医生监督之下完成运动耐力试验的结果为依据。

作为中老年人，采用低或中等强度的体育项目可有效防治骨质疏松。有人提出为增加骨密度，最佳的运动强度为 $60\%\dot{V}O_2max$ 左右，$20\sim30$ min/ 天，每周 $3\sim5$ 次即可。

骨质疏松症患者不宜进行高强度短时间的运动。骨密度的变化是一种骨对机械负荷的适应，当达到稳定状态后，增大机械刺激并不能引起骨质的增加。因此，大强度运动对改善骨质疏松的程度无作用。甚至有人提出，中长期的大强度运动可导致骨量减少。同时，过量的训练对骨也会产生负面影响。

运动强度要参考患者的年龄、身体状况及运动经验等制订，但其首要原则是"超负荷"，即在运动过程中加在骨上的负荷应不同于且大于日常活动中的负荷。因为"超负荷"可以让本来骨量就非常低的个体产生最大的反应。运动强度应随着患者能力的增加而相应地增加。

（三）运动时间和运动频率

在已确定的运动强度范围内，以轻微疲劳而休息后得以缓解为前提，动作简单的运动项目，练习时间可以稍长；动作复杂的运动项目，时间可以稍短。一般每次运动时间为 20～30 min，每日总运动时间视具体情况为 30～60 min 不等，可进行间歇运动。运动必须持之以恒。研究表明，骨重塑周期需要持续 4～6 个月。因此，运动训练时间必须达 1 年以上才能引起骨量在生理上的显著增加。运动一旦停止，增加的骨量又会随时间的延长而消失。

运动频率取决于运动强度和每次运动持续的时间，最好训练 3～5 次 / 天。开始锻炼阶段最好隔日运动。

（四）注意事项

（1）进行体育康复之前，必须进行体格检查，明确有无医疗体育禁忌证，是否适宜参加运动锻炼，根据体格检查结果制订具体体育康复方案，以确保安全。

（2）必须遵守区别对待原则、循序渐进原则和全面性原则等。应根据患者具体的全身健康状况，充分考虑到疏松骨质的各部负荷承受情况，循序渐进地实施体育康复。运动中应避免过多的爆发性、力量性练习和屏气动作，运动强度应从小逐渐加大，以防发生运动损伤。

（3）引起骨质疏松症的病因是多方面的，其治疗也应采用多种方法综合治疗，尤其对于继发性骨质疏松症和较为严重的原发性骨质疏松症必须在坚持药物、营养等病因治疗、对症治疗和辅助治疗的前提下进行体育康复。运动期间，要加强饮食营养，尤其注意钙的补充。

（4）在进行体育康复时必须加强医务监督，避免运动带来的损伤，以免造成骨折或其他疾患。

（5）依据运动对骨的刺激作用特点，健骨运动应尽早进行，以期获得较高的骨峰值。

（6）大多数患者在做行走或类似的有氧训练时不需要监护。然而对于老年人、虚弱的、合并有糖尿病、关节炎、心血管或肺部疾患等的患者，需要康复治疗师设计并参与到训练中。

（7）要想维持较高的骨量或延缓骨量的丢失，不论是年轻人还是中老年人，都必须持之以恒坚持锻炼，提高锻炼兴趣，养成锻炼习惯，坚持终生。

（8）大量的不恰当的运动是有害的。对脆弱的骨进行过分的训练将引起机体疲劳和压缩性骨折。已经确诊椎体骨质疏松症的患者应避免做过度前屈动作，如触摸脚尖和划船样动作。

（9）应根据骨质疏松症患者的病情、疼痛的部位及程度的不同，坚持局部与整体相结合，突出重点，进行微超量恢复性训练治疗。

（10）尽可能选择室外运动，有助于体内维生素 D 浓度增高和钙吸收。

第八章思考题参考答案

思考题

1. 腹型肥胖患者常需锻炼腹肌，为什么？
2. 糖尿病患者参加运动锻炼过程中常出现的医学问题之一是低血糖，请问该如何预防？
3. 血脂检测指标有哪些？运动对血脂的作用有哪些？
4. 骨质疏松症患者的适宜运动方式有哪些？

实践训练题

从身边亲友中的肥胖症、糖尿病和骨质疏松症等常见代谢性疾病患者中任选其一，根据所学，并查阅文献资料，为该亲友制订体育康复方案（应包括健康筛查、功能评估、体育康复方法等），制作 PPT 并准备课堂报告和讨论。

在线测评题

（张钧　上海师范大学）

（李淑艳　扬州大学）

第九章

神经系统疾病的体育康复

📣 本章导言

神经系统疾病范围广、诊治难、预后较差，因此对其预防、诊断与治疗显得尤为重要。体育康复对延缓神经系统疾病具有重要作用。本章讲述了神经系统常见疾病脑卒中、脊髓损伤、脑性瘫痪、帕金森病、老年期痴呆的基本概况和运动功能障碍；主要介绍了针对运动功能障碍的评定方法和根据评定结果制订体育康复的治疗方法，并简单介绍了各个疾病的体育康复预后。

📖 学习目标

1. 了解脑卒中患者的主要功能障碍；熟悉脑卒中患者的评定方法；掌握脑卒中患者的体育康复方法。

2. 了解脊髓损伤患者的主要功能障碍；熟悉脊髓损伤患者的评定方法；掌握脊髓损伤患者的体育康复方法。

3. 了解脑性瘫痪儿童的主要功能障碍；熟悉脑性瘫痪儿童的评定方法；掌握脑性瘫痪儿童的体育康复方法。

4. 了解帕金森病患者的主要功能障碍；熟悉帕金森病患者的评定方法；掌握帕金森病患者的体育康复方法。

5. 了解老年期痴呆患者的主要功能障碍；熟悉老年期痴呆患者的评定方法；掌握老年期痴呆患者的体育康复方法。

✳ 关键术语

脑卒中（stroke）：是由于脑局部血液循环障碍而导致的神经功能缺损综合征。

脊髓损伤（spinal cord injure，SCI）：是由各种不同致病因素引起的脊髓结构功能的损害，造成损伤平面以下运动、感觉和自主神经功能障碍。

脑性瘫痪（cerebral palsy，CP）：简称脑瘫，是一组由于发育中的胎儿或婴幼儿脑部非进行性损伤所致的持续存在的中枢性运动和姿势发育障碍以及活动受限症候群。

帕金森病（parkinson disease，PD）：又称震颤麻痹，是一种常见的中老年的神经变性疾病，主要表现为静止性震颤、运动迟缓、肌肉强直和姿势步态异常。

第一节　脑卒中的体育康复

一、脑卒中概述

（一）概念与病因

脑卒中（stroke）是由于脑局部血液循环障碍而导致的神经功能缺损综合征。起病急，症状持续时间至少 24 h。脑卒中包括脑梗死（脑血栓形成、脑栓塞、腔隙性脑梗死）、脑出血和蛛网膜下腔出血，其发病率为 200/10 万，死亡率为 80~120/10 万，存活者中 70% 以上有不同程度的功能障碍，40% 为重度残疾。随着人口老龄化加速和临床诊疗水平的提高，死亡率有了显著下降，发病率、总患病率和致残率显著升高。

脑卒中的危险因素包括可控因素，如高血压、心脏病、糖尿病、高血脂等因素；可改变因素，包含不良饮食习惯、饮酒、吸烟等因素和不可改变因素如年龄、性别、种族、家族史等因素。

（二）临床诊断与治疗

1. 临床诊断

脑损伤的部位、大小和性质不同，脑卒中患病后的临床表现也存在差异，主要表现包括偏身感觉（浅感觉和深感觉）障碍、一侧视野缺失（偏盲）、一侧身体运动障碍（偏瘫）、言语功能障碍、认知功能障碍、心理障碍及吞咽功能障碍等。临床诊断主要依据突发的脑功能障碍的临床表现，辅助影像学检查，较容易对损伤的部位、程度和性质进行确诊。

2. 临床治疗

脑卒中的临床治疗原则为早期抢救患者生命，尽可能地挽救神经细胞，减少神经功能损伤。治疗方法包括超早期的溶栓治疗、抗血小板治疗、抗凝治疗、血管内治疗、细胞保护治疗、外科治疗等特殊治疗和对症治疗，维持生命体征、处理并发症等一般治疗。病情一旦稳定应尽早进行适当的康复治疗。

（三）主要功能障碍

脑卒中的主要功能障碍表现为认知功能障碍、言语功能障碍、感觉障碍、情感障碍、尿与粪便控制障碍、吞咽障碍和运动功能障碍等。其中，典型的运动功能障碍表现为一侧肢体的偏瘫。脑卒中早期为软瘫期，肌张力低下，肌力差，不能运动；恢复期为痉挛期，肌张力逐渐增高、肌肉痉挛、关节活动障碍，容易导致关节挛缩，肌力逐渐恢复但不能协调运动，身体平衡能力差，不能移动和行走，表现出异常的、定型的姿势和运动模式，典型的偏瘫异常运动模式为上肢屈肌痉挛和下肢伸肌痉挛模式。脑卒中处理不当会导致废用综合征和误用综合征。

二、脑卒中体育康复评定

（一）运动功能评定

脑卒中运动功能评定的方法有 Brunnstrom 偏瘫运动功能评定方法、Fugl-Meyer 评定法、运动评估量表方法等。在评定过程中可以采用一种或几种方法相结合综合进行评定。下面将重点介绍 Brunnstrom 偏瘫运动功能评定方法和 Fugl-Meyer 评定法。

1. Brunnstrom 偏瘫运动功能评定

Brunnstrom 在对大量的偏瘫患者进行了观察的基础上，总结出偏瘫患者恢复的过程是随着时间延长，肌张力和运动模式发生规律性变化，就此提出了著名的恢复六阶段理论。阶段Ⅰ：患侧肌肉呈弛缓状态，肌张力消失；阶段Ⅱ：出现肌张力、痉挛和联合反应，患者试图主动活动时出现不伴有关节活动的微弱肌收缩；阶段Ⅲ：患者可随意引起不同程度的共同运动或其组成成分，痉挛明显，达到病程中的极值；阶段Ⅳ：共同运动模式开始被打破，出现脱离共同运动模式的分离性运动，痉挛减轻；阶段Ⅴ：分离运动进一步改善，可以完成较难的功能活动，痉挛明显减轻；阶段Ⅵ：共同运动模式完全消失，痉挛基本消失或轻微残存，协调性、运动速度大致正常。在此理论基础上其设计了 Brunnstrom 偏瘫运动功能评定方法，此方法简单易行，不仅可以检查偏瘫患者运动水平和康复治疗效果，而且可用于指导偏瘫患者的康复，在偏瘫患者中应用最多，但分级较粗，没有将其量化，在科研中应用较少。具体评定方法将患侧上肢、手、下肢功能分为Ⅰ~Ⅵ期，各期的判断标准见表 9-1-1。

▶ 表 9-1-1 Brunnstrom 偏瘫运动功能评定标准

	上肢	手	下肢
阶段Ⅰ	迟缓，无随意运动	迟缓，无随意运动	迟缓，无随意运动
阶段Ⅱ	开始出现轻微的屈曲共同运动（肩伸展过度，肘屈曲，肩外展、外旋，前臂旋后）	指关节出现轻微联合屈曲	出现痉挛 出现联合反应，不引起关节运动的随意肌收缩
阶段Ⅲ	能充分进行上述两项运动，能进行伸展共同运动（肩内收、内旋，肘伸展，前臂旋前）	指关节能充分联合屈曲，钩状抓握，但不能联合伸展，可出现反射性伸展	痉挛加剧 ① 随意引起共同运动或其成分 ② 坐位和站立位时出现髋、膝、踝的屈曲
阶段Ⅳ	痉挛开始减弱，出现一些脱离共同运动模式的运动 ① 手能置于腰后 ② 肘伸展位肩能前屈 90° ③ 肩 0，屈肘 90°，前臂能旋前、旋后	全手指稍能伸，但达不到全关节活动范围，能侧方抓握及拇指带动松开，拇指能侧方捏握	痉挛开始减弱，开始脱离共同运动出现分离运动 ① 坐位，足跟着地，足能背屈 ② 膝屈曲 90° 时，可将脚向后滑行，踝背屈大于 0

续表

	上肢	手	下肢
阶段Ⅴ	痉挛减弱，共同运动进一步减弱，分离运动增强 ① 肘伸展位肩能外展90°（前臂旋前位） ② 肘伸展位肩能前屈180° ③ 肘伸展位前臂能旋前、旋后	① 能抓握圆柱状物体、球形物体，完成第三指对指，但不熟练 ② 能随意全指伸开，但范围大小不等 ③ 手指伸展位能外展	痉挛减弱，分离运动增强，共同运动减弱 ① 站立位，髋伸展位能屈膝 ② 站立位，膝伸展位脚能稍向前踏出，踝能背屈
阶段Ⅵ	痉挛基本消失，协调运动大致正常，Ⅴ级动作的运动速度达健侧2/3以上	① 能进行各种抓握，全范围的伸指 ② 可进行单指活动，但比健侧稍差 ③ 手指屈曲位能外展，能投球、系纽扣，稍欠灵活，大体上正常	协调运动大致正常，运动速度达健侧2/3以上 ① 站立位，髋能外展并能超过骨盆上提范围 ② 坐位，小腿能内旋、外旋，伴有足内翻及外翻 ③ 坐位，髋交替内、外旋，并伴有足内、外翻

2. Fugl-Meyer 评定法

Fugl-Meyer 评定法是将上肢、下肢、手和手指等运动功能评定与平衡能力、关节活动度、关节运动时的痛觉、感觉功能5项共同进行评定，共113个小项。每个小项分为3级，分别计0、1、2分，总分为226分，其中运动功能积分为100分（上肢66分，下肢34分），平衡能力14分，关节活动度44分，疼痛44分，感觉功能24分。大量的应用研究显示，Fugl-Meyer 评定法敏感、可靠，是目前应用最多的半定量评定方法，但评定费时，因此临床应用一般使用简化 Fugl-Meyer 运动功能评测表评定，其评定的临床意义见表9-1-2。

Fugl-Meyer 量表评估/简化 Fugl-Meyer 量表评估

▶ 表9-1-2　Fugl-Meyer 运动功能评定法的临床意义

运动积分	分级	临床意义
＜50分	Ⅰ	患肢严重运动障碍
50~84分	Ⅱ	患肢明显运动障碍

续表

运动积分	分级	临床意义
85~95 分	Ⅲ	患肢中度运动障碍
96~99 分	Ⅳ	患肢轻度运动障碍

（二）其他功能障碍的评定

脑卒中患者其他功能障碍评定包括 ADL 评定、生存质量评定、认知功能评定、言语功能评定、心理功能评定等。

三、脑卒中体育康复治疗

（一）体育康复目标

采用一切有效的措施预防脑卒中后的并发症，充分发挥残余功能，最大限度地促进运动功能恢复，提高患者日常生活活动能力和社会功能，提高患者的生存质量。

（二）体育康复原则

脑卒中患者康复强调早期介入，选择合适的早期康复时机，在功能评定的基础上，制订科学的体育康复治疗计划，按运动规律和训练原理进行有目的的功能性训练，将体育康复治疗贯穿于脑卒中治疗的全过程，循序渐进，需要患者主动参与和家属的积极配合。

（三）体育康复方法

1. 体位摆放与体位转换

为了预防和减轻早期偏瘫患者典型的屈肌或伸肌痉挛模式的出现和发展，在床上宜采用抗痉挛体位，包括健侧卧位、患侧卧位和仰卧位。健侧卧位时，偏瘫侧上肢要有支撑（垫枕），肩关节呈屈曲 90°，伸肘、伸腕、伸指、掌心向下；下肢要有支撑（垫枕），呈迈步状，屈髋、屈膝、踝背屈 90°，患足不可悬空。患侧卧位时，偏瘫侧上肢应呈肩关节前屈 90°，伸肘、伸指、掌心向上；下肢呈伸髋、伸膝、踝背屈 90°，健侧肢体放到舒适的位置。仰卧位时，偏瘫侧肩胛骨和骨盆下应垫薄枕，上肢肩关节稍外展、伸肘、伸腕、伸指、掌心朝下；下肢呈屈髋、屈膝，足踩在床面上（必要时给予一定的支持或帮助）或伸髋、伸膝、踝背屈 90°（足底可放支持物，痉挛期除外），健侧肢体放到舒适的位置。

早期脑卒中患者由于昏迷，尿失禁及软瘫长期卧床，容易引发褥疮，应对患者进行体位转换，一般 2 h 转换一次，初期可采用被动转换，患者随着病情好转和运动能力提高，改为由患者主动完成。建议患者使用气垫床，充放气定时轮换，有助于防止褥疮。

2. 被动活动与自助训练

早期脑卒中患者患侧肢体不能主动运动，肌张力低下，为了保持关节活动度，预防关节肿胀和僵硬，促进运动功能恢复，可采用被动活动，先从健侧开始，由肢体近端关节到远端关节，每个关节活动 5~10 次，每天 1~2 次，直到患侧恢复主动运动后，被动活动时，患者应是无痛或轻微疼痛范围内进行，避免产生软组织损伤。

自助训练是指患者利用健侧肢体带动患侧肢体进行运动，可以促进患侧肢体活动的恢复，抑制痉挛，增加肌力，促进协调性运动。Bobath 握手：指双手手指交叉，患手拇指置于健指之外，利用健侧上肢带动患侧上肢被动活动；桥式运动：仰卧位，上肢伸直放于体侧，双下肢屈髋屈膝，双足平踏于床上，伸髋将臀部抬离床面，下肢保持稳定并维持该姿势 5~10 s 后缓慢放下，也可同时配合手臂上举活动。

3. 床上与床边活动

（1）翻身运动：双手 Bobath 握手，伸肘、肩前屈 90°，健侧下肢屈髋屈膝，足踩床面，头转向侧方，健侧上肢带动患侧上肢向前送，用力转动躯干向翻身侧，同时摆膝，完成侧卧，向患侧翻身要预防患侧肩关节受损。

（2）卧坐转移：首先训练患者健侧卧坐转移，由仰卧位转向健侧卧位，健侧下肢推动患侧下肢，将双腿放置床边，抬头抬肩，健侧手掌支撑于腋下，用力推动躯干，手掌边推边后撤，同时躯干用力侧屈坐起。

4. 坐位活动

（1）坐位平衡训练：坐位，双脚平放在地面上，双手交叉，通过手臂向前、向两侧，或转体等来改变重心（前后左右），保持坐位平衡，进行坐位躯干运动控制训练。初期，康复治疗师要注意保护，当功能提高后，康复治疗师可以突然轻轻推动患者改变重心或进行扔接球活动，训练坐位平衡，使患者最后能完成抵抗外力的"他动态"的三级平衡。

（2）坐站转移训练：坐位下患者已经形成躯干控制能力。进行此训练时，患者前屈躯干、屈膝、身体重心前移，然后伸直躯干，再挺直双腿，重心后移，站立。再以相反方向慢慢坐下，包括弯腰、屈膝、重心前移、下降，最后慢慢坐下。

5. 站位活动

（1）站位平衡训练：患者先站立于床边，然后逐步进入扶持站立、平行杠间站立，逐渐脱离支撑。重心转移向患侧，训练患者下肢力量。能够徒手站立后，和坐位平衡训练一样，双手交叉向各个方向伸展，触物，控制身体重心，最后训练患者在外界干扰下的平衡能力，达到站立位的三级平衡。

（2）患侧下肢力量训练：患者向患侧方向触及目标物将重心转移到患侧肢体，增加下肢力量。也可以利用台阶进行训练，患者面对台阶，健侧手放在台阶扶手上，健侧下肢站在台阶下，患侧下肢踏在台阶上，健侧下肢上一台阶，双腿站稳后，健侧下肢再回到起始位。

6. 步行训练

（1）减重步行训练：偏瘫患者患侧下肢不能单独支撑体重的情况下，可以进行减重步行训练，使用减重跑台或利用水的浮力支持部分体重，使下肢负重减少，双下肢提供相同的重量转移，重复进行完整的步态周期训练。

（2）平行杠内步行训练：偏瘫患者患侧下肢能够单独支撑体重的情况下，可以在平行杠内行走，在行走过程中应保持正确的步态，避免偏瘫步态。

（3）室内外步行训练：偏瘫患者能够较好地保持双下肢交替运动和支撑体重情况下，可以进行室内行走，必要时可以用手杖增加其稳定性，随着步态的改善和体力的增加，可以进行室外步行练习。

（4）上下楼梯训练：偏瘫患者正确的上下楼梯方法是上楼先上健侧，后上患侧，下楼时先下患侧，后下健侧，简称"健上患下"。

7. 运动训练方案

脑卒中患者的平均最大摄氧量约为 14.4 mL/kg/min，满足最低独立生活的体能为 20 mL/kg/min。因此脑卒中患者应通过体育锻炼增加患者体能，此外，脑卒中患者肌力和肌耐力同样有显著减退，患者容易形成久坐的生活方式。因此，脑卒中患者的运动负荷应能够引起机体功能出现适宜的变化，运动锻炼应包含心肺功能训练，抗阻力量训练和改善灵活性的关节活动度训练。心肺功能训练模式包括健步走、水中运动和功率自行车，其运动处方类似于为健康人群提供的运动频率、运动强度、运动时间。其中，锻炼心肺功能的水中运动训练对于脑卒中患者是一种相对安全的方法，可以避免跌倒的风险；抗阻力量训练主要采用低阻力模式，如弹力带、身体自身重量和沙袋，在设计过程中更应注重与日常生活活动相结合，如从椅子上站起来，上下台阶，抛接球，跨越障碍物等。关节活动度训练的重点是患侧肢体，可以采用被动或主动拉伸的方法进行（表9-1-3）。

▶ 表9-1-3 脑卒中患者运动处方示例

运动类型	运动方式	运动强度	运动频率	运动时间	运动进度	运动目标	注意事项
心肺功能训练	室外或跑台步行、功率自行车、水中运动	40%~60% HRR	3~5次/周	30~60 min	运动强度由低到高，持续时间由短到长	提高体能，最大摄氧量超过20 mL·kg^{-1}·min^{-1}	按照自身体能状况，以第2天无不适感为宜
抗阻力量训练	弹力带、身体自重、沙袋、力量训练器械	能耐受至70% 1 RM	3~5次/周	30~45 min	能耐受	改善步态，增加身体姿势控制能力，提高日常生活活动能力	
关节活动度训练	被动活动、主动牵伸	无疼痛或轻微不适范围	3~5次/周	10~20 min	能耐受		重点牵拉痉挛肌群

（四）不同时期脑卒中的体育康复特点

1. 急性期

急性期一般指发病后1~2周，相当于Brunnstrom评定方法阶段Ⅰ~Ⅱ。此期患者无自主活动到肌张力开始恢复，并有较弱的共同运动。此期体育康复要点主要是采用肢体摆放，被动活动或自助活动，以床上活动为主，预防脑卒中可能出现的褥疮、关节肿胀、下肢静脉血栓、泌尿系统感染和关节挛缩等并发症。

2. 恢复早期

恢复早期一般是指发病后 3~4 周，相当于 Brunnstrom 评定方法阶段Ⅱ~Ⅲ期。此期患者从弱的共同运动到明显痉挛，恢复部分自主活动。此期体育康复要点主要是采用床上与床旁活动、坐位与站位活动，适当进行步行和步态训练，促进分离运动，加强患侧肢体的主动活动，抑制肌肉痉挛，避免异常运动模式。

3. 恢复中期

恢复中期一般是指发病后 4~12 周，相当于 Brunnstrom 评定方法阶段Ⅲ~Ⅳ期。此期患者从肌肉明显痉挛到能自主活动、共同运动和肌肉痉挛减轻，开始出现分离运动。此期体育康复要点主要通过步行强化训练，上下楼梯强化训练，上肢和手的功能性强化训练、下肢的功能性强化训练，提高患者的协调性和随意运动能力，结合日常生活活动强化训练，提高偏瘫患侧上肢和手的精细实用功能。

4. 恢复后期

恢复后期一般是指发病后 4~6 个月，相当于 Brunnstrom 评定方法阶段Ⅴ~Ⅵ期。此期患者能够自主活动，肢体肌肉痉挛基本消失，有较好的分离运动和随意运动，但运动速度较慢，协调性和姿势控制存在一些困难。此期体育康复要点通过有氧运动、户外运动、力量练习和强制性诱导训练，矫正异常运动模式，改善运动控制，促进精细运动，提高运动速度和日常生活活动技能，提高生存质量。

（五）脑卒中体育康复注意事项

（1）开始康复治疗时机为患者生命体征平稳 48 h 后。

（2）各种并发症或伴发病失代偿期禁忌康复。

（3）康复治疗过程中，要注意观察和监护患者的病征，根据病情变化随时调整方案。

（4）高龄脑卒中患者的体育康复最主要的训练为日常生活活动。

四、脑卒中体育康复的预后

脑卒中体育康复预后影响因素很多，如病灶的部位、大小、功能障碍情况等。其中，重症患者、高龄患者、严重的认知障碍患者、抑郁和焦虑患者，以及不能持续参与体育康复的患者预后较差。脑卒中患者体育康复过程中，开始数周神经功能恢复较快，后期转为缓慢恢复，病后 3 个月内的功能恢复较快，6 个月内仍可持续稳定功能恢复，6~12 个月功能恢复显著减慢，12 个月后功能恢复更少。

第二节　脊髓损伤的体育康复

一、脊髓损伤概述

（一）概念与病因

脊髓损伤（spinal cord injure，SCI）是由各种不同致病因素引起的脊髓结构功能的损害，造成损伤平面以下运动、感觉和自主神经功能障碍。引起脊髓损伤的常见原因是外伤，包括车祸、意外暴力损伤、高空坠落等。此外，脊髓炎症、结核、椎管内占位（肿瘤转移、椎间盘突出）等也可导致脊髓损伤。脊髓损伤可以是完全性损伤和不完全性损伤，导致康复预后不同。脊髓损伤以男性多见，高发年龄在 16~30 岁，其致残率和致死率非常高。

（二）临床诊断与治疗

根据患者的主要功能障碍、临床表现和病史，辅以影像学检查比较容易诊断，尤其是外伤性脊髓损伤。此外，对于脊髓损伤患者还需要做损伤平面的定位、损伤程度和功能诊断，对后期的治疗和康复至关重要。

（三）主要功能障碍

脊髓损伤患者主要功能障碍为损伤平面以下随意运动功能丧失、感觉功能障碍，以及自主神经功能紊乱。长期生存会继发骨骼肌萎缩，骨质疏松和骨折、心肺功能减退，以及褥疮、泌尿系统感染等并发症，造成进一步功能受限。

二、脊髓损伤体育康复评定

（一）损伤平面评定

目前主要采用美国脊髓损伤学会（American Spinal Injury Assocication，ASIA）和国际脊髓学会（International Spinal Cord Society，ISCoS）标准来确定损伤平面。其要点是根据神经支配的特点，确定 10 块关键肌肉和多个关键感觉点，通过对这些肌肉和感觉点的检查，确定损伤平面（表 9-2-1）。

▶ 表 9-2-1　ASIA 脊髓损伤平面的确定

运动平面	感觉平面
C_2	枕骨粗隆
C_3	锁骨上窝
C_4	肩锁关节顶部
C_5 肘屈肌群（肱二头肌、肱肌）	肘前窝外侧
C_6 腕伸肌群（桡侧伸腕长短肌）	拇指近节背侧皮肤
C_7 肘伸肌群（肱三头肌）	中指近节背侧皮肤
C_8 指屈肌群（中指屈肌）	小指近节背侧皮肤
T_1 指外展肌群（小指展肌）	肘前窝内侧
T_2	腋窝顶部
T_3	第 3 肋间锁骨中线
T_4	第 4 肋间锁骨中线（乳线）
T_5	第 5 肋间锁骨中线（T_4~T_6 的中点）
T_6	第 6 肋间锁骨中线（剑突水平）
T_7	第 7 肋间锁骨中线（T_6~T_8 的中点）
T_8	第 8 肋间锁骨中线（T_6~T_{10} 的中点）

运动平面	感觉平面
T_9	第 9 肋间锁骨中线（T_8~T_{10} 的中点）
T_{10}	第 10 肋间锁骨中线（脐水平）
T_{11}	第 11 肋间锁骨中线
T_{12}	腹股沟韧带中点
L_1	T_{12}~L_2 的 1/2 处
L_2 髋屈肌群（髂腰肌）	大腿前中部
L_3 膝伸肌群（股四头肌）	股骨内髁
L_4 踝背伸肌群（胫前肌）	内踝
L_5 趾长伸肌群（踇长伸肌）	足背第 3 跖趾关节处
S_1 踝跖屈肌群（腓肠肌和比目鱼肌）	外踝
S_2	腘窝中点
S_3	坐骨结节
$S_{4~5}$	肛门周围

注：1. 运动平面定义为徒手肌力测定时关键肌肌力 ≥ 3 级，以及其上一关键肌的肌力至少为 4 级的最低脊髓平面。

2. 感觉平面定义为针刺觉和轻触觉测定时感觉正常存在的最低脊髓平面。

（二）损伤程度的评定

ASIA 损伤程度分级见表 9-2-2，病损平面是否完全性的评定以最低骶节（$S_{4~5}$）有无残留功能为准。残留感觉功能时，刺激肛门皮肤与黏膜交界处有反应或刺激肛门深部时有反应。残留运动功能时，肛门指检时肛门外括约肌有随意收缩。完全性脊髓损伤骶节（$S_{4~5}$）既无感觉也无运动功能，可有部分保留区，但不超过 3 个节段。不完全性脊髓损伤骶节（$S_{4~5}$）有感觉或运动功能，部分保留区超过 3 个节段。

► 表 9-2-2　ASIA 损伤程度分级

级别	临床表现
A 完全损伤	骶节（S_{4-5}）无任何感觉或运动功能
B 不完全损伤	损伤平面以下，包括骶节（S_{4-5}）有感觉但无运动功能
C 不完全损伤	损伤平面以下，运动功能存在，大多数关键肌肌力<3 级
D 不完全损伤	损伤平面以下，运动功能存在，大多数关键肌肌力≥3 级
E 正常	感觉和运动功能正常

（三）运动功能评定

　　ALSA 运动功能评定项目为身体两侧各自 10 对肌节中的关键肌，评估时分左、右两侧进行，评分标准参照徒手肌力评估（MMT）（见第三章），肌肉得分与测得的肌力级别相同，0~5 分不等。如测得肌力为 1 级，评分为 1 分；5 级，评分为 5 分。左、右侧两侧最高分各为 50 分，共计 100 分。评分越高，肌肉功能越佳，由此可以评定运动功能（表 9-2-3）。

► 表 9-2-3　ASIA 运动功能评定

右侧评分						平面	代表性肌肉	左侧评分					
5	4	3	2	1	0	C_5	肱二头肌	5	4	3	2	1	0
5	4	3	2	1	0	C_6	桡侧伸腕肌	5	4	3	2	1	0
5	4	3	2	1	0	C_7	肱三头肌	5	4	3	2	1	0
5	4	3	2	1	0	C_8	中指指伸屈肌	5	4	3	2	1	0
5	4	3	2	1	0	T_1	小指外展肌	5	4	3	2	1	0
5	4	3	2	1	0	L_2	髂腰肌	5	4	3	2	1	0
5	4	3	2	1	0	L_3	股四头肌	5	4	3	2	1	0
5	4	3	2	1	0	L_4	胫前肌	5	4	3	2	1	0
5	4	3	2	1	0	L_5	拇长伸肌	5	4	3	2	1	0
5	4	3	2	1	0	S_1	腓肠肌	5	4	3	2	1	0

（四）脊髓损伤感觉功能评定

脊髓损伤感觉功能评定一般采用 ASIA 感觉指数评分（sensory index score, SIS）来进行评定，选择 $C_2 \sim S_5$ 总计 28 节段的皮区 56 个关键点，分别进行痛觉（针刺觉）和轻触觉检查，并按 3 个等级分别评分，即：0＝无；1＝减弱（部分障碍或感觉改变，包括感觉过敏）；2＝正常；NT＝无法检查。

痛觉（针刺觉）检查常用一次性安全针。轻触觉检查用棉花。在检查痛觉时，不能区别钝性和锐性刺激的感觉应评为 0 分，见表 9-2-1，图 9-2-1。

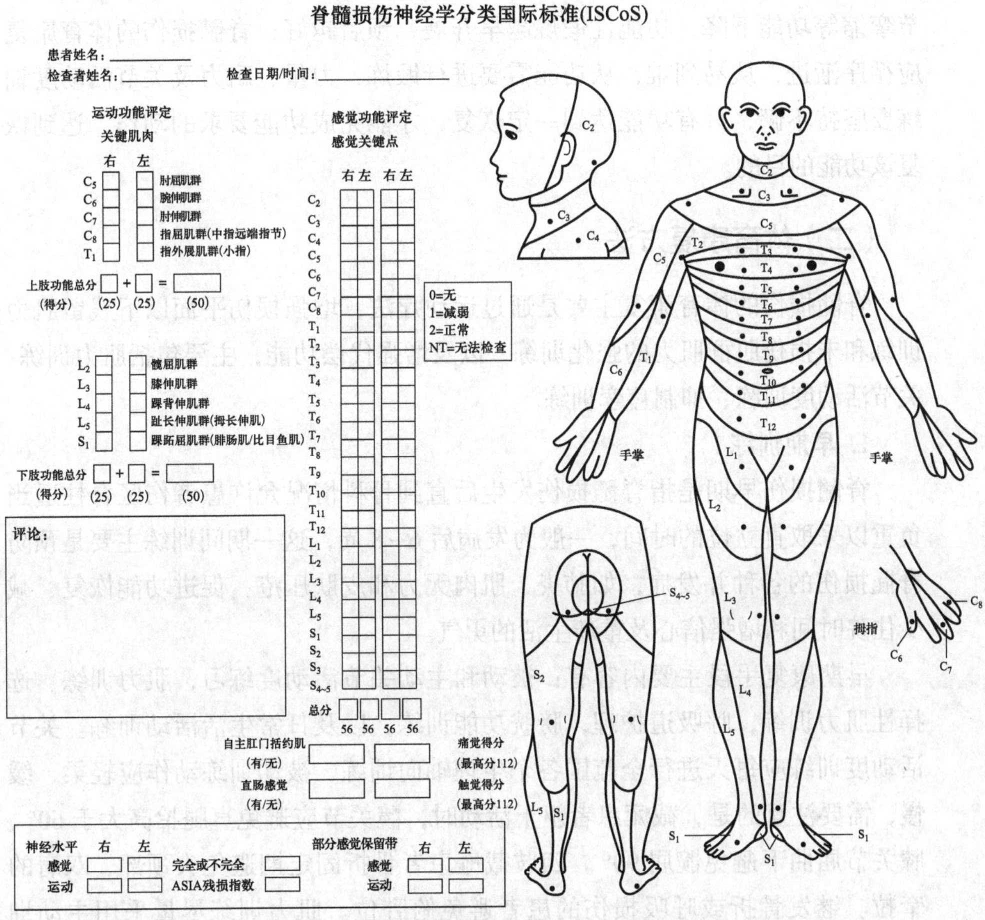

图 9-2-1　脊髓损伤神经学分类国际标准

（五）脊髓损伤其他运动功能评定

脊髓损伤后除了采用肌力评定确定运动损伤平面，还需对其进行肌肉张力和痉挛的评定、ROM 评定、平衡功能评定、心肺功能评定、步行能力及 ADL 评定。

三、脊髓损伤体育康复治疗

（一）体育康复原则

脊髓损伤平面以下，随着神经系统功能下降，肌肉萎缩，骨质疏松，关节挛缩等功能下降，功能性锻炼越早开展，预后越好；脊髓损伤的体育康复应循序渐进，从易到难，从功能需要进行锻炼，力量、耐力及关节活动度训练要坚持不懈，只有功能达到一定恢复，才能完成功能要求的动作，达到恢复该功能的目的。

（二）体育康复方法

脊髓损伤的体育康复主要是通过运动疗法，增强损伤平面以下残留肌力训练和未损伤肌群肌力的强化训练，以及增强代偿功能，主要包括肌力训练、关节活动度训练、抑制痉挛训练。

1. 早期训练

脊髓损伤早期是指脊髓损伤发生后直到骨科情况允许患者伤区脊柱适当负重以采取直立位的时间，一般为发病后 6~8 周，这一期间训练主要是预防脊髓损伤的各种并发症，如肺炎、肌肉无力和皮肤压疮，促进功能恢复、减少住院时间和增强信心及重新生活的勇气。

早期康复手段主要内容有：被动和主动关节活动度练习，肌力训练、选择性肌力训练，呼吸道护理，膀胱功能训练，以及日常生活活动训练。关节活动度训练应每天进行全范围各个生理轴向训练，被动训练动作应轻柔、缓慢，需要注意的是，截瘫患者躯干活动时，髋关节应避免直腿抬高大于 60°，膝关节屈曲下避免髋屈 90°。四肢截瘫患者骨折固定期避免头颈部、双肩的牵拉。继发骨折或呼吸损伤的患者避免俯卧位。肌力训练尽量采用主动训练，可以采用双侧徒手抗阻训练、双侧 PNF 模式，渐进抗阻训练，对于不能主动训练的肌肉可以采用电刺激的方式进行治疗，预防肌肉萎缩或肌力下降。呼吸训练主要采用深呼吸、腹式呼吸、间歇性正压呼吸、辅助咳嗽技术，以及体位排痰技术，可有效防治肺感染。膀胱管理主要采用早期留置尿管或间歇性清洁导尿，同时配合积极的自主排尿或反射性排尿训练，促进膀胱功能恢复。早期脊髓损伤患者体育康复训练应根据患者的病情发展，制订训练内容、时间和强度，同时对患者和家属进行健康教育，树立终生康复的思想。

2. 中后期训练

脊髓损伤中后期一般是指发病后 8~12 周，此期康复训练重点是通过肌力训练、关节活动度训练、平衡能力训练使患者获得姿势控制和掌握拐杖、轮椅等辅具的使用。

（1）四肢瘫痪患者的功能训练：

四肢瘫痪患者一般很难恢复站立和行走，因此主要进行卧床训练和坐位功能训练。在卧床训练过程中，要进行手部抓握能力，以及上肢各个肌肉的力量练习，使患者能依靠自己的臂力抬起下肢、翻身、上下轮椅等。坐位功能训练主要是依靠上肢力量，自己能起、坐，继而进行坐位平衡训练，坐稳后再进行日常生活活动能力训练，如穿脱衣服、洗脸、刷牙等。

（2）截瘫患者的功能训练：

① 卧坐位训练：

截瘫患者卧位功能训练与四肢瘫痪患者功能性锻炼类似，主要通过卧位练习、翻身练习、卧坐位转移、坐位平衡练习，以及坐位下日常生活活动练习等提高患者的功能。

② 行走训练：

a. 站立训练：截瘫患者渡过急性期后，为了预防褥疮、肺炎和尿路感染，维持脊柱骨盆及下肢的应力负荷，减少骨质脱钙，在病情允许情况下，进行起立平台站立训练，每日坚持站立 2 h 以上，初期要注意倾斜的角度以免出现直立性低血压；患者从起立、平台站立逐步过渡到平衡杆内站立训练，扶住站立，直到独立站立。

b. 步行训练：截瘫患者损伤后，可以应用的步法有四点步、摆至步、摆过步三种。利用平衡杠，首先训练四点步，逐步过渡到摆至步和摆过步。也可以利用减重训练对截瘫患者进行步态训练，可以促进患者感觉反馈对步态动作的调节，通过减少身体负重，不断提高患者下肢功能，最终使患者不需要任何帮助就可以安全站立行走。

c. 社区步行训练：截瘫患者独立行走，站立平衡，重心转移及下肢各个关节控制能力进一步提高，可以到社区进行行走训练。可进行上下楼梯训练及跨越障碍物训练。

3. 运动训练方案

脊髓损伤患者病情复杂，在制订运动处方时，应由临床医师、康复治疗师、运动生理学者进行综合评估，制订运动处方，在康复治疗师的指导下进行运动项目锻炼。脊髓损伤患者的运动处方应包括心肺功能训练、力量训练和关节活动度训练（表9-2-4）。

▶ 表9-2-4 脊髓损伤运动处方示例

运动类型	运动方式	运动强度	运动频率	运动时间	运动进度	运动目标	注意事项
心肺功能训练	推轮椅练习、水中运动、坐位健身操、轮椅操	30%~80% HRR；60%~90% HRmax	3~7次/周	20~60 min	强度由低到高，持续时间由短到长	改善心肺功能，减少低活动量对心血管疾病风险	避免疲劳，开始可以进行多组5~10 min的活动，自主反射无异常，要进行热身和放松训练
力量训练	弹力带、身体自重、沙袋、力量训练器械、轮椅	65%~75%的1 RM阻力进行8~12次	2~3次/周，每次进行1~3组	30~60 min	能达到12次后增加阻力	增强力量，提高手臂活动能力	避免憋气操作，使用安全带或胸带保持平衡，可以辅助手柄或手套，不要超过轮椅负重
关节活动度训练	被动活动、主动牵伸	无疼痛或轻微不适范围，牵伸30~60 s	7次/周，每次2组	5~15 min	能耐受	防止关节挛缩，减少肌肉痉挛，提高关节活动范围，恢复日常生活活动	无痛牵伸，避免闭气，感觉异常牵伸不能超过生理范围

四、脊髓损伤体育康复的预后

脊髓损伤的体育康复预后与损伤水平和严重程度密切相关。对于完全性脊髓损伤的患者，脊髓损伤平面确定后，其康复目标和预后情况就能基本确定。但对于不全性损伤患者，预后有很大的差异（表9-2-5）。

► 表 9-2-5　脊髓损伤平面与预后的关系

损伤水平	最低位有功能肌群	活动能力	日常生活活动
$C_{1\sim4}$	颈肌	依赖膈肌维持呼吸，可用声控方式操纵某些活动	完全依赖
C_4	膈肌、斜方肌	需要电动高靠背轮椅，有时需辅助呼吸	高度依赖
C_5	三角肌、肱二头肌	可用手在平坦路面上驱动高靠背轮椅，需上肢辅助具及特殊轮椅	大部分依赖
$C_{5\sim7}$	胸大肌、桡侧腕伸肌	可用手驱动轮椅，能独立穿上衣，基本能独立完成转移、独立开特殊改装车	中度依赖
$C_{7\sim8}$	肱三头肌、桡侧腕屈肌、指深屈肌手肌	可使用轮椅，可独立完成床—轮椅、厕所、浴室间转移	大部分自理
$T_{1\sim6}$	上部肋间肌、上部背肌群	可独立使用轮椅，可用连腰带的支具扶拐短距离步行	大部分自理
$L_{1\sim2}$	腹肌、胸肌、背肌	可用长腿支具扶拐步行，长距离行动需要轮椅	基本自理
L_4	股四头肌	可用带短腿支具扶拐步行，不需要轮椅	基本自理

第三节　脑性瘫痪的体育康复

一、脑性瘫痪概述

（一）概念与病因

脑性瘫痪（cerebral palsy，CP）简称脑瘫，是一组由于发育中的胎儿或婴幼儿脑部非进行性损伤所致的持续存在的中枢性运动和姿势发育障碍以及活动受限症候群。主要表现为运动障碍，常常伴有感觉、知觉、认知、交流和行为障碍，以及癫痫或继发性肌肉与骨骼问题。

脑瘫的患病率为 2‰~3.5‰，直接病因是脑损伤和脑发育缺陷，主要是产前、产时或产后先天性发育缺陷（畸形、宫内感染）或获得性（早产、低出生体重、窒息、缺氧缺血性脑病、核黄疸、外伤、感染）等非进行性脑损伤。

（二）分型与主要功能障碍

1. 痉挛型四肢瘫

以锥体系受损伤为主，包括皮质运动区损伤。牵张反射亢进，四肢肌张力增高，上肢屈曲、内收、内旋，拇指内收，躯干前屈，下肢内收、内旋、交叉，膝关节屈曲、剪刀步，尖足，足内外翻，拱背坐，腱反射亢进，踝阵挛，折刀征和锥体束征等。

2. 痉挛型双瘫

症状同痉挛型四肢瘫，主要表现为双下肢痉挛及功能障碍重于双上肢。

3. 痉挛型偏瘫

症状同痉挛型四肢瘫，表现为一侧肢体功能障碍。

4. 不随意运动型

以锥体外系受损为主，主要包括舞蹈样手足徐动和肌张力障碍。该型最明显特征是非对称性姿势，头部和四肢出现不随意运动，难以自我控制。

5. 共济失调型

以小脑受损为主，可同时伴有锥体系和锥体外系损伤。主要特点是由于运动感觉和平衡感觉障碍造成不协调运动。为获得平衡，两脚左右分离较远，步态蹒跚，方向性差。动作笨拙、不协调，常伴有意向性震颤和眼球震颤，平衡障碍，站立时重心在足跟部，基底宽，醉酒步态，身体僵硬。肌张力偏低，运动速度慢，头部活动少，分离动作差。

6. 混合型

具有以上分型两型以上者为混合型。

（三）临床诊断与治疗

脑瘫的诊断主要根据母婴病史，发育神经学异常和不同类型脑瘫的临床症状确定。其中必备条件：中枢性运动障碍持续存在，运动和姿势发育异常，反射发育异常，肌张力和肌力异常；参考条件：脑瘫的病因学依据和影像学佐证。

脑瘫的临床治疗主要针对脑瘫患儿的伴随症状和并发症，包括药物治疗和外科手术治疗，目前临床治疗仍属于脑瘫的辅助性治疗。通过药物降低痉挛型脑瘫患儿的肌张力，矫正不随意运动型脑瘫患儿的不自主运动，脑瘫合并癫痫患儿的抗癫痫治疗，以及脑神经营养药物改善小年龄患儿的脑部发育。外科手术治疗主要是矫正畸形和挛缩，重建肢体运动功能。

二、脑性瘫痪体育康复评定

脑瘫儿童的体育康复评定是其体育康复治疗的重要环节，可以全面了解患儿的身体状况，运动功能，潜在能力，存在障碍，为体育康复治疗方案、治疗效果，以及再次设计方案提供依据。由于脑瘫患儿的年龄、类型、程度和患儿处于发育阶段等多种因素的影响，体育康复评定较为复杂，因此建议从实际出发，按患者的需求选择评定方法，采用主观的观察和客观的检查相结合的方法进行评定。

（一）身体状况评定

身体状况评定主要包括一般情况、心理与精神及智力评定。了解患儿的身体素质，以及体育康复治疗过程中能够承受的运动负荷。

运动发育里程碑

（二）姿势与运动发育学评定

姿势与运动发育学评定是依据正常儿童运动发育的特点和顺序进行评价，脑瘫患儿主要表现为发育落后和发育分离。发育落后指迟于健康儿童的发育标准 3 个月以上。而发育分离指小儿发育的各个领域之间存在较大的差距。必须早期干预和康复治疗。

反射发育及评定

（三）反射发育评定

反射发育能够准确地反映中枢神经系统的发育情况。根据发育神经成熟度，分为原始反射、生理反射及病理反射等。原始反射是新生儿与生俱来的非条件反射，婴幼儿特有的一过性反射，其中枢位于脊髓、延髓和脑桥等低级中枢，多数原始反射是胎儿娩出的动力和节律运动及随意运动的基础。原始反射缺如、减弱、亢进、残存或延迟消失都是异常表现。主要原始反射包括觅食反射、握持反射、拥抱反射、放置反射、踏步反射、非对称性和对称性迷路反射及颈紧张反射等。生理反射是人体正常情况下的神经反射。出生后逐步形成的翻正反射，主要功能是维持头在空间的正常姿势、头颈和躯干间以及躯干与四肢间的正常协调关系，是正常姿势和平衡功能发展的基础。6～12 个月逐渐形成的平衡反应，主要是通过四肢运动代偿，调节肌张力，维持身体重心稳定，保持正常姿势。小儿肌张力异常，原始反射残存导致生理反射缺如、建立延迟或建立不完全，表现为姿势异常，平衡差或协调性不良。病理反射，锥体系受到损伤时可以诱导出病理反射 Babinski 征、牵张反射亢进、踝阵挛和联合反应，此类反射在小儿 2 岁后依然存在病理意义，说明存在脑损伤。

（四）肌张力评定

肌张力是维持身体各种姿势和正常运动的基础，多数脑瘫患儿肌张力增高，主要表现为头背屈，角弓反张，下肢交叉，尖足，特殊的坐姿，非对称性姿势等。部分肌张力降低，主要表现为蛙位姿势（俯卧位或仰卧位），W 字姿势（仰卧位），二折姿势（坐位），倒 U 字姿势（俯悬卧位），外翻或内翻扁平足，腰椎前弯（站立位），骨盆固定差，鸭步步态，翼状肩，膝反张等。

（五）肌力评定

肌力检查方法为徒手肌力检查（MMT），分级标准通常采用六级分级法，参考康复评定相关章节。

（六）关节活动度评定

脑瘫患儿主要通过被动评定关节活动度，由于痉挛型脑瘫患儿发病率高，关节活动度通常较小，除常规的关节角度测量外，可以通过头部侧向转动实验、围巾征、跟耳试验、腘窝角的测量评价关节活动度。此外，脑瘫患儿容易出现关节变形，检查时还要注意观察斜颈，脊柱侧弯，骨盆前倾或侧倾，髋关节脱臼或半脱臼，膝关节屈曲或膝反张，足内外翻等。

脑瘫儿童关节活动评定

（七）其他方面的评定

脑瘫患儿常常伴有语言、听觉、视觉障碍，因此应对脑瘫患儿进行相应的语言、听觉、视觉障碍和癫痫等评定；根据需要对大龄患儿进行日常生活活动能力评定、肢体长度的测量和步态分析等。

三、脑性瘫痪体育康复治疗

（一）体育康复目的

通过各种有益手段治疗和训练，实现身体、心理、社会等方面最大限度的恢复和补偿，达到功能最佳状态，提高日常生活自理能力、社会适应能力、交流能力，改善生活质量，以适应家庭和社会生活。

（二）体育康复原则

脑瘫患儿治疗要遵循早发现、早确诊、早治疗的原则。体育康复治疗过程中，按照儿童运动发育的规律，抑制异常运动模式的同时诱发和强化正常运动模式，使患儿保持正常姿势，促进左右对称姿势和动作的协调性。

（三）体育康复方法

Bobath 疗法（神经发育学疗法）通过反射性抑制异常姿势和运动，促进

Bobath 疗法

Vojta 疗法

正常的运动感觉和运动模式，方法以抑制手法、关键点的控制、促通技术、刺激本体感受和体表感受器（叩击）手法为主。

Vojta 疗法通过对身体一定部位（诱发带）的压迫刺激，诱导产生全身性、协调性的反射性移动运动，促进和改善患儿的移动运动功能。方法主要有反射性翻身和反射性腹爬两种，通过这两种移动运动反复规律性地出现，促进正常反射通路和运动模式，抑制异常反射通路和运动模式。

体育康复治疗主要根据脑瘫患儿的类型和问题，采用有氧训练，力量训练、核心稳定性训练，进行个性化治疗，增加患儿的运动能力和体适能。主要包括：有氧训练，根据脑瘫患儿的下肢功能和平衡能力，采用步行训练、减重步行训练或水中步行训练，其中水中步行训练既可以减重，又可以通过水温、机械和化学刺激缓解肌肉痉挛，改善血液循环，调节呼吸频率，增加关节活动度和肌力，改善协调性，提高平衡能力，矫正步态。力量训练，脑瘫患儿可以通过完成或维持全关节活动范围的渐增抗阻训练，促进和恢复其肌耐力和肌力，此种训练更适用于存在肌张力低下和无随意运动的脑瘫患儿。力量训练必须根据患儿的耐受性和自身身体素质，循序渐进进行训练。核心稳定性训练，主要促进脑瘫患儿骨盆和躯干部位稳定性，为上下肢运动创造支点，核心肌群主要包括控制脊柱运动方向，稳定和控制腰椎，以及髋关节周围的肌肉，通过核心肌群训练能改善患儿粗大运动能力和姿势控制能力，提高患儿的平衡能力。体育游戏训练，特殊教育机构或融合学校可针对学龄期的脑瘫患儿开展趣味性的体育游戏训练，增强脑瘫患儿的运动能力和体适能。增强躯干肌肉控制能力的青蛙跳、双脚兔子跳、推车等；提高平衡能力的单足站立、跳绳、踩影子、跳格子等游戏；提高身体协调能力的单/双手拍球、传球、投篮、推球跪走；促进社会交往能力的集体游戏，如接力赛、五人足球等项目。体育教育活动训练，通过有目的、有计划、有组织的体育教学活动，培养脑瘫患儿的运动技能和独立锻炼身体的能力，并帮助其养成终生坚持锻炼的良好习惯。其活动可分为室内体育活动、运动会、远足活动、家庭或社区的体育活动。根据体育康复治疗的基本方法，按照脑瘫的类型制订的体育康复方案见表9-3-1~9-3-3。

▶ 表 9-3-1　痉挛型脑瘫（四肢瘫 / 双瘫 / 偏瘫）患儿体育康复方案

问题：痉挛型脑瘫（四肢瘫 / 双瘫 / 偏瘫）患儿
肌张力增高，甚至肌肉痉挛，强直，髌、踝阵挛，异常反射，易导致关节挛缩和畸形
四肢瘫患儿出现角弓反张，头部控制差，髋关节内收，原始反射残存，躯干非对称性，骨盆倾斜
双瘫患儿下肢与四肢瘫相似，上肢较轻，头部控制较好
偏瘫患儿患侧与四肢瘫相似，健侧较轻，中线位发育障碍，出现联合反应
体育康复治疗方案
抑制全身屈曲模式，促通躯干的抗重力伸展活动，重点为头部控制
抑制伸展模式，缓解全身的伸肌肌张力
提高躯干的控制能力及改善手的活动
通过坐位重心转移促通坐位平衡
增强骨盆和下肢肌力，诱发站立姿势和站立位的肢体平衡反应
进一步提高下肢肌力和肌耐力，减重或在水中进行步行训练，改善步态

▶ 表 9-3-2　不随意运动型脑瘫患儿体育康复方案

问题：不随意运动型脑瘫患儿
肌张力强度和性质不断发生变化，导致不自主、无意识运动
发育迟滞，原始反射残存
主动肌和拮抗肌肌张力随时改变，存在协调障碍
体育康复治疗方案
头部控制：仰卧位、俯卧位抬头，坐位头的竖直、头的矫正、躯干矫正及平衡反应
躯干控制：上肢和手的保护性伸展反应
下肢控制：髋的稳定性训练、站立训练、步行训练

▶ 表 9-3-3　共济失调型脑瘫患儿体育康复方案

问题：共济失调型脑瘫患儿
平衡功能障碍，肌张力低下，但无自主运动
肌肉感觉、本体感觉和平衡感觉缺失，不能保持稳定姿势
行走时，身体摇晃、步幅宽、方向不准、醉酒步态
体育康复治疗方案
利用本体感觉和触觉刺激诱发正常动作，提高感受器的功能
姿势保持和增强稳定性训练
促进平衡反应的发育及姿势的保持
抗重力位的姿势保持和站立位的姿势保持
步行训练

（四）运动训练方法

脑瘫患者有增龄性功能减退，包括疲劳症状、疼痛、进行性肌肉骨骼畸形和功能异常、行走能力下降。运动可以阻止许多继发症状，延缓增龄性功能减退。因此，针对成年脑瘫患者改善心肺功能、增加肌肉力量、提高日常生活活动能力，建立了基本的运动处方，可以有效增加患者的独立性和减少继发症状（表9-3-4）。

▶ 表 9-3-4　成年脑瘫患者运动处方示例

运动类型	运动方式	运动强度	运动频率	运动时间	运动进度	运动目标	注意事项
心肺功能训练	非负重性运动：游泳，手动自行车，静态自行车，背靠式自行车	中等强度 40%~50% $\dot{V}O_2$max 或 40%~50% HRR	3~5次/周，间歇训练	2~3个 10 min 间歇训练，交替休息 3~10 min	持续时间与强度上缓慢进展	提高有氧能力和心肺耐力	采用适当的体位，避免长时间坐位，以免出现压疮，提供适当的躯干支撑；如果进行水中锻炼，保持适当的皮肤保护
力量训练	自由重量，抗阻弹力带，平衡球，器械训练或水疗	能达到疲劳，低强度抗阻	2次/周	每组 8~12 次，重复 3 组，增加重复次数	个人能力和需要为准	全面提高肌肉力量	加强髋和肩关节外展，检查髋关节脱位和骨密度；如果采用水中锻炼，保持水温在适当的水平
关节活动度训练	伸展练习，PNF 或主动辅助性伸展	无疼痛或轻微不适范围	3~5次/周，可以作为有氧训练和力量训练的热身和整理活动的部分	每次拉伸 30~60 s	挛缩的肌肉在可耐受范围内拉伸 20 min	改善与 ADL 直接相关的关节活动度	患者做关节活动时，检查下肢的长度是否对称，是否存在剪刀步态、髋关节脱位或骨盆畸形

（五）不同时期脑瘫患儿体育康复治疗特点

1. 婴儿期

主要以促进婴儿全面身心发育，建立正常运动功能和抑制异常运动模式开展康复，包括抑制原始反射残存，促进矫正反射和平衡反应，正确引导感觉－运动，建立初步运动功能。

2. 幼儿期

此期脑瘫患儿在智力、语言、思维和社交能力发育日渐增速，运动发育与精神发育、粗大运动与精细运动及其他方面的功能发育不均衡，对外界刺激异常反应导致运动紊乱，表现出各类异常姿势、运动模式、肌张力等，肌力和反射异常，是迅速形成自我运动模式的关键期。康复重点应围绕上述特点展开，同时要注重心理、社会功能的康复。

3. 学龄前期

此期患儿具备了一定程度的主动运动能力，能够主动控制自身运动和姿势，主动学习能力增强，能够学习一些技巧性和操作性的技能。此期，应采用生物力学原理，通过辅助方法促进其正常的运动模式与功能，采用主动运动训练、引导式教育等康复手段，为其入学所需基本功能做好准备。

4. 学龄期

患儿入学后要适应学校环境，学会独立处理自我问题，以及具备生活自理能力，重点为认知和文化知识的学习。康复重点为开展辅具使用、精细运动、日常生活活动训练，开展体育训练，如球类、游泳、自行车等，增强体能，预防关节挛缩、脊柱侧弯的发生和发展。

脑瘫患儿的康复治疗要与特殊学校、康复机构或融合学校相互合作，主要训练患儿的社会适应性，接受教育与职业训练能力等，提高生活自理和社会适应能力。脑瘫患儿的体育康复治疗是终生康复。

5. 青春期

此期容易发生肌肉、骨骼的继发性损伤，根据患儿的自身情况，采用辅助性支具，提高患儿的日常生活活动能力和职业能力，逐步提升社会活动能力，以及选择适当的职业。

四、脑性瘫痪体育康复的预后

脑瘫患儿的功能障碍程度除与自身脑损伤的程度相关之外，早发现、早干预和早康复，能够有效抑制异常运动发育，促进正常运动发育，防止挛缩和畸形。康复治疗要做到持之以恒，以正确的多种措施综合康复，才能取得最佳的康复治疗效果。此外，社会因素和家庭因素也会影响脑瘫患儿康复预后。

第四节　帕金森病的体育康复

一、帕金森病概述

（一）概念与病因

帕金森病（parkinson disease，PD）又称震颤麻痹，是一种常见的中老年神经变性疾病，主要表现为静止性震颤、运动迟缓、肌肉强直和姿势步态异常。可在各个年龄阶段发病，但以老年人居多，我国 65 岁以上的老年人患病率约为 1 000/10 万，随增龄发病率增高，男性高于女性，全国年新发患者为10 万以上，目前我国总患病人数约为 200 万人。

帕金森病病因和发病机制十分复杂，目前还不完全清楚，可能与以下因素有关：① 环境因素（1- 甲基 -4 苯基 -1，2，3，6- 四氢吡啶分子结构类似的工业和农业毒素）；② 遗传因素（10% 患者有阳性家族史）；③ 增龄性大脑神经退行性病变（黑质、多巴胺能神经元数目减少，纹状体内多巴胺递质水平下降）；④ 神经系统疾病（病毒性脑炎、脑卒中、肝性脑病、脑肿瘤等）。

（二）临床诊断与治疗

帕金森病诊断主要依据中老年发病，运动迟缓，并有静止性震颤、肌肉强直或步态异常中的一项，偏侧起病，对左旋多巴胺治疗敏感。

临床治疗主要通过药物治疗缓解病情和症状。

（三）主要功能障碍

帕金森病起病缓慢，逐步进展。早期主要运动功能障碍常自一侧上肢开始，逐渐扩展至同侧下肢、对侧上肢及下肢，早期患者表现为静止性震颤，在静止不动时最明显，活动或熟睡时消失，从肢体远端开始，可出现拇指与示指间呈"搓丸样"动作，频率为 4~6 次 /s（Hz），幅度不定，以粗大震颤多见。中期患者表现为肌肉僵直，伸肌和屈曲肌张力同时增高，对被动关节活动度检查时，阻力增高均匀一致并不受被动活动的速度和力量影响，类似弯曲软铅管样，称为"铅管样强直"；患者合并震颤，在被动关节活动度检查时，可出现均匀阻力上断续的停顿，类似齿轮转动样，称为"齿轮样强直"；病情发展到躯干、四肢和颈部肌肉会呈现特殊的姿势，称为"屈曲体姿"：头部前倾、躯干俯屈，肘关节屈曲，腕关节伸直，前臂内收，髋关节和膝关节弯曲，尤其活动时明显加重。晚期患者表现为运动迟缓和肌肉僵硬，随意运动减少，动作缓慢，影响到日常生活活动。患者因扭头、转身困难，平衡功能衰退，姿势反射减小，出现姿势步态不稳，导致"冻结"现象和慌张步态。

二、帕金森病体育康复评定

（一）身体功能评定

帕金森病患者的身体功能评定包括关节活动度测量、肌力的评定、肌张力评定、平衡能力评定和步态分析等。

（二）帕金森病综合评定

统一帕金森病评分量表（Unified Parkinson's Disease Rating Scale，UPDRS）能够比较系统、全面对帕金森病患者进行评估，内容包括精神、行为和情绪，日常生活活动，运动功能和并发症四个部分，前三部分每项分值为 0~4 分，4 分为最严重，最后一部分为全或无选项。评分越高说明运动功能障碍越严重。

（三）帕金森病临床分级——Hoehn-Yahr 分级量表

1967 年，Margaret hoehn 和 Melvin Yahr 根据帕金森病的临床表现和运动功能障碍严重程度对其进行定性分级，形成 Hoehn-Yahr 分级量表（表 9-4-1）。

统一帕金森病评分量表

▶ 表 9-4-1 帕金森病 Hoehn-Yahr 分级量表

级别	运动障碍表现
Ⅰ级	身体一侧震颤、强直、运动减缓或只表现为姿势异常
Ⅱ级	身体双侧震颤、强直、运动减缓或姿势异常，伴有或无中轴体征，如面具面容、说话及吞咽异常。身体中轴部位尤其是颈部肌肉强直、躯干呈俯屈状、偶尔出现慌张步态及全身僵硬
Ⅲ级	类似于Ⅱ级提到的所有症状和体征，只是程度加重。此外，患者开始出现平衡功能的减退，且不同程度地开始影响日常生活活动能力，但仍可完全独立。常用的平衡检查方法，是在静态站立位下突然被他人向后拉，正常人仍能在原地保持平衡或最多向后退 1~2 步，而此期 PD 患者不能保持原位，并向后退 2 步以上
Ⅳ级	患者日常生活活动即使在其努力下，也需要部分或全部帮助
Ⅴ级	患者需要借助轮椅或被限制在床上

（四）其他评定

帕金森病患者的评定还包括感觉功能评定、言语评定、日常生活能力评定、认知功能评定和心理功能评估等。

三、帕金森病体育康复治疗

（一）体育康复目标

近期目标：保持关节活动度以满足患者的日常生活活动能力；训练患者躯干旋转、重心转移及平衡能力，增强患者的姿势稳定性、平衡反应和预防跌倒；促进运动的启动过程和协调功能，改善患者运动幅度、运动速度和灵活性；矫正不良姿势和改善步态、增加患者的运动耐力，预防失用性肌萎缩。

远期目标：通过体育康复预防和减少继发性的肌萎缩、骨质疏松症、心肺功能下降、肺炎、周围血管障碍、褥疮等并发症；患者通过代偿，维持日常生活活动能力，延长寿命和提高生活质量。

（二）体育康复措施

1. 关节活动度训练

帕金森病患者主要需要训练的关节部位是颈、肩、肘、腕、指、髋、膝等，每天至少进行一次，训练方法主要采用主动或被动牵拉缩短的肌肉和增高的屈肌，防止挛缩，维持正常的关节活动度。训练过程中应与其他训练结合起来进行，强调躯体整体运动功能。

2. 放松训练

帕金森病患者肌肉强直、肢体僵硬，可以通过缓慢的前庭刺激，轻柔来回摇动或有节奏的运动技术进行全身肌肉放松，也可在垫子上完成缓慢有节奏的转动运动。有节奏地进行 PNF（节律性启动），从被动帮助到主动运动，由小范围运动到全身运动，能有效松弛强直的肌肉。放松训练应在舒适、温暖、光线柔和、配合着轻柔音乐的环境中进行，这样可以取得更好的效果。

3. 姿势训练

通过教育和提醒，利用姿势镜视觉反馈让患者站立位、坐位时尽量克服前屈动作，进行自我矫正。运动训练主要是针对伸肌，可以通过 PNF 对上肢做对角线 D_2 屈曲运动模式（肩屈曲、外展、外旋）促进躯干伸展，矫正脊柱后凸；对下肢做对角线 D_2 伸直运动模式（髋关节伸展、外展、内旋）矫正髋关节、膝关节屈曲姿势。训练时可以配合呼吸运动，增加胸廓扩展。

4. 平衡与协调性训练

帕金森病患者坐位、跪位和站立位三种体位下，康复治疗师可以通过轻推或拉患者向前、后、左、右 4 个方位进行重心转移训练，也可以借助平衡板、平衡垫进行重心转移训练。通过抛接球、套圈等动态性活动训练患者的平衡能力。通过训练患者双上肢或下肢的交替屈伸练习，以及上肢和下肢之间交互运动进行协调性训练，如俯卧位下肢膝关节交替屈伸、坐位下上肢交互击掌，上肢、下肢反向运动。

5. 步态训练

帕金森病患者步态训练主要针对患者的步行时启动慢（冻结足）、前冲及小碎步、姿势调整和反射障碍进行。训练是要求患者按照音乐的节奏、击掌节拍或口令"1、2、1"加快启动速度和步行速度；步幅和步宽可以在地板上加标记进行训练，如行走路线标记或足印标记；针对小碎步可以在路线上设置 5~7 cm 的障碍物，让患者行走时跨步。步态训练时，还应该注意上下肢的协调性运动和重心的前后转移训练。

6. 面肌训练

帕金森病患者由于肌肉强直，咀嚼肌少动，面部无表情，影响患者进食、言语和社交活动。面肌训练主要促进面部的运动。可进行表情肌训练，如练习笑姿、张嘴闭嘴、皱眉；口腔肌和舌肌训练，如舌头转向运动、咀嚼运动、吞咽运动、吹口哨动作、鼓腮等。

7. 呼吸训练

帕金森病患者的呼吸功能降低，导致肺功能和肺活量下降。呼吸训练可增大胸廓的移动和改善肺活量，也能改善姿势。患者可以取坐位或仰卧位，双手放在胸壁上，闭上眼睛，缓慢而深的呼吸，放松胸壁紧张的肌肉。吸气时，减少手部压力，呼气时，用口进行，并缓慢增加双手的压力。同时集中注意力想象自己身体各个部分全部放松。

8. 肌力训练

由于帕金森病具有肌肉紧张、僵硬的特征，过去禁止对帕金森病患者进行肌力训练，但近些年研究发现，帕金森病患者由于长期活动减少，肌肉发生失用性肌萎缩，因此提倡进行小负荷、多重复的抗阻运动训练以保持和提升肌肉质量和力量。

（三）运动训练方法

帕金森病是一种慢性进展性疾病，药物和康复治疗只能减轻或延缓功能衰退，不能改变疾病的结局，因此，帕金森病患者应每天主动进行有规律的运动锻炼，避免长期不活动，根据帕金森病病患者的特点，按照身体部位编制了运动训练方法，帕金森患者运动处方示例见表9-4-2。

▶ 表9-4-2　帕金森患者运动处方示例

部位	运动方式	要点
面部训练	闭眼运动；挤眉运动；交替闭眼运动；交替鼓腮—凹腮运动；皱鼻运动；张口"a"和"o"运动；抿起和拢起嘴唇运动；口角交替左右移动；下颌左右移动；吹气泡或吹口哨；舌头左右顶腮运动，伸舌运动	每次运动维持3~5 s，放松10 s，重复10次
头颈部训练	头左右转动；头左右侧屈；颈前屈后伸	运动到末端维持3~5 s，休息10 s，重复4~6次
肩部训练	左右交替耸肩；双肩同时耸肩；双肩向后使肩胛骨相互靠近	运动到末端维持3~5 s，休息10 s，重复4~6次

部位	运动方式	要点
躯干训练	背部伸展；背部旋转；腰部屈曲；腰部旋转；躯干侧屈	运动到末端维持 3~5 s，休息 10 s，重复 6~8 次
上肢训练	两手指交叉握手，掌心向外，两上肢垂直上举，掌心向上；两上肢外展上举到头顶，两掌相对击掌；两上肢交替伸肘部；左右两手掌交替拍对侧肩；两手指交叉握拳，两上肢前平举，手腕屈伸、旋转	运动到末端维持 3~5 s，休息 10 s，重复 6~8 次
手指训练	双上肢平举，两手交替握拳—松拳；双手拇指分别与其余手指做对指运动；双手手指分开运动；双手手指做屈伸运动	运动到末端维持 3~5 s，休息 10 s，重复 8~10 次
下肢训练	仰卧位桥式运动；站立位下肢外展横跨步运动；下蹲运动；站立位踢腿运动；左右腿交替压腿运动	运动到末端维持 3~5 s，休息 10 s 重复 4~6 次
步伐训练	原地双下肢交替高抬腿运动；原地左右腿交替跨越 10~15 cm 高障碍物运动；按照口令向前、后、左、右的"星"型运动	每个动作重复 10 次
呼吸训练	站立位或卧位的腹式呼吸运动；坐位下胸式呼吸运动；深吸气下缓缓吹气运动（可以吹气球或用吸管向装水的杯子中吹气）	每个动作重复 10 次

（四）体育康复注意事项

　　帕金森病患者应在积极的药物治疗前提下进行体育康复，患者功能的恢复或保持需要一个较长的时间过程，患者应长期、有规律地进行训练，训练要循序渐进，避免疲劳，学习动作要从简单开始，学会一个动作后，再进行复杂性的活动，在体育康复过程中，要进行必要的保护和仔细观察患者的反应，及时调整运动方案。此外，患者还需要家庭的积极支持和配合，康复才能取得满意的效果。

四、帕金森病体育康复的预后

　　帕金森病目前尚无特效治疗，生存期为 5~20 年。疾病初期，通过及时诊断和有效的康复治疗，多数患者能持续工作几年或有较高的生活质量，随着时间进展病情加重，逐渐失去工作或自理能力，甚至出现严重肌肉强直，全身僵硬，最终卧床死于并发症。除了病情自身进展，坚持体育康复，良好家庭支持和自身的乐观心情，可使患者保持较长时间的生活自理能力和延缓病情发展。

第五节　老年期痴呆的体育康复

一、老年期痴呆概述

（一）概念与病因

老年期痴呆（dementia）是指由于各种原因导致脑部病损引起的获得性、持续性和全面性的智能衰退，患者一般意识清晰，主要损伤记忆、语言、视觉空间、认知（理解、计算、时空间定向力、思维、判断、执行能力）等智能功能，以及存在精神行为异常。

老年期痴呆一般分为阿尔茨海默病（alzheimer dementia，AD）、血管性痴呆（vascular dementia，VD）、混合性痴呆（AD与VD同时存在）及其他类型痴呆。患病率随着年龄增高而增加，65岁以上人群痴呆患病率约为5%，其中AD患病率为2%~7%，VD患病率为15%~30%，女性老年人患病率高于男性，男女之比为1∶3，AD是老年期痴呆最常见的类型，因此老年期痴呆一般是指AD。

阿尔茨海默病是一种起病隐匿的进行性发展的神经系统退行性疾病，病理机制主要是β-淀粉样蛋白的产生与清除失衡；过度磷酸化的Tau蛋白影响神经元骨架微管蛋白稳定性，导致神经源纤维缠结形成，破坏神经元及突触的正常功能。此外，AD与高龄、教育水平、吸烟、痴呆家族史、膳食、高血糖、高胆固醇、高同型半胱氨酸、心理、社会环境等危险因素相关。

（二）主要功能障碍

老年期痴呆的主要功能障碍表现为认知功能障碍并伴随社会活动功能减退和非认知性神经精神症状。其中，认知功能障碍包括记忆障碍、言语障碍、失用症、失认症，以及计算、判断、概括、综合分析、解决问题等执行功能障碍。非认知性神经精神症状主要表现为痴呆患者出现紊乱的知觉、思维内容、心境和行为，常常出现焦虑、抑郁、淡漠、妄想、幻听、幻视、睡眠障碍、冲动攻击、行为怪异、饮食障碍、性行为异常。认知和非认知功能损伤导致患者社会生活活动能力和职业技能明显减退，日常工作和学习能力下降，甚至丧失必要的工作能力和社会交往技能。

（三）临床诊断与治疗

1. 临床诊断

老年期痴呆的诊断主要依据病史、临床表现、体格检查、神经系统检查、实验室诊断和影像学辅助检查，以及必要的神经心理学测试评估。一般常用《美国精神障碍诊断统计手册》（第四版）的诊断标准。

（1）多种认知功能缺陷：包括记忆障碍以及下列中至少一项：① 失语（语言障碍）；② 失用（运动和感觉功能完整，但不能完成有目的的运动）；③ 失认（感觉功能完整，但不能认识或识别物体，特别是不能识别人）；④ 执行功能紊乱（如计划、组织、程序性和抽象思维）。

（2）认知功能缺陷的程度：严重程度达到影响和干扰了社会或职业功能和日常生活。

（3）认知功能缺陷是相对于先前功能水平所显示出的下降。

（4）无神志障碍

（5）认知功能缺陷不只是出现在谵妄，若与谵妄并存，于谵妄恢复和消失后，认知功能障碍仍持续存在。

（6）神经变性痴呆的认知功能呈进行性恶化，至少需要有 6 个月的病程。

2. 治疗

由于老年期痴呆认知功能不可逆，治疗不能解决疾病的病因和本质问题，总体原则是通过包括使用某些特定的器械和有效护理，延长患者的生命及改善患者的生活质量，预防跌倒和外出不归等意外的发生。通过改善认知功能药物（如胆碱能制剂、N-甲基-D-门冬氨酸受体拮抗剂）和改善神经症状药物（如抗抑郁和抗精神疾病药物）延缓大脑功能退行性病变；通过改善营养、预防感染等支持疗法和对症治疗改善患者的生活质量。通过综合性康复治疗，改善患者认知功能，减轻非认知性神经精神症状，提高社会生活能力，延缓痴呆的发展。

二、老年期痴呆体育康复评定

（一）认知功能评定

阿尔茨海默
病认知功能
评价量表

老年期痴呆的认知功能评定主要是神经心理学评定，重点判断患者认知功能损害的范围和程度。常用简易精神状态检查（Mini-Mental State Examination，MMSE）、画钟表实验（Clock Drawing Tesk，CDT）、改良的长谷川痴呆量表（Hastgawa Dementia Scale，HDS，表9-5-1）、认知能力筛查量表（Cognitive Abilities Screening Instrument，CASI）、阿尔茨海默病认知功能评价量表（Alzheimer Disease Assessment Scale-cog，ADAS-cog）、中国版韦氏成人智力量表（Weschsler Adult Intelligence Revised in China，WAISRC）、临床痴呆评定量表（Clinical Dementia Rating，CDR）、痴呆行为障碍量表（Dementia Behavior Disturbance Scale，DBD）等多套神经评定量表实施评定，这些量表对早期痴呆患者诊断和评定有重要参考价值，对于重度痴呆患者无法完成这些评定。

另外，如果评定患者只有记忆障碍，或记忆障碍伴随其他认知障碍，但没有明显影响日常生活能力称为轻度认知障碍（mild congnitive impairment，MCI）。

▶ 表 9-5-1　改良的长谷川痴呆量表（HDS）

指导语：下面要问您一些非常简单的问题，测验一下您的注意力和记忆力，请不要紧张，尽力完成。		
序号	问题	得分
1	今天是几月几号（或星期几）	3
2	这是什么地方	2.5
3	您多大岁数（±3年为正确）	2
4	最近发生什么事件（请事先询问知情者）	2.5
5	您出生在哪儿	2
6	中华人民共和国成立年份（±3年为正确）	3.5
7	一年有几个月（或1 h有几分钟）	2.5
8	现任国家总理是谁	3
9	100-7，93-7等于多少	2~4
10	请倒背下列数字：6-8-2，3-5-2-9	2~4
11	请将纸烟、火柴、钥匙、表、钢笔5样东西摆在受试者前，令其说一遍，然后把东西拿走，请受试者回忆	0，0.5，1.5，2.5，3.5

改良的长谷川痴呆量表总分 32.5 分，≥30 分为智能正常，20~29.5 分为轻度智力低下，10~19.5 分为中度智力低下，<10 分为重度智力低下，<15 分可诊断为痴呆。

（二）日常生活活动能力评定

ADL 评定主要内容包括基本 ADL 和复杂的工具性 ADL，具体评定方法见第三章体育康复评定方法。

（三）社会功能评定

社会功能评定主要包括评定患者参与各种社会活动的情况，如工作、社交及参与各种娱乐活动等，一般使用社会生活能力概况评定量表（Rating Scale Social Ability，RSSA，表 9-5-2）和社会功能调查表（Functioning Activity Questionnaire，FAQ，表 9-5-3）进行评定。

▶ 表 9-5-2　社会生活能力概况评定量表（RSSA）

评定内容	评分		
上班或上学的情况：与伤病前相同	否 0 分		是 20 分
参加社交活动（探访亲友等）	从不参加 0 分	极少参加 5 分	正常参加 10 分
参加社团活动（工会、联谊会、学会等）	从不参加 0 分	极少参加 5 分	正常参加 10 分
与别人进行打扑克、下象棋、参观、旅行、打球、看球赛等文体活动	从不参加 0 分	极少参加 5 分	正常参加 10 分
与别人一起看电视、谈话、听音乐、上公园、散步、购物等业余消遣活动	从不参加 0 分	极少参加 5 分	正常参加 10 分

评分标准（总分 60 分）：0 分，社会生活能力重度障碍；<20 分，社会生活能力中度障碍；20~40 分，社会生活能力轻度障碍；60 分，社会生活能力正常。

▶ 表 9-5-3　社会功能调查表（FAQ）

评定内容	正常或从未做过，但能做（0 分）	困难，但可独立完成或从未做过（1 分）	困难，需要照护帮助才能完成（2 分）	完全依赖照护（3 分）
每月平衡收支的能力，算账的能力				

续表

评定内容	正常或从未做过，但能做（0分）	困难，但可独立完成或从未做过（1分）	困难，需要照护帮助才能完成（2分）	完全依赖照护（3分）
患者的工作能力				
能否到商店买衣服、杂货和家庭用品				
有无爱好，会不会下棋和打扑克				
会不会做简单的事情，如点炉子、泡茶等				
会不会准备饭菜				
能否了解最近发生的事件（时事）				
能否参加讨论和了解电视、书和杂志的内容				
能否记住约会时间、家庭节日和吃药				
能否拜访邻居、自己乘公共汽车				
总分				

（四）精神行为症状评定

老年期痴呆患者的精神行为症状常用神经精神问卷（Neuropsychiatric Inventory，NPI，表9-5-4）进行评定，该量表由12个评分项目组成，通过测试者询问知情者进行评定，评定患者出现认知障碍后出现该项症状的频率、严重程度和该项症状引起照护者的苦恼程度。

▶ 表 9-5-4　神经精神问卷（NPI）

症状	有无	频率	照护者苦恼程度
妄想：错误的观念，如认为别人偷他的东西，怀疑有人害他			
幻觉：视幻觉或听幻觉；看到或听到不存在的东西或声音；和实际不存在的人说话			
激越/攻击性：拒绝别人的帮助，难以驾驭，固执，向他人大喊大叫，大骂他人			
抑郁/心境恶劣：说出或表现出伤心或情绪低落，哭泣			
焦虑：与照护者分开后不安；精神紧张的表现，如呼吸急促、叹气、不能放松或感觉紧张，对将来的事件担心			
欣快：过于高兴，感觉过于良好，对别人并不觉得有趣的事件感到幽默并怀抱大笑，与情景场合不符合的欢乐			
情感淡漠：对以前有兴趣的活动失去兴趣；对别人的活动和计划漠不关心；自发活动比以前少			
脱抑制：行为突兀，如与陌生人讲话，自来熟；说话不顾及他人的感受，说一些粗话或谈论性问题，而以前他不会说这些			
易激惹/情绪不稳定：不耐烦或疯狂的举动，对延误无法忍受，对计划中的活动不能耐心等待，突然暴怒			
异常运动行为：反复进行无意义的活动，如围着房屋转圈、摆弄纽扣、用绳子包扎捆绑等，无目的的活动，多动			
睡眠/夜间行为：晚上把别人弄醒，早晨很早起床，白天频繁打盹			
食欲和进食障碍：体重增加或体重减轻，喜欢食物的口味发生变化			

评分标准：患者与照护者的评分分开计算，患者评定分级的分值范围为 0~144 分，照护者苦恼分级评分范围为 0~60 分，0 分代表最好。

频率评分 1~4 分：1 分，偶尔，不超过每周一次；2 分，经常，大约每周一次；3 分，频繁，每周几次，但不到每天一次；4 分，非常频繁，每天一次以上。

严重程度评分为 1~3 分：3 分，轻度；2 分，中度；1 分，明显。

照护者苦恼程度评分为 0~5 分，您发现这种行为对情绪造成的痛苦有多大？0 分，没有；1 分，轻微；2 分，轻度；3 分，中度；4 分，严重；5 分，很重或极重。

（五）运动功能评定

老年期痴呆运动功能评定包括一般身体功能评定、关节活动度评定、肌力检查、平衡功能评定等，具体评定标准、内容和评分详见第三章体育康复评定。

三、老年期痴呆体育康复治疗

（一）体育康复目的

老年期痴呆无特效治疗药物，重点应放在老年人的痴呆预防和对早期轻度认知功能损害（MCI）患者进行干预，对于重度老年期痴呆患者通过有效的护理，延长其生命和改善生活质量，预防意外。

（二）体育康复原则

老年期痴呆应采取预防性体育康复干预，在出现认知障碍的早期进行体育康复干预，此时患者认知受损较轻，存在一定的主动参与运动的意愿和交流沟通能力，能够很好地参与到体育康复方案的制订和实施。鼓励老年人和老年期痴呆患者参与其喜爱的社会活动，保持一定的生存质量，也可以根据个人爱好，设计一些患者喜爱的体育康复具体措施。对于老年期痴呆患者要实施全面的康复，除了改善认知功能的作业治疗、电脑辅助训练、虚拟情境训练、文体活动和日常生活活动训练，患者还需要坚持肌力、柔韧性、有氧能力的运动功能训练，良好的运动功能更有利于延缓认知功能衰退。

（三）体育康复方法

1. 有氧运动

早期轻度痴呆老年患者可以通过中国传统体育项目（太极拳、八段锦、五禽戏）、有氧自行车运动、有氧健身操、快步健身走等显著改善老年人的认知功能。推荐运动量为 60%~70%HRmax，2~3 次/周，总时长至少为 2 h/周。中度或重度痴呆老年患者在照护者的陪同下，通过步行训练，改善老年人的心肺机能和大脑功能，可延缓痴呆的进展，提高生存质量。

2. 抗阻运动

通过对下肢、上肢及躯干核心的力量练习，能够显著提高早期轻度痴呆老年患者的运动功能和关节活动度，同时也能改善老年人的认知功能。推荐运动量为 70%~85% 1 RM，12 次 / 组，每次训练 2~3 组，每周 2~3 次，可以使用弹力带、哑铃等器械进行练习。中度或重度痴呆患者在照护者的陪同下，可以使用安全性较高的弹力带配合有氧健身操进行锻炼，延缓痴呆失能的进展。

3. 手指操锻炼

手指运动可以改善手功能和日常生活活动能，手指灵敏度和感觉神经在大脑中枢皮质功能面积较大，通过手指运动可以刺激大脑皮质，延缓大脑细胞的退化。早期轻度痴呆老年患者推荐运动为屈伸双手手指 10 次 / 天，拇指对指练习 10 次 / 天，抓握双手 10 次 / 天，双手十指交叉用力相握，双手用力拉开 10 次 / 天，双手互相摩擦掌面、手背各 10 次 / 天。中度或重度痴呆老年患者，可以在照护者的指引下进行被动的手指活动，延缓痴呆的进展。

4. 集体体育活动

早期轻度痴呆老年患者可以通过集体的体育活动，增加肌力，扩大关节活动度，提高心肺耐力，改善手眼协调性、平衡能力等身体运动功能，还可以缓解消极情绪，增强自信心，提高社会活动能力和交往能力，增加体育康复的趣味性。在养老场所、社区开展篮球、乒乓球、足球或门球等项目。原地投篮、行进间投篮、跳起投篮、坐位下投篮、自由投篮可以提升肌肉力量、肌肉耐力、灵敏性和手眼协调性；三人对抗篮球比赛，可以改善心理，增加训练的趣味性。中度或重度痴呆老年患者，可以选择简单的传接球或地滚球活动，也可以进行集体的门球运动。

5. 艺术类活动

早期轻度痴呆老年患者可以进行音乐戏曲活动训练，舞蹈表演、书法绘画、工艺品的制作，能够改善患者的运动功能和认知能力，提高言语表达，以及视、听、触等感觉功能，改善患者心理。中度或重度痴呆患者也可以通过音乐欣赏、工艺品、图画的鉴赏提高认知能力，延缓痴呆进展。

6. 日常生活活动能力训练

老年性痴呆患者认知障碍程度会随着时间进展而加重，患者可以通过加强练习受到影响的日常生活功能和改变环境，简化操作程序从而延缓其完成日常生活活动障碍的进程。例如，学会运用重复性步骤和程序性记忆进行穿衣、梳洗，可用适当的辅助装置，协助患者恢复日常生活功能，使其能够独立照顾自己。

7. 健康教育

老年期痴呆目前无特效治疗方法，关键是预防，正确处理引起痴呆的危险因素是防治痴呆的关键，因此早发现、早预防、早治疗是防治老年期痴呆的有效途径。当老年人逐渐出现记忆衰退、性格改变、固执多疑、急躁易怒、行为幼稚等症状时，应尽早进行检查、评估、判断是否存在痴呆和程度。一旦发现痴呆症状和体征，立即进行老年期痴呆的一级预防，调整饮食、生活习惯，加强有规律的体育锻炼，参与和进行人际交流和社会活动，有效控制痴呆的进展。

8. 早期轻度痴呆老年患者的运动处方

可以通过有效的运动干预预防或控制轻度老年期痴呆患者认知功能下降和痴呆的发展。有氧运动可改善大脑血液循环和提高认知功能，抗阻运动是保证老年人身体运动功能的有效措施，手部运动能够提升老年人的日常生活活动能力（表9-5-5）。

▶ 表 9-5-5 早期轻度痴呆老年患者的运动处方示例

运动类型	运动方式	运动强度	运动频率	运动时间	运动进度	运动目标	注意事项
有氧运动	快步走，太极拳，功率自行车	中高等强度 60%~70%$\dot{V}O_2$max 或 60%~70%HRR	2~3次/周，间歇训练，总时间≥2 h/周	2~3个/10 min间歇训练，交替休息3~10 min	持续时间与强度缓慢进展	提高心肺耐力，增加大脑血氧供应	运动时要有照护者看护，避免发生跌倒或意外
抗阻运动	自由重量，抗阻弹力带，器械训练	70%~85% 1 RM	2~3次/周	每组12次，重复2~3组，增加重复次数	以个人能力和需要为准	全面提高肌肉力量	上肢、下肢、核心全面练习
手指操	手指操	无疼痛或轻微不适范围	3~5次/周，每次2~3组	每组大约10 min，休息10 min，重复进行	根据个人能力的提高，增加手指操难度	改善手功能和认知能力	要对双手的每一个手指进行活动

四、不同时期老年性痴呆体育康复的特点

轻度老年期痴呆：患者可进行有氧运动、抗阻运动、平衡能力和手眼协调性，以及手功能的练习，提高患者的身体运动功能，改善认知能力，预防和延缓痴呆的进展，减少因认知障碍造成的意外风险。

中度老年期痴呆：可以在照护者监护下，进行适当的有氧、抗阻运动。参与集体的文体活动，保持患者的身体运动功能，改善认知能力，能够使患者有一定社会活动，提高患者的生存质量。

重度老年期痴呆：在照护者监护下，可进行适当的室内有氧、抗阻运动。感知觉的文体活动，日常生活活动训练，可保持患者的基本日常生活活动能力，改善患者的生活质量。

五、老年期痴呆体育康复的预后

老年期痴呆起病隐匿，病程持续，一般没有缓解，多表现为认知功能严重衰退和身体机能退化，一般死于肺部感染、泌尿系统感染、压疮和意外。通过科学的防治、健康教育、饮食调整、体育锻炼、药物干预、有效的护理，能改变老年期痴呆的病程进展，减轻痴呆症状，提高老年期痴呆患者生存质量。

思考题

1. 阐述 Brunnstrom 偏瘫运动功能评定分为几个阶段，各阶段的运动特点。

2. 如何根据 Brunnstrom 偏瘫运动功能评定指导偏瘫患者的体育康复治疗？

3. 阐述 ASIA 损伤程度分级的具体内容。

4. 脊髓损伤分为几期？每一期的治疗重点和方法是什么？

5. 简述对脑瘫患儿进行运动功能训练的原则。

第九章思考题参考答案

实践训练题

患者王某，男，61岁，因"右侧肢体活动不灵1个月"入院。既往高血压病史4年，血压控制欠佳。患者1个月前在家中与他人争吵后突发右侧肢体活动不灵，口齿不清，家人将其送至当地医院，急查头部CT示脑出血，收入脑外科行颅内血肿钻孔引流术，病情平稳后出院。目前患者失语，右侧肢体活动不灵，右手无抬举、抓握能力，不能独坐站立和行走，不能独自洗漱、穿衣、进食，生活不能自理。

查体：双侧瞳孔等大同圆，直径3 mm，对光反射灵敏，双眼各方向活动自如，鼻唇沟对称，伸舌右偏，左侧肌张力正常，右侧肌张力略低，左侧肌力5级，右侧上肢肌力2级、下肢2级，Brunnstrom分级右上肢2级、手2级、下肢2级，腹壁反射正常，右侧肱二头肌、膝腱反射亢进，右侧Babinski阳性，右侧痛觉正常，右侧位置觉、运动觉正常。

1. 该患者的初步临床诊断是什么？
2. 该患者存在哪些功能障碍？
3. 针对上述功能障碍应给予哪些体育康复治疗？

在线测评题

（曹龙军 天津体育学院）

第十章
常见外科手术后的体育康复

本章导言

外科手术是疾病治疗的主要手段之一，在改善患者病情的同时，也会给患者造成不同程度的创伤，其中部分患者会出现并发症，影响患者恢复进程，甚至危及患者生命。术后进行体育康复不但可以减少并发症，加速患者功能恢复，而且可以明显提高患者生活质量。本章介绍了腹部、胸部和心脏术后患者常见的功能障碍、评定方法、康复治疗方法及其意义。

学习目标

1. 了解腹部术后需要康复介入的并发症类型；胸部手术后常见的功能障碍；心脏术后常见的功能障碍。

2. 熟悉腹部术后的体育康复治疗方法；胸部手术后的体育康复治疗方法；心脏术后不同阶段体育康复的重点。

3. 胸部术后体育康复训练的意义；心脏术后体育康复的治疗方法。

关键术语

腹部手术（abdominal operation）：针对腹腔脏器疾病和创伤所进行的切除、修补、缝合、清创等需要干扰腹腔内环境的手术方式，包括胃肠道、肝胆、胰脾、泌尿系统、子宫及其附件等手术，可以是微创手术，也可以开腹直视下进行手术。

开胸手术（thoracic surgery）：由于疾病或创伤需要打开胸腔或穿入胸腔

进行手术操作以修复损伤、去除病灶的手术方式，如食管癌手术、肺切除手术等。

乳腺癌根治手术（redical surgery for breasr cancer）：是将整个患病乳房和其皮肤，以及其周围组织，连同胸肌及其筋膜，腋窝、锁骨下所有脂肪组织和淋巴结整块切除，以根治乳腺癌的术式。

呼吸训练（breathing training）：以增强肺功能、改善机体氧供给为目的所做的呼吸模式训练、呼吸肌力量训练、呼吸道通畅和排痰训练等训练方式。

淋巴水肿（lymphedema）：由于多种原因所致的淋巴管受阻引流不畅，或淋巴液生成过多造成的组织水肿，其特点是以蛋白积存在组织间隙中的非指凹性水肿，易形成感染，严重时可出现"橘皮样"皮肤改变。

外周效应（peripheral effect）：指心脏以外的组织、器官发生的适应性改变。

中心效应（central effect）：指训练对心脏的直接作用。

第一节 腹部术后的体育康复

腹部外科手术的种类很多，包括胃肠道、肝胆、胰脾、子宫及其附件以及泌尿系统手术等。不同疾病手术损伤大小不一，随着微创手术技术（小至阑尾切除术，大至胰十二指肠切除术，其中最多的为腹腔镜胆囊切除术）的广泛应用和快速康复外科理念的推广，手术给患者造成的创伤明显减轻，术后并发症明显减少、减轻，恢复速度大大加快。在损伤较小的手术后，术后第1~3天就可下地活动，病情恢复很快，术后1周拆除手术缝线后就可恢复正常或基本正常的生活。在损伤较大的手术后，尤其是容易出现并发症的病症和接近膈肌的上腹部手术后，通过术前、术后的康复介入，并发症也在大幅减少，恢复明显加快，生活质量明显提高。

一、腹部术后患者常见的功能障碍

（一）废用综合征

废用综合征是由于手术创伤、疼痛、身体虚弱及并发症等原因，使患者较长时间卧床、活动量不足引起的一系列症状。例如，褥疮、肺感染、关节挛缩、肌肉萎缩、肌力及肌耐力下降、骨质疏松、深静脉血栓、直立性低血压、心肺功能下降、易疲劳、食欲减退及便秘、尿潴留、平衡及协调功能下降等。

（二）手术相关并发症

1. 肺并发症

腹部手术后因疼痛、膈肌活动受限、麻醉药、肌松药及镇痛药等的影响，使患者腹式呼吸减弱，肺下叶通气不良；较长时间卧床使肺背侧和下部通气减少，疼痛、咳嗽无力等使痰不易咳出阻塞气道，造成患者肺泡通气量下降、局部肺萎陷形成肺不张、坠积性肺炎，进而使患者血氧分压降低（血氧含量降低），引起患者缺氧。

2. 腹胀和尿潴留

受手术创伤，应用了麻醉药、肌松药及镇痛药，卧床不活动，腹肌无力和疼痛等的影响，手术后早期患者易出现肠蠕动差，甚至肠麻痹，引起腹胀。同样的原因也可引起尿潴留。

3. 腹腔粘连

手术在腹腔内造成的损害，引起腹膜的非特异性炎症，导致损伤部位的炎性渗出，另外，术后可残留少量血液。这些成分可导致腹膜和腹腔内脏器浆膜发生粘连，严重者可出现消化道梗阻和血液循环异常等。

4. 气腹所致并发症

气腹是腹腔镜外科最常用的显露手术视野的方法之一，气腹达到一定压力后，对呼吸系统产生的主要影响为膈肌上升，肺底部的肺段受压，呼吸系统的顺应性降低，影响通气功能。对循环系统可引起平均动脉压升高和心率加快，外周血管阻力增大，每搏输出量降低，回心血量减少。此外，在气腹过程中，如气体溢至皮下，可形成局部或全身皮下气肿。

（三）营养问题

腹部手术后，由于人为限制、早期不能经口进食、食欲差、消化吸收不良等原因，可引起患者营养补充不足，加之，手术创伤及术后发热等原因使消耗增加，容易出现营养不良，从而影响伤口愈合，精力、体力等的恢复。

（四）心理障碍

对疾病预后的担心、恐惧手术风险，以及术后各种不适的影响，使患者容易发生焦虑、抑郁等心理问题，进一步影响患者康复的信心和各种治疗的实施。

（五）生活自理能力及生活质量下降

由于疾病、手术创伤、肿瘤术后放化疗、并发症等的影响，使患者生活自理能力及生活质量不同程度下降。

二、腹部术后体育康复评定

（一）并发症发生风险评定

综合原发病、伴发病、手术情况、术后身体精神状况、术后身体活动情况等，评定患者发生各种并发症的风险程度，以便采取对策。

（二）功能评定

术后早期主要评定疼痛程度、消化系统和泌尿系统功能、对活动的耐受性等的状况；年龄大、身体状况差、卧床时间长、长时间活动不足者，还需要评定肌力和肌耐力、身体成分、平衡功能、协调性、灵敏、柔韧性及心肺功能等。

（三）生活自理能力及生活质量评定

用 Barthel 指数（表 10-1-1）评定生活自理能力，用生活质量评定量表评定生活质量，世界卫生组织生活质量评定量表（WHOQOL-100）（表 10-1-2），内容涉及生活质量 6 大方面，24 个小方面，每个方面由 4 个条目构成，分别从强度、频度、能力和评价 4 个方面反映同一特征。

▶ 表 10-1-1 修订 Barthel 指数评定项目及评分标准

序号	项目	得分	评分标准
1	进食	10	在合理的时间内独立地完成进食活动，必要时能使用辅助器具
		5	需要部分帮助（如切割食物）
2	洗澡	5	独立
3	修饰	5	独立地洗脸、洗手、梳头、刷牙、剃须（包括安装刀片，如需用电动剃须刀则应会用插头）、女性独立化妆
4	穿衣	10	独立地穿脱衣裤、系靴带、扣扣子、穿脱支具
		5	需要帮助，但在合理的时间内至少完成一半的动作
5	大便	10	无失禁，如果需要，能使用灌肠剂或栓剂
		5	偶尔失禁（每周<1次）或需要器具帮助
6	小便	10	无失禁，如果需要，能使用集尿器
		5	偶尔失禁（<1次/24 h，>1次/周）或需要器具帮助
7	上厕所	10	独立使用厕所或便盆，穿脱衣裤，使用卫生纸或能清洗便盆
		5	在穿脱衣裤或使用卫生纸时需要帮助
8	床椅转移	15	独立、安全地从轮椅到床，再从床回到轮椅，包括从床上坐起，刹住轮椅，抬起脚踏板
		10	最小量帮助和监督
		5	能坐起，但需要大量帮助才能转移
9	行走	15	能在水平路面独立行走45 m，可以用辅助装置，但不包括带轮的助行器
		10	在小量帮助下行走45 m
		5	如果不能行走，能独立操纵轮椅至桌前、床旁、厕所，能拐弯，能至少行进45 m
10	上下楼梯	10	独立，可以用辅助器具
		5	需要帮助和监督

▶ 表 10-1-2 WHOQOL-100 量表

I. 生理领域	5. 思想、学习、记忆和注意力
1. 疼痛与不适	6. 自尊
2. 精力与疲倦	7. 身材与相貌
3. 睡眠与休息	8. 消极感受
II. 心理领域	III. 独立性领域
4. 积极感受	9. 行动能力

10. 日常生活能力	17. 住房环境
11. 对药物及医疗手段的依赖性	18. 经济来源
12. 工作能力	19. 医疗服务和社会保障：获取途径与质量
Ⅳ. 社会关系领域	20. 获取新信息、新知识、新技能的机会
13. 个人关系	21. 休闲娱乐活动的参与机会与参与程度
14. 所需社会支持的满意度	22. 环境条件（污染 / 噪声 / 交通 / 气候）
15. 性生活	23. 交通条件
Ⅴ. 环境领域	Ⅵ. 精神支柱 / 宗教 / 个人信仰
16. 社会安全保障	24. 精神支柱 / 宗教 / 个人信仰

三、腹部术后体育康复治疗

（一）术前宣教与预康复

对于择期手术患者，需要在术前进行充分的术前准备，包括① 宣教：介绍术前、术中和术后情况、注意事项等，要求患者及家属充分配合，舒缓患者心理压力；② 加强营养：食物要清淡、易消化吸收、营养充足，宜少量多餐。对体质较弱、高龄的患者，应增加营养，经口摄取不足或有困难者，可静脉补充；③ 术前预康复：身体虚弱的人术后恢复不佳，而术前达到最佳状态可以降低并发症的发生风险，促进患者更好地恢复。对年龄大、有多种伴发病、体质差，容易发生并发症者，应进行针对性的肌力强化、肺功能训练（如深呼吸训练、咳嗽训练）等，并教会患者术后功能锻炼的方法。

（二）术后管理措施

1. 充分止痛

充分止痛有利于早期下床活动和早期经口进食。

2. 早期进食

一旦肛门排气，就可经口进食。术后早期经口进食可促进肠蠕动恢复，维持肠黏膜功能，增加腹腔脏器血流量，有利于切口愈合，改善患者的精力和体力。注意要定时、定量、少食多餐，以优质高蛋白、高维生素、高热量、低脂肪、营养丰富且易消化食物为主。避免油炸、辛辣刺激性食物。

3. 尽早拔除各种置管

术前尽量避免不必要的各种置管，术后尽早拔除各种置管，以期减少患者不适和并发症。

（三）康复训练

1. 术后早期开始活动

因为废用综合征是患者较长时间卧床、活动量不足引起的，故术后在安全的前提下患者应早活动、早下床，尽早恢复术前的各种活动水平。早期活动有利于改善肺通气、促进肠蠕动、恢复膀胱功能、增进食欲，改善患者体力和精神状态，减少肠道粘连、腹胀、便秘、尿潴留和深静脉血栓等并发症。

术后患者清醒后，如无明显直立性低血压和运动禁忌证，就可取半坐位，练习深呼吸，进行四肢主动、被动活动。多数患者术后第2~3天就可取床边坐位、站立位，逐渐过渡到床边步行、室内步行、走廊步行、上下楼梯和户外步行，并逐渐增加活动量。对手术切口已愈合拆线，但体力尚未完全恢复的患者，需进一步加强体育康复锻炼，视患者情况可采取步行、功率自行车训练或慢跑等。

2. 预防肺并发症

① 定时翻身拍背，必要时可进行超声雾化吸入，促使痰液排出，保证呼吸道通畅；② 尽早取半坐位、坐位和站立位，有利于胸廓活动和膈肌下移，改善胸式和腹式呼吸幅度；③ 练习深呼吸；④ 因膈肌活动差，肺下叶通气不良者，可采用本章第二节胸部外科手术后体育康复改善通气的手法，改善局部通气；⑤ 在咳痰时，用手按住伤口缓解疼痛，深吸气后进行轻轻的连续的咳嗽。

糖尿病、低蛋白血症、癌症、肥胖、接受糖皮质激素治疗的患者及老年患者，存在腹壁切口裂开的可能，常发生在术后1周左右。应避免腹腔内压力突然增高（如剧烈咳嗽、严重腹胀、增加腹压的活动等），必要时用腹带加压包扎保护手术切口。

3. 防治腹胀和尿潴留

除站立位活动和药物治疗外，腹部按摩、腹肌锻炼、针灸等也有一定的防治腹胀和尿潴留的效果。

4. 核心肌力训练

腹部主要核心肌群包括：盆底肌群、腹壁肌群、背肌、膈肌。核心肌群不仅为脊柱提供稳定性，而且在维持姿势、控制大小便和器官保护等方面均十分重要。腹壁或盆底部位的手术，会使其相应的肌肉变弱和受损，故需重新获得整个核心肌群的控制、连接和协调。

（1）训练方法：① 深部核心肌群控制：仰卧位，双膝屈曲，手置于小腹并按压（能感受到肌肉的紧张感）。放松身体后，先深吸一口气，然后缓慢呼气；② 膝摆动：仰卧位，双下肢屈曲，双膝并拢后向一侧摆动，利用腹肌将双膝拉回到中间位置，然后再向另一侧摆动。练习时，摆动幅度由小到大，同时注意摆动过程中，肩不要抬起来；③ 坐位下抬腿训练：患者取坐位，背部无支撑。缓慢抬起一侧脚，离地面约 2 cm，后改为另一只脚。重复这个动作 10~20 次。整个过程中确保躯干稳定，不能左右摇晃，同时注意保持呼吸；④ 四点跪位隆起腰背部训练：四点跪位，保持背部平坦。缓慢收缩腹肌，收拢骨盆，卷起尾骨，使腰背部隆起，同时保持头和上身不动，再回到背部中立 / 平坦的位置。重复 10 次；⑤ 抬脚训练：仰卧位，双膝屈曲，放松。然后，将一只脚抬离床面并维持住，保持 10~15 s 后放下，换另一只脚重复上述动作；⑥ 脚滑动：仰卧位，双膝屈曲，放松。一只脚轻轻地在床上滑动，控制骨盆保持稳定，直到腿伸直，将脚收回来，另一边重复上述动作。重复 12~15 次；⑦ 桥式运动：仰卧位，双膝屈曲，放松，将臀部向上抬起，维持数秒至数十秒后缓慢使臀部着地。注意臀部不宜抬得太高。重复 5~10 次。

（2）注意事项：① 大多数人可以在腹部手术 3~4 天后开始做这些运动；② 每天 3 次，每次选择 3 个不同的运动混合练习。不必一次做完所有的运动；③ 少量多次，循序渐进；④ 如果运动后感到疼痛或不舒服，则需减少运动的次数，并且动作应更轻缓。

四、腹部术后体育康复训练的意义

（1）术后尽早地进行体力活动和锻炼可有效地预防或减轻卧床、活动量不足所引起的失用性的器官和组织功能衰退。如增加肺活量，减少肺部并发症，改善全身血液循环，促进切口愈合，减少因静脉血流缓慢并发深静脉血栓形成的发生率，还利于促进肠功能和膀胱收缩功能尽快恢复，增加肠道蠕动，改善食欲，防止肠粘连、腹胀和尿潴留的发生。

（2）通过体适能的改善，尽早生活自理，恢复正常生活。

总之，腹部外科手术后通过体育康复可使患者并发症减少，较快地恢复体力、正常生活和工作，从而提高生活质量。

第二节 胸部术后的体育康复

胸外科手术主要包括食管外科（如食管癌，食管良性肿瘤，食管运动障碍疾病等）、肺外科（如肺癌，肺其他良、恶性肿瘤，气管、支气管良、恶性肿瘤，肺移植等）、纵隔外科（纵隔肿瘤，纵隔囊肿及非肿瘤类疾病）、胸壁外科（胸部创伤，膈肌疾病）及其他外科（胸壁感染性疾病，胸壁结核，乳腺癌等）。常见的手术类型包括乳腺癌手术、食道癌手术、肺癌和肺结核手术等。本章主要介绍开胸术后体育康复及乳腺癌术后的体育康复。

一、胸部术后患者常见的功能障碍

胸部手术，尤其是在老年人手术后容易出现肺并发症，甚至是致死性并发症。为此进行术前术后的康复医疗，预防肺并发症，并早期离床成为康复的重要课题。手术后主要异常表现有：

（一）肺泡通气量下降

术后因疼痛、麻醉药、肌松药及镇痛药等的影响，导致通气量减少，呼吸加快，通气效果差。

常见胸部切口

（二）耗氧量增加

术后疼痛导致的肌张力增高、肺不张、腹部胀气等使胸廓和肺顺应性下降；分泌物潴留等使气道阻力增大；炎症、发热等使代谢亢进；通气运动增加等使通气运动工作负荷增大，耗氧量增加。

胸部特殊手术类型

（三）血氧分压降低

血氧分压降低与肺容量下降、通气不均等通气量问题有关，血氧分压降低随年龄增大而加重。以术后数日至 1 周左右最明显。

（四）咳嗽无力

在气管插管时，咳嗽引起的胸腔内压上升幅度明显下降，即使拔管后，术侧也低于健侧，最大呼气流量术后 1 周内也几乎不能恢复到术前水平。

（五）气道分泌物潴留

术前用药、术中用麻醉药、气管插管、术后不动、疼痛、镇痛药等使术后气道分泌物增多，抑制纤毛运动，咳嗽无力，致使气道分泌物潴留。

（六）肺不张

如气道分泌物潴留，阻塞气道，闭塞远端末梢的肺内气体被吸收而萎陷，形成肺不张。根据闭塞部位不同，可涉及肺段、肺叶和一侧肺。有时可发生 X 线拍片不能发现的微小的背侧弥漫性肺不张，部分患者会转为肺炎。这类患者即使吸氧，血氧分压也不能改善，必须进行呼吸训练。

（七）肩关节活动受限

胸廓肩胛关节是支持肩关节圆滑运动的重要功能关节。胸廓成形术或累及局部组织的其他手术可破坏这种正常的关系。如不及时进行肩胛带和肩关节的活动，则以后可出现肩关节活动受限。

（八）其他

胸腔积液（积血）、气胸、肺水肿、肺栓塞等。影响术后并发症的因素有很多，如年龄、吸烟、肥胖、手术方式和手术持续时间、麻醉方式、术前心肺功能状况等。

二、胸部术后体育康复评定

（一）手术前的康复评定

手术前检查肺功能、呼吸模式、痰量、姿势及肩关节活动度等以确定术前训练内容，并对术后并发症进行预测。

（二）手术后的康复评定

① 查阅手术记录及用药情况；② 生命体征状况；③ 自觉症状，如呼吸困难、疼痛及疲劳感；④ 姿势，如胸廓成形术后躯干向非术侧侧屈，肺切除术后，躯干向术侧侧屈；⑤ 胸廓柔韧性，与呼吸有关的诸肌的紧张度，肩关节活动度；⑥ 呼吸模式、次数、胸腹部的呼吸动度；⑦ 痰量，咳痰是否有力，有无引流管，引流量及引流物性状等；⑧ 肺部听诊有无肺不张、肺炎及在何部位等；⑨ X 线拍片有无肺不张、肺炎及胸腔积液，肺的扩张状态等；⑩ 肺功能检查和血气分析。

三、胸部术后体育康复治疗

（一）术前预康复

为了预防术后并发症并为术后训练做准备，术前要进行有关知识的宣教，让患者学会放松、正确的咳嗽、腹式呼吸训练、肩关节活动度训练和下肢主动运动等方法，并进行姿势矫正。采用呼吸训练器、爬楼、康复踏车等运动，进行呼吸训练改善肺功能。

（二）术后康复

术后康复应在麻醉苏醒后尽早开始。呼吸训练在手术后当日每 1 h 进行 1 次，每次 10~30 min，第 2 天进行 3~4 次，以后根据情况逐渐减少。于术后 1~2 天内在卧位、半卧位下开始进行肩颈部的关节活动度训练、姿势矫正训练和下肢主动运动。手术 1~3 天后根据情况开始取坐位、站立位，并逐渐开始躯干活动、步行、上下楼梯、肌力训练和耐力训练。

1. 矫正异常姿势

在基本不切除肋骨的胸部手术后，为避免疼痛，易产生凸向非术侧的侧弯。在切除数根肋骨的胸部手术后，因两侧支持性不均衡，易出现凸向术侧的侧弯和颈部向非术侧偏位。如不从早期进行矫正，可形成永久性的异常姿势。矫正方法包括被动地摆正姿势和主动地调整躯干，学习正确姿势。

2. 体位疗法

在有胸腔积液时，易形成肋膈角粘连而影响膈肌的运动。可采取下述三种体位预防，即术侧在上的侧卧位、术侧在上的半俯卧位和术侧在上的半仰卧位。每日尽可能地采取上述体位中至少一种体位进行 20 min。在术后不适减轻后，可在腰下垫枕头，呈轻度头低位，使积液向肺尖部移动。可配合进行下胸式呼吸和腹式呼吸。

排痰方法

3. 肩颈部的关节活动度训练

胸部手术常损伤与肩关节活动有关的肌肉。肩关节运动因牵拉切口部会引起疼痛，甚至会引起切口裂开。在进行关节活动度训练时要加以注意。一般在术后 3~4 天，以主动或主动加协助运动为原则，拆线后从不超过前一天的活动度开始，在观察切口部位的同时逐渐增加关节活动度。颈部的运动以主动加协助运动为主。

改善通气的呼吸训练

4. 运动训练

运动训练是肺康复的重要组成部分，包括下肢训练、上肢训练及呼吸肌训练。

（1）下肢训练：① 为防止静脉血栓，在开始步行之前应反复进行下肢，尤其是踝关节的主动屈伸运动，即踝泵运动；② 快走、踏车等有氧运动是下肢训练常采取的训练方式。运动强度以运动后不出现明显气短、气促或剧烈咳嗽为宜。如有条件者，可先进行平板运动试验或功率车运动试验，根据实际最大心率及最大 MET 值确定运动强度。训练频率可从每天 1 次至每天 2 次不等，达到靶强度的时间为 10~45 min。

淋巴水肿的处理

（2）上肢训练：上肢肩带部的肌群为辅助呼吸肌群。上肢训练包括手摇车训练、提重物训练等。

手摇车训练：以无阻力开始，逐渐增加阻力，运动时间为 20~30 min，以运动时出现轻度气急、气促为宜。

提重物训练：患者手持重物，以 0.5 kg 开始，之后逐渐增至 2~3 kg，同时做高于肩部各个方向的活动，每次活动 1~2 min，间隔 2~3 min，每天训练 2 次，以上臂轻度疲劳为宜。

其他：包括伸手递东西、日常活动（饮食、梳洗、清洁等）等。

（3）呼吸肌训练：可改善呼吸肌耐力。① 增强吸气肌训练：用抗阻呼吸器，吸气时产生阻力，呼吸时无阻力。训练时间由开始的 3~5 min，逐渐增至 20~30 min，每天训练 2~3 次；② 增强腹肌训练：患者仰卧位，将沙袋放置腹部做挺腹训练，沙袋重量由最初 1.5~2.5 kg 逐渐增加至 5~10 kg，每次

5 min，每天训练 2~3 次。

5. 肋骨的松动术、胸壁按摩及放松练习

治疗目的是扩大胸廓活动度。肋骨松动术指康复治疗师被动地依次松动胸椎关节、肋椎关节和胸肋关节，胸椎关节可采用棘突侧推和垂直按压手法，肋椎关节和胸肋关节可采用上下滑动和前后滑动手法，每个关节以 2 Hz 频率持续 5~10 s，每次共需 10 min 左右，不需每天做，共做 2~3 次便可达成扩大胸廓活动度的作用。

胸壁按摩主要是松解胸廓紧张僵硬的肌肉筋膜，康复治疗师可以将双手小鱼际缘沿着肋间隙贴服于皮肤，依次从上到下，从前到后进行按摩，每个肋间隙 3~5 次，每次 5~10 min，不需要每天做，共做 3~5 次即可。

放松练习可采用"吸气伸懒腰方式"扩大胸腔和肋间隙。康复治疗师要求患者深吸气时双手臂上举，达到最大程度略做保持，然后呼气手臂放下。另一种放松方式是康复治疗师在患者坐位时被动摆动患者躯干，左右交替，屈伸交替，达到放松胸廓的目的。注意上述手法一定要在术后创口愈合后，尤其是骨骼愈合后进行。

四、胸部术后体育康复训练的意义

术前体育康复对改善肺功能、控制围手术期肺部感染，加速围手术期康复起到积极作用。

术后肺康复的目的包括：① 促进肺完全迅速地再膨胀，改善通气能力、胸廓的可动性，防止胸膜粘连，把限制性通气功能障碍降至最低水平；② 防止气道内分泌物潴留，保持口腔清洁，确保充分的通气量，以预防肺不张和肺炎等肺并发症；③ 缓解肌紧张，预防异常姿势，维持肩胛带、脊柱和胸廓的可动性，进而促进有效的呼吸运动；④ 防止静脉血栓形成（尤其是下肢），除去精神不安和食欲减退；⑤ 促进早期离床，改善体力，防止肌肉废用。

第三节　心脏术后的体育康复

根据心脏疾病种类的不同，可以分为先天性心脏手术和后天性心脏手术。

需要手术干预的先天性心脏缺陷包括动脉导管未闭、主动脉缩窄、房间隔缺损及室间隔缺损等。需要手术干预的后天性心脏病包括慢性缩窄性心包炎、冠状动脉粥样硬化性心脏病、瓣膜病、心脏肿瘤、心脏移植等。根据是否开胸，分为微创心脏外科手术和体外循环心内直视手术，前者包括微创冠状动脉介入手术、微创心脏瓣膜手术、微创先天性心脏病矫治术等。心脏手术后，部分患者可能发生并发症，而体育康复可减少并发症，促进心肺功能恢复，提高患者生活质量。

一、心脏术后患者常见的功能障碍

（一）废用综合征

详见本章第一节。

（二）术后并发症

心脏手术后可出现多种并发症，如肺并发症（肺感染、肺不张、肺水肿、肺动脉高压）、血气胸、胸腔积液、心包积液、低心输出量综合征、心律失常、水电解质紊乱、出血、神经系统并发症等。

（三）原发疾病残留障碍

长期心脏疾病可导致心血管系统的适应性下降，肺血管和肺泡气体交换效率降低，呼吸及循环功能障碍。同时，由于机体摄氧能力降低，导致全身运动耐力降低。

二、心脏术后体育康复评定

康复介入前，需对患者进行全面的评定，包括详尽的病史、一般功能评估（意识状态、认知功能、呼吸、血压、心率、营养状况等）、心脏功能状态（心绞痛 CCS 分级、NYHA 心功能分级、心脏疾病相关危险因素）、运动能力（心肺功能运动试验、六分钟步行试验、2 min 踏步试验、肌力、平衡功能、体力活动问卷等）及其他（如心理等）。

三、心脏术后体育康复治疗

（一）围手术期康复

1. 术前预康复

术前详细向患者介绍麻醉、手术、围手术期处理及术后康复治疗，可缓解患者紧张、焦虑情绪，有利于术后康复。

通过预康复，如术前踝泵运动、床上四肢屈伸、抬高训练、步行等合理运动锻炼，增加机体抵御手术应激的能力，使患者术后更快恢复至术前水平；术前指导患者有效咳嗽、腹式呼吸、体位引流及胸背部叩击等呼吸功能锻炼，提高患者肺功能及对手术的耐受性，降低术后肺部并发症。

此外，术前戒烟、戒酒、改善营养（如纠正低蛋白、贫血等）、控制血糖等，有利于改善预后，加速术后患者的康复速度。

2. 术后监护病房体育康复

患者术后从麻醉状态苏醒，进入监护病房，生命体征平稳即可进入早期康复评估及治疗。

（1）术后管理：控制血糖于正常水平；采用温毯、升高室温及加温输液等综合措施预防术后低体温；术后可以采用对乙酰氨基酚、曲马朵、右美托咪定、普瑞巴林或加巴喷丁进行镇痛；保持胸腔引流管通畅；从术后第 1 天直至出院，在止血满意后尽早采用药物预防血栓；术后 6 h 内早期拔除气管插管。

（2）满足以下条件即可在监测下开展早期体育康复：

① 患者清醒，情绪稳定，无气胸、新发血栓、不稳定骨折及活动性出血，体温＜38.5 ℃；

② 心血管系统：心率为 60~130 次 /min；收缩压为 90~160 mmHg，舒张压为 65~110 mmHg；无新发心肌缺血及心律失常；

③ 呼吸系统：吸入氧浓度＜0.6 L/min；血氧饱和度（SpO_2）≥ 95%；呼吸频率＜40 次 /min。

此阶段的体育康复主要为床上运动，包括体位摆放、翻身训练、主被动关节活动训练、床上及床边坐位训练等；同时辅助局部手法治疗及呼吸训练（具体呼吸训练可参考胸部术后康复相关内容）。其目的为预防肌肉萎缩、肺部感染及血栓形成等并发症，促进患者离床活动。

注意事项：① 呼吸机、监护仪及治疗设备处于备用状态；② 运动前、运动时及运动后关注患者生命体征情况，确保患者的安全；③ 遵循循序渐进原则，以患者能耐受度为宜，运动时心率不超过休息心率的 20 次/min，血压较静息时增加不超过 20 mmHg，无 ST-T 改变及心律失常，运动宜采取间歇形式；④ 患者出现心率＞130 次/min 或运动心率较静息增加＞20 次/min；舒张压≥110 mmHg 或舒张压下降＞10 mmHg；ST-T 改变及严重心律失常；意识改变、呼吸困难、心悸及疲劳不能耐受等情况应立即停止。

3. 术后普通病房体育康复

患者转入普通病房后，在延续监护病房体育康复的基础上，可逐渐增加离床运动，如离床转移训练、离床坐位训练、站位训练、行走训练、上下台阶及低负荷抗阻训练等。

如果活动引起心前区不适、疼痛、气短或心悸，心率增加超过 20 次/min，或心率＞130 次/min，或者活动后出现眩晕、头昏等脑缺血症状，或心绞痛、呼吸困难等运动不能耐受的征象，说明运动强度过大，应降低运动强度，或暂时停止运动。运动后 6～8 min 呼吸、心率不能恢复到运动前状态，或引起失眠、长时间疲劳、体重迅速增加（水肿），亦应该减少活动强度。

出院前需完善患者并发症、心肺功能及运动耐力评定。同时进行相关体育康复宣教。

（二）术后门诊体育康复

经专业团队通过综合康复评定后，制订个性化的运动处方和长期康复计划。常采用三阶段运动模式，循序渐进。

第一步：热身运动。一般为持续 5～10 min 的低水平的有氧运动和关节活动，其目的为放松肌肉、提高身体的适应性，预防运动性损伤及避免不良心血管事件的发生。

第二步：持续运动。包括有氧训练、抗阻训练、医疗体操、作业训练等，其中有氧训练为核心训练方法，具体训练方法如下：

（1）运动方式：健步走、游泳、骑车、登山等。

（2）运动量：① 运动强度，即靶强度，为达到基本训练的强度，可用最大心率（HRmax）、心率储备（HRR）、最大吸氧量（$\dot{V}O_2max$）和代谢当量（MET）等方式表达。靶强度一般为 40%～85%$\dot{V}O_2max$，或 70%～85%HRmax，或 60%~80%HRR；② 运动时间：在靶强度下一般持续运动 15~60 min；③ 运动频率：3~5 次 / 周。

第三步：整理活动。即从降低运动强度到停止运动的过程。时间为 5~10 min。

抗阻训练方法：以 40%~70% 1 RM 强度肌肉耐力训练为主，重复 10~20 次，1~3 组 / 次，隔日 1 次，或每周 2~3 次。

（三）居家康复

根据门诊康复的运动处方，在康复治疗师的指导下，将医院的运动处方转化成日常活动。

此外，居家康复亦可选择太极拳、八段锦等传统体育运动方式进行康复训练。

四、心脏术后体育康复训练的意义

康复训练的目的是通过对心血管和肌肉的耐力训练，增强心血管和呼吸系统的适应性。心脏康复训练主要有以下效应：

（1）外周效应：是指心脏以外的组织、器官发生适应性改变，是各类心血管疾病康复公认的效果。① 改善肌肉适应性：长期运动训练可使肌肉的毛细血管密度和数量增加，增加血液–气体交换的面积及效率，进而提高骨骼肌摄氧能力；② 改善骨骼肌氧利用能力和代谢能力：肌细胞线粒体数量、质量及氧化酶活性提高，提高肌氧利用率；肌细胞胰岛素受体开放数量增加，进入细胞的葡萄糖数量和速率增加，改善能量代谢效率；③ 肌肉收缩效率及最大运动能力提高：定量运动时，能量消耗减少，心肌耗氧量降低，心脏负荷减轻，最大运动能力提高。

（2）中心效应：训练对心脏的直接作用，主要为心脏侧支循环形成，冠脉储备提高，心肌收缩力增强。

（3）控制危险因素：包括改善脂代谢、改善高血糖及糖耐量异常、控制高血压、改善血液高凝状态等。

第十章思考
题参考答案

思考题

1. 什么是废用综合征?
2. 阐述腹部手术后核心肌力训练的意义。
3. 胸部术后进行肺康复的目的有哪些?
4. 心脏手术前进行预康复的意义及主要内容。
5. 心脏手术后出院患者,有氧运动训练的基本方法及运动量。

实践训练题

患者男性,73 岁,主因查体发现胃癌拟行手术入院。既往有慢性支气管炎 20 余年,平素咳嗽、痰多、气短。

问题:为预防术后肺并发症,术前、术后需采取哪些康复措施?

在线测评题

(贾子善　解放军总医院第一医学中心)

第十一章
常见心理疾患的体育康复

💬 **本章导言**

　　心理疾患不同于生理疾病，它会间接地改变人的性格、世界观及情绪等。体育康复对心理疾患具有良好的改善作用。本章对孤独症、抑郁症、焦虑症以及其他心理疾患的病因、危险因素及发病机制，临床表现，诊断，治疗原则及疾病的主要功能障碍进行了详细阐述，同时根据不同心理疾患患者的特点，介绍了对孤独症、抑郁症、焦虑症、强迫症、创伤后应激障碍、网络成瘾等进行体育康复的评定方法和治疗方法。

📖 **学习目标**

1. 了解孤独症、抑郁症、焦虑症、强迫症的发病危险因素。
2. 熟悉孤独症、抑郁症、焦虑症、强迫症的主要功能障碍及评定方法。
3. 掌握孤独症、抑郁症、焦虑症、强迫症的体育康复治疗方法。

⚛ **关键术语**

　　孤独症（autism）：又称为自闭症或孤独性障碍等，是广泛性发育障碍的代表性疾病。

　　抑郁症（depression）：又称为抑郁障碍，主要临床特征是显著而持久的心境低落，是心境障碍的主要类型。

　　焦虑症（anxiety neurosis）：是焦虑性神经症的简称，是以广泛和持续性焦虑或反复发作的惊恐不安为主要特征的神经症。

强迫性障碍（obsessive-compulsive disorder）：是以不能为主观意志所克制，反复出现的观念、意向和行为为临床特征的一组心理障碍，简称"强迫症"。

第一节　孤独症的体育康复

一、孤独症概述

孤独症（autism），又称为自闭症或孤独性障碍等，是广泛性发育障碍（pervasive developmental disorder，PDD）的代表性疾病。广泛性发育障碍可分为 5 种，孤独性障碍、Retts 综合征、童年瓦解性障碍、阿斯伯格综合征和未特定的广泛性发育障碍。

自闭症谱系障碍（autism spectrum disorder，ASD）人群在当今世界范围内急剧增长，对儿童的发展及家庭关系造成极大的影响，2018 年，美国对 ASD 儿童的发病率估计为 1/58，比 2000 年的每年 1/150 增加了近 120%。中国 ASD 的发病率也呈上升趋势，有 1.61% 的 15 岁以下儿童受到不同程度的 ASD 的影响。

（一）病因、危险因素及发病机制

到目前为止，孤独症的病因还不完全清楚，但根据研究，某些因素可能会导致孤独症的发生，其中包括遗传、感染与免疫和孕期理化因子刺激。

研究显示，某些染色体的异常可能会导致孤独症的发生，较常见的表现出孤独症症状的染色体病有 4 种：脆性 X 染色体综合征、结节性硬化症、15q 双倍体和苯丙酮尿症。

20 世纪 70 年代末研究发现，孕妇感染病毒后，其子代患孤独症的概率增大。一些病原体产生的抗体，由胎盘进入胎儿体内，与胎儿正在发育的神经系统发生交叉免疫反应，干扰了神经系统的正常发育，从而导致了孤独症的发生。

受孕早期孕妇若有反应停和丙戊酸盐类抗癫痫类药物的用药史或酗酒等，也会导致子代患孤独症的概率增加。

（二）临床表现

孤独症一般起病于 36 个月以内，主要表现为三大类核心症状，即社会交往障碍、交流障碍、兴趣狭窄和刻板重复的行为方式。3/4 孤独症患儿存在精神发育迟滞。1/3～1/4 患儿合并癫痫。部分患儿在智力低下的同时可出现"孤独症才能"，如在音乐、计算、推算日期、机械记忆和背诵等方面呈现超常表现。

（三）诊断

应综合病史、体格检查和神经系统检查、精神检查、辅助检查的结果予以诊断。诊断要点包括：① 起病于 36 个月以内；② 以社会交往障碍、交流障碍、兴趣狭窄及刻板重复的行为方式为主要表现；③ 除 Retts 综合征、Heller 综合征、阿斯伯格综合征、言语和语言发育障碍等外的其他疾病，如患儿起病于 36 个月之后或不具备所有核心症状，则诊断为不典型孤独症。

（四）治疗原则

（1）早发现，早治疗。治疗年龄越早，改善程度越明显。
（2）促进家庭参与，让父母也成为治疗的合作者或参与者。
（3）坚持以非药物治疗为主，药物治疗为辅，两者相互促进的综合治疗。
（4）治疗方案应个体化、结构化和系统化。根据患儿病情因人而异地进行治疗，并依据治疗反应随时调整治疗方案。
（5）治疗训练的同时要注意患儿的躯体健康，预防其他疾病。
（6）坚持治疗，持之以恒。

二、孤独症的主要功能障碍

（一）社会交往障碍

孤独症患儿在社会交往方面存在缺陷，在婴儿时期，会回避目光交流，对周围的声音没有兴趣和反应，没有期待被抱起的姿势，或者是被抱起之后身体僵硬，不愿意与人接触；幼儿期，患儿仍然会回避目光交流，缺乏与同龄人交流玩耍的兴趣，对父母、亲人不产生依恋，难于与其相同年龄的儿童交往，不会与他人分享，遇到困难也不会向他人求助；学龄期之后随着年龄的增长，患儿对父母、同胞可能会产生微弱的感情，但是仍然缺乏与人主动交往的行为兴趣。虽然部分患儿愿意与人交往，但交往方式存在很大的问题，如缺乏对社交的理解，缺乏对他人的情绪反应，不会根据场合调整自己的行为。成年后，患者仍然缺乏交往的兴趣和社交的技能，不能建立恋爱关系和结婚。

（二）交流障碍

1. 非言语交流障碍

孤独症患儿通常以大哭或者尖叫来表达他们的需要或不舒适，年龄大一点的患儿会拉着大人的手走向他们需要的东西或事物，缺乏面部表情，他们很少会用点头、摇头或面部表情来表达自己内心的想法。

2. 言语交流障碍

孤独症患儿言语交流方面存在明显的障碍，他们的语言理解能力存在不同程度的受损；言语发育迟缓，部分患儿在 2~3 岁曾有表达性语言，但以后逐渐减少甚至完全消失；语言内容形式异常，患儿经常会出现模仿他人语言、语言重复、语言结构不符合逻辑等情况，声音大小、语速快慢也存在相应问题，部分患儿虽然背一些听到的广告词或者听到的儿歌，但是在运用语言与他人交流，主动引出话题等方面存在缺陷，仅仅能够靠重复的几句话或者几个词语维持短暂的交流。

（三）兴趣狭窄及刻板重复的行为方式

孤独症患儿一般对常规的儿童玩具和游戏不感兴趣，但是对于一些平常并不会作为玩具的其他物品（车轮、水盆等）比较感兴趣，有些患儿还对一些木盒、废旧家具等非常感兴趣。孤独症的患儿行为方式往往比较奇怪，他们会将手放在眼前凝视，会重复性的原地蹦跳等；他们也会出现一些重复刻板的行为，如固定走同一条路线，将物品重复摆在固定位置，长时间内只吃同一种食物等。

（四）其他症状

有 3/4 的儿童存在精神发育呆滞的情况，部分患儿会存在癫痫等并发症。一些患儿可能在智力低下的同时出现"特殊才能"。

三、孤独症体育康复评定

（一）临床评定

对孤独症患儿综合病史、躯体和神经系统检查、精神检查、辅助检查的结果，结合各种评定量表进行全面评定，以了解患者病情是否稳定，治疗时期（治疗期或间歇期），康复风险及注意事项。

（二）运动功能评定

身体成分评定采用 BMI、WHR、皮褶厚度、生物电阻抗法测量身体成分最简便易行。力量、速度等方面的运动功能评定统一采用儿童粗大动作发育量表 TGMD-2 进行评定。注意在评定过程中时刻注意保护幼儿的安全。

（三）疾病相关功能评定

1. 儿童孤独症评定量表

儿童孤独症评定量表（childhood autism rating scale, CARS）是由 Schoplen 等编制，用于评定孤独症患者中 14 个领域的行为和 1 个总体印象，其测试内容包括人际关系、模仿（动作和词）、情感反应、躯体运用能力、与非生命物体的关系、对环境变化的适应、视觉反应、听觉反应、近处感觉反应、焦虑反应、语言交流、非语言交流、活动水平、智力能力和总体印象，每项按照 1（正常）、2（轻度异常）、3（中度异常）、4（重度异常）四级标准进行评分，总分 15~60 分。

2. 0~6 岁儿童神经心理发育量表

0~6 岁儿童神经心理发育量表（0 to 6-year-old children's neuropsychological development scale）由我国首都儿科研究所研制，是针对我国婴幼儿相应神经心理发育状态进行测评的量表，主要对粗大运动、精细运动、适应能力、语言、社交行为这 5 大关键表现进行能力分析。评价指标为智龄和发育商（developmental quotient, DQ）。

3. 长处与困难问卷

长处与困难问卷（the strengths and difficulties questionnaire, SDQ），主要用于评估儿童青少年的情绪和行为问题。SDQ 共有 5 个分量表：情绪症状、品行问题、多动和注意缺陷、同伴关系和亲社会行为。前 4 个分量表组成困难问卷反映消极的情绪和行为问题，亲社会行为分量表作为长处问卷反映积极的行为。困难问卷得分越高，说明问题越严重；长处问卷得分越高，说明积极行为越多。

4. CARS-ICF 综合检查康复评估

国内学者刘叙一等人根据《国际功能、残疾和健康分类》（ICF），将 ICF 分类系统与通用的儿童孤独症评估量表 CARS 相结合，形成 CARS-ICF 综合检查评估，应用于孤独症儿童的言语语言康复评估。根据孤独症儿童语言特点，从 ICF 分类目录中选择嗓音产生、语言理解、语言表达、认知视觉 4 项进行功能评估，根据每个 ICF 分类目对应的评估指标及其常模，将功能评估测量值转化为 ICF 的限定值，进行功能损伤程度的判定。

5. Griffiths 儿童神经发育评估量表-中文版

Griffiths 儿童神经发育评估量表-中文版（Griffiths Developmental Scale-Chinese Version，GDS-C，简称 Griffiths 量表），是一个为 0~8 岁儿童提供的以中文为母语并且具备中国常模的标准化评估量表。该量表分为 0~2 岁和 0~8 岁两部分，0~2 岁部分由"A 运动""B 个人-社会""C 语言""D 手眼协调""E 表现" 5 个领域组成；0~8 岁部分在此基础上增加了"F 实际推理领域"。Griffiths 量表从运动、个人-社会、听力和语言、手眼协调、表现、实际推理这 6 个发育领域评估儿童的神经发育情况。所有领域得分的均值即为发育总商，每个维度及总商的得分均可根据自己的常模标准转换为百分数值和标准值 z 值，其中 z 值 ≥ -1 为智力水平正常，$-2 \leq z$ 值 < -1 为轻度迟缓，z 值 < -2 为重度迟缓。

（四）生活质量评定

生活质量，是个人对于生活多方面的主观感受，是一种全面反映个人健康状况的综合指标。采用 SF-36 进行生活质量评定，了解疾病和治疗对患者生活质量的影响。

四、孤独症体育康复治疗

（一）体育康复目标

减轻孤独症相关症状，控制患儿体重，增强患儿心肺耐力、肌力和肌耐力，为孤独症患者提供沟通的媒介，减缓甚至消除他们的刻板行为、重复行为。

（二）体育康复方式

1. 体育游戏

体育游戏在孤独症儿童康复训练中的应用能够有效促进患儿在感知觉领域、粗大动作领域和社会交往领域的发展，对于孤独症儿童康复训练效果的提升具有明显的促进意义。体育游戏干预可以对自闭症患儿的肌肉力量和平衡、投掷、跳跃、攀登能力等方面进行锻炼；体育游戏干预能使自闭症患儿模仿动作和躯体运用能力、听视觉反应、焦虑反应、语言交流及人际关系得到提升；对自闭症儿童的心理矫正也有着突出的作用，能使自闭症患儿情绪稳定。

2. 亲子运动

亲子运动不仅对自闭症儿童及父母的运动能力有所提高，同时对减缓患儿父母的心理压力也有所帮助。研究发现，亲子啦啦操能够提升自闭症儿童上肢力量、下肢力量、协调性及反应能力，能够增强感官配合，提升患儿空间方位感，提升肢体运用能力，全面提升患儿的身体素质。并且亲子啦啦操在干预过程中可以有效地改善自闭症儿童与父母的沟通、配合、互动方式，提升自闭症儿童家庭亲子关系，降低自闭症儿童父母的心理压力，减少患儿父母负面情绪的产生，提高患儿父母主观幸福感和生活满意度。

3. 大肌肉群运动

一些跑跳类的大肌肉群运动干预能够提高孤独症儿童的动作发展水平与运动能力，大肌肉群运动与孤独症儿童感觉统合功能所包含的前庭功能、触觉感觉、本体感觉和学习能力发展均具有相关性，可以作为孤独症儿童感觉统合功能训练的主要手段。早在1986年，Gordon等人即发现慢跑可以使7岁ASD男孩减少课堂离开座椅的次数。还有研究对ASD患者进行10周慢跑干预研究发现，10周慢跑可使ASD幼儿学业正确率提高，改善其刻板行为，使其主动参与学习，在学业上投入时间增多。

4. 水中运动

针对孤独症的水中运动疗法包括水中游戏、游泳、水中体适能训练等。目前关于水中运动的应用还不是十分广泛，但水中运动能够对孤独症儿童的感觉统合训练有所帮助。侯晓晖等对孤独症儿童专门进行了水中康复研究，发现水中疗法可对 ASD 儿童社会交往、刻板行为、运动技能学习产生有利影响，其机制可能涉及生理和心理诸多方面。

5. 体育舞蹈

体育舞蹈作为干预手段对自闭症儿童是有积极作用的。研究发现，体育舞蹈干预前后，儿童的视觉、听觉、前庭觉、本体觉、姿势控制、移动力、运动与游戏技能、抓放能力、作业能力、工具使用能力等各方面都得到了提高。体育舞蹈干预训练能够提高自闭症儿童的感知、运动能力和身体素质，改善其行为能力，促进其建立新的行为方式。裴晶晶等研究发现，通过韵律操对 ASD 患者干预，干预后 ASD 患者的身体素质、前庭功能和本体感受能力、身体姿势控制能力、社会交往能力等均有所提高。

（三）孤独症体育康复过程中的注意事项

1. 要根据患儿情况因材施教

在选择和应用体育运动或游戏时，要综合考虑到患儿各方面的能力水平及身心特点，使体育运动或游戏的发展目标更具有针对性，使体育运动或游戏的干预效果发挥到最好。

2. 要注意提高患儿的运动积极性

在选择和设计体育运动或游戏时，应该重视道具的运用，以及各种游戏道具的组合运用，让体育运动或游戏更能够吸引患儿的注意力。同时要发挥患儿家庭成员的作用，使患儿的家庭成员参与到游戏中，更能激发患儿的积极性。

3. 体育康复干预难度要循序渐进

体育康复干预过程中要根据儿童自身情况及时调整适合其训练的难度及强度，及时反馈效果信息，使其更好地完成及配合课程干预过程。

五、孤独症体育康复的效果

1. 促进脑部发育

研究发现，孤独症与脑部发育不良有直接关系。运动可以在一定程度上刺激大脑发育，使孤独症儿童有可能克服障碍。人体的左右侧对称性运动对儿童的左右脑神经系统刺激较大，这是由于人的左右半脑分别交互控制人的左右侧躯体，通过左右两侧的对称性运动可以刺激大脑神经系统发育。

2. 改善心理问题

体育康复对自闭症儿童的心理矫正有着突出的作用，能使自闭症患儿情绪稳定，在运动中能够帮助患儿提高外部环境的适应能力。在进行体育游戏时，能够培养儿童自信心、耐心和敢于与同伴交往、互相帮助的能力，社交能力能够得到不同程度的提高。同时，在进行体育游戏训练时，儿童全身心投入，从而降低了儿童刻板重复行为的发生率，提高了运动能力。

3. 提升家庭幸福感

亲子运动干预不仅能提高 ASD 儿童及父母的运动能力，同时对减缓患儿父母的心理压力、提升家庭幸福指数有所帮助。

4. 提高运动能力

体育干预可以对 ASD 儿童的肌肉力量和平衡、投掷、跳跃、攀登能力等方面进行锻炼；运用体育活动对 ASD 儿童的运动能力进行干预，在提高其运动能力的同时，对其的日常行为活动也可以起到一定的改善作用。

第二节 抑郁症的体育康复

一、抑郁症概述

抑郁症（depression），又称为抑郁障碍，主要临床特征是显著持久的心情低落，是心境障碍的主要类型。2017 年世界卫生组织的报告显示，抑郁症已成为人类致残的首要且独立因素，中国的抑郁症患者已超过 5 400 万，位列疾病负担的第二位。

（一）病因、危险因素及发病机制

到目前为止，抑郁症的具体病因仍不是十分清楚，能够肯定的是抑郁症的发作与生物、心理和社会环境等方面都有很大的关系。生物学因素方面，主要涉及遗传因素、神经生化因素、神经内分泌因素及神经再生等多个方面；从心理学的角度来讲，与患抑郁症密切相关的是病前的性格特征，如抑郁、忧愁等。在成年后遭遇应激性的生活事件是具有临床意义的抑郁症发作的重要条件。以上这些因素并不会单独起作用，遗传因素与环境因素、应激因素之间的交互作用和交互的时间点具有重要作用。

（二）临床表现

临床可见心境低落与其处境不相称，情绪的消沉可以从闷闷不乐到悲痛欲绝，自卑抑郁，甚至悲观厌世，可有自杀企图或行为，甚至发生木僵。部分病例有明显的焦虑和运动性激越；严重者可出现幻觉、妄想等精神病性症状。每次发作持续至少 2 周以上、长者甚至数年，多数病例有反复发作的倾向，每次发作大多数可以缓解，部分可有残留症状或转为慢性。

（三）诊断

抑郁症的诊断主要应根据病史、临床症状、病程及体格检查和实验室检查，典型病例诊断一般不困难。国际上通用的诊断标准有《国际疾病分类》第 10 次修订版（International Classification of Diseases-10，ICD-10）和美国精神病协会的《精神疾病诊断与统计手册》（Diagnostic and Statistical Manual of Mental Disorders，DSM-IV）。国内主要采用 ICD-10，是指首次发作的抑郁症和复发的抑郁症，不包括双相抑郁。患者通常具有心境低落、兴趣和愉快感丧失、精力不济或疲劳感等典型症状。其他常见的症状是① 集中注意和注意的能力降低；② 自我评价降低；③ 自罪观念和无价值感（即使在轻度发作中也有）；④ 认为前途暗淡悲观；⑤ 自伤或自杀的观念或行为；⑥ 睡眠障碍；⑦ 食欲下降。病程至少持续 2 周。

（四）治疗原则

根据抑郁症的严重程度、复发频率，可以选择药物治疗、心理治疗、物理治疗（重复经颅磁刺激）等不同的治疗方法。在抑郁症临床治疗的同时，贯穿康复治疗，其中包括体育康复。

抑郁症治疗的几个原则：① 个体化治疗；② 剂量逐步递增，尽可能采用最小有效量，使不良反应减至最少，以提高服药依从性；③ 足量足疗程治疗；④ 尽可能单一用药，如疗效不佳可考虑转换治疗、增效治疗或联合治疗，但需要注意药物相互作用；⑤ 治疗前知情告知；⑥ 治疗期间密切观察病情变化和不良反应并及时处理；⑦ 可联合心理治疗增加疗效；⑧ 积极治疗与抑郁共病的其他躯体疾病、物质依赖和焦虑障碍等。

二、抑郁症的主要功能障碍

抑郁症分为单次或者多次反复的抑郁发作，抑郁症的表现主要有以下几点：

（一）心情低落

主要表现是显而易见又长期的心情低落。症状较轻的患者，对任何新鲜事物提不起兴趣，没有愉悦感，整日郁郁寡欢，情况严重的患者可能悲观绝望、度日如年。典型患者的抑郁心境有晨重夜轻的节律变化。在心境低落的基础上，患者会出现自我评价降低，产生无用感、无望感、无助感和无价值感，常伴有自责自罪，严重者出现罪恶妄想和疑病妄想，部分患者可出现幻觉。

（二）思维迟钝

抑郁症患者的思维比较迟钝，反应慢，联想能力较差，自己感觉就好像是"脑子生锈"一般，在临床上的主要表现为主动言语减少，声音低沉，语速缓慢，回答问题比较困难，症状严重者甚至无法进行正常交流。

（三）认知功能损害

抑郁症患者存在认知功能损害。主要表现为近事记忆力下降、注意力障碍、反应时间延长、警觉性增高，抽象思维能力差，学习困难，语言流畅性差，空间知觉、眼手协调及思维灵活性等能力减退。认知功能损害导致患者社会功能障碍，而且影响患者远期预后。

（四）意志活动衰退

抑郁症患者会呈现出显著持久的抑郁。他们通常行动缓慢，生活懒散，不想做任何事，不愿意与他人往来，有的会一整天躺在床上，闭门独居，疏远亲人朋友，回避一切社交活动。情况较为严重者，连日常吃喝等生理需求都无法解决，蓬头垢面，不修边幅，甚至发展为不语、不动、不食，称为"抑郁性木僵"，但仔细精神检查，患者仍流露痛苦抑郁情绪。伴有焦虑的患者，可有坐立不安、手指抓握、搓手顿足或踱来踱去等症状。严重的患者常伴有消极自杀的观念或行为。调查显示，我国每年有 28.7 万人死于自杀，其中 63% 有精神障碍，40%患有抑郁症。消极悲观的思想及自责自罪、缺乏自信心可萌发绝望的念头，认为"结束自己的生命是一种解脱""自己活在世上是多余的人",并会使自杀企图发展成自杀行为。这是抑郁症最危险的症状,应提高警惕。

(五)躯体症状

躯体症状主要有睡眠障碍、乏力、食欲减退、体重下降、便秘、全身疼痛、性欲减退、阳痿、闭经等。躯体不适的主诉可涉及各脏器,如恶心、呕吐、心慌、胸闷、出汗等。自主神经功能失调的症状也较常见。病前躯体疾病的主诉通常加重。睡眠障碍主要表现为早醒,一般比平时早醒 2~3 h,醒后不能再入睡,这对抑郁发作具有特征性意义。有的表现为入睡困难,睡眠不深;少数患者表现为睡眠过多。体重减轻与食欲减退不一定成比例,少数患者可出现食欲增强、体重增加。

三、抑郁症体育康复评定

(一)临床评定

对疑为抑郁症的患者,除进行全面的躯体检查及神经系统评定外,还要注意辅助检查及实验室检查。迄今为止,尚无针对抑郁障碍的特异性评定项目。因此,目前的实验室检查主要是为了排除滥用物质及躯体疾病所致的抑郁症。有两种实验室检查具有一定的意义,包括地塞米松抑制试验(DST)和促甲状腺素释放激素抑制试验(TRHST)。

(二)运动功能评定

身体成分评定采用 BMI、WHR、皮褶厚度、生物电阻抗体法测试。心肺耐力评定可以选择运动平板试验、功率车运动试验或六分钟步行试验。肌肉力量和肌肉耐力评定可选择握力、10 RM 或等动肌力测试仪测试。通过测量单关节或功能性动作方法评估关节活动度,对患者进行全方位的评定。

(三)疾病相关功能评定

1. 汉密尔顿抑郁量表

汉密尔顿抑郁量表(Hamilton Depression Scale,HAMD)由 Hamilton 于1960 年编制,是临床上评定抑郁状态时应用得最为普遍的量表。这项量表由经过培训的两名评定者对患者进行 HAMD 联合检查，一般采用交谈与观察的方式，检查结束后，两名评定者分别独立评分。在治疗前后进行评分，可以评价病情的严重程度及治疗效果。

HAMD 评估内容包括抑郁情绪、睡眠情况、身体机能、思想情况等项，此量表有 17 项、21 项和 24 项三种版本。其中的打分标准按照从无到轻度到中度到重度到极重度采用 0~4 分的 5 级评分法。少数项目采用 0~2 分的 3 级评分法。

2. 精神疾病预测量表

精神疾病预测量表（Mental Disorder Predictive Scale，MDPS）从现代医学模式出发，综合精神疾病发病的相关因素，从遗传、人格特征、心理防御机制、生活事件、社会支持等多方面考虑精神疾病发病的危险因素与精神疾病的常见症状。MDPS 是自评量表，含 12 个因子，分别为：家族和既往史、成长经历、个性内向、应激源、心理防御不良、社会支持缺乏、人格偏移、抑郁、躁狂、神经症、精神病性及掩饰（L）分量表，共 96 个条目。其中 L 分量表主要作为真实性评定方法，一般不作为抑郁症评定。MDPS 抑郁症评定主要采用其他前 11 项因子，量表采用"是"和"否"两级记分制，回答"是"记 1 分，"否"记 0 分，以总分及各因子分作为评定指标，分值越高，发病可能性越大。

3. 贝克抑郁自评量表

贝克抑郁自评量表（Beck Depression Inventory，BDI）是专门评测抑郁程度的量表。整个量表包括 21 组项目，每组有 4 句陈述，每句之前标有的阿拉伯数字为等级分。可根据一周来的感觉，把最适合自己情况的一句话前面的数字圈出来。21 组都做完后，将各组的圈定分数相加，得到总分。依据总分，就能了解自己是否有抑郁，抑郁的程度如何，得分越高，抑郁程度越重。

4. 爱丁堡产后抑郁量表

爱丁堡产后抑郁量表（Edinburgh Postnatal Depression Scale，EPDS），由爱丁堡大学 1987 年编制而成，是专门用于产后抑郁筛查的量表，该量表具有良好的信度和效度，在国外应用广泛。该量表用于临床之后，大量研究表明，EPDS 不仅可以用于产后抑郁的筛查，也可用于筛查妊娠期抑郁。1998 年，Lee 等将 EPDS 译为中文版，开始在中国地区使用，2009 年王玉琼对其进行修订，使其更符合内地语言习惯，广泛用于中国内地孕、产妇抑郁的筛查。

EPDS 共包括 10 个条目，每个条目描述分为 4 个等级，分别赋值 0~3 分，总分 0~30 分。需要注意的是产后抑郁症筛查工具的目的不是诊断抑郁症而是识别那些需要进一步临床和精神评估的女性。

（四）生活质量评定

生活质量是个人对于生活多方面的主观感受，是一种全面反映个人健康状况的综合指标。采用 SF-36 进行生活质量评定，了解疾病和治疗对患者生活质量的影响。

四、抑郁症体育康复治疗

（一）体育康复目标

减轻抑郁症相关症状，控制患者体重，增强患者心肺耐力和肌力，为抑郁症患者提供沟通的媒介。体育运动的干预对于抑郁症患者的身心健康都有非常大的帮助。

（二）体育康复方式

1. 有氧运动

慢跑、登山等有氧运动能改善心境和减少应激状态，可降低抑郁症的焦虑状态，使患者在放松的状态下调整情绪，从而使抑郁症状得以减轻。有氧运动在提高运动者体能的同时，能增加或改变运动者的体内意识，放大运动者对自身身体的满意程度，从而建立自信，形成更正面和积极的心态。

2. 集体性运动

针对抑郁症患者个性孤僻，难以融入群体的特点，指引他们参加集体性的运动项目，如排球、篮球、足球、多人游戏等，通过与其他人的团结合作达到建立自信，兴奋情绪，从而改善症状的目的。多项实验已经证明，通过集体性运动项目能够帮助抑郁症患者减轻症状。

3. 中国传统养生运动

八段锦是我国特有的民族体育文化遗产，蕴含中医脏腑、筋络、气息、阴阳等辩证思想，强调柔和缓慢、动静相兼、神与形合、气富其中，练习时要求形体活动、呼吸吐纳、心理调节三者相结合，实现天人合一。在这种自然松静的运动状态下，练习者无大量体力消耗，也无精神高度紧张，可以调节大脑皮质兴奋与抑制的转换，消除患者紧张与焦虑等不良情绪，使情绪趋于稳定平衡。因此八段锦通过对内在心、性、意的培养和锻炼，达到调节和改善锻炼者抑郁情绪的作用。最新研究发现，坚持习练八段锦可以有效降低抑郁症患者的抑郁水平。

太极拳动作柔和、徐缓、刚柔相济、内外协调、动静结合，是一种意识、呼吸和动作密切结合的运动，"以意领气、以气运身"，用意念指挥身体的活动，用呼吸协调动作，融武术、气功、导引为一体，是"内外合一"的内功拳。太极拳能有效地磨炼人的精神，发展人的心理素质，对抑郁症有良好治疗作用。

（三）抑郁症体育康复过程中的注意事项

1. 尽量选择集体项目

针对抑郁症孤僻、不合群的特点，可以引导患者参加集体性的运动项目。通过参与这些集体运动让患者体验到合作后取得成功的喜悦，提高参与的兴奋性和与他人合作的进取精神，树立自信心，培养患者与他人交流情感的能力，从而达到愉悦心身的目的。

2. 根据患者兴趣选择项目

在选择运动项目时，应该与患者的兴趣爱好结合起来，使参加者从活动项目中获得乐趣和愉快的感受，是有效治疗抑郁症的前提。由于每个人的兴趣爱好不同，选择自己最喜爱的运动项目，才能产生最大程度上的心理满足，收到治疗抑郁症的最佳效果。

3. 注意训练安全

心理疾患患者的体育锻炼，要在医生的指导下，根据疾病特点，进行合理的体育活动。要注意安全，注意疾病的适应证和禁忌证，避免发生事故。体育锻炼作为调节与治疗心理疾病的训练形式，不是一般的娱乐活动，要想达到心理转化的目的，必须制订合适的运动强度、运动频率和运动时间。尽管体育锻炼对心理疾病有调节与治疗作用，但它不可以完全替代心理咨询和药物的治疗作用。理想的治疗模式应是心理咨询、药物治疗与体育锻炼相结合，以缩短治疗周期，提高治疗效果。

五、抑郁症体育康复的效果

（一）对心理方面的积极作用

通过体育康复锻炼，能够稳定抑郁症患者的情绪，提高心理承受能力。同时有助于患者转移注意力、发泄情感、松弛紧张程度，消除情绪障碍，达到心理平衡。体育锻炼作为一种积极的心理活动，可以达到稳定抑郁症患者的情绪和提高心理承受能力的目的，从而降低抑郁症患者的抑郁状态。

（二）对生理方面的积极作用

体育锻炼作为"缓冲器"，使个体在面对应激时，反应强度减弱，自主神经，特别是交感神经反应也随之减弱，使免疫抑制程度降低或不出现，从而降低个体对应激生活事件所带来的紧张水平；长期保持体育锻炼可以使交感兴奋的强度阈值上调，从而在一定反应强度内，使机体内分泌减少，降低免疫抑制。交感神经的活动是情绪的生理基础，这种活动的减弱又反过来能进一步减少情绪的波动，达到良性循环。

第三节　焦虑症的体育康复

一、焦虑症概述

（一）焦虑症定义

焦虑（anxiety）是一种内心紧张不安，预感到似乎将要发生某种不利情况而又难以应付的不愉快情绪。焦虑症是焦虑性神经症的简称，是以广泛和持续性焦虑或反复发作的惊恐不安为主要特征的神经症。在焦虑症中，焦虑主要表现的是其不良情绪状态与现实情境的不相称，如过分的担心危险的威胁或不良后果，过度的紧张恐惧，疑虑不安，手足无措等。常伴有自主神经紊乱、肌肉紧张与运动性不安等表现。

（二）焦虑症的临床类型及表现

1. 广泛性焦虑

广泛性焦虑又称慢性焦虑，是焦虑症最常见的表现形式。以经常或持续存在的焦虑为主要临床表现。常同时伴有多种的自主神经症状，如胸闷、呼吸困难、口干、恶心、胃肠不适、尿频、尿急、出汗、面色潮红，以及肌肉紧张、头痛、注意力不集中、记忆力下降等症状。尽管患者也知道这是由主观上焦虑引起的，但因不能控制而颇为苦恼。

2. 惊恐障碍

惊恐障碍又称惊恐发作、急性焦虑发作，为一种常见的急性发作性临床症状群。主要表现为无原因的突然发作的、强烈的焦虑和恐惧，持续1~20 min，个别患者可历时较长，达1~2 h，由于常伴有明显的自主神经症状，患者可感到极度恐慌、害怕。此种症状可自行缓解，但会反复发作。

（三）焦虑症的病因

焦虑症的产生与遗传有明显关系，尤其以惊恐障碍更为明显，个性因素和社会心理性刺激因素是发病的次要病因和非特异性的诱发因素。随着经济发展产生的心理压力及紧张性生活事件频率增加，焦虑障碍明显增多。广泛性焦虑患者的紧张性生活事件明显多于惊恐障碍者。病理生理和神经生理的研究发现，多种神经递质的变化，如蓝斑、五羟色胺（5-HT）、γ-氨基丁酸（GABA）、去甲肾上腺素（NE）等都对焦虑障碍的发生起重要作用，其中尤以蓝斑、去甲肾上腺素能受体系统的作用对焦虑障碍的发病有重要影响。

二、焦虑症的主要功能障碍

（一）情绪障碍

焦虑症的情绪状态表现为一种强烈的紧张感，多为一定时间内的持续性紧张和不安。例如，莫名其妙的恐惧感，惧怕大祸临头，紧迫的灾难性的恐惧性的情绪体验。在焦虑症中，焦虑主要表现的是其不良情绪状态与现实情境的不相称，如过分的担心危险的威胁或不良后果，过度的紧张恐惧，疑虑不安，手足无措等。

（二）社会交往障碍

焦虑症患者由于受病情的影响，往往有主动回避热闹场合，不注意协调周围的关系、结交朋友和寻求他人的帮助，使患者社交活动、社会功能受到了影响。病情严重的患者，其日常生活、对事物的兴趣或爱好均可能受到影响，患者自觉注意力不集中，学习及工作能力下降，有的患者不得不调换工作或在家休养。即患者的社会功能及认知功能均受到一定程度的损害。

社会功能障碍与家庭关系不和睦及病情的严重程度呈正相关。焦虑症患者整日焦虑不安或紧张恐惧，会影响与家人的情感交流，使家庭关系日趋恶化，久之，使各种矛盾更加激化，形成不良循环。

（三）躯体功能障碍

惊恐发作时，常伴有剧烈的心跳和呼吸症状。由于患者自觉呼吸的空气不足，常导致过度换气，此时过多的二氧化碳被呼出，使血液向碱性偏移，从而产生双侧或一侧轻度手指麻木、刺痛。最严重者累及面部和四肢，特别是口周发麻。患者有头轻脚重的感觉，使惊恐更甚。部分患者有出冷汗、手抖，站立不稳的表现。少数患者有胃肠症状，如上腹不适、腹内空虚或腹痛。

广泛性焦虑症由于交感神经功能亢进和肌肉紧张，可导致一系列躯体症状，如心跳加快、心前区不适、胸闷、呼吸不畅、口干、尿频、便意、阳痿、月经期不适、头晕、疲乏、眼花、肌肉酸痛、头痛、震颤等，以及入睡困难、噩梦易惊等，早醒少见。如有早醒及症状晨重夜轻的特点，应与抑郁症进行鉴别。

（四）睡眠障碍

睡眠障碍是广泛性焦虑症最常见的临床症状之一，主要原因是患者长期的持续紧张和焦虑的情绪。目前关于睡眠障碍产生的机制还在研究中，可能与中枢神经系统不同层次网络兴奋及神经递质、神经调节物质失衡有关。长期失眠不仅会加重焦虑症患者的躯体症状，甚至有可能引发心脑血管疾病等严重后果。

三、焦虑症体育康复评定

（一）临床评定

心理障碍评定目前应用最广泛的为 WHO 颁布的 ICD-10 和 DSM-V。1948 年 WHO 颁布的 ICD-6 首次包括心理疾病，使心理疾病分类学的发展进入一个新时代。DSM 目前已经修订到第五版，即 DSM-V。DSM-V 对每一种心理障碍都有一套诊断标准。另外，还使用多轴分类法予以诊断，共 5 个轴，轴 Ⅰ：临床综合征；轴 Ⅱ：人格障碍和特定发育障碍；轴 Ⅲ：躯体疾病或状况；轴 Ⅳ：心理应激源的严重程度；轴 Ⅴ：前一年间社会适应的最高水平。

我国根据社会文化特点，参考了 ICD-10 和 DSM-Ⅳ，经中华精神科学会委员会通过，建立了《中国精神障碍分类和诊断标准》（第三版）（Classification and Diagnosis Criteria of Mental Disorder in China-3，CCMD-3）。CCMD-3 应用多维诊断标准，即症状学标准、病程标准、严重程度标准和社会功能评价标准综合判断，予以确定。

（二）功能评定

常用焦虑自评量表（Self-rating Anxiety Scale，SAS）及汉密尔顿焦虑量表（HAMA）进行功能评定。其中，SAS 是由 Zung 在 1971 年编制的，是一种评价焦虑主观症状的情绪自评量表。SAS 量表由 20 个条目构成，包括焦虑情绪、心悸、手足颤抖表现等，反映最近一周的感觉，分为 1~4 级评定，累积各条目得分。抑郁严重程度指数＝题目累计分 /80。抑郁严重程度指数在 0.5 以下者为无抑郁，0.5~0.59 为轻微至轻度抑郁，0.6~0.69 为中至重度抑郁，0.7 以上为重度抑郁。

汉密尔顿焦虑量表包括 14 个项目，为 0~5 级的记分法，各级标准为："0" 无症状、"1" 轻、"2" 中、"3" 重、"4" 极重。评定内容包含躯体焦虑和精神焦虑症状，反映焦虑症状的严重程度。

四、焦虑症体育康复治疗

（一）焦虑症的体育康复目标

降低患者精神紧张，缓解焦虑不安症状，改变其行为，使其回归正常生活、工作是焦虑症的体育康复目标。

（二）焦虑症的体育康复方式

1. 放松训练

放松训练是一种通过训练有意识地控制自身的身心活动，降低兴奋水平，改善机体功能紊乱的心理治疗方法。研究发现，通过集体放松训练治疗7周后，轻、中度焦虑症患者的焦虑程度明显减轻，并且放松训练简单易行，易于被接受。放松训练可以在晚上睡前进行，缓解紧张的同时也有助于改善焦虑症患者睡眠障碍的情况。在选择场地环境时，应注意室内安静整洁，温度适宜，光线柔和，治疗前患者不饮酒、咖啡、浓茶等，穿宽松的衣裤，电话关机等。

2. 有氧运动

有规律地从事中等强度的锻炼（60%~75%HRmax），能够改善患者情绪状态如焦虑、抑郁、紧张和疲劳。有氧运动项目的选择可以更具有集体性和娱乐性，如各种球类运动、跳舞等，不仅可转移集中于焦虑的注意力，同时能多与同学、同事等周围人交流、沟通，良好的人际关系也可有助于缓解情绪的紧张。

3. 民族传统体育运动

八段锦、太极拳等民族传统体育运动，讲究动静结合，形神合一。符合中医"阴平阳秘，精神乃治""形与神俱，而尽终其天年"的理论。《书古微（附禹贡说）》中亦有"主明则下安，以此养生则寿"，即通过练功保持心神安宁来协调脏腑的功能，使其各安其职，才能健康长寿，有心身俱调的功效。舒解、放松、凝神的习练方式，使人运动锻炼后抑郁、紧张、焦虑水平明显下降。研究显示，长期的八段锦锻炼，可以降低交感神经兴奋性，放松紧张的神经系统。

（三）焦虑症体育康复过程中的注意事项

1. 做好准备活动，控制运动强度

在进行体育运动前做好准备活动，一般 3~5 min，拉伸韧带肌肉，提高体温，减少运动损伤发生的概率。同时注意对运动强度的控制，目前公认促进心理健康最有效的锻炼方式为中等强度有氧运动，应循序渐进，切忌急躁。

2. 户外运动注意干扰

户外运动与大自然充分接触，有助放松心灵，排解压力。像户外步行、登山、漂流等都是对身心健康很有益的户外活动项目。但对于焦虑症患者，安排户外运动时需谨慎，因开放环境干扰因素较多，可能易影响焦虑症患者的情绪状态。

五、焦虑症体育康复的效果

（一）心理方面的积极作用

焦虑症的心理状态最为突出的是紧张和恐惧，往往来源于和现实不匹配的担心。在认知行为治疗的基础上，向患者解释焦虑的知识，帮助患者辨明焦虑来源于心理因素还是躯体疾病，引导其放松等，配合科学合理的运动，有助于转移注意力，排解发泄压力，缓解紧张的情绪，提升自信，建立乐观心态等。尤其部分焦虑症患者可能排斥就医，而对体育运动的接受度则要高得多，更加容易开展。

（二）生理方面的积极作用

无论是广泛性焦虑还是惊恐障碍，往往都伴随着大量躯体症状，甚至发作后担心再发，形成"对恐惧的恐惧"。研究表明，无论正常人还是患者，参加体育运动都可以减轻焦虑恐惧的程度。参加中等强度有氧运动 10 min 后，肌肉的紧张程度即可得到降低，这种作用可持续 1 h 左右。体育运动有助于神经系统兴奋性，平衡交感与副交感神经功能，减轻自主神经功能紊乱的症状。

（三）正视焦虑

心理学研究表明，焦虑虽然是一种痛苦，但它具有重要的适应功能。焦虑可帮助人们提高预见危险的能力，帮助人们不断调整自己的行为，学习应对不良情绪的方法和策略。焦虑并不都是有害的，适度的焦虑甚至是有益的，只有焦虑过度，焦虑无明确的诱因或只有微弱的诱因时，才能视为是病理性的。

第四节　其他心理疾患的体育康复

一、强迫症的体育康复

（一）强迫症定义

强迫性障碍（obsessive-compulsive disorder）是以不能为主观意志所克制，反复出现的观念、意向和行为为临床特征的一组心理障碍，简称"强迫症"。强迫症与性格甚至人格密切相关，常形成于幼年期，与父母管教过分严厉、苛刻、要求严格、循规蹈矩等有关。一般来说，道德观念强的人较之温和、灵活性强的人易于发生。

正常人也可出现一些强迫现象。例如，将写好的信投入信箱前要再看一遍是否封好，是否贴错邮票。出门时，房门关闭后再推一下看看是否已关好等。这些是处事仔细、谨慎，但不会反复出现，做了之后有安全感，不会认为是强迫而感苦恼，与病态的强迫观念或行动有本质的不同。

（二）强迫症的临床表现

1. 强迫观念

强迫观念是一种思维障碍，表现为反复而持久的观念、思想、印象，也可以是冲动念头。这些体验虽不是自愿产生的，但仍属于患者自己的意识。患者力图摆脱这些体验，但因为摆脱不了而紧张烦恼、心烦意乱、焦虑不安并出现一些躯体症状。

常见的强迫观念有：强迫怀疑、强迫注意、强迫联想、强迫恐惧、强迫意向等。

2. 强迫行为

强迫行为又名强迫动作，指重复一种无意义的行为。它继发于强迫观念或某个欲望，它可能是意在消灭灾祸，或防患于未然。但这种动作既不与现实联系，又明显是过分的，可患者却非做不可，做后能消除片刻紧张，但一会儿又感到不舒服，非再做不可。

常见的强迫行为有：强迫洁癖、强迫检查、强迫计数、强迫性仪式动作等。

（三）强迫症的体育康复评定

除采用 ICD-10 及 DSM-5 系统诊断外，强迫症功能评定主要采用布朗信念评定量表、强迫症症状分类量表、Marks 恐怖强迫量表等进行评定，同时强迫症患者常伴有焦虑、忧郁症状，还可以配合焦虑量表共同评估。

（四）强迫症的体育康复治疗

体育锻炼可以改善强迫症患者的机体状态，促进新陈代谢，强健体质，改善情绪，培养坚强的意志。体育锻炼与身体自尊、情绪稳定性、外向性格和自信心密切相关。加强力量训练会使个体的自我概念显著增强。合理安排体育锻炼和娱乐性活动有利于改善强迫症状，并能够培养健康的个性和稳定的情绪。

二、创伤后应激障碍的体育康复

（一）创伤后应激障碍定义

创伤后应激障碍（post-traumatic stress disorder，PTSD）是由于受到异乎寻常的突发性、威胁性或灾难性心理创伤，导致延迟出现和长期持续的精神障碍，又称延迟性心因性反应。少数患者可持续多年，甚至终生不愈。临床表现以再度体验创伤情景为特征，并伴有情绪的易激惹和回避行为。

（二）创伤后应激的临床表现

各种形式的反复发生的、闯入性的创伤性体验重现，反复出现错觉、幻觉甚至幻想；频繁出现内容清晰的、与创伤性事件关联的梦境或噩梦；回避与创伤有关的事物，包括具体的场景、有关的想法、感受和话题；还可有"选择性失忆"，害怕和避免想起遭受创伤的心情，把相关事件从自己的记忆中"抹去"。患者也可表现为淡漠、与人疏远、不愿意与人交流，对任何事物不感兴趣，甚至产生消极念头。

（三）创伤后应激障碍的体育康复评定

PTSD 的评定量表包括筛选量表和诊断量表两大类，筛选量表有创伤筛查问卷（Trauma Screen Questionnaire，TSQ）和 Breslau 筛选试验等。诊断量表中最有价值的是结构式访谈，但结构式访谈用时长、要求高。还有很多使用更简便的自评量表，如密西西比量表、事件影响量表等，也表现出相当高的临床价值。

（四）创伤后应激障碍的体育康复治疗

有氧运动与心境改变和减少应激有关，全身性、重复性、有节律的身体活动不需要太多的注意力，运动参加者通常将注意力集中自身的调整恢复上，对于心境的调节具有积极的意义。同时，长期规律的有氧运动有助于提升自我效能，在应对应激刺激时可能有更好的反应表现。

三、网络成瘾者的体育康复

（一）网络成瘾定义

成瘾行为（addictive behavior）指个体不可自制地反复渴求从事某种活动或滥用某种物质的行为。虽然知道这样做会给自己或已经给自己带来各种不良后果，但仍无法自主控制。成瘾行为可分为物质成隐和精神成瘾两种类型。物质成瘾包括吸毒成瘾、饮酒成瘾、服药成瘾等；精神成瘾包括网络成瘾、嗜赌成瘾、电子游戏成瘾等。成瘾行为不仅严重危害人们的身心健康，也成为当今世界有目共睹的社会问题和严重公共卫生问题。尤其是网络成瘾，已成为影响大学生学习、生活的主要负面因素之一。

"网络成瘾"又称"网络成瘾综合征（internet addiction disorder，IAD）"，指在无成瘾物质作用下的上网行为冲动失控，对互联网产生心理依赖，表现为由于过度使用互联网而导致个体明显的社会、心理功能损害。

（二）网络成瘾的临床表现

"网络成瘾"的概念，最初由美国心理学家格登博格（Goldberg）提出，随后，匹兹堡大学的金伯利·扬博士（Dr.Kimberly Young）发展完善了他的这一概念。按照金伯利·扬的观点，网络成瘾者主要有以下特征：① 耐受性增强，即成瘾者要不断增加上网的时间才能获得和以往一样的满足；② 出现戒断症状，如果一段时间（从几小时到几天不等）不上网，就会变得焦躁不安，不可抑制地想上网，时刻担心自己错过什么；③ 上网频率总是比事先计划的要高，上网时间总是比事先计划的要长；④ 试图缩短上网时间的努力总是以失败而告终；⑤ 花费大量时间在与互联网有关的活动上，比如安装新软件、整理和编辑下载大量的文件等；⑥ 上网使其社交、学习、工作等社会功能受到严重影响；⑦ 虽然能意识到上网带来的严重问题，但仍然继续花大量时间上网。

我国心理学专家认为，由于美国和中国的实际情况差异较大，因此并不能直接将此拿来作为我国青少年网瘾状况的研究依据。他们提出我国网络成瘾应以上网给青少年的学习、工作或现实中的人际交往带来不良影响作为标准，只要满足以下三个条件中的任何一个即可诊断：① 总是想着去上网；② 每当网线被掐断或由于其他原因不能上网时会感到烦躁不安、情绪低落或无所适从；③ 觉得在网上比在现实生活中更快乐或更能实现自我。

网络成瘾对青少年带来的危害是多方面的。躯体方面可导致视力下降、肌肉劳损、生物钟紊乱、睡眠节奏紊乱、食欲不振、消化不良、体能下降等。精神心理上则可能引起学习时注意力不集中，记忆力减退，逻辑思维迟钝，学习兴趣降低，缺乏时间感。沉迷于虚拟世界，逃避现实，情绪低落，为人冷漠，悲观消极。

青少年的鉴别能力还不够强，不能完全分辨网络中各种不健康的内容，也可造成青少年自我放纵，法律以及道德观念淡薄，人生观、价值观扭曲，可导致违法犯罪。

（三）网络成瘾的体育康复治疗

体育运动干预对于不同程度的网络成瘾情况均有改善，网络成瘾程度越轻改善效果越明显。有学者对体育锻炼对网络成瘾治疗进行了心理生理学解释：① 皮温学说，认为体育锻炼可以提高机体温度，与机体的焦虑感降低、压力缓解相关；② 儿茶酚胺学说，认为体育锻炼能够促进机体释放儿茶酚胺，对机体注意能力、情绪波动、运动、内分泌、心血管以及机体的应激反应等产生控制；③ 内啡肽学说，体育锻炼可以促使机体分泌内啡肽，并且与成瘾者机体内产生的5-TH进行受体竞争，内啡肽能够提高机体的运动愉悦感。

因此，体育锻炼不仅能减少上网时间，还可以改善压抑、低落情绪，以及自我效能，提高自信，并在运动过程中获得愉悦感，从而逐渐替代网络活动所带来的愉快感。运动还能促使患者更多的与他人、社会环境接触，增加社会交往，更有利于改善回避现实，只愿去网络寻求自身存在感的情况。

第十一章思考题参考答案

思考题

1. 针对患有孤独症、抑郁症、焦虑症心理疾患的患者，在进行体育康复的过程中，都有哪些需要重点考虑的地方？

2. 针对心理疾患的患者，是否任何体育项目都适用？

3. 患有心理疾患的患者在进行体育康复的过程中，应预防的突发状况有哪些？

4. 哪些体育项目有利于提升自我效能、增强自信？如何设计与患者兴趣、爱好相结合的体育运动项目？

5. 针对尚未成年的心理疾患患者，应采取哪种教育类的体育康复手段来促进其心理恢复？

实践训练题

1. 小孙是孤独症患者，平时喜欢自己一个人玩玩具，不喜欢与他人接触，并且他的父母总是感觉与孩子很陌生，想要通过体育康复拉近与孩子之间的距离，请根据此情况制订一份体育康复方案。

2. 王某是某大学在读学生，患有轻度抑郁症，平时喜欢自己跑步，但不敢与同学接触，尤其是陌生同学，平时患得患失，觉得别人都不在乎他，请

根据王某的情况制订一份体育康复方案。

3. 小刘35岁，因单位有重大项目需要小刘负责，时间紧、任务重，不久小刘出现了入睡困难、睡眠差、焦虑不安，后来心悸、紧张不安愈发明显，食欲变得很差，体力下降。请对他进行诊断，并为其设计一个体育康复方案。

4. 小张以优异的成绩考入某高校就读，但入学后总是达不到自己预想的期望，在室友带领下他学会了打网络游戏，在游戏中获得成就感和满足感。逐渐小张与同学交流渐渐减少，性格变得内向、自卑、情绪低落，并经常逃课，彻夜不归。经同学和班主任劝告，在一段时间内停止网络游戏，但出现周身不适、心烦意乱、易激动、上课注意力不集中、睡眠障碍等现象。请为小张设计一个体育康复方案。

在线测评题

（刘丰彬　大连大学）
（梁丹丹　合肥职业技术学院）

第十二章

常见恶性肿瘤的体育康复

本章导言

近年来，我国恶性肿瘤发病率和死亡率呈上升趋势，但总体上随着临床治疗方法的进步，癌症 5 年存活率大大提升，幸存者越来越多，康复的作用也逐渐显现。许多研究已证实，体育康复可以为恶性肿瘤患者带来益处，促进他们生存质量提升。本章主要介绍了恶性肿瘤患者运动前医学筛查、评估及运动测试，以确保安全地进行体育康复；介绍了恶性肿瘤患者体育康复的内容和方法，以及注意事项。在最后一节还着重介绍了乳腺癌对患者造成的主要功能障碍，以及体育康复评定与治疗方法。

学习目标

1. 了解恶性肿瘤治疗对机体功能的影响；了解乳腺癌及其患病危险因素。

2. 熟悉恶性肿瘤患者运动训练安全性和主要运动功能障碍及评定方法；熟悉乳腺癌的主要功能障碍及评定方法。

3. 掌握恶性肿瘤患者运动前医学筛查和肿瘤部位评估内容与方法及体育康复方法；掌握乳腺癌体育康复方法。

4. 了解恶性肿瘤防治和肿瘤体育康复是国家恶性肿瘤防控重要环节，树立学为国家、利归人民的爱国主义思想，扎实学好本章课程。

❈ 关键术语

恶性肿瘤（malignant tumor）：是指由内部因素（如遗传突变）和环境暴露（如吸烟的环境）造成 DNA 损害而引起的以细胞生长失控和异常扩散为特点的一类疾病。

乳腺癌（breast cancer）：是发生在乳腺上皮组织的恶性肿瘤。

癌症相关疲劳（fatigue related cancer）：是由于罹患恶性肿瘤或经历恶性肿瘤治疗患者所感受的身体上、情感上或认知上的持续性痛苦、疲乏无力或力竭感，并且这种感觉与最近的身体活动不成比例，严重干扰日常功能。

第一节　恶性肿瘤体育康复概述

恶性肿瘤治疗通常伴随着生理和心理方面的副作用和后遗症。针对恶性肿瘤的各种治疗方法会降低患者的心肺功能，使患者肌力和肌耐力减弱、骨骼健康度降低，使患者的免疫功能、认知功能减退，活动量下降，生活质量降低，使患者的脂肪量、体重或 BMI 指数增加，增加患者的炎症反应及淋巴水肿，提高痛觉及增加抑郁症状。运动可以增强恶性肿瘤患者的心肺功能，改善肌力与肌耐力，保持患者的骨密度水平，帮助他们控制体重、降低 BMI 指数，提高患者关节活动度、身体柔韧性和身体平衡能力，降低患者疲倦感；另外，运动还能够改善恶性肿瘤患者的情绪，帮助患者放松，改善睡眠，将日常关注的焦点从疾病转移到健康，使其独立和有自尊。

一、恶性肿瘤治疗对机体功能的影响

恶性肿瘤可以发生在一生中的任何年龄段，但老年人最常见，大约 76% 的恶性肿瘤是在 55 岁或更大年龄时被诊断出来的，因此，恶性肿瘤患者有伴发疾病的可能性很大，如心肺疾病、糖尿病、骨质疏松和关节炎等。恶性肿瘤的治疗方法因类型、疾病阶段、亚型、患者健康水平和许多其他考虑因素而异。恶性肿瘤治疗的方式包括手术、放疗和全身治疗（包括细胞毒性化疗）、靶向药物（包括免疫检查点抑制剂）治疗、免疫治疗及激素治疗。在消灭癌细胞的过程中，一些治疗方法也会破坏健康组织。在治疗中和治疗后可能会给患者造成一些限制运动能力的副作用。此外，由于有氧能力、肌肉组织和关节活动度的下降，总体身体功能普遍降低。即使在 5 年存活率或有后期治疗的恶性肿瘤患者中，也有一半以上患者有身体活动能力受限，包括屈膝 / 站立 2 h，举重 / 负重 4.5 kg 和步行 400 m 能力下降。

为了更好地评估恶性肿瘤患者的运动耐量并制订安全有效的运动计划，体适能专业人员有必要了解患者恶性肿瘤的类型和程度（如肿瘤分期），还必须熟悉常见的恶性肿瘤治疗方法及其可能引起的副作用和症状（表 12-1-1），以及其对运动耐量的影响。

▶ 表 12-1-1　各类恶性肿瘤治疗对机体的影响

		手术	化疗	放疗	抗激素治疗（手术或药物）	靶向治疗或免疫治疗
心血管改变	心脏损伤或增加的心血管疾病风险		✓	✓	✓	✓
内分泌改变	骨骼健康水平恶化		✓	✓	✓	
	身体成分的改变（体重增加）		✓		✓	
	身体成分的改变（体重减少 / 肌肉质量减少）	✓	✓	✓		✓
胃肠道改变	恶心		✓			✓
	腹泻		✓	✓		✓
	胃肠功能变化	✓				✓
免疫改变	免疫功能损伤和 / 或贫血				✓	
代谢改变	发展 / 恶化的代谢综合征		✓			✓
神经改变	周围神经病变		✓			
	认知功能变化	✓（脑部手术）	✓	✓	✓	
肺部改变	肺功能变化或肺炎	✓（肺部手术）	✓	✓		

		手术	化疗	放疗	抗激素治疗（手术或药物）	靶向治疗或免疫治疗
皮肤改变	红肿、炎症			√		
	皮疹			√		√
	关节活动度（ROM）减少	√		√		
疲劳		√	√	√	√	√
淋巴水肿		√		√		
疼痛	一般性	√	√	√	√	√
	肌肉疼痛／关节疼痛		√		√	√

　　康复治疗师在对恶性肿瘤患者进行康复时，建议与肿瘤治疗团队密切合作，因为患者的治疗方法经常改变，并且也需理解新治疗的副作用。恶性肿瘤治疗对运动耐量的影响可能进一步取决于患者在得病前的健康状况和功能水平。此外，康复治疗师也应意识到恶性肿瘤患者通常还面临许多其他问题，如预期寿命、就业问题和家庭问题，这些问题可能会限制他们生活中选择体育锻炼的优先次序。

二、恶性肿瘤患者运动训练的安全性和主要运动功能障碍

（一）运动训练的安全性

　　运动对于恶性肿瘤患者而言一般来说是安全的。但大多数关于癌症治疗期间和治疗之后的运动安全性和有效性的证据来自监督和／或基于家庭的运动处方的随机对照试验（RCT），并且实验研究主要针对乳腺癌患者得出的结论。因此，参与研究的患者通常是符合研究者预先规定的年龄、共同疾病、身体能力的入选资格标准，并且愿意参与研究，这往往会导致入选患者更健康或具有更高的身体功能和锻炼动机，由此得出的研究结论可能无法完全推广到更广泛的恶性肿瘤患者群体。

（二）主要运动功能障碍

恶性肿瘤患者运动耐受力受损并波动性较大。体育运动对非肿瘤患病人群有切实的好处，肿瘤患者是否能够耐受已知或假设的运动量是有效提高他们身体素质的重要考量。根据目前的研究，恶性肿瘤患者可以对运动训练刺激作出积极反应，通过运动锻炼可改善其身体素质的各个组成部分，包括心肺功能（如 $\dot{V}O_2peak$）、肌力与肌耐力和身体成分。然而，由于恶性肿瘤治疗对生理系统的直接影响（如贫血）、恶性肿瘤治疗的副作用（如恶性肿瘤相关疲劳可能降低运动耐受性）或增龄等人口统计学因素影响，不同患者对特定运动刺激的反应可能是有差异的。此外，在患者治疗期间，对运动的耐受能力可能每天或每周都有变化。

1. 有氧耐力下降

对于心肺功能，在化疗期间，通过 $\dot{V}O_2peak$ 或六分钟步行试验测量发现，恶性肿瘤患者心肺适能明显下降。随机对照试验表明，在辅助化疗期间进行有氧运动使心肺功能得到了保持或改善。辅助化疗期间的有氧运动对心肺功能的改善取决于心功能、血容量等中心性适应和肌肉血管形成、线粒体酶功能改善等外周适应，似乎不会刺激更多的红细胞生成。

2. 肌肉力量和肌肉耐力下降

对于肌肉力量，由于恶性肿瘤治疗导致的机体功能失调或副作用，肌力和肌耐力的损失是常见的。例如，雄激素剥夺治疗（androgen deprivation therapy，ADT）通常用于前列腺癌的治疗，它会导致瘦体重突然减少，同时肌力和肌耐力也会下降。由于缺乏睾酮的合成代谢动力，使用 ADT 的患者可能无法通过抗阻训练来增加瘦体重；然而，一些采用抗阻训练或与有氧训练相结合的实验研究报道，经过 12~36 周的训练后，瘦体重有小幅提高。也有研究表明，在使用 ADT 治疗或机体功能失调的状态下进行抗阻训练，虽然增加肌肉质量的作用微小，但仍然可以有效地提高肌肉力量。

3. 身体成分改变

在某些恶性肿瘤的治疗过程中，体重和瘦体重的丢失是常见的问题，维持体重可能很困难，如晚期结肠癌、肺癌和胰腺癌。而体重增加又可能是化疗、乳腺癌的抗雌激素治疗或前列腺癌的抗雄激素治疗的常见副作用。如果体重和瘦体重的丢失可能是治疗的副作用，那么康复治疗师需要确保运动训练不会造成过多的能量丢失（即能量消耗超过足够的膳食能量和营养摄入），从而导致体重减轻并加重疲劳。与有经验的肿瘤营养师合作，可以得到饮食调整的建议，在运动期间和运动后保证足够的能量物质利用和替代。

对于可能体重增加和/或肥胖的患者，康复治疗师应注意与运动相关的安全考虑，包括骨骼功能限制和心血管疾病风险。如果减重作为这类人群的健康目标，那么康复治疗师应该与营养师合作，以补充运动计划的饮食建议。

4. 柔韧性改变

手术可导致关节活动度的降低，以及肌肉、肌腱、筋膜和皮肤的延展性暂时性或永久性的缩小。康复治疗师应了解手术部位，如观察到异常活动，应调整建议的动作，以避免对身体其他结构造成异常劳损，并考虑推荐解决机体活动受限的物理治疗方法。

第二节　恶性肿瘤体育康复评定

一、恶性肿瘤患者运动前医学筛查

考虑到肿瘤类型的多样性和不同癌症治疗的副作用，包括心血管疾病的恶化，恶性肿瘤患者在开始运动计划之前是否需要医学许可（即医学专业人员批准进行运动）这一问题始终备受关注。美国运动医学学会更新了其针对所有人的准备运动指南，尝试取消对运动期间发生不良心脏事件的风险较低个体的医疗许可要求，从而减少进行运动锻炼的障碍。评估非癌症共病患者的医学许可必要性的指南，应同时适用于恶性肿瘤患者，以尽量减少其发生运动相关的不良事件风险。但是 ACSM 的指南没有明确指出恶性肿瘤治疗副作用导致的不良事件和/或运动损伤的风险。因此，可以参考美国国家综合癌症网络（National Comprehensive Cancer Network，NCCN）发布的生存指南，以确定何时需要医学专业人员进行医学检查和/或进一步医学评估，以及恶性肿瘤患者在运动训练期间的监督水平，以确保在疾病和治疗相关副作用状态下的运动安全性。

二、恶性肿瘤患者运动前医学评估及运动测试

恶性肿瘤的诊断和治疗对身体的多个系统造成挑战，包括运动系统和/或运动可能影响到的系统。例如，乳腺癌术后患者因淋巴结切除，更易引起手术侧对炎症和损伤产生剧烈反应，限制运动测试和运动处方的实施。恶性肿瘤及恶性肿瘤治疗潜在影响了健康相关的身体素质，如心肺功能、肌肉力量和肌肉耐力、身体成分、柔韧性以及神经肌肉控制能力。

对于正在接受治疗或治疗后的恶性肿瘤患者，在进行运动测试和制订运动处方前，明确恶性肿瘤对患者的影响是很重要的。每一个恶性肿瘤患者都有其独特的经历和反应。由于这类疾病患者的多样性，ACSM 推荐的恶性肿瘤患者运动前评估的安全指南侧重于常规性，以及恶性肿瘤部位特异性医学评估（表 12-2-1）。

▶ 表 12-2-1　ACSM 推荐的恶性肿瘤患者运动前评估的安全指南

肿瘤类型	乳腺癌	前列腺癌	结肠癌	成年人血液系统癌症（非HSCT）	成年人HSCT	妇科肿瘤
运动前常规医学评估推荐	推荐评估治疗后任何时候的周围神经和肌肉、骨骼的继发性病变。如果采用激素治疗，推荐进行骨折风险评估。对于已知存在骨骼转移性疾病的个体，在开始运动之前需要通过评估辨别其安全性。对于已知患有心脏疾病的患者（继发于恶性肿瘤或原发心脏疾病），需要进行运动前安全性的医学评估。有些骨骼转移性病变或者继发于肿瘤治疗的心脏毒性作用的风险广泛地存在于恶性肿瘤患者中，康复治疗师可以咨询患者的治疗团队以发现相关问题。然而，并不推荐对恶性肿瘤患者进行针对转移性病变和心脏毒性作用的特殊医学检测，因为这将对大多数可能没有发生转移性病变和心脏毒性作用的恶性肿瘤患者获得运动带来的公认的健康益处造成不必要的障碍					
运动前恶性肿瘤部位特异性医学评估推荐	上半身运动之前进行上肢和肩部的评估	评价肌肉力量和肌肉萎缩情况	造瘘的患者在参与大于步行强度的运动之前，应评价其是否已经建立连续的、主动的感染预防措施	无特异性	无特异性	患者伴有严重肥胖时的运动风险超过恶性肿瘤部位特异性带来的运动风险，为增加其活动的安全性需要额外的医学评估。在进行较大强度有氧运动或抗阻运动前推荐对下肢淋巴水肿进行评估

注：HSCT，造血干细胞移植。

三、恶性肿瘤患者运动测试注意事项

标准运动测试方法通常用于不需要运动前医学评估或已获得医学许可的恶性肿瘤患者，注意事项如下：

（一）临床病史采集

在进行健康相关的身体素质测试与评定或者制订运动处方之前，应当明确患者病史、并发的慢性疾病、健康状况及运动禁忌证。

（二）注意肿瘤治疗的毒性反应

熟悉最常见的肿瘤治疗所致的毒性反应，包括骨折风险、心血管事件、与特殊治疗相关的神经病变和肌肉、骨骼的继发性病变。

（三）需要进行身体素质评定

为了评定恶性肿瘤相关的疲劳或者其他影响功能的常见症状对身体素质要素的影响，进行健康相关的身体素质测评是有必要的。

（四）运动试验时的医务监督

尚无证据表明恶性肿瘤患者进行症状限制性或最大运动测试时，医务监督水平与其他人群不同。

（五）无骨转移的肿瘤患者进行力量测试安全

循证医学相关文献指出，无骨转移的乳腺癌和前列腺癌患者进行 1 RM 测试是安全的。

（六）有骨转移的肿瘤患者禁止进行患部力量测试

在骨转移或已知或疑似骨质疏松的患者中，对附着和 / 或作用于有骨病变的骨骼部位的肌肉组织，应避免常规的肌肉力量和 / 或肌肉耐力评估。例如，对于股骨近端（即髋关节）或椎骨有骨转移的患者，应避免进行腿部力量的 1 RM 测试，如蹬腿力量测试。其他没有病变的部位可以检测。如果患者上半身没有病变，在没有其他禁忌证的情况下，1 RM 的卧推测试或 1 RM 的坐式划船是可行的。根据特定场所／设施的执业范围或协议，来自骨科或放射肿瘤学医师的医疗许可是必需的。

（七）老年患者或接受神经毒性化疗的患者需进行平衡、跌倒和活动能力评定

评定平衡和活动能力等与跌倒相关的因素的标准方法可能特别适用于老年患者和／或接受神经毒性化疗（典型的乳腺癌、结肠癌、肺癌、卵巢癌）的患者。

（八）运动前需要进行心血管疾病筛查

心血管疾病已成为预后良好的恶性肿瘤患者发病率和死亡率的其他重要死因。考虑到潜在心血管疾病的可能性，在准备进行运动前心肺运动试验时，需要对恶性肿瘤患者进行心血管疾病筛查。

第三节 恶性肿瘤患者的运动处方

在恶性肿瘤治疗过程中，运动不仅安全可行，也可以一定程度改善患者身体机能和生活质量。体育康复的总目标是降低恶性肿瘤治疗带来的副作用，改善恶性肿瘤患者日常生活功能，提高他们的生活质量。针对这一目标，可以制订合理的、个性化的运动处方。

一、ACSM 推荐的运动处方

根据运动处方制订的 FITT 原则，ACSM 针对恶性肿瘤患者给出的运动处方建议，如表 12-3-1 所示。

▶ 表 12-3-1　ACSM 针对恶性肿瘤患者的 FITT 建议

	有氧运动	阻抗训练	柔韧性练习
运动频率	3~5 d·周$^{-1}$	2~3 d·周$^{-1}$	≥2~3 d·周$^{-1}$，每天进行效果最佳
运动强度	中等强度（40%~59%$\dot{V}O_2R$；64%~75%HRmax；PRE 12~13）到较大强度（60%~89%$\dot{V}O_2R$；76%~95% HRmax；PRE 14~16）	从低阻抗（如<30% 1 RM）和最小增量进程开始	在 ROM 耐受程度下进行
运动时间	75 min·周$^{-1}$ 较大强度或 150 min·周$^{-1}$ 中等强度活动或两种运动强度结合	每组练习至少重复 8~12 次，1~3 组·次$^{-1}$	10~30 s 的静止拉伸
运动方式	使用大肌肉群进行较长时间、有节奏的运动（如走路、骑自行车、游泳）	针对主要肌群的负重练习，阻抗器械练习或负重功能任务（如坐-站练习）	主要肌群的拉伸或 ROM 练习。注意由于固醇类药物、辐射或手术引起的关节或肌肉受限部位的练习

　　恶性肿瘤患者在治疗中和治疗后应该避免体力活动不足的状态。但是尚无充分的证据提供用 FITT 原则制订运动处方的精确建议。最近 ACSM 成年人恶性肿瘤患者运动指导专家团队对所有类型的恶性肿瘤（如乳腺癌、前列腺癌、结肠癌、血液肿瘤和妇科恶性肿瘤）患者进行回顾之后概括指出：有充分的证据说明恶性肿瘤患者在治疗中和治疗后进行运动是安全的。总体来说，恶性肿瘤患者运动建议的组成与美国癌症协会关于恶性肿瘤患者每周至少 5 d、每天 30~60 min 的中等到较大强度体力活动的建议是一致的。值得注意的是，应用 FITT 原则向恶性肿瘤患者推荐运动处方参考文献很少。目前可参考美国健康与人类服务部（DHHS）的体力活动指南（PAGs）（表 12-3-2）。应特别注意，如果没有明确患者生存期内和不同运动场所的运动医务监督时，不该向患者推荐运动处方。康复治疗师应该根据每个患者的具体情况，判断并确定其运动医务监督水平。

▶ 表 12-3-2　美国恶性肿瘤患者 DHHS 体力活动指南（PAGs）变更概述

肿瘤类型	乳腺癌	前列腺癌	结肠癌	成年人血液系统（非HSCT）	成年人HSCT	妇科肿瘤
基本陈述	避免休力活动过度不足，手术后尽快恢复到正常的日常水平，在非手术治疗期间或之后，尽可能更多地参加运动，对已经发生转移性疾病的患者需要调整运动处方以确保运动的安全性提高医务监督力度				可以每天运动，降低PAGs运动强度延级进度	建议与向同年龄段的美国人推荐的PAGs相同。对严重肥胖、对心脏患者应提高医务监督水平，避免骨折，对心脏
有氧运动（运动量、强度和进度）	建议与向同年龄段的美国人推荐的PAGs相同					
有氧运动方的恶性肿瘤部位特异性建议	应明白骨折潜在风险	应明白骨折潜在风险	造瘘后的患者参加增大运动要经医生允许	无特殊要求	注意四较大强度过度训练对免疫系统的影响	对于有未稍神经病变的患者，功率车运动是一种更可取的方式
抗阻运动（运动量、强度和进度）	调整推荐意见，见下述	建议与向同年龄段的美国人推荐的PAGs相同	调整推荐意见，见下述	建议与向同年龄段的美国人推荐的PAGs相同	调整推荐意见，见下述	
抗阻运动处方的恶性肿瘤部位特异性建议	至少进行16次医务监督下的抗阻练习，逐用低负荷上限，注意缓慢运动进度，对此类患者及时有限力负荷上限，包括淋巴水肿、根据局部症状的反应减经负荷或停止特殊运动（例如，停止运动2周低负荷的抗阻运动优于中止运动2周，应明白此人群有骨折风险	对进行根治性前列腺切除术的患者应加强盆底肌练习，应明白此人群有骨折风险	与向同年龄段的美国人推荐的PAGs相同，对有造瘘口的患者应采用低负荷的抗阻运动并缓慢进度以避免形成疝合口疝	无特殊要求	对BMT患者来说，抗阻运动可能比有氧运动更重要	尚无关于子表面继发于妇科恶性肿瘤的下肢淋巴水肿患者的抗阻运动安全性数据。这种状态管理更很复杂。很难用已发现的上肢淋巴水肿取代，对可能的上肢淋巴结切除或者进行淋巴结以水肿取代，对盆腔沟淋巴结切除或者进行淋巴结放射治疗的患者应注意进度
柔韧性练习（运动量、强度和进度）	与向同年龄段的美国人推荐的PAGs相同		与向同年龄段的美国人推荐的PAGs相同，对造瘘患者应注意避免增加腹内压	与向同年龄段的美国人推荐的PAGs相同		
运动注意事项（例如，瑜伽、功能性练习和普拉提提）	只要注意上肢和肩部的病变，瑜伽是安全的，但是参加增加宫体育体育的此项运动是安全的，尚无功能性练习和普拉提拉提供的证据	缺少研究	对造瘘患者应避免游泳和接触性运动。缺少研究	缺少研究		

345

二、制订运动处方的注意事项

（1）需要意识到运动对在接受治疗患者的症状的影响是高度可变的。

（2）与健康成年人相比，恶性肿瘤患者可能需要较慢的运动进阶速度。如果运动进度导致疲劳或其他常见的不良症状，则应将运动处方的 FITT 原则降低到更好的耐受水平。

（3）当恶性肿瘤患者可耐受推荐的运动方案，且没有因活动而加重症状或治疗副作用的情况下，可以逐渐增加运动时间。有氧运动的频率应从目前的体力活动水平逐渐增加到 3~5 d/ 周。

（4）如果耐受性良好且无不良症状或副作用，则运动处方可与健康人群相同。

（5）对于正在接受治疗或刚治疗后不久的恶性肿瘤患者，由于静息心率和最大心率的变化，心率储备（HRR）在监测有氧运动强度方面可能不太可靠；建议教育恶性肿瘤患者使用 RPE 或使用最大心率百分比（HRmax）来监测运动强度。

（6）患有淋巴水肿的恶性肿瘤患者在进行抗阻运动时应佩戴压力套袖或压力裤。

（7）乳腺癌和妇科癌症患者进行抗阻运动计划时应该考虑给予监督。

（8）即使在积极治疗期间也可以进行柔韧性训练。重点关注因手术、使用皮质类固醇和 / 或放射治疗导致 ROM 损伤的关节。

（9）即使是那些目前正在接受全身性恶性肿瘤治疗的患者，在 1 个月内也可以增加每日的体力活动。

（10）每天几次短促的活动可能比一次性活动更有用，特别是在积极治疗期间。

第四节　恶性肿瘤患者运动注意事项

90%以上的恶性肿瘤患者在某些时间段将经历肿瘤相关疲劳。在接受化学治疗和放射治疗的患者中，运动能力可能会受到限制。在一些病例中，治疗结束后的疲劳会持续数月或者数年。适当的体力活动不会增加疲劳，无论如何，恶性肿瘤患者应避免体力活动不足的状态。

骨是很多恶性肿瘤的常见转移部位，尤其是乳腺癌、前列腺癌、肺癌。为了减少骨折风险，发生骨转移的恶性肿瘤，需要调整运动处方，如减少撞击性运动、降低运动强度和减少运动量。

对患有消化道恶性肿瘤患者而言，恶病质或肌肉萎缩是普遍存在的，这些变化对运动能力的限制与肌肉萎缩的程度有关。

应该明确，当患者处于免疫抑制状态，如骨髓移植后使用免疫抑制剂的患者，或进行化疗或放射治疗的患者，他们在家或者在医疗机构进行运动活动比在公共健身区域更安全。

体内留置导管、中心静脉置管或保留胃管的患者和接受放射治疗后的患者都应避免进行游泳运动。

患者接受化疗期间可能会反复出现呕吐和疲劳，因此在症状明显时期要经常调整运动处方，如降低运动强度、减少运动的持续时间等。

应该时刻关注患者进行体育锻炼的安全性，ACSM建议的恶性肿瘤患者开始运动和终止运动的禁忌证与损伤风险如表12-4-1所示。此外，NCCN的指南也根据特定的恶性肿瘤患者给出运动性安全建议（表12-4-2）。一般来说，严重贫血、恶病质或者继发感染的患者术后不应立即进行运动。恶性肿瘤患者与其他人群一样，应该权衡进行体力活动和缺乏体力活动造成的风险。当然，若在运动中经历异常情况，如头晕、恶心、胸痛也应该像其他人群一样及时终止运动。

▶ 表 12-4-1　开始运动和终止运动的禁忌证与损伤风险

肿瘤类型	乳腺癌	前列腺癌	结肠癌	成年人血液系统(非HSCT)	成年人HSCT	妇科肿瘤
开始运动时的常见禁忌证	应保证手术切口愈合的时间,通常需要8周,这期间的患者可经历发炎、极度疲劳,显著疲劳或运动中失调,可遵循ACSM为心血管疾病和肺部疾病患者制订的运动禁忌证。与放疗和化,以及手术的长期影响相比较,手术后恶性肿瘤患者运动中的心血管事件发生率比较高					
参加运动的特殊禁忌证	有继发于乳腺癌治疗的急性上肢和肩部问题的妇女应在参加上半身运动之前解决这些问题	无特殊要求	造瘘的患者需经过医生的允许才能参加接触性运动(冲撞的风险)和负重运动(疝气的风险)	无特殊要求	无特殊要求	伴有肿胀或腹部、腹腔疝构或下肢炎症的患者应在参加下半身运动之前寻求医疗保健以解决这些问题
终止运动的肿瘤特异性原因(ACSM终止运动指南通常不包括此类人群)	上肢或肩部症状加重或水肿时应减少或避免上半身运动,直至通过医学评估和治疗解决这些问题	无特殊要求	瘘管突出,造瘘术所致的全身性感染	无特殊要求	无特殊要求	伴有肿胀或腹部、腹腔疝构或下肢炎症的患者应减少下半身运动,直至通过医学评估这些问题
常见损伤的风险问题	骨转移患者应通过改变运动强度,持续时间调整他们的运动计划,以降低骨折风险。治疗中或治疗后的患者,应根据耐受能力逐次改变,根据治疗日程以保证运动的安全性				进行化疗或放疗到影响免疫力受到影响而有较高的感染风险。应注意减少到癌症的感染风险,对发生骨转移性病变的患者应调整运动处方并增加骨监督力度以避免	应注意减少到癌症的感染风险,对发生骨转移性病变的患者应调整运动处方并增加骨监督力度以避免
特异性损伤风险的急救程序	应该进行上肢和肩部的运动,但是又可能出现的损伤应加强防护,尤其是乳腺癌患者,对伴有淋巴水肿的患者,运动时应穿戴松紧适宜的服装。应明确有骨质疏松症或有骨转移症治疗,有骨转移患者的骨折风险	应明确应用ADT治疗、有骨质疏松症患者的骨折风险	对造瘘术的患者应特别注意避免腹压升高	当多发性骨髓瘤患者发生骨质疏松时,应给予治疗	无特殊要求	应该进行下半身运动,但是对可能出现的损伤应加强防护,尤其是在下肢或盆腔水肿的妇科肿瘤患者。对伴有淋巴水肿适宜的患者,运动时应穿戴松紧适宜的服装。应明确有骨质疏松症或有骨转移症治疗,有骨质疏松症或有骨转移患者的骨折风险

▶ 表 12-4-2　NCCN 恶性肿瘤患者运动安全性建议

注意事项	建议
骨质丢失 / 骨转移	（1）避免进行会对脆弱的骨骼部位造成过高负荷的活动。包括：高冲击载荷，躯干的过度弯曲或过度伸展，以及动态扭转运动 （2）应根据具体的骨损伤部位修改运动计划 （3）鉴于跌倒在骨折病因中的重要作用，预防跌倒也是一个必要的治疗目标 （4）了解患者骨转移的迹象和症状，以及发生转移的常见部位（即脊椎、肋骨、肱骨、股骨、骨盆）。骨痛可能是骨转移的初始迹象，因此，在继续运动前康复治疗师需将报告疼痛的患者转介给医疗团队进行临床评估
淋巴水肿	（1）运动时穿紧身衣，以防止或减少乳腺癌相关上身淋巴水肿的症状。建议康复治疗师将此信息作为患者教育的一部分提供，并遵从患者对使用压缩套管的偏好 （2）超重或减肥与患恶性肿瘤相关淋巴水肿的风险较高有关，目前没有足够的证据表明减肥或改善有氧健身可以降低患恶性肿瘤相关淋巴水肿的风险
老年人	（1）老年癌症患者报告的身体问题，如认知困难、神经病变、肌肉减少、肌肉无力、速度减慢和疲劳，可能与没有恶性肿瘤的老年人相似，但恶性肿瘤治疗可能加速这些机体功能的下降 （2）康复治疗师需进一步结合 ACSM 的老年人运动指南给出建议 （3）在开始运动计划之前，对体能和功能进行评估，以更准确地确定基线功能能力
造瘘术后	（1）开始运动前清空造瘘袋 （2）举重 / 阻力练习应该从低阻力开始，在训练有素的运动专家的指导下逐步进行 （3）造瘘术后患者可能会增加造口旁疝的风险。为了调节腹内压，需要正确的升降技术和良好的姿势。避免使用 Valsalva 动作 （4）修改任何导致腹内压过大的核心练习，即有压迫感或观察到的腹部隆起的练习 （5）回肠造口术的患者脱水的风险增加。需获取在运动过程中保持最佳水合的医学建议 （6）患者进行接触性运动或其他对造瘘口有损伤风险的运动时，可佩戴造口术保护器 / 防护罩
周围神经病变	（1）在进行运动前，应评估患者的稳定性、平衡性和步态 （2）如果疾病影响患者稳定性或使用带安全扶手的跑步机，可考虑其他有氧运动（固定自行车、水上运动） （3）阻力训练建议：手持重物时，需注意是否有手部不适；考虑使用带有柔软 / 橡胶涂层的哑铃，或佩戴有衬垫的手套；考虑使用自由调节重量的阻力器械
干细胞移植	（1）鼓励家庭锻炼 （2）建议免疫系统完全恢复后再返回健身房进行锻炼 （3）从低强度开始，短持续时间，高频率，运动量缓慢增加 （4）每天的运动量（运动强度和持续时间）应根据个人的表现进行调整

续表

注意事项	建议
肿瘤相关症状群	（1）在恶性肿瘤治疗期间和晚期疾病患者中，恶性肿瘤治疗后的相关症状和副作用很少单独出现，一般呈现症状群（即疲劳、疼痛、睡眠障碍） （2）康复治疗师必须意识到这些症状的复杂性，并准备好在患者出现安全问题或目标症状（如疲劳）未按预期反应时，将其送回医疗团队（即康复或肿瘤科医生、全科医生或护士）进行症状复查和管理
阳光相关安全	（1）除了黑色素瘤患者外，其他原发部位的恶性肿瘤患者继发性皮肤癌的风险也会增加 （2）康复治疗师应该建议恶性肿瘤患者在户外运动时注意防晒

第五节　乳腺癌患者的体育康复

乳腺癌是女性最常见的恶性肿瘤，发病率和死亡率都居首位，严重危害女性健康，是我国重点防治的恶性肿瘤之一。

一、乳腺癌概述

乳腺癌是发生在乳腺上皮组织的恶性肿瘤，占总癌症病例的 23%，死亡人数占总癌症死亡人数的 14%，居女性恶性肿瘤发病率和死亡率第一位，严重危害女性健康。据报道，世界年新发患者约为 138 万例，年死亡人数达 45.9 万例。我国每年女性乳腺癌发病约 24.9 万人。近年来，我国乳腺癌发病以每年 3%~4% 的速度增长，且早期发现率较低，大部分患者有症状后才去医院求治，Ⅰ期乳腺癌就诊率仅约为 20%。有研究发现，早期发现和早期治疗，可使乳腺癌死亡率稳步下降，提高 5 年生存率。

（一）病因、危险因素及发病机制

乳腺癌的发病原因尚不明确，认为可能与体内雌激素水平较高、不良生活方式、遗传因素及衰老等因素有关。目前比较公认的危险因素有 ① 月经初潮早；② 高龄怀孕第一胎；③ 生育子女少；④ 母乳喂养后代时间短或不哺乳；

⑤ 更年期推迟；⑥ 肥胖超重；⑦ 饮酒；⑧ 运动不足；⑨ 应用激素替代治疗；⑩ 乳腺癌基因（BRCA1 和 BRCA2 基因）突变等遗传因素；⑪ 增龄。在生育年龄，早期女性乳腺在雌激素作用下是发生增生癌变的敏感期，适龄怀孕、生育、多胎、哺乳都可减少乳腺癌发病；应用选择性雌激素受体调节剂（selective estrogen receptor modulators，SERMs）阻碍雌激素对乳腺的作用和芳香化酶抑制剂（aromatase inhibitors，AIs）抑制雌激素合成都可降低乳腺癌发生，表明较高雌激素水平可促进乳腺癌发病。运动不足和饮酒过多都可增加体内脂肪储存、导致增重、肥胖，为雌激素等生成和慢性炎症提供物质基础，导致胰岛素抵抗，成为发生乳腺癌的促发因素。50% 的乳腺癌发生在 50 岁以上老年人，70 岁以上老年人乳腺癌发生率增加 11%，因此增龄是发生乳腺癌重要的危险因素。患乳腺癌不仅面临恶性肿瘤带来的各种功能障碍，同时还伴有衰老综合征等问题。

（二）临床表现

乳腺癌早期一般没有明显症状，多是患者无意中触摸乳腺发现无痛肿块和乳头溢液等。如果肿瘤较大则可触及较为坚硬的肿块和肿大的腋窝淋巴结，皮肤橘皮状凹陷，乳头下陷等。乳腺任何部位都可发生，但外上象限较为高发。晚期可伴有患侧乳腺或肩部疼痛，夜间较重。

（三）诊断

诊断乳腺癌主要依据 ① 症状；② 乳腺肿块、淋巴结肿大等体征；③ 超声乳腺检查；④ X 线乳腺检查；⑤ PET 检查；⑥ 针吸活检组织病理学检查等明确乳腺癌发病部位、病理分期、组织类型、是否有转移等诊断，以便指导治疗。

（四）治疗

根据乳腺癌的病理分期、组织类型、是否转移和年龄高低，可以选择手术治疗、放射治疗、化学药物治疗（包括靶向治疗）、内分泌治疗和免疫治疗等不同乳腺癌的治疗方法。在乳腺癌临床治疗的同时，贯穿康复治疗，其中包括体育康复治疗。治疗技术的进步，加之早期筛查发现乳腺癌工作的推进，乳腺癌 5 年生存率逐年递增，幸存者逐年增加。

二、乳腺癌体育康复的主要功能障碍

（一）精神心理障碍

患者得病后不能正视现实，加之女性器官受损或缺如，焦虑、失望、抑郁情绪非常常见，不利患者康复。

（二）放、化疗毒副作用

患者接受放、化疗等临床治疗后，恶心、呕吐、无食欲，出现癌症相关疲劳、肌无力、疼痛、易感染、淋巴水肿和心脏损伤等副作用。

（三）手术后副作用

乳腺癌患者在手术后可出现淋巴水肿、颈肩痛、胸廓及颈肩部关节活动度障碍等。

（四）内分泌治疗副作用

雌激素受体阳性的乳腺癌患者采用内分泌治疗后可出现体重增加、血脂紊乱、冠心病风险增加、骨质疏松风险增加和跌倒风险增加。其他类型乳腺癌患者治疗后如果过度补充营养，同时活动减少也可导致增重、肥胖。

（五）运动功能下降

有氧耐力、肌肉力量、关节活动度、平衡、协调能力都显著下降，身体成分发生显著变化，即肌肉减少、脂肪增多、骨质疏松、体重增加，严重者可形成"肌骨减少性肥胖"。

三、乳腺癌体育康复评定

（一）临床评定

对乳腺癌病理分期、组织类型、转移与否、治疗方式、治疗反应进行评定，并结合辅助检查如血尿常规、生化检验、并发症情况（尤其是心脏情况）等进行全面评定，以了解患者病情是否稳定、治疗时期（治疗期或间歇期）、康复风险及注意事项。

（二）运动功能评定

心肺耐力评定（参见第三章）可以选择运动平板试验、功率车运动试验或六分钟步行试验。肌肉力量和肌肉耐力评定可选择握力、10 RM 或等动肌力测试仪测试。关节活动度评定，主要是颈肩部和胸廓关节活动度评定，注意测量时是否伴有疼痛，并对疼痛出现的关节角度、部位和疼痛程度进行评定。平衡功能评定，老年人尤其要评定平衡功能，如 TUG、Berg's 平衡试验或平衡仪测试等，必要时进行跌倒风险或害怕跌倒评定。身体成分评定采用BMI、WHR、皮褶厚度和生物电阻抗身体成分测量仪测试最简便易行，双能X 射线吸收法测定能更精确地评定身体脂肪、瘦体重、肌肉重量和各种体成分的百分比及骨密度，但设备昂贵，可选用。

（三）疾病相关功能评定

1. 癌症相关疲劳评定

美国国家综合癌症网（NCCN）定义癌症相关疲劳（cancer-related fatigue）是由于罹患恶性肿瘤或经历恶性肿瘤治疗患者所感受的身体上、情感上或认知上的持续性痛苦、疲乏无力或力竭感，并且这种感觉与最近的身体活动不成比例，严重干扰日常功能。评定恶性肿瘤相关疲劳的方法有 ① 癌症治疗相关疲劳量表（the Functional Assessment of Cancer Therapy-Fatigue Scale，FACT）；② 欧洲癌症研究和治疗组织生活质量问卷（European Organization for Research and Treatment of Cancer Quality of Life Questionnaire，EORTC QLQ-C30）；③ 皮柏疲劳量表（Piper Fatigue Scale，PFS），④ 施瓦兹癌症疲劳量表（Schwartz Cancer Fatigue Scale，SCFS）；⑤ 多维疲劳量表（the Multidimensional Fatigue Inventory，MFI）；⑥ 12 min 步行试验。

2. 上肢淋巴水肿评定

淋巴水肿的评定方法可采用：① 肢体围度测量法：在上臂和前臂选取几个不同水平面分别测量健、患侧肢体围度，以 mm 为单位，精确到 0.1，比较两侧差值，即可作为水肿程度的评定（表 12-5-1 和图 12-5-1）；也可测量围度后再测量每两点间肢体长度，然后根据围度测量数据及肢体长度算出肢体体积，两侧对比，其差值为水肿量；② 排水测量法：将患肢浸入盛满温水的桶内，桶外放置盛水容器或塑料盆，浸入肢体后所排出的水量，用量杯称量即为肢体体积，减去健肢体积即为患肢水肿量，以 mL 为单位；③ 生物电阻抗测量法：用生物电阻抗身体成分测量仪可以评定肢体淋巴水肿程度；④ 超声测量法：利用超声通过不同组织的回声，进行肢体各层组织厚度测量从而评定淋巴水肿，分析测量肢体皮肤、皮下组织、肌层等肢体密度及厚度可以精确地评定肢体淋巴水肿，并指导治疗。

▶ 表 12-5-1　围度法测量上肢淋巴水肿示例

测量位置	健侧围度 /mm	患侧围度 /mm	两侧差值 /mm
肩峰下 15 cm 处（点 1）			
尺骨鹰嘴上 5 cm 处（点 2）			
尺骨鹰嘴下 5 cm 处（点 3）			
尺骨头上 15 cm 处（点 4）			

国际淋巴水肿分级

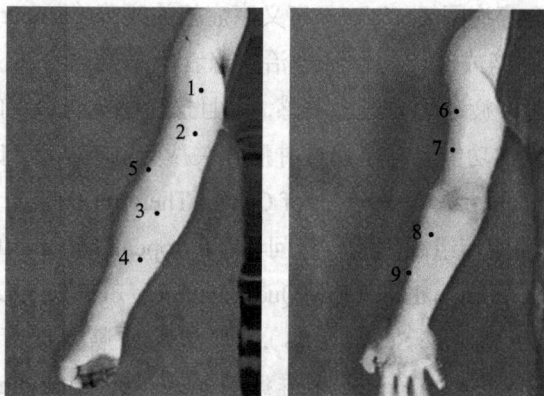

图 12-5-1　上肢围度测量位点示意图

3. 精神心理评定

采用焦虑量表和抑郁量表对患者进行评定（参见第十三章），了解患者的焦虑和抑郁情况。

（四）日常生活活动能力评定

1. 上肢功能评定

采用上肢残疾问卷（Disability of Arm-Shoulder-Hand，DAHS）评定乳腺癌患者上肢功能，DAHS 内容包括 A、B、C 三组问卷，A 组询问患者存在哪些活动有困难；B 组询问活动的困难程度；C 组询问这些困难对日常活动的影响。

2. Barthel 指数评定

采用 Barthel 指数进行日常生活活动能力（ADL）评定（参见第三章），了解疾病和治疗对患者日常生活活动的影响。

（五）生活质量评定

采用 SF-36 进行生活质量评定（参见第三章），了解疾病和治疗对患者生活质量的影响。

四、乳腺癌体育康复治疗

（一）治疗目标

减轻疼痛和提高颈肩 ROM，减轻恶性肿瘤相关疲劳，控制体重，增强心肺耐力和肌肉力量，减轻淋巴水肿，预防焦虑和抑郁，提高精神心理健康水平，减少骨质疏松和跌倒危险因素。

（二）体育康复方法

1. 恶性肿瘤相关疲劳的体育康复方法

（1）治疗时间。在临床恶性肿瘤治疗期间，包括放疗、化疗或内分泌治疗及联合治疗期间，以及恶性肿瘤治疗后都可进行体育康复治疗。监护下进行体育康复优于常规指导性或居家锻炼，尤其是在临床治疗期间，可能与监护下患者得到更多鼓励，更易坚持有关。

（2）疲劳原因。原因不明，目前认为与免疫反应、炎症、代谢异常、神经内分泌因素和中枢神经系统功能障碍，如特定神经递质和代谢物升高有关。

（3）体育康复类型。有氧运动：2~3 次/周，50%~80%HRmax，20~60 min/次（平均 44 min/次），持续 20 周以上；抗阻训练：2 次/周，8~10 块大肌群，自身重力、自由重量或器械训练。最新荟萃分析发现，气功和简式太极拳是有效降低治疗后恶性肿瘤相关疲劳的体育康复方法，30 min/d，1~2 次/周，持续 12 周可显著降低疲劳。其他疗法如正念疗法、心理教育和穴位按压放松疗法也可减轻疲劳。在指导患者锻炼时，宜结合临床治疗和身体耐受情况，从小负荷开始，逐渐缓慢增量，避免患者受伤或退出。

（4）体育康复缓解疲劳的机制。运动可以降低疲劳时的炎症反应；改善心肺耐力；增强患者自信，改变悲观情绪。

2. 淋巴水肿的体育康复方法

（1）在开展综合消肿治疗之前要进行风险筛查。通过病史询问或检查排除：① 感染（症状+体格检查+血常规）；② 乳腺癌转移（最近复查结果+有无症状）；③ 手臂静脉血栓形成（超声检查）；④ 甲状腺功能亢进（病史+症状）；⑤ 心力衰竭（病史+症状）⑥ 患侧上肢有骨折、手术、神经损伤或其他疾病而影响锻炼者；⑦ 上肢 III 级淋巴水肿（象皮肿）患者。

（2）综合消肿治疗。乳腺癌合并手臂淋巴水肿目前主要采用综合消肿治疗，包括手法消肿、压力绷带或弹力套袖辅助治疗、间歇气压辅助治疗、运动锻炼和水肿防治教育。

① 运动锻炼主要是低强度、短时间、渐进式力量训练，可先用自身体重，再用自由重量如弹力带、小哑铃、矿泉水瓶等，也可使用器械锻炼患肢各个肌群力量，强度为 40%~85% 1 RM，持续时间为 10~30 min/次，运动频率为 3~5 次/周，持续 12 周以上，通过肌肉收缩泵的作用促进淋巴回流。

② 锻炼前使用间歇气压泵治疗 15 min，设置气压泵从近端到远端推压 10 min，然后再设置从远端向近端推挤 5 min。

③ 锻炼中可戴弹力套袖，或用加压绷带辅助。锻炼后手臂抬高，或用加压绷带以减轻运动后淋巴液生成增多的可能影响，但并没有强有力证据支持必须这样做。

④ 徒手淋巴引流技术（Manual Lymph Drainage，MLD）。消肿手法可在锻炼前进行，也可在锻炼后进行，主要采用 Vodder 手法，按照淋巴回流顺序，依次为打通淋巴结，从胸壁、颈部和肢体近端到远端的顺序施术，促进水肿液回流入静脉，融入血液循环，减轻肿胀。

⑤ 腹式呼吸训练，10次/组，早、中、晚各一组，3次/d，每天进行，通过降低胸膜腔内压，促进静脉回流，间接增加手臂淋巴回流。

⑥ 防水肿教育内容包括：手臂少用力、防破损、少感染、常检查、涂保护、减体重。

3. 颈肩部 ROM 体育康复方法

（1）原因。乳腺癌颈肩 ROM 障碍主要是肿瘤治疗过程中造成的组织损伤、手术疤痕和制动等因素所致，通常伴有疼痛和僵硬。因此，颈肩部 ROM 体育康复首先要解除疼痛和僵硬问题。

（2）治疗方法。① 采用痛点（扳机点）按压、按揉、软组织松解、疤痕松解等手法治疗技术缓解颈肩部软组织紧张和牵缩，增加组织的延展性；② 对颈部、肩部、胸廓和胸椎，以及手臂各个关节进行关节松动术治疗，刺激关节液生成，牵伸关节囊及关节周围软组织，减轻关节僵硬和疼痛。治疗处方：每个关节采用牵伸、分离、滑动等技术，先 I~II 级手法，后 III~IV 级手法，1~2次/s，每个关节每次治疗 5~10次，1次/d，视情况治疗 1~2周；③ 进行颈肩部被动和主动 ROM 练习，5次/关节，2次/d，7d/周，持续训练；④ 深呼吸训练，即教会患者练习胸式深呼吸，用鼻吸气时扩胸、上举双侧手臂或侧平举双侧手臂，然后呼气时手臂回到身体两侧，同样方法可练习腹式深呼吸，5~10次/组，每天练习 2~3组，分别于早、中、晚各练习一组；⑤ 训练患者腰背部关节活动度，增加整体躯干的功能性活动能力。需要注意的是，在松解软组织时，尽量不使用热疗等方法以免干扰原发病诊治，如果疼痛明显可采用针灸辅助治疗；训练中要注意主动训练和被动训练协调进行，要逐渐让患者学会长期保持性居家训练的方法。

4. 平衡功能和防跌倒的体育康复方法

乳腺癌患者平衡训练与一般健康人群无异，可从增强肌力、ROM、本体感觉、姿势控制、灵敏性和协调性等多方面进行（参见第四章），2~3次/周，增强患者平衡能力。注意在训练时适当增加承重性身体活动，如步行、慢跑、太极拳或踢毽等，增强骨密度，防治骨质疏松症。此外，要根据对患者进行的跌倒风险、害怕跌倒感觉和骨密度等评定结果，确定患者跌倒风险。然后对患者进行防跌倒教育，如环境适应教育、正确使用光照条件、适时采用辅助具、加强科学健身锻炼等，降低害怕跌倒感觉和跌倒损伤甚至骨折风险。

5. 控制体重和提高心肺功能的体育康复方法

乳腺癌患者，尤其是雌激素受体阳性乳腺癌患者，在内分泌治疗后增重肥胖是较为突出的问题，其他患者为了弥补恶性肿瘤治疗对身体造成的损害也有过度增加营养和增重肥胖风险。因此，在治疗前要对患者进行宣教，放松心情，合理饮食和科学锻炼，控制体重，避免肥胖。在治疗中监护、指导患者锻炼，使之学会科学健身方法，进行有氧运动联合肌肉力量训练，具体锻炼方案见本章第一节。此外，乳腺癌患者在肿瘤治疗中可产生心脏毒性，导致心肌缺血、心肌收缩力降低、心律失常、心包纤维化和血管痉挛及血压变化等，在制订运动处方时应该加以考虑，并在运动中加强监测，避免进行大强度运动锻炼。

6. 防控乳腺癌危险因素的体育锻炼方法

乳腺癌的危险因素已如上述，增龄和遗传因素难以改变，但运动不足、饮酒、超重肥胖、生育观变化等生活方式因素是可以改变的，通过生活方式教育和行为指导促进转变，从而减少乳腺癌发病率。针对运动不足和肥胖、超重，体育康复可以发挥积极作用，指导乳腺癌患者进行有氧耐力联合力量训练可取得很好的减脂控重效果。改变嗜酒、暴食等不良生活方式，降低慢性炎症和性激素产生，降低患乳腺癌风险，详细运动方案见本章第一节。

五、乳腺癌体育康复的效果

（一）改变性激素水平

规律运动可以延迟月经初潮，增加月经周期时长，减少乳腺暴露于性激素的时间。较高强度的运动可以诱导月经周期改变。

（二）提高免疫力

规律运动可以提高免疫力，使免疫监视功能、抗氧化应激能力增强，有利于乳腺癌病后恢复和减少复发。

（三）抑制癌症发展

规律运动可以改变基因表达和细胞凋亡过程，改变表观遗传学，增加肿瘤抑制基因活化，有助于抑癌。规律运动可以减少乳腺管内皮细胞与间质细胞如巨噬细胞、成纤维细胞和脂肪细胞的交互作用，有利于抑制肿瘤发生发展。

（四）降低肿瘤增殖风险

规律运动可以增加端粒稳定蛋白表达，降低肿瘤增殖风险。

（五）减轻慢性炎症

规律运动可以保持和降低体重，减少脂肪沉积，降低血液循环中性激素、IGF-1、脂肪细胞因子和炎症细胞因子水平，改善胰岛素敏感性。

（六）促进功能独立

规律运动可以改善睡眠，促进功能独立，归复社会生活。

思考题

1. 乳腺癌患者的主要功能障碍有哪些？
2. 乳腺癌患者的患病危险因素有哪些，如何进行体育锻炼预防？
3. 乳腺癌患者合并上肢淋巴水肿的体育康复治疗如何进行？
4. 恶性肿瘤患者的主要运动功能障碍问题有哪些？
5. 简述恶性肿瘤患者的运动注意事项。

第十二章思考题参考答案

实践训练题

患者，女，37岁，诊断"左侧乳腺癌"，TNM分期为$T_1N_1M_0$，1个月前行保留乳房的乳腺癌切除术，并清扫腋窝淋巴结。手术切口愈合良好；左上肢淋巴水肿，I级；ROM评定显示左侧肩关节主动及被动屈曲、外展受限；患者无其余不适，其他脏器功能检测未显示异常。请根据患者的情况制订出合适的体育康复方案。

在线测评题

（刘培峰　上海交通大学肿瘤研究所）

（黄力平　天津体育学院）

第十三章
老年综合征的体育康复

本章导言

我国的人口老龄化程度正在逐步加深，这使得在医疗、经济、人口结构等方面给社会带来了空前的压力。老年人全身的组织和器官都有不同程度的老化和功能减退，生活自理能力下降，伤病增多，常常多病共存。在人口老龄化的当代，老年人的康复医疗日益受到重视，老年人体育康复是其医疗康复的重要一环。老年人体育康复强调应遵循"个性化、安全性、综合性"原则，兼顾心肺耐力、肌肉耐力、平衡和协调训练，以低中强度、少量多次为宜；老年综合征的体育康复强调"综合康复、功能至上、持之以恒"，选择简单实用、紧密结合日常生活需求的治疗性运动和功能训练，提高其功能水平和生活质量。本章主要讲述了老龄化及老年综合征的概念、我国老龄化现状和特点；在此基础上，着重讲述了老年人的体育康复评定、治疗方法及常见老年综合征的体育康复。

学习目标

1. 了解我国老龄化现状及老年人健康状况。
2. 熟悉老年综合征的致残特点。
3. 掌握常用老年人体育康复的评定方法。
4. 掌握常见老年人的体育康复治疗方法。

✵ 关键术语

社会老龄化（aging society）：指 60 岁以上人口占社会总人口的比例超过 10% 或 65 岁及以上人口占社会总人口的 7% 以上。

老年综合征（geriatric syndromes，GS）：指老年人由多种疾病或多种原因造成的同一种临床表现或问题的症候群。

第一节　老龄化及老年综合征概述

我国拥有全世界最庞大的老年群体，根据国家统计局发布的数据，截至 2020 年年末，我国 65 周岁及以上老年人口达到 1.91 亿人，占总人口的 13.5%。人口老龄化给社会发展带来了诸多影响，已引起了政府和社会的广泛关注。

一、我国人口老龄化现状概述

（一）人口老龄化的定义

人口老龄化特指社会人口从高出生率、高死亡率的年轻人群向低出生率、低死亡率的老年人群的转变过程。国际上通常把 60 岁及以上人口占社会总人口的比例超过 10% 或 65 岁及以上人口占社会总人口的 7% 以上，作为衡量一个国家或地区进入老龄化社会的标准。

我国采用 1982 年世界卫生组织的老年人年龄划分标准，≥ 60 岁即为老年人。我国年龄分期标准如下：

0～24 岁：生长发育期；

25～44 岁：成熟期或成年期；

45～59 岁：老年前期（中年人）；

60～89 岁：老年期（老年人），其中 80 岁以上称高龄老人；

90 岁以上：长寿期（长寿老人），其中 100 岁以上称百岁老人。

（二）我国人口老龄化的现状

根据国家统计局发布的我国 2020 年第七次全国人口普查主要数据显示，截止到 2020 年 11 月 1 日，我国总人口达 14.1 亿人，与 2010 年 13.4 亿人相比增加了 5.38%，年均增长 0.53%，增速放缓。其中，60 岁及以上人口为 2.64 亿人，占 18.70%。与 2010 年相比，60 岁及以上人口的比重上升 5.44 个百分点，人口老龄化程度进一步加深。据 2019 年国家卫健委发布的统计报告显示，我国居民平均预期寿命达到 77.3 岁，女性为 79.43 岁，男性为 73.64 岁，预计 2030 年达到 79 岁，在 2050 年有望达到约 80 岁。80 岁及以上高龄老人正以每年 5% 的速度增加，到 2040 年将增加到 7 400 多万人。我国七次全国人口普查老年人口系数见表 13-1-1；中国 2010—2020 年末人口年龄结构见表 13-1-2。

▶ 表 13-1-1 我国七次全国人口普查老年人口系数

普查年份 / 年	全国人口总数 / 万人	老年人口数 / 万人	≥ 60 岁 老年人口系数 /%	≥ 65 岁 老年人口系数 /%
1953	56 744	4 154	7.32	4.41
1964	69 458	4 220	6.08	3.54
1982	100 379	7 665	7.64	4.91
1990	114 333	9 821	8.59	5.58
2000	126 583	12 998	10.27	6.95
2010	133 972	17 764	13.26	8.87
2020	141 178	26 402	18.70	13.5

▶ 表 13-1-2 中国 2010—2020 年末人口年龄结构

年份 / 年	总人口数（年末）/ 万人	按年龄组分					
		0~14 岁		15~64 岁		65 岁及以上	
		人口数 / 万人	比重 /%	人口数 / 万人	比重 /%	人口数 / 万人	比重 /%
2010	134 091	22 259	16.6	99 938	74.5	11 894	8.9
2011	134 735	22 164	16.5	100 283	74.4	12 288	9.1

续表

年份/年	总人口数（年末）/万人	按年龄组分					
		0~14 岁		15~64 岁		65 岁及以上	
		人口数/万人	比重/%	人口数/万人	比重/%	人口数/万人	比重/%
2012	135 404	22 287	16.5	100 403	74.1	12 714	9.4
2013	136 072	22 329	16.4	100 582	73.9	13 161	9.7
2014	136 782	22 558	16.5	100 469	73.4	13 755	10.1
2015	137 462	22 715	16.5	100 361	73.0	14 386	10.5
2016	138 271	23 008	16.7	100 260	72.5	15 003	10.8
2017	139 008	23 348	16.8	99 829	71.8	15 831	11.4
2019	139 538	23 523	16.9	99 357	71.2	16 658	11.9
2020	141 178	25 338	18.0	96 776	68.3	19 064	13.5

二、我国人口老龄化的特点

　　我国高龄老人增长迅速，随着增龄，老年人罹患慢性疾病的概率大幅增加。国家卫健委发布的《中国居民营养与慢性病状况报告（2020 年）》显示，随着我国经济社会发展和卫生健康服务水平的不断提高，居民人均预期寿命不断增长，慢性疾病患者生存期不断延长，加之人口老龄化、城镇化、工业化进程加快和行为危险因素流行对慢性疾病发病的影响，我国慢性疾病患者基数仍将不断扩大。成年人患高血压约为 2.6 亿人，心血管病为 1 300 万人，脑血管病为 1 100 万人，糖尿病约为 1 亿人，2020 年新发恶性肿瘤 457 万例，为全球第一。2018 年，老年人患有一种以上慢性疾病的比例高达 75%，患病人数接近 1.9 亿，失能和部分失能老年人超过 4 000 万人。2019 年，我国因慢性疾病导致的死亡占总死亡比例为 88.5%，其中心脑血管病、恶性肿瘤、慢性呼吸系统疾病死亡比例为 80.7%。近些年，老年人抑郁症、孤独症等心理疾患的发生率也有增加趋势，严重影响老年人健康。慢性疾病防控成为老龄化社会的重要关注点。

三、老年综合征概述

老年综合征（geriatric syndromes，GS）是指老年人由多种疾病或多种原因造成的同一种临床表现或问题的症候群。Inouye 等提出 GS 是指常见于老年人群发生的、由多种疾病或原因造成的、与老年人重要疾病发病或不良结局有关的一个或一组症状的描述，并认为 GS 包括尿失禁、跌倒、谵妄、压力性溃疡和身体功能下降。而美国老年医学会报告的 GS 还包括痴呆、多重用药、抑郁等 13 个症状。亚太地区老年医学会于 2013 年发表共识，指出常见的 GS 包括痴呆、尿失禁、谵妄、跌倒、听力受损、视力受损、肌肉衰减症、营养不良、衰弱、卧床、步态不平衡和压力性溃疡 12 种。

GS 的危害不容忽视，一方面，GS 严重影响老年人群的生活质量和日常生活能力；另一方面，GS 与老年人罹患多种疾病紧密相关，并会显著增加门诊和住院次数，增加医疗费用和死亡风险。世界卫生组织报告指出，跌倒是老年人慢性致残的第三大原因，是老年人群意外死亡的首要原因。我国 65 岁以上的社区老年居民，男性和女性分别有 20% 和 45% 曾跌倒过，其中有 10% 伴有不同程度的骨折、软组织损伤、脑部伤害等创伤，约 60% 患有跌倒恐惧，每年因老年人跌倒所造成的直接医疗费用在人民币 50 亿元以上。

老年综合评估（comprehensive geriatric assessment，CGA）是指采用多维度、多学科的方法对老年人的躯体健康、功能状态、心理健康、社会支持和环境状况进行综合评估，并制订和整合以保护老年人健康和功能为目的的预防及诊疗计划，以最大限度地提高老年人的生活质量。

第二节 老年人体育康复评定

老年人的体育康复评定需要由包括老年科医师、护士、营养师、康复治疗师、心理咨询师和社会工作者为核心的团队，运用评估量表，对老年人进行包括全面医疗、躯体功能、认知心理功能和社会环境等多维度、多层面的综合性评定，最终制订切实可行的评测策略。

一、全面医疗评定

根据临床表现、体格检查和各种辅助检查，诊断冠心病、高血压、糖尿病等常见慢性疾病；并对老年人营养、视力、视野、视深度、视觉分辨灵敏度、听力、跌倒、衰弱、肌少症、睡眠障碍等一般情况和综合征进行评定。

二、躯体功能评测

躯体功能评测是老年人体育康复评定中的重要内容，包括日常生活活动能力、肌肉力量、肌肉耐力、关节活动度、平衡步态、心肺耐力、协调能力等评定内容。

三、认知心理功能评定

认知心理功能评定包括对感觉、知觉、记忆、思维、情感和情绪等认知心理功能进行评定。

四、社会环境评定

社会环境评定内容包括老年人文化背景、家庭条件、社会地位、经济状况，了解老年人与家庭亲属、邻里朋友、社会组织、公共关系之间的相互影响，以评测老年人在进行体育康复期间的社会环境状态。

五、老年综合评估

老年综合评估是指对老年人身体、心理和社会环境进行综合评估。其主要内容包括：功能状态，步态和跌倒，多重用药，头晕、视觉减退和听力衰退等感知觉，认知和情绪等精神状态，营养状况，压疮，大小便控制，疼痛，性功能，免疫性接种，衰弱评估，虐待老人和生前预嘱等社会问题。每一单项中都有具体的评估内容，通过评估可以全面地了解老年人的现状、功能障碍和需求，并为治疗和康复提供指导。CGA 是现在较为公认的老年人评估工具。我国也总结了老年人综合评估的内容，我国老年人综合评估量表见表13-2-1。

▶ 表 13-2-1　我国老年人综合评估量表

序号	评估项目	使用的评估量表	评估者
1	一般医学评估	《住院病人风险评估表》《住院病人再评估表》	医生
2	老年躯体功能评估	《ADL 评估量表》《洼田氏饮水试验量表》	护士
3	老年精神心理评估	《MMSE 简易智能精神状态检查量表》《老年抑郁量表 GDS》	医生
4	跌倒评估	《跌倒评估表》	护士
5	压疮评估	《压疮危险因素评估量表》	护士
6	老年营养评估	《SGA 营养评估量表》	营养师
7	卒中单元评估	《康复科卒中单元评测结果表》	康复技师
8	步行功能评定	《Holden 步行功能分级》	康复技师

第三节　老年人体育康复治疗

一、老年人体育康复的原则

（一）持之以恒原则

老年人体育康复的原理是通过生理刺激，调理全身各系统的功能，该过程需要生理刺激不断累积和内环境改变来实现，因此，需要老年人能够坚持数周、数月乃至数年才能使得效果逐步累积，最终达到康复的目的。此外，通过社区康复训练，需保证老年患者在出院后坚持体育康复治疗，避免因康复训练中断，出现疗效退步的问题。

（二）循序渐进原则

老年人体育康复的运动量应由小到大，动作变化由易到难，循序渐进，以使得机体可以逐步得到适应，在不断地适应过程中提高身体各个系统的机能，促使身体机能逐步恢复，最终促使疾病得以恢复。如果一开始就进行大强度的训练，或者进行一些难以完成的康复训练，将会使得老年人对康复训练产生抵触情绪，甚至进一步损害身体机能。

（三）个别对待原则

由于不同的老年患者所患疾病的性质、程度不同，或处于的病程阶段不同，加之老年患者体质、年龄、性别各异，体育康复训练的方法、强度、频率、时间也应做相应的调整，区别对待。

（四）综合治疗原则

体育康复与药物、手术或其他物理治疗方法应相互补充，相辅相成。因此在制订体育康复策略时应全面考虑，以取得最佳康复效果。同时应充分考虑老年患者心理状态，进行心理治疗和卫生宣教，使老年患者正确了解病情，建立良好康复习惯。

（五）密切观察原则

老年患者在参加体育康复训练前，必须进行必要的体格检查，了解其身体健康状况，尤其是心血管系统、呼吸系统的机能状况和伤病组织器官的状况，并进行综合评估。在体育康复训练过程中，需加强医务监督，了解老年人身体状况和病情的变化，发现不良反应时应及时调整康复训练策略，必要时就医检查、治疗。

二、老年人体育康复的方法

（一）有氧运动

有氧运动是改善老年人心肺耐力和保持体力的最佳训练方法。运动频率、运动强度、运动时间、运动方式和运动进度与青年人都有所不同。根据运动强度的不同可以将老年人体力活动分为高强度运动活动、娱乐活动和日常活动。老年人的运动形式以中低强度的娱乐活动和日常活动为主，运动形式可以灵活多样，太极拳、广场舞、门球、步行、骑自行车等均是较好的方式。研究表明，70岁以上老年人坚持每天步行30 min，对骨、肌肉和心肺功能均有明显益处。

老年人健身运动应以低强度（3METs左右）的运动为主，大病初愈或身体虚弱者进行有氧运动时，运动强度可掌握在基础心率之上增加 20 bpm，或者运动中能轻松谈话。条件允许，富有余力者可以过渡到中等强度的运动，但需谨慎开展高强度的运动，特别是剧烈的竞技运动。美国运动医学学会推荐，老年人运动强度的阈值是 60%HRmax，每周 3 次，每次 20~30 min。每日运动消耗 150~200 kcal 的能量对提高心肺耐力可起到明显作用。

"饭后百步走"并不科学，特别是吃饱饭后进行运动。研究发现，老年人餐后 60 min，血压由餐前的 18 kPa 下降到 17 kPa，同时心率上升，约 25% 的老年人在 5METs 的运动后出现直立性低血压。这说明餐后即刻运动，特别是高强度的运动，会对老年人，特别是患有心血管疾病的老年人产生不良作用。饱餐 2 h 内应避免运动锻炼。

老年人运动频率应根据每次的运动强度进行调整。如做日常活动建议每天进行，中等强度活动每周 3~5 次为宜。每天可进行 1 次 30 min 运动，或一次 8~10 min，累计完成 30 min 的运动。从不活动到按照个体化运动方案进行锻炼，老年人需要更长的适应时间，平均 6~8 周方能达到运动方案的强度。运动锻炼效果的维持需长期坚持，一般停止运动数日后，前期的运动效果就会开始逐步减退。重新开始锻炼仍需从小强度从头开始适应。

（二）抗阻运动

研究表明，老年人全身肌肉力量存在不同程度的下降，股四头肌、胫骨前肌、髋关节伸肌和外展肌肌力下降明显，增加了机体的不平衡性，容易跌倒，造成骨折。老年人进行大肌群力量训练会产生有益作用，如增加肌肉力量，提高平衡能力，增加骨密度，防止跌倒，减轻或避免胰岛素抵抗。老年人力量训练方案为 8~10 个大肌群，负荷 8~10 RM，共三组，每周不少于两次。虚弱老年人或比较难以训练的肌肉，如胫骨前肌采用经皮神经肌肉电刺激或针灸电刺激训练，也可达到提高肌肉力量的效果。

（三）柔韧性训练

老年人因伤病或功能性退化引起关节功能障碍时，通过主动或被动练习，可预防因长期制动引起的一系列改变，防止关节粘连、挛缩，保持肌肉的伸展能力，保持或增强关节活动度。在关节结构基本正常的前提下，柔韧性锻炼的首要任务是提高肌肉的伸展性，其次是改善关节周围软组织的性能。瑜伽、太极拳是公认的有益于提高身体柔韧性的运动项目。牵伸训练是基础，在确定训练内容后，按照动作要点进行练习，逐渐加大动作的幅度，或逐渐加大给予的助力。老年人感觉到局部受到牵拉时的负荷，即为适合的负荷强度。没有牵拉感，达不到锻炼的效果，但也要避免负荷强度大到引起疼痛的程度。训练初期，当锻炼部位出现牵拉感时，停留 10~15 s，以后逐渐延长持续时间，数周后增加至停留 30 s。双侧交替练习，每侧重复 3~4 次，每周锻炼 2~3 次。

（四）平衡训练

PNF 和肌肉力量训练能够显著改善老年人的本体感觉，在此基础上进行功能性活动训练，改变身体重心高低，或改变支撑面大小，设置障碍物，增加动态平衡训练内容等。逐渐提高平衡训练等级，促进平衡能力提高。

适合老年人的运动方式见表 13-3-1。

▶ 表 13-3-1　适合老年人的运动方式

运动类型	运动频率	运动强度	运动方式	运动时间
有氧运动	3~5 d·周$^{-1}$	40%~60%$\dot{V}O_2$max，RPE 5~6 级	步行、慢跑、太极拳、五禽戏、功率自行车、游泳	每次>30 min，不少于 20 min
抗阻运动	每周至少 2 次，每次间隔 48 h	RPE 12~13 级	抓举小沙袋、单杠悬垂、爬楼梯	20~30 min
柔韧性训练	2~3 次·周$^{-1}$	肌肉伸展练习 4 次，感觉舒适无疼痛	瑜伽、太极拳、牵伸练习	每次坚持 10~30 s

第四节　常见老年综合征的体育康复

一、老年人跌倒的体育康复

（一）老年人跌倒概述

跌倒是老年综合征中常见又易产生严重后果的一种症候，是老年人健康状况下降的一个信号和转折点，根据 WHO 定义，跌倒是指突发、不自主的、非故意的体位改变，倒在地上或更低的平面上的现象。按照国际疾病分类（ICD-10）对跌倒的分类，跌倒包括以下两类：① 从一个平面至另一个平面的跌落；② 同一平面的跌倒。老年人跌倒会产生严重的不良后果，如软组织损伤、骨折、心理创伤及损伤后长期卧床导致的一系列并发症等，跌倒入院也增加了社会和家庭的负担。国内外研究发现，超过 50% 的老年人意外受伤是由跌倒所致，跌倒成为全球仅次于交通事故致老年人伤害或死亡的第二大原因。来自中国疾病监测系统的数据显示，跌倒已成为我国 65 岁以上老年人因伤致死的首位原因。因受伤到医疗机构就诊的老年人中，一半以上是因为跌倒，老年人发生创伤性骨折的主要原因也是跌倒。跌倒成为老年人常见的健康问题，据报道，每年约有 30% 的 65 岁以上老年人发生跌倒，而且跌倒的发生比例随着年龄的增长而增加，80 岁以上的老年人跌倒的年发生率可高达 50%。

老年人跌倒的发生是多种因素相互作用的结果，危险因素越多，发生跌倒的风险就越大。其中，最主要的因素是随着年龄的增长，老年人各项身体功能下降，导致无法在面对外界环境突变时较好地维持身体稳定、平衡从而造成跌倒。跌倒会造成老年人机体损伤、独立自主和社会功能受限，还会导致老年人精神上对再一次跌倒充满恐惧和焦虑，从而影响其生活和康复的质量。因此，通过有效措施评估老年人跌倒风险并及时采取针对性的干预措施对减少老年人跌倒概率、降低跌倒后受伤程度至关重要。

（二）老年人跌倒的危险因素

老年人跌倒是由多种危险因素导致的，可分为内在危险因素和外在危险因素。内在危险因素主要包括生理学因素、疾病因素、药物因素和心理因素，外在危险因素主要包括环境因素和社会因素。

1. 内在危险因素

（1）生理学因素。随着年龄的增长，老年人的生理功能会出现一系列的自然衰退，整体表现为身高下降、脊柱弯曲、视听能力减弱、肌力下降、认知功能下降、行动缓慢和反应迟钝等。步态与平衡功能异常是引起老年人跌倒的最直接原因，老年人步态特点较年轻人呈现关节活动度减小、屈踝屈膝动作减慢及伸髋不充分等特点，导致步幅变短、抬脚高度不足，失去行走连续性。另一方面，老年人中枢控制能力下降，本体感觉功能减弱，反应能力下降、反应时间延长、维持身体平衡能力下降，在受到外力干扰时，以"髋机制"代替"踝机制"应对平衡变化，身体摆动大，易失去平衡。上述因素都可导致老年人姿势控制困难、姿势失衡后再恢复平衡的能力下降，易致老年人跌倒。感觉系统功能下降包括老年人视觉、听觉、触觉、前庭觉及本体感觉功能减退，各种感觉功能的减退导致来自外界环境的有关跌倒的信息无法完整的传入中枢神经系统，或由于老年人神经传导速度减慢，反应时间延长无法及时将信息传入中枢神经系统，从而影响了大脑作出准确的信息分析整合和判断，最终导致不能使身体采取正确保护措施以应对外界环境的改变，增加了老年人跌倒的风险。肌肉骨骼系统的功能下降主要指老年人肌肉、骨骼、关节及韧带结构、功能的退化，主要表现为肌肉力量和肌肉耐力减弱，关节活动度下降，影响步态的平衡稳定及身体的灵活性。老年人骨质疏松也会使与跌倒相关的骨折危险性增加，尤其是跌倒导致髋部骨折的危险性增加。

（2）疾病因素。跌倒往往是老年人某些潜在疾病的非特异性的标志，提示着老年人急性疾病的发生，或者慢性疾病的加重。中枢神经系统疾病，如帕金森病、脑卒中、短暂性脑缺血、认知功能障碍、小脑病变等可导致平衡控制机制紊乱及跌倒；肌肉骨骼系统疾病髋、膝、踝关节活动障碍、退行性骨关节炎及肌无力等疾病可导致老年人难以维持稳定姿势而跌倒；心血管疾病，如心律失常、椎动脉供血不足、直立性低血压可使老年人无力和头晕导致跌倒；糖尿病也会造成老年人下肢感觉障碍导致站立不稳而跌倒。这些急、慢性疾病会导致老年人跌倒风险增加，而且所患疾病越多，跌到风险也越大。

（3）药物因素。药物是最容易改变的跌倒危险因素之一，药品的种类，处方药品的数目（服用＞4种药物）和药物剂量增加都与跌倒的危险增加有关。易导致跌倒的主要药物包括：精神类药物，如抗抑郁药、抗焦虑药、催眠药、抗惊厥药、镇静剂；心血管药物，如降压药、利尿剂、血管扩张剂；其他药物，如降糖药、非甾体消炎药、止痛剂、多巴胺类、抗帕金森病药物等。

（4）心理因素。过度焦虑、抑郁、沮丧、固执、害怕跌倒等不良心理及由此导致老年人与社会的隔离均会增加老年人跌倒的危险性。许多老年独立性较强、固执，对自身功能状况的自然衰退缺少正确的认识，对自己的行为不加限制和保护，从而增加了跌倒的可能。另一些老年人由于过度焦虑、恐惧跌倒，过分限制活动，长此以往使肌肉变虚弱，活动稳定性降低，加剧跌倒的隐患。在老年人群中有跌倒史患者再次发生跌倒的概率非常高，跌倒可反复发生并引发一种或多种程度不等的损伤，使老年人产生恐惧心理，形成"跌倒—丧失信心—更易跌倒"的恶性循环。

2. 外在危险因素

（1）环境因素。湿滑、不平整、杂物过多的地面，过多的台阶；高低不适、摆放位置不当的家具；室内照明不足，强光刺眼；浴室地面光滑，无扶手设计；不适的鞋子和助行辅助工具均可增加跌倒风险。

（2）社会因素。老年人的收入水平和教育水平，是否独居，日常活动的范围，与社会的交往联系都会影响其跌倒的发生率。

（三）老年人跌倒的风险评定

1. 病史评定

（1）跌倒史。过去有无跌倒，跌倒发生的时间、地点和环境状况，跌倒时的症状、跌倒损伤情况及其他后果，有无害怕跌倒的心理。

（2）疾病史。尤其关注有无帕金森病、痴呆、脑卒中、心脏病、视力障碍、听力障碍、认知障碍和严重的骨关节病等疾病。

（3）服用药物史。老年人的用药情况，尤其关注与跌倒有关的药物服用情况。

2. 躯体功能评定

（1）功能量表评定。运用量表法评定不需要专门的设备，操作简单。临床常见量表有 Berg 平衡量表（BBS）、Morse 老年人跌倒风险评估量表（MFS）、Tinetti 步态和定向移动能力评定量表（Performance Oriented Mobility Assessment，POMA）等。

Morse 老年人跌倒风险评估量表（MFS）是一个专门用于预测跌倒可能性的量表，由美国宾夕法尼亚大学 Janice Morse 教授于 1989 年研制，由 6 个测评项组成，具体条目及评分标准见表 13-4-1。

▶ 表 13-4-1　Morse 老年人跌倒风险评估量表（MFS）

测评项目	评分标准	MFS 分值
跌倒史	无 = 0 分；有 = 25 分	
超过 1 个医学诊断	无 = 0 分；有 = 15 分	
使用行走辅助工具	卧床休息，活动由护士照顾或不需要使用 = 0 分；使用拐杖、手杖、助行器 = 15 分	
静脉输液或使用肝素	无 = 0 分；有 = 20 分	
步态	正常、卧床休息不能活动 = 0 分；双下肢软弱乏力 = 10 分；残疾或功能障碍 = 20 分	
认知状态	量力而行 = 0 分；高估或忘记自己受限制 = 15 分	
总评分		

跌倒风险评定标准：< 25 分为低度风险，25~45 分为中度风险，> 45 分为高度风险。

　　Tinetti 步态和定向移动能力评定量表由 Tinetii 于 1986 年首先报道，包括平衡和步态测试两部分，具体评估内容及评分标准见表 13-4-2。

▶ 表 13-4-2　Tinetti 步态和定向移动能力评定量表（POMA）

Ⅰ平衡评估表（POMA-B）	
评估内容	评分标准
1. 坐位平衡	0 分　借助于上肢的帮助，或不是圆滑的动作 1 分　稳定，安全
2. 站起	0 分　在没有帮助的情况下，不能站起来 1 分　使用上肢帮助下，能够站起来 2 分　不借助于上肢的帮助，就能够站起来
3. 试图站起	0 分　在没有帮助的情况下，不能站起来 1 分　尝试的次数 > 1 次，可以站起来 2 分　尝试 1 次就可以站起来
4. 瞬间的站立平衡 （第 1 个 5 s）	0 分　不稳定（摇晃、移动了脚、躯干摇摆） 1 分　稳定，但借助于步行器或其他支持 2 分　稳定，不借助于步行器或其他支持

续表

评估内容	评分标准
5. 站立平衡	0分　不稳定 1分　稳定，但步距宽，需借助支撑物 2分　窄步距站立，无须支持
6. 轻推（患者双脚尽可能靠拢站立，用手轻推其三次）	0分　开始跌倒 1分　摇晃、抓物 2分　稳定
7. 闭眼站立（同6站姿）	0分　不稳定 1分　稳定
8. 转身360°	0分　脚步不连续，步态不稳定 1分　脚步连续，步态稳定
9. 坐下	0分　不安全（距离判断错误），跌坐到椅子上 1分　借助于上肢的帮助，或不是圆滑的动作 2分　安全圆滑的动作
平衡测试得分：	/15分

Ⅱ步态评估表（POMA-G）	
评估内容	评分标准
1. 起步	0分　有迟疑，或需尝试多次方能启动 1分　正常启动
2. 步伐的高度或长度	a. 左脚跨步（高度） 0分　脚拖地，或抬高大于2.5~5 cm 1分　脚完全离地，但不超过2.5~5 cm b. 右脚跨步（高度） 0分　脚拖地，或抬高大于2.5~5 cm 1分　脚完全离地，但不超过2.5~5 cm c. 左脚跨步（长度） 0分　跨步的脚未超过站立的对侧脚 1分　超过站立的对侧脚 d. 右脚跨步（长度） 0分　跨步的脚未超过站立的对侧脚 1分　超过站立的对侧脚
3. 步态对称性	0分　两脚步长不等 1分　两脚步长相等

375

续表

评估内容	评分标准
4. 步伐连续性	0分 步伐与步伐之间不连续或中断 1分 步伐连续
5. 走路路径（行走大约3 m）	0分 明显偏移到某一边 1分 轻微/中度偏移或使用步行辅具 2分 走直线，且不需辅具
6. 躯干稳定	0分 身体有明显摇晃或需使用步行辅具 1分 身体不摇晃，但需屈膝或有背痛或张开双臂以维持平衡 2分 身体不摇晃，无屈膝，不需张开双臂或使用辅具
7. 步宽（脚跟距离）	0分 脚跟分开（步宽大） 1分 走路时两脚跟几乎靠在一起
步态测试得分：	/12分
总得分：	

结果评定标准：总分＜19分为跌倒高风险，19~24分为存在跌倒风险，＞24分提示无跌倒风险。

（2）功能测试。① 计时起立-走测试（times up and go test，TUGT）：主要用于评估老年人的移动能力和平衡能力。受试者坐在有扶手的靠背椅上，测试者记录从发出"开始"的指令后，受试者从椅子上站起，向前方走3 m，再回到原位坐下所用的时间，以s为单位。结果评定：＜10 s，步行自如，正常；10~19 s，有独立活动的能力，轻度异常；20~29 s，需要帮助，中度异常；≥30 s，行动不便，重度异常；② 功能性伸展测试（the functional reach test，FRT）：通过对受试者上肢水平向前伸展能力的测试来评定其体位控制和静态平衡能力。受试者双足分开站立与肩同宽，手臂前伸，肩前屈90°，在足不移动的情况下测量受试者前伸的最大距离。前伸距离＜18 cm左右提示跌倒风险高。

3. 心理评估

国际版跌倒效能量表（Falls Efficacy Scale-International，FES-I），也称为害怕跌倒评定量表，主要测量老年人在不发生跌倒的情况下，对从事简单或复杂身体活动和社会活动的担忧程度，具体条目及测评标准见表13-4-3。

▶ 表13-4-3 国际版跌倒效能量表（FES-I）

条目	评分			
	1分	2分	3分	4分
1. 打扫房间				
2. 穿脱衣服				
3. 准备简单的饭菜				
4. 洗澡				
5. 购物				
6. 从椅子上站起来或坐下				
7. 爬楼梯				
8. 听电话				
9. 拜访亲友				
10. 参加社会活动				
11. 散步				
12. 伸手拿高过头顶的东西				
13. 在滑的路面上行走				
14. 在拥挤的人群中行走				
15. 在不平整的路面上行走				
16. 上下斜坡				

各条目计分为1~4分（表示从"一点信心也没有"到"非常有信心"），总分16~64分，总分越高说明跌倒效能感或自信心越强。

（四）老年人跌倒的体育康复

通过运动干预提高上肢和下肢的力量、平衡、协调性、转移技能和对环境危害的反应，定期参加适当的规定体育活动，可以降低跌倒和跌倒相关骨折及其他伤害的风险。

1. 肌肉力量训练

通过对上、下肢及躯干肌肉力量的训练，可以改善老年人步态，提高其维持正常步频、步幅的能力，使老年人行走及日常活动时稳定性增强。肌肉力量的训练也使老年人骨骼抵抗应力能力加强，进一步降低老年人跌倒时前臂远端、髋部等部位骨折风险。肌力训练可使用固定器械或哑铃、弹力带等工具，或选择自重训练，如立式平板支撑、俯卧撑等动作提高老年人上肢支撑力量，也可进行深蹲、半蹲等动作训练下肢力量。

2. 平衡与步态训练

平衡功能训练根据老年人的体位可分为前臂支撑下的俯卧位训练、肘膝跪位训练、双膝跪位训练、半跪位训练、坐位训练、站位训练。可以由静态平衡–自动态平衡–他动态平衡、由睁眼至闭眼顺序进行徒手平衡训练，也可借助平衡训练仪器、平衡球等进行训练。步态训练既要纠正老年人异常步态，也要强化老年人步态稳定性及协调性。在训练中，可以通过在步行过程中设置障碍物、接收指令完成相应动作等方面增加难度，步行困难的老年人可在训练时借助助行器以辅助训练。老年人也可通过练习太极拳有效改善身体稳定性及协调性，降低跌倒风险。

3. 有氧耐力训练

有氧耐力训练可以提高老年人长时间进行持续肌肉工作的能力，提高心血管功能，通过改善有氧代谢使骨骼肌能量供应增加，可以有效预防因骨骼肌力量不足及心脑血管供血、供氧不足引起的跌倒。老年人有氧耐力训练方式有散步、慢跑、蹬功率自行车及游泳等，需注意根据自身身体条件控制运动时间、运动强度、运动频率，通常为 30~50 min/d，60~70%HRmax，3~5 d/周。

4. 跌倒技能训练

通过有针对性的干预措施可以降低跌倒的发生率，然而却不可以完全消除老年人跌倒可能。通过指导老年人正确的跌倒策略的训练，可以显著降低老年人在跌倒时受到的撞击力，总体来说，"卷腹翻滚"策略是最有效的策略，可以减轻跌倒严重程度，降低 28% 的髋部冲击力。老年人可以在软垫上由跪姿—卷腹翻滚再进阶至站姿—卷腹翻滚练习，以熟练掌握正确跌倒技能。

二、老年衰弱综合征的体育康复

衰弱指老年人生理储备下降导致机体易损性增加、抗应激能力减退的非特异性状态，其核心是老年人生理储备下降或多种异常，外界较小刺激即可引起临床事件的发生。老年衰弱综合征是一种与年龄相关的、对环境因素易损性增加的老年综合征，其特征是健康缺陷的累积，生理储备的减少，使机体维持自稳态的能力减退。例如，机体由较小的损害，如新药、较小的感染、较小的手术等导致显著的、与损伤不成比例的健康状况的改变，即可使其从能稳定姿势的平衡到容易跌倒，生活从自理到依赖他人，头脑从清楚到认知障碍。同时，衰弱的老年人相对健康老年人更容易出现失能、跌倒、残疾等不良事件的发生，从而增加家庭和社会的负担。

（一）病因与发病机制

老年衰弱综合征的发病机制目前并不十分明确，据国内专家结合现有证据制定的共识可分为以下几点：

1. 年龄

衰弱可能与增龄有关，如随年龄增加而发病率逐渐增加的阿尔茨海默病、自身免疫性疾病，导致身体机能的下降。

2. 疾病

多病共存是老年人普遍存在的现象，多种疾病的发生如动脉粥样硬化、骨折、糖尿病等疾病引发的老人病理生理、改变均可促进衰弱的发生。

3. 系统的调节和功能的失调，生理储备下降

如内分泌的失调，免疫系统功能的失调，类风湿性关节炎，胰岛素抵抗等因素导致生理储备下降而出现机体抗应激能力减退。

4. 营养不良

营养不良是衰弱发生、发展的重要生物学机制。老年人 25- 羟维生素 D<50 nmol/L 可增加衰弱的发生率。日常能量摄入不足、营养评分较低和摄入营养素缺乏的老年人，衰弱发生率增加。

5. 精神心理因素

老年人的精神心理状态与衰弱密切相关，焦虑、抑郁可增加衰弱的发生。

6. 其他因素

职业、生活质量差、药物及不良生活方式等都可导致老年衰弱综合征发生率增加。

（二）临床表现

（1）体重下降。近一年不明原因的体重明显下降。

（2）肥胖。体重超标、腰围粗，体重指数为 $25\sim29 \text{ kg/m}^2$。

（3）认知功能下降。如阿尔茨海默病导致的情感障碍、行为障碍、睡眠障碍，以及躯体功能障碍等。

（4）运动功能异常。运动功能下降是衰弱的主要特征，如肌肉质量下降、肌力减退，步行速度下降，平衡协调能力下降，易摔倒，活动减少等。

（三）体育康复评定

衰弱为一种临床综合征，与老年虚弱状态、共病、失能等概念相互重叠，同时由于衰弱的诱因、衰弱涉及的生理系统及表现形式众多，在不同领域对于衰弱评估的应用目的也不同，以上种种都增加了衰弱评估的难度。有专家总结目前衰弱的评估量表大致可以分为四类：自我报告式问卷、准则定义为基础的测量、累积指数类评估工具、生物学标记物评估法（表13-4-4）。

▶ 表 13-4-4　衰弱评估量表分类

分类	举例
自我报告式问卷	Tilburg 衰弱指数（TFI）、爱特蒙特衰弱量表（EFS）、格罗宁根衰弱指标（GFI）
准则定义为基础的测量	衰弱身体表型、衰弱（FRAIL）量表
累积指数类评估工具	衰弱指数（FI）、临床衰弱水平量表（CFS）
生物学标志物评估法	白介素-6、C 反应蛋白

以下几种是国内外常用的衰弱评估工具及评估方法：

1. Fried 衰弱表型

Fried 等人以客观的体能测试指标为衡量标准，提出了 Fried 衰弱表型；定义 Fried 衰弱表型（FP）包含以下 5 个条目：① 不明原因体重下降：近 1 年内体重下降>5%；② 行走速度下降；③ 握力下降；④ 躯体活动量降低；⑤ 自我感觉疲乏。具有 1~2 条为衰弱前期，3 条以上为衰弱期（表 13-4-5）。

▶ 表 13-4-5　Fried 衰弱表型（FP）

检测项目	男性	女性
① 不明原因体重下降	过去 1 年中，体重下降>5%	
② 行走速度下降（5 m）	身高≤173 cm：行走速度下降≥7 s 身高>173 cm：行走速度下降≥6 s	身高≤159 cm：行走速度下降≥7 s 身高>159 cm：行走速度下降≥6 s
③ 握力下降	BMI≤24：握力下降≤29 kg BMI24.1~26：握力下降≤30 kg BMI 26.1~28：握力下降≤31 kg BMI>28：握力下降≤32 kg	BMI≤23：握力下降≤17 kg BMI 23.1~26：握力下降≤17.3 kg BMI 26.1~29：握力下降≤18 kg BMI>29：握力下降≤21 kg
④ 躯体活动量降低（MLTA）	<383 Kcal·周$^{-1}$	<270 Kcal·周$^{-1}$
⑤ 自我感觉疲乏	CES-D 的任一问题得分为 2~3 分。您过去 1 周内，以下现象发生几次？（a）我感觉做每一件事都需要经过努力；（b）我不能向前行走，0 分：<1 d；1 分：1~2 d；2 分：3~4 d；3 分：>4 d	

2. 衰弱指数量表（FI）

衰弱指数量表是加拿大老年医学专家 Mitnitski 等基于健康缺陷累积衰弱模型，以健康缺陷为衰弱变量而创立的。衰弱指数量表包括心理、生理、生活、既往史 4 个方面 70 种健康缺陷项目。每个条目即为一种缺陷，当出现这种缺陷时记 "1"，没有时计 "0"。计算公式为：衰弱指数 = 健康缺陷项目 /70；衰弱指数范围为 0~1，衰弱界限为 0.25，超过 0.25 则被认为是衰弱。

3. 临床衰弱量表（CFS）

临床衰弱量表（CFS）是 Rockwood 等人制订的，该量表从移动能力、精力、体力活动和功能 4 个方面来评估老年人的衰弱。它使用图文结合的方式将老年人从非常健康到终末期共分为 7 级，后来为了更加清晰了解老年衰弱综合征患者的衰弱状态，将其调整为 9 级（表 13-4-6）。

▶ 表 13-4-6　临床衰弱量表

衰弱等级	具体测量
1. 非常健康（等级 1）	身体强壮、积极活跃、精力充沛、充满活力，定期进行体育锻炼，处于所在年龄段最健康的状态
2. 健康（等级 2）	无明显的疾病症状，但不如等级 1 健康，经常进行体育锻炼，偶尔非常活跃，如具有季节性
3. 维持健康（等级 3）	存在健康缺陷，但能被控制，除了常规行走外，无定期的体育锻炼
4. 脆弱易损伤（等级 4）	日常生活不需要他人帮助，但身体的某个 / 些症状会限制日常活动，常见的主诉为白天"行动缓慢"和感到疲乏
5. 轻度衰弱（等级 5）	明显的动作缓慢，高级的工具性日常生活活动（IADLs）需要帮助，轻度衰弱会进一步削弱患者独自在外购物、行走、备餐及干家务活的能力
6. 中度衰弱（等级 6）	所有的室外活动均需要帮助，在室内上下楼梯、洗澡需要帮助，可能穿衣服也会需要辅助
7. 严重衰弱（等级 7）	个人生活完全不能自理，但身体状态较稳定，一段时间内不会有死亡的危险（6 个月）
8. 非常严重的衰弱（等级 8）	生活完全不能自理，接近生命的终点，已不能从任何疾病中恢复
9. 终末期（等级 9）	接近生命终点，生存期<6 个月的垂危患者，有不明显衰弱

　　此外，老年衰弱综合征的评定还包括相关的运动功能评定、认知功能评定、日常生活能力评定、心理评定及环境评定等。在评定时，应先明确评定的目的，再根据不同量表的适用人群、评定内容、敏感性、特异度、被评定者个人生理、心理、环境等多方面因素，选择合适的评定方法。

（四）老年衰弱综合征的体育康复

　　对于没有慢性疾病的老年人也可能出现体质虚弱，体质虚弱本身也可以导致不良的健康结局。体育锻炼被认为是提高老年衰弱人群生活质量和功能最经济有效的方法，体育锻炼是在做好风险评估和对老人保护的前提下进行的，可以根据患者衰弱情况、训练条件和目的选择运动强度、时间、频率和方式。对老年衰弱综合征者提出的运动指导和建议如下：

　　设立康复目标。通过适当的体育锻炼，增加老年人的肌力、肌耐力，提高行走的速度和平衡能力，在改善其功能同时，提高全身的体能，从而预防跌倒和衰弱的发生。

制订运动处方，必须全面考虑老年人训练条件和目的及具体病情，运动强度、时间、频率、方式必须控制在老年人可接受的范围。建议每周运动2~3次，每次45~60 min；力量训练每组重复8~12次，强度采用中等强度训练，1~3组/次，2~3次/周，之后逐渐增加，虚弱和身体功能不佳或者有慢性疾病的老年人，开始运动时强度要低，持续时间要短。

活动顺序要针对衰弱者的健康和体适能的状况而定，如果平时没有运动，且健康和身体功能状况不好，可先从事缓慢的热身、伸展操等运动形式开始，逐步增加身体的活动量。

对于衰弱的老年人来说，安全是第一位，尤其对于那些没有运动经历的高龄老年人来说，坐着运动较为安全，可先从事牵伸训练，逐渐进行平衡训练、阻力训练和有氧运动等，这些活动比较稳定，容易在生活中实施，也能改善身体的功能，具体如下：

1. 肌肉牵伸

这里推荐由中国传统健身气功八段锦中的"双手托天理三焦"来进行上肢的牵伸练习。

（1）上肢的牵伸练习：身体自然放松，左脚横跨一步，双手慢慢地放于腹前，慢慢交叉，上举，头望着前方，保持1~2 s，然后双手慢慢回落于腹前，重复3~6次。

（2）坐位：伸腿和抱腿练习。老年人坐在椅子上，将左右腿分别前伸伸直，然后屈膝收回，抬起，双手抱住膝关节，左右交替进行。

2. 平衡训练

（1）他动态平衡训练。老年人站在平地上，双足分开较大的距离，康复治疗师或者家属从不同方向推动老人，可以逐渐增加推动的力度和幅度或者支撑面的性质以增加难度。

（2）自动态平衡训练。

① 站立时保持不动，身体交替向侧方、前方、后方倾斜并保持平衡。抛接球训练：从不同角度向老人抛球，同时增加抛球的力度和距离来增加训练的难度。

② 足跟行走：双脚脚尖稍稍上翘，两脚交替行走，身体保持直立状态，

根据周围环境状况选择行走的距离。

③ 8字走：可以用椅子或者其他物品，分开摆放，围绕物品进行8字行走训练，也可直接进行训练。

④ 一字步行走训练：一只脚贴着另一只脚的脚尖部行走，在走的过程中双手可自然放松，也可以侧平举，走的过程中尽量保持身体的平衡。

注意事项：在做任何训练中都要加以保护，避免跌倒。

3. 肌肉力量练习

老年衰弱综合征最显著的特征就是骨骼肌力量下降，所以非常有必要加强老年人的肌肉力量练习，训练时可以弹力带、哑铃或者自身重力为阻力，选择合适的训练种类（如抗阻屈肘、抗阻勾脚、提踵、桥式运动等），对老年衰弱综合征患者进行上下肢关节相关的肌群，以及核心肌群进行肌力训练，同时在训练中为提高患者的积极性及实用性，可以采取模拟日常功能性任务（如蹲起、起坐训练、驱动轮椅等）来提高老年衰弱综合征患者的肌力、控制能力及稳定性。

预防和改善老年衰弱综合征除需坚持体育锻炼外，日常能量、营养的补充，认知能力和行为治疗也对老年衰弱综合征有积极的治疗作用，同时还要建立良好的体育康复策略，提高自身免疫力，积极乐观应对老年衰弱综合征，体会生命的健康和美好。

三、老年人肌肉衰减症的体育康复

（一）肌肉衰减症概述

骨骼肌是人体运动系统的动力来源，肌肉的衰老和萎缩是人体衰老的重要标志。肌肉衰减症（sarcopenia）（简称肌少症），是近年老年医学研究的重要议题之一。肌肉衰减症一词源于希腊语，sarx 为肌肉，penia 为流失。欧洲肌肉衰减症工作组（European Working Group on Sarcopenia in Older People，EWGSOP）在 2018 年对肌肉衰减症的定义为：肌肉衰减症即肌肉衰竭，是一种进行性和普遍性的骨骼肌疾病。肌肉衰减症在老年人中很常见，但也可能在生命早期发生，与包括跌倒、骨折、身体残疾和死亡在内的不良后果的可能性增加有关。亚洲肌少症工作组流行病学调查显示，老年人肌肉衰减症发病率在 5.5%～25.7%，男性为 5.1%～21%，女性为 4.1%～16.3%。一般情况下，肌肉质量和功能的平衡稳态依靠肌细胞的形成和分解来维持，受到神经-内分泌-免疫系统的调控，同时也受营养状况和运动的影响。自身调节或平衡能力降低而引起肌肉质量和功能平衡稳态下降，导致 α 运动神经元减少，肌纤维的去神经改变，以及肌肉运动单位丢失，机体无力对抗应激源，是造成肌少症发生的重要机制。患者出现步态异常、平衡障碍和失能等一系列综合征，最终导致机体功能衰减和生活质量下降，甚至死亡。

肌肉衰减症使老年人站立困难、步履缓慢、平衡能力下降，容易跌倒而致骨折，增加致残率、致死率的风险；影响老年人器官功能，可能引起心脏和肺的衰竭；可能是胰岛素抵抗和 2 型糖尿病的致病因素之一；独立于其他危险因素，与心血管疾病的发病相关；影响人体抵抗能力和疾病的恢复过程。

（二）肌肉衰减症的评定

在 ICD-10 中已经明确肌肉衰减症是一种疾病，也属于老年综合征的范畴，肌肉衰减症由三个参数的低水平测量来定义：① 肌肉力量；② 肌肉数量 / 质量；③ 身体活动功能。EWGSOP 提出肌肉衰减症的诊断及分级标准（表 13-4-7）。

▶ 表 13-4-7　肌肉衰减症的诊断及分级标准

	肌肉质量减少	肌肉力量下降	肌肉功能减退
可能肌肉衰减症	−	+	+/−
肌肉衰减症	+	+	−
	+	−	+
严重肌肉衰减症	+	+	+

（三）肌肉衰减症的防治

目前，世界公认的肌肉衰减症防治手段主要包括运动、营养与药物干预等，运动是保持机体肌肉质量、力量和功能的最有效办法之一。久坐不动是导致肌肉萎缩，肌肉力量降低，进而导致机体活动能力下降的重要影响因素。年龄增长所导致的肌肉问题可用运动训练的方法进行缓解或治疗。适当的抗阻运动可有效增加机体肌肉力量、提高质量，促进肌纤维由 I 型向 II 型的转化，并可有效抑制肌少症的发生与发展。抗阻运动还可预防因年龄增长、机体衰老所引起的一系列肌肉问题，可以促进星状细胞的增殖分化，促进肌纤维形成、增粗，同时抗阻运动可有效抑制机体蛋白质分解，提高机体磷酸化水平，加快肌肉内蛋白质的合成。运动疗法对肌肉衰减症患者的效果在一定程度上取决于运动方式、运动时间、运动频率、运动强度等因素。

肌肉衰减症的运动处方包括有氧运动和抗阻运动。有氧运动应先从低强度开始，逐渐过渡到中等强度甚至高强度，后期还可以增加抗阻运动练习。有氧运动包括快走、慢跑、蹬车、爬山等。每次锻炼开始阶段应为低强度（40%HRmax）准备活动，持续 10 min 左右，之后开始中等强度（50%~60%HRmax）有氧练习，持续 30 min 左右，每周 4~5 次。高强度（大于 60%HRmax）有氧练习每周应不少于 3 次。抗阻运动包括抗自重、哑铃、弹力带等方式。肌肉衰减症老年人可根据自身情况自选锻炼方式与锻炼部位，开始阶段建议以小负荷量（40%~50% 1 RM），针对不同锻炼部位应进行 8~10 个动作，每个动作重复 8~12 次，伴随锻炼进程的推进，训练负荷应逐渐增加至 60%~80% 1 RM，两次训练时间应至少间隔 48 h，训练前应做全身全关节活动，建议老年人尽可能快地完成每组练习，促进神经动员与适应。科学系统的抗阻练习每周应为 3~4 次，每次 30~40 min，至少应持续 12 周。由于肌肉衰减症患者往往伴随多种急慢性病症，如骨折、骨质疏松、糖尿病、高血压、心脏病、慢阻肺等，因此，在运动方案的制订与实施过程中要时刻关注患者状态，防止意外发生。如果在运动过程中患者出现任何不适，如面色发白、出汗量与运动量明显不符、心悸、发绀等症状，应立即停止运动，并重新对患者进行评估，必要时需重新制订运动方案。

四、老年人睡眠障碍的体育康复

（一）老年人睡眠障碍概述

睡眠是人类生命活动的一种生理现象，与觉醒交替出现，具有周期性特点。机体每天需要睡眠的时间，随年龄、个体的健康状况、劳动强度、营养条件和环境的不同而有所差异，并随年龄的增长而减少。老年人因基础代谢降低和体力活动减少，持续睡眠时间较青壮年相对减少。正常的睡眠应以精神和体力的恢复状况为判断依据，睡眠后若疲劳消失、头脑清晰、精力充沛则为正常睡眠。研究表明，目前约 50% 的老年人存在不同程度的睡眠障碍，表现为入睡困难、睡眠浅、持续睡眠时间缩短。睡眠障碍在老年人群较为常见，指睡眠的始发和维持发生障碍，导致睡眠时间或质量不能满足个体的生理需求，并且严重影响工作和生活。老年人睡眠障碍的临床类型有失眠症、发作性睡病、睡眠呼吸暂停综合征、不宁腿综合征、快速动眼睡眠行为障碍和周期性肢体运动障碍等。导致睡眠障碍的因素包括生理因素、心理因素、环境因素、不良的睡眠习惯、疾病因素和药物因素等。老年人发生睡眠障碍，虽然不会威胁生命，但长期睡眠障碍会导致老年人出现一系列心理问题，如抑郁、焦虑、精神疲乏、社会功能下降等。

（二）睡眠障碍的评定

目前，临床用于评定老年人睡眠质量的量表主要使用匹兹堡睡眠质量指数量表（PSQI，表 13-4-8）。通过询问近 1 个月的睡眠情况，评定睡眠质量，得分越高，表示睡眠障碍越严重。

▶ 表 13-4-8　匹兹堡睡眠质量指数量表

指导语：下面一些问题是关于您最近 1 个月的睡眠情况，请选择并填写最符合您近 1 个月实际情况的答案。请根据下列问题作答：

1. 近 1 个月，晚上上床睡觉通常为（　　　）点钟

2. 近 1 个月，从上床到入睡通常需要（　　　）min

3. 近 1 个月，通常早上（　　　）点起床

4. 近 1 个月，每夜通常实际睡眠为（　　　）h（不等于卧床时间）

对下列问题请选择 1 个最适合您的答案。

5. 近 1 个月，因下列情况影响睡眠而烦恼：

a. 入睡困难（30 min 内不能入睡）（1）无（2）<1 次 / 周（3）1~2 次 / 周（4）≥3 次 / 周

b. 夜间易醒或早醒（1）无（2）<1 次 / 周（3）1~2 次 / 周（4）≥3 次 / 周

c. 夜间去厕所（1）无（2）<1 次 / 周（3）1~2 次 / 周（4）≥3 次 / 周

d. 呼吸不畅（1）无（2）<1 次 / 周（3）1~2 次 / 周（4）≥3 次 / 周

e. 咳嗽或鼾声高（1）无（2）<1 次 / 周（3）1~2 次 / 周（4）≥3 次 / 周

f. 感觉冷（1）无（2）<1 次 / 周（3）1~2 次 / 周（4）≥3 次 / 周

g. 感觉热（1）无（2）<1 次 / 周（3）1~2 次 / 周（4）≥3 次 / 周

h. 做噩梦（1）无（2）<1 次 / 周（3）1~2 次 / 周（4）≥3 次 / 周

i. 疼痛不适（1）无（2）<1 次 / 周（3）1~2 次 / 周（4）≥3 次 / 周

j. 其他影响睡眠的事情（1）无（2）<1 次 / 周（3）1~2 次 / 周（4）≥3 次 / 周

如有，请说明：

6. 近 1 个月，总体来说，您认为自己的睡眠质量（1）很好（2）较好（3）较差（4）很差

7. 近 1 个月，您用药物催眠的情况（1）无（2）<1 次 / 周（3）1~2 次 / 周（4）≥3 次 / 周

8. 近 1 个月，您常感到困倦吗（1）无（2）<1 次 / 周（3）1~2 次 / 周（4）≥3 次 / 周

9. 近 1 个月，您做事情的精力不足吗（1）没有（2）偶尔有（3）有时有（4）经常有

睡眠质量得分（　　），入睡时间得分（　　），睡眠时间得分（　　），睡眠效率得分（　　），

睡眠障碍得分（　　），催眠药物得分（　　），日间功能障碍得分（　　），PSQI 总分（　　）

检查者：

匹兹堡睡眠质量指数量表使用和统计方法：PSQI 用于评定受试者最近 1 个月的睡眠质量（由 19 项个评条目和 5 个他评条目构成，其中第 19 项个评条目和 5 个他评条目不参与计分，在此仅介绍参与计分的 18 项个评条目（详见附问卷）（18 项条目组成 7 个成分，每个成分按 0~3 等级计分，累积各成分得分为 PSQI 总分，总分范围为 0~21，得分越高，表示睡眠质量越差。受试者完成试问需要 5~10 min。

各成分含义及计分方法如下：

A. 睡眠质量

根据条目 6 的应答计分："很好"计 0 分，"较好"计 1 分，"较差"计 2 分，"很差"计 3 分。

B. 入睡时间

a. 条目 2 的计分为："≤15 min"计 0 分，"16~30 min"计 1 分，"31~60 min"计 2 分，">60 min"计 3 分。

b. 条目 5a 的计分为："无"计 0 分，"<1 周 / 次"计 1 分，"1~2 周 / 次"计 2 分，"≥3 周 / 次"计 3 分。

c. 累加条目 2 和 5a 的计分，若累加分为"0"计 0 分，"1~2"计 1 分，"3~4"计 2 分，"5~6"计 3 分。

C. 睡眠时间

根据条目 4 的应答计分，">7 h"计 0 分，"7 h"计 1 分，"5~6 h"计 2 分，"<5 h"计 3 分。

D. 睡眠效率

a. 床上时间 = 条目 3（起床时间）- 条目 1（上床时间）

b. 睡眠效率 = 条目 4（睡眠时间）/ 床上时间 ×100%

c. 成分 D 计分位，睡眠效率 >85% 计 0 分，75%~85% 计 1 分，65%~74% 计 2 分，<65% 计 3 分。

E. 睡眠障碍

根据条目 5b 至 5j 的计分为："无"计 0 分，"<1 周 / 次"计 1 分，"1~2 周 / 次"计 2 分，"≥3 周 / 次"计 3 分。

累加条目 5b 至 5j 的计分，若累加分为"0"则成分 E 计 0 分，"1~9"计 1 分，"10~18"计 2 分，"19~27"计 3 分。

F. 催眠药物

根据条目 7 的应答计分，"无"计 0 分，"<1 周 / 次"计 1 分，"1~2 周 / 次"计 2 分，"≥3 周 / 次"计 3 分。

G. 日间功能障碍

a. 根据条目 7 的应答计分，"无"计 0 分，"<1 周 / 次"计 1 分，"1~2 周 / 次"计 2 分，"≥3 周 / 次"计 3 分。

b. 根据条目 7 的应答计分，"无"计 0 分，"< 1 周 / 次"计 1 分，"1~2 周 / 次"计 2 分，"≥ 3 周 / 次"计 3 分。

c. 累加条目 8 和 9 的得分，若累加分为"0"则成分 G 计 0 分，"1~2"计 1 分，"3~4"计 2 分，"5~6"计 3 分。

PSQI 总分 = 成分 A + 成分 B + 成分 C + 成分 D + 成分 E + 成分 F + 成分 G

评价等级：0~5 分，睡眠质量很好；6~10 分睡眠质量还行；11~15 分睡眠质量一般。

（三）睡眠障碍的防治与康复

充足的睡眠是老年人身体健康、幸福生活的必要条件。体育锻炼可以有效提高老年人的肌肉质量，促进肌肉蛋白质合成，增加肌肉力量，对老年人的健康水平和睡眠质量具有显著的积极影响。

渐进性抗阻训练能有效缓解因老年人睡眠障碍而引起的精神类疾病如抑郁症等。患有睡眠障碍老年人可采取中等强度的有氧运动和抗阻运动进行训练，如瑜伽、普拉提、太极拳、八段锦等，单次运动 55~60 min，每周运动 2~3 次，可明显改善睡眠障碍。

第十三章思考题参考答案

思考题

1. 解释人口老龄化的定义。
2. 我国人口老龄化的特点有哪些?
3. 如何评估老年人跌倒风险?
4. 如何降低老年人跌倒风险?
5. 如何防治老年人睡眠障碍?

实践训练题

为老年衰弱综合征患者制订运动处方。

在线测评题

（陈健　武汉体育学院）

（马智超　武汉商学院）

盆底功能障碍的体育康复

本章导言

妊娠、分娩、衰老、长时间腹压增加等因素会导致盆底肌功能下降，引起盆底功能障碍。本章阐述了盆底功能障碍的定义、临床表现和发病机制。盆底功能障碍的体育康复评定和治疗方法是本章的重点内容。盆底功能障碍严重影响患者生活质量，尤其在老年人群的发生风险大大增加。因此，盆底功能障碍的防治应坚持预防为主、防治结合的方针，提高盆底健康意识，早评估、早发现、早康复，促进盆底健康。

学习目标

1. 熟悉盆底功能障碍的临床表现。

2. 掌握盆底功能障碍的定义；盆底功能障碍的评定方法；盆底功能障碍的体育康复治疗方法。

关键术语

盆底功能障碍（pelvic floor dysfunction，PFD）：指盆底支持结构缺陷、损伤、衰老等导致的相应的功能障碍。

盆腔脏器脱垂（pelvic organ prolapse，POP）是指各种原因导致的盆底支撑组织薄弱，造成盆腔脏器下移，引发器官的位置和功能的异常，如阴道前壁及膀胱脱垂、子宫及阴道穹窿脱垂、阴道后壁及直肠脱垂等。

慢性盆腔疼痛（chronic pelvic pain，CPP）：是指源自盆腔器官/结构的疼痛，且持续时间超过 6 个月以上，通常与负面的认知、行为、性生活和情感后果，以及与下尿路、性、肠、盆底、肌筋膜或妇科功能障碍的症状有关。

下尿路功能障碍（lower urinary tract dysfunction，LUTD）：是指膀胱尿道在储尿期和 / 或排尿期和 / 或排尿后存在的功能障碍及表现出的相应症状。

排便障碍（defecation disorder，DD）：指一系列肛门直肠动力学变化所导致的大便排出受阻或不能随意控便。

性功能障碍（sexual dysfunction，SD）：指性反应周期中的任意一个环节或几个环节发生障碍，包括性欲障碍、性唤起障碍、性高潮障碍、性交疼痛及早泄、阳痿等类型。

第一节　盆底功能障碍概述

一、盆底功能障碍定义

盆底功能障碍（PFD）指盆底支持结构缺陷、损伤、衰老等导致的相应的功能障碍。临床表现为盆腔脏器脱垂、慢性盆腔疼痛、下尿路功能障碍（尿频、尿急和尿失禁等）、下消化道症状（大便失禁和便秘等）、性功能障碍等一系列疾病。PFD 是影响人类生活质量的五种最常见慢性疾病之一，严重影响中老年人的健康和生活质量。

盆底的解剖
与功能

二、盆底功能障碍的临床表现

（一）盆腔器官脱垂

盆腔脏器脱垂可导致器官功能下降，局部疼痛、出血、渗液、排尿排便障碍、感染及生活质量下降。一般说来，脱垂的症状晨起较轻，活动后加重。患者常会因阴部异物感而就诊，但症状与脱垂的严重程度并不一致。根据症状及检查可做出诊断，采用盆腔器官脱垂定量分期法及影像学检查可明确器官脱垂程度。流行病学调查发现，存在盆底器官脱垂症状的女性占 6%~8%，而体格检查显示脱垂率可高达 31%。

（二）慢性盆腔疼痛

盆腔疼痛的来源包括胃肠道、泌尿道、妇科疾病、心理因素、肌肉骨骼系统、神经系统，而疼痛的表现形式并不一致，可表现为下腹牵拉痛、性交疼痛、外阴疼痛、膀胱疼痛综合征等。内脏疾病所致钝痛常弥漫存在且难以定位，而躯体疼痛可准确描述具体位置，如周期性的盆腔疼痛可能与月经及激素分泌相关，产后盆底痛可考虑肌肉骨骼损伤，若有神经卡压可出现电击样或灼烧样疼痛等。在美国，盆腔疼痛患者的患病率为4%～16%，约占所有妇科门诊的10%，盆底疼痛是诊断性和治疗性手术常见的适应证之一。实际上，在美国所有因良性疾病而行子宫切除的患者中，约20%的主要手术指征是慢性盆腔疼痛，而在每年进行的全部妇科腹腔镜手术中，至少40%的主要手术指征是慢性盆腔疼痛。

（三）下尿路功能障碍

下尿路功能障碍（LUTD）是指膀胱尿道在储尿期和/或排尿期和/或排尿后存在的功能障碍及表现出的相应症状。储尿期症状包括尿频、尿急和尿失禁等；排尿期症状包括排尿踌躇、尿流弱和排尿困难等；排尿后症状指排尿后出现的症状，如排尿后滴沥和尿不尽感。尿失禁是中老年女性的常见症状，主要类型有压力性尿失禁（stess urinary incontinence，SUI）、急迫性尿失禁（urge urinary incontinence，UUI）和混合性尿失禁（mixed urinary incontinence，MUI）。SUI是指腹压突然增高时，尿液不自主流出，而UUI表现为强烈的尿意及不能由意志控制而尿液经尿道流出，MUI则以上几种表现合并存在。目前，我国女性尿失禁的患病率约为30.9%。相较于女性，目前有关男性尿失禁流行病学的研究还较少，年龄超过65岁的男性尿失禁的患病率为11%～34%。

（四）排便障碍

排便障碍指一系列肛门直肠动力学变化所导致的大便排出受阻或不能随意控便。本病以排便次数改变、排便费力、排便不尽、粪便不自主排出等为临床表现，包括排便失禁及功能性排便障碍。大便失禁往往表现为粪便及气体不能随意控制，不自主地流出肛门外。本病多由阴道分娩等所致肛门括约肌功能障碍引起，或继发于全身神经、内分泌等多种疾病，可分为急迫性粪失禁（urge fecal incontinence，UFI）、被动粪失禁（passive fecal incontinence，PFI）及粪渗漏（fecal leakage，FL）。功能性排便障碍是以试图排便时盆底肌不能充分松弛，或排便推进力不足为特征的功能性肛门直肠疾病，可分为不协调排便和排便推进力不足两个亚型。大便失禁（fecal incontinence，FI）在整体人群中的发生率约为2.2%。

（五）性功能障碍

盆底功能障碍影响性生活质量，尿失禁、大便失禁或盆腔疼痛会引起性行为回避。女性性功能障碍包括性欲障碍、性唤起障碍、性高潮障碍、性交疼痛和阴道痉挛。男性性功能障碍有性欲异常、勃起异常、射精异常、男性性高潮障碍等。据统计，其发病率占成年男性的10%左右。

三、盆底功能障碍的发病机制

盆底支持结构的减弱是导致盆底功能障碍的关键因素。DeLancey等的吊床假说和Petros等的整体理论是当前最流行和普遍接受的盆底疾病理论，认为正常盆底功能的维持需要多种支持结构（如肌肉、韧带、肌腱和筋膜）的相互作用与协调。盆底支持结构由主动支持结构和被动支持结构组成。主动支持结构功能主要由盆底肌提供，其自主收缩提升盆底，从而平衡增加腹压并维持盆腔脏器的正常位置；被动支持结构功能主要由骨盆骨与结缔组织（韧带、筋膜）提供。盆底支持结构受损或失衡，导致盆腔脏器移位和盆底功能障碍，表现为膀胱膨出、子宫脱垂、慢性盆腔疼痛、性功能障碍、尿失禁或便秘等一种或几种病症，如压力性尿失禁常与膀胱膨出合并存在。盆底功能障碍的发生与妊娠、分娩、增龄、肥胖、长期高腹压、盆腔手术、神经疾病、久坐或缺乏运动等因素密切相关。

第二节 盆底功能障碍体育康复评定

一、盆底功能障碍的临床评定

（一）病史询问

盆底功能障碍患者的主诉、病史询问是临床评定的首要内容，尤其应注意患者主诉与病史间是否有关联。

（二）体格检查

盆底功能障碍患者的体格检查包括外阴检查（外阴发育、小阴唇分离、会阴体长度、阴裂长度等）；对外阴和会阴进行神经学评估，筛查是否存在神经系统病变；阴道检查包括阴道口、阴道、阴道分泌物、宫颈情况、Valsalva 运动评估等；此外，还可行压力试验、膀胱颈抬高试验、肛门括约肌张力及会阴体活动度检查。

（三）影像学检查

X 射线检查可观察患者脊柱的前凸、后凸及侧弯情况，以及脊柱和骨盆之间的倾斜角度；磁共振成像直接显示盆底各结构的缺陷；膀胱镜适用于血尿、膀胱疼痛、持续性漏尿或瘘管；盆底超声主要经会阴和阴道两个途径，高分辨率的超声可以动态、实时、便捷、精准评估膀胱颈、尿道、肛提肌及裂孔、盆腔脏器脱垂、肛门括约肌及外科手术效果等情况。

二、阴道松弛度评定

阴道松弛度分级如下：

（1）正常，阴道横径并容 2 指以下。

（2）轻度松弛，阴道横径并容 2~3 指。

（3）中度松弛，阴道横径并容 3~4 指。

（4）重度松弛，阴道横径并容 4 指以上，或合并有会阴 II 度陈旧撕裂痕或阴道前后壁中度以上膨出者。

三、盆腔器官脱垂定量分期法

目前国际上多采用盆腔器官脱垂定量分期法（POP-Q），此分期系统是分别利用阴道前壁、阴道顶端、阴道后壁上的两个解剖指示点与处女膜的关系来界定盆腔器官的脱垂程度。与处女膜平行以 0 表示，位于处女膜以上用负数表示，处女膜以下则用正数表示。阴道前壁上的两个点分别为 Aa 和 Ba 点。阴道顶端的两个点分别为 C 和 D 点。阴道后壁的 Ap、Bp 两点与阴道前壁 Aa、Ba 点是对应的。另外，包括阴裂（genital hiatus, gh）的长度，会阴体（perineal body, pb）的长度，以及阴道总长度（TVL），测量值均以 cm 表示（表 14-2-1）。

► 表 14-2-1　盆腔器官脱垂定量分期法（POP-Q）

分度	内容
0	无脱垂 Aa、Ap、Ba、Bp 均在 −3 处，C 点在 −TVL 和 −（TVL−2 cm）
I	脱垂最远端在处女膜内，距处女膜＞1 cm
II	脱垂最远端在处女膜边缘 1 cm 内，在处女膜内或是在处女膜外
III	脱垂最远端在处女膜外，1 cm＜距处女膜边缘＜（TVL−2 cm）
IV	完全或几乎完全脱垂，脱垂最远处≥+（TVL−2 cm）

四、盆底肌评定

PERFECT 评定方案是可用于制订患者特异性盆底肌训练计划的盆底肌评定方法，该方法不需要昂贵的设备，执行起来快速且简单。检查方法：患者取仰卧位，头下方垫两个枕头，膝关节弯曲。① 肌力：将戴消毒手套的食指放置入阴道内 4~6 cm，置于 4 点钟和 8 点钟方向，分别嘱患者进行阴道最大自主收缩，根据改良牛津肌力分级（0~5 级）评价肌力（表 14-2-2）；② 肌耐力：选择① 中 4 点钟或 8 点钟肌力较大的位置，将食指放入阴道内 4~6 cm，嘱患者进行阴道最大自主收缩并保持，计数阴道最大自主收缩肌力下降至 50% 之前所保持的时间（以 s 计算）；③ 重复收缩：手法同上，嘱患者进行阴道最大自主收缩并保持 5 s，间隔 4 s 后再做一次，记录一共能进行的次数（0~10 次），停止测试的标准是阴道最大自主收缩肌力下降至 50% 或不能保持5 s，或超过10次则可以不再继续；④ 快速收缩：休息至少1 min以后，手法同上，嘱患者尽可能快和强有力地进行快速收缩–放松动作，记录次数（0~10次），超过10次可以不再继续；⑤ 抬高：将食指（食指和中指）置于阴道后壁，嘱患者进行阴道最大自主收缩，感受患者的阴道后壁是否向上抬举；正常情况为可以感受到明显的向上抬举感；⑥ 协同收缩：下腹部肌肉协同收缩，在进行盆底肌指检的时候，可以将另一只手放在下腹部，感受患者下腹部肌肉与盆底肌的协同收缩。正常情况为下腹部肌肉参与；⑦ 同步：仰卧位，暴露会阴，嘱患者咳嗽，观察咳嗽的同时，患者的会阴是否向上抬举，肛门是否向内收缩聚拢。正常情况为当患者咳嗽时，可以看到患者的会阴向上抬举，肛门向内收缩聚拢（表14-2-3）。

▶ 表 14-2-2 改良牛津肌力分级

分级	评估内容
0	感觉不到收缩
1	非常弱的收缩
2	弱收缩
3	中等程度收缩
4	良好的收缩
5	强有力的收缩

▶ 表 14-2-3 PERFECT 方案评定

分类	评估内容	结果
P（Power）	肌力	改良牛津肌力分级 0~5 级
E（Endurance）	肌耐力	0~10 s
R（Repetition）	重复收缩能力	0~10 次
F（Fast）	快速收缩能力	0~10 次
E（Elevation）	阴道后壁抬高	Yes/No
C（co-contraction）	下腹部肌肉协同收缩	Yes/No
T（Timing）	同步（咳嗽时盆底肌的反射性收缩）	Yes/No

五、盆底肌张力评定

盆底肌和周围筋膜结缔组织本身存在一定的张力，以维持盆腔器官及尿道的位置，即使在人体保持静止状态下，这种张力亦存在，故称为静态张力。当人体运动时，腹压升高，对盆底压迫增加，盆底肌肉及周围筋膜结缔组织张力需进一步增强以对抗压迫，此时的张力称为动态张力。动态张力会随腹压升高而增强，两者保持平衡，运动时盆腔器官才不会下移，并且使尿道保持关闭状态。盆底功能障碍常表现为盆底肌张力减弱或亢进。国际尿控协会（International Continence Society，ICS）发布的盆底肌肉张力评定指南定义：

（1）正常（normal），指肌肉能够自主收缩和松弛。

（2）亢进（strong），指肌肉不能松弛。

（3）减弱（weak），指肌肉功能低下、不能自主收缩。

（4）缺失（absent），指没有可触及的肌肉活动。

六、姿势评定

姿势是人体维持及保证功能状态的空间位置和外在表现。盆底肌作为核心稳定肌群的一部分，在维持骨盆及姿势的稳定中起着非常重要的作用。身体位置对盆底肌肉活动有显著影响，从躺到坐，再到站立，影响逐步增加。姿势异常和盆底功能失调两者互为因果，正确有效的姿势评估可以进一步为盆底功能障碍的诊断和整体治疗建立基础。姿势分析时，需从前面、后面和侧面观察患者。姿势观察通常都是从骨盆开始，骨盆是人体重心和平衡的关键点，骶髂关节、耻骨联合及其周围韧带肌肉（腹肌、腰背肌、盆底肌、髋肌、下肢肌、骶髂后韧带、髂棘韧带等）维持骨盆与躯干的稳定，支持并传递重量。大多数慢性骨骼肌肉疼痛患者最先出现身体姿势不对称。另外，观察肌肉的对称性、形态和张力，观察肌肉是否出现过度激活、短缩或拉长、肥大或萎缩、紧张或抑制等情况，细致分析肌肉的形状、体积和重量可以为肌肉的使用情况与评估错误的动作模式提供线索。例如，软弱无力的腹肌可导致骨盆前倾、重心前移、下腹前凸、臀部后翘、腰曲前屈增大等，出现膀胱膨出、尿失禁、性冷淡等盆底功能障碍，并增加盆腔疼痛的概率。

第三节　盆底功能障碍体育康复治疗

一、盆底功能障碍的体育康复目标

（1）掌握正确的盆底肌训练技巧。

（2）以稳定姿势和盆腹动力为核心，纠正整体生物力学异常，重建神经肌肉平衡，实现盆底功能和形体恢复的整体康复。

（3）掌握控尿、控便技巧，防治尿失禁及粪失禁。

（4）盆底肌柔韧强健、收放自如，无尿频、尿急、便秘及性交疼痛，性生活满意。

（5）良好的盆底支撑和控制，改善盆底功能，促进身心健康，提高生活质量和幸福指数。

二、盆底功能障碍体育康复的适应证及禁忌证

（一）适应证

（1）预防性体育康复干预，如有盆底组织受损并没有临床症状的产后女性。

（2）轻、中度盆底功能障碍。

（3）其他系统导致的盆底功能障碍症状，如帕金森病或脑卒中导致的尿频、尿急等。

（4）围绝经期女性、盆腔手术前后。

（5）不愿意或不能耐受手术的重度盆底功能障碍患者。

（6）小儿遗尿症或粪失禁患者，或盆底功能下降的中老年人。

（二）相对禁忌证

（1）患有精神及心理障碍、痴呆、癫痫等神经系统疾病。

（2）生命体征不稳定及患有严重内脏系统疾病。

（3）盆腔疾病急性期、泌尿生殖道活动性感染或出血。

（4）合并其他病史前应请相关专科会诊，并谨慎评估。

三、盆底功能障碍的体育康复方案

（1）生活行为干预。

（2）心理干预。

（3）盆底肌训练。

（4）盆底肌电刺激。

（5）生物反馈治疗技术。

（6）磁刺激治疗技术。

（7）激光治疗技术。

（8）手法治疗技术。

（9）传统康复治疗技术。

（10）贴扎治疗技术。

（11）中重度或保守治疗无效的盆底功能障碍需要手术治疗。

四、盆底功能障碍的体育康复方法

（一）盆底肌肉锻炼

盆底肌肉锻炼（pelvic floor muscle training，PFMT）由美国医生 Arnold Kegel 于 1948 年首次提出，是指进行以肛提肌为主的盆底肌训练来预防和治疗膀胱膨出、直肠膨出和压力性尿失禁等盆底功能障碍。PFMT 被国内外广泛用于家庭盆底功能训练，目的在于改善盆底肌肉收缩的力量、持续时间、速率、疲劳度及耐力，是所有类型盆底功能障碍的一线治疗。PFMT 的主要方法是在关闭肛门、尿道和阴道口的同时向内上提升盆底，肌肉收缩和盆底提升坚持 $5\sim10$ s，然后放松 $5\sim10$ s，重复 $5\sim8$ 次，每天重复这个动作至少 3 组。但 $30\%\sim40\%$ 的无功能障碍妇女和 70% 的盆底功能障碍妇女不能进行正确的 PFMT。由于盆底肌由多条多层肌肉叠合而成，肌肉的长度、收缩方向、形状各有不同，且盆底肌肉不像四肢的肌肉，无法通过改变关节角度和抗阻训练来强化，无法用肉眼直观盆底肌的收缩情况，因此教会患者正确进行 PFMT 非常重要。PFMT 盆底肌训练包括强化盆底肌和放松盆底肌的训练，达到收放自如，随意募集和放松。

1. 盆底定位及运动感知觉训练

训练目的：正确找到盆底肌群位置，感知盆底肌的相对运动。训练方法：① 利用物体感知，如坐于瑜伽球、按摩球、毛巾等物体上感知盆底肌的位置和收缩。女性也可以将手洗干净后，试着将1~2根手指放入阴道，用力收缩，感受用力的方式；② 利用体位感知，运用不同姿势，如躺着、坐着、蹲着或者站着练习，找到最容易操作的姿势感知，并持续加以练习；③ 学会正确收缩盆底肌，避免腹部、臀部及大腿内侧肌肉参与。感知浅层肌、深层肌的运动，不同盆底脏器的活动及括约肌的开合。此阶段不考虑训练盆底肌力，而是掌握盆底肌肉收缩动作，慢慢关闭肛门、尿道和阴道口，长呼气的同时提起尿道和阴道壁，感觉腹横肌、多裂肌与盆底肌的协同收缩，并逐步延长时间。当掌握正确的盆底肌收缩方法后，可以进一步提升练习盆底肌的强度。

2. 盆底浅层肌肉训练

训练目的：增强盆底快速收缩能力，如当咳嗽、大笑、打喷嚏时，盆底肌能够尽快作出反应。训练方法：① 拔草训练，想象盆底肌在做拔草练习，如拔三次，每次8根，每根1 s。可想象草在松松的土里，只需要一点点力，也可想象草长得很结实，需要耗费更大的力气等，注意充分的组间休息；② 爆破音练习，口中发出"p、t、k"的声音，同时尝试将注意力集中在尿道口、阴道口、肛门口使其快速收缩，反复进行3~4次后放松，重复多次；③ 骨盆舞蹈训练，如肚皮舞中的提胯训练，提胯同时快速收缩盆底肌。

3. 盆底深层肌肉训练

训练目的：增强盆底肌的承托能力，改善盆底受压，以及盆腔疼痛。训练方法：① 盆底阶梯式上升，口中发出"fu fu fu"的声音，将盆底一层一层地向上升，尽可能上升到想象的第三层，每层维持5 s，想象盆底深层肌肉是一个整体的层面，始终保持有规律的呼吸；② 盆底阶梯式下降，渐渐放松盆底肌肉，如一层一层地"下楼梯"，可以从第三层开始，每层维持5 s，始终保持有规律的呼吸；③ 不对称收缩，仅仅收缩一侧，而让另外一侧处于放松状态，两侧交替练习；④ 吹气球训练，用力吹气时，将盆底肌持续收紧。增强盆底肌的耐力、力量训练及快速反应力训练，提升盆底肌满足不同日常活动的需求。

4. 盆腹协调性训练

膈肌、腹肌与盆底肌收缩协调，将在很大程度上避免对盆底的损害。首先纠正错误呼吸模式（见表 14-4），给患者描述在呼吸过程中膈肌、腹肌及盆底肌的协调运动再开始运动。方法：仰卧位或者坐位，保持腹部、肩部和胸部放松，并通过鼻腔进行一次缓慢的深吸气，可在镜子中观察腹部和胸腔的运动。吸气时，感受腹部向前凸出，膈肌下移动，且肋骨向侧面和前方移动，盆底肌肉放松，如果胸部上升，则膈肌并未正确使用，应放松肩部和胸部；呼气时，将盆底肌收缩联系起来，同时发出 "si si si" 的声音，使声音像是从盆底处发出一样，大约持续 15 s。气体缓慢从肺部排出，盆底肌在呼气过程中进行收缩。之后，重复这一练习，从嘴里发出 "fu fu fu" 的声音，气体呼出的速度稍微快一点。之后，依旧重复这一练习，但从嘴里发出 "shi shi shi" 的声音，此时气体呼出的速度加快，将体内滞留的空气排出体外直至呼吸到极限。还可以让患者尝试在发笑、咳嗽、跳跃或跳跃后落下的同时进行收缩，将盆底浅层肌的收缩与日常生活中常见场景下的呼吸行为协调起来。起初，需要刻意地进行练习，建议练习频率为早晚各练习 30 次，直到轻松找到和学会盆腹协调性训练后，再进行进阶练习。常见的呼吸错误见表 14-3-1。

盆底家庭康复器训练

盆底肌生物反馈治疗

▶ 表 14-3-1　常见的呼吸错误

主要的呼吸错误	次要的呼吸错误
吸气时，整个胸廓上提（上胸部明显）	腹部或胸廓轻微或无活动的浅呼吸
胸部运动占支配地位，而非腹式呼吸	腹部或胸廓可见不对称的运动
低位肋骨无侧方偏移	从下腹部到中胸部再到上胸部依序改变
腹部运动矛盾；腹壁在吸气时向内移动，在呼气时向外移动	可见节律为突然的用力或过度用力
	快速或不均匀的吸气及呼气
不能维持腹壁支撑，以及正常呼吸	面部、唇、下颚或舌过度紧张
	频繁叹息或打哈欠

5. 下蹲训练

下蹲训练也是很好的盆底肌锻炼方法，不仅能锻炼腿部肌肉，还可在盆底肌在被拉伸时，反射性地收缩耻骨直肠肌、肛提肌/联合纵肌及对抗其收缩的韧带，即耻骨尿道韧带和子宫骶骨韧带，从而闭合或打开尿道/肛门直肠。特别适合不能配合 PFMT 的小儿遗尿症或粪失禁患者。也有利于改善成年人盆腔脏器脱垂、排尿、排便功能障碍，以及盆腔疼痛等症状。因为需要髋关节、膝关节、踝关节的大幅度屈曲，部分老年人难以完成这一动作，且老年人因为胶原丢失韧带薄弱，下蹲训练效果欠佳。

6. 盆底训练与全身活动的协调

盆底涉及复杂的功能，聚焦于这一区域的练习会带来更多的生理及心理紧张，其负面影响可能大于其带来的益处。自训练开始，配合呼吸，就将盆底的训练融入整个身体活动中。精准的盆底训练及全身活动交替协调进行。盆底肌锻炼受心理因素影响，要充分考虑到患者的心理背景，如括约肌情况、性生活、分娩、情感和社会因素等，在盆底训练中进行心理调控。纠正不适当的日常习惯，以获得更好的盆腔器官支持和控制。

（二）下尿路功能训练

1. 感知觉识别

可以仰卧、俯卧、侧卧或站立训练，首先了解不同姿势下的膀胱和尿道的位置，感知膀胱及尿道、尿道口的位置，空虚或充盈的膀胱位置（当膀胱充盈时，可高出耻骨联合上缘，下腹前壁可摸到）及感觉，识别排尿的开始、尿流的强度及膀胱排空的感觉。初次膀胱充盈感觉指膀胱排空后储尿过程中首次注意到膀胱充盈时的感觉；初次排尿感指首次感受到需要排尿的感觉，亦可延迟；强烈排尿感即持续存在的排尿感，而没有排尿的恐惧感；尿急指突然出现的强迫性排尿感。

2. 控尿训练

尝试尽力收缩尿道（尿道括约肌），初始训练时会同时收缩阴道括约肌、肛门括约肌及盆底后部的肌肉，逐渐聚焦训练盆底前部，关紧尿道和阴道口，收缩持续时间可达到 6 s，最大力量收缩尿道 2 s。中断排尿的方法有助于准确找到尿道收缩的感觉，但是可能会导致排尿反射失常致膀胱过度活跃。也需要练习尿道放松，放松的时间至少为收缩时间的两倍（充分放松，避免尿道括约肌过度紧张）。排尿时，需要尿道最大限度地放松。加强压力性尿失禁患者的控尿训练，又称"knack"诀窍，在咳嗽、打喷嚏或跳跃等腹压增加时，促进神经肌肉收缩和前馈控制，快速提升盆底肌，闭合尿道，加强控尿。

3. 膀胱训练

正常排尿是轻松自如和完全排空的。排尿时，首先放松尿道，膀胱收缩，略施腹压（膈肌和腹肌），完成排尿。不需用力（挤压腹部）排尿，也不应该频繁排尿或不完全排空膀胱。膀胱不完全排空易导致尿路感染。配合呼吸提升耻尾肌及耻骨尿道韧带，有意识延长排尿间隔，可抑制尿频尿急，延迟排尿，适用于膀胱过度活动症、急迫性尿失禁、压力性尿失禁和混合性尿失禁患者。白天要饮用足量液体，使膀胱定时充盈和足量尿液，为定时排尿创造条件。定时排尿由最初短时间间隔逐渐延长至白日每隔 2~3 h，夜间每隔 3 h，在间隔期间，要养成忍尿习惯；到排尿时间，即使无尿意，亦应按时排尿。

生殖系统的练习

（三）肛门直肠的训练

1. 感知便意及排便反射

排便感觉缺失是大便失禁或便秘的原因。肛管壁内感受器从齿线以上 10 mm~15 mm，下至肛缘皮肤，上皮内感觉神经末梢极为丰富，如游离神经末梢（痛觉）、Messner 小体（触觉）、Krause 终球（冷觉）、Pacinian 小体和 Golgi Mazoni 小体（压觉或张力觉）、Genital 小体（摩擦觉），以及许多无名的感受器，感受器有精细的辨别觉，有助于肛门自制。静息时，直肠内容物不会很快进入肛管造成不同的压力与感受器接触；当粪便或气体充胀了直肠，反射性地引起肛内压下降（内括约肌宽息）时，内容物接触了感觉区，方可对其性质进行辨别，维持肛门自控能力。与充盈的膀胱一样，膨胀的直肠变得松弛、乏力，失去排便能力，需要膈肌及腹肌收缩产生推力来排便。直肠底端排便量过大产生很强的压力并会引起肛门括约肌的拉伸，增加痔疮的风险。当直肠收缩时，粪便变细，肛门的粪便量更易承受，肛门括约肌放松。体验直肠充盈和收缩的感觉，在排便的最后一刻仅用少许腹压完成排便。延迟排便会干扰排便反射，甚至引起排便反射的感觉消失。

2. 强化直肠肌肉

排便以外的时间进行强化直肠肌肉的训练，包括纵向收缩和环形收缩。① 纵向收缩：以高度作为区分，将直肠分为底部、中间和上部三个区域，每一部分长约 3 cm，直肠的肌纤维收缩使整个直肠的长度缩短。首先收缩底部的肌纤维，即位于肛门上方的肌纤维，就像抑制排气或排便一样。之后尝试

收缩直肠中段的 1/3 的部分，略高于尾骨，骶骨前面。最后，收缩直肠顶端 1/3 的部分，处于骶骨中部高度。每阶段收缩维持几秒钟，然后完全放松，并配合呼吸。② 环形收缩：环形肌肌纤维的收缩使直肠的整个管状口径缩小，其中要重点强化的是位于底部的 1/3，因为此部位的直肠壶腹部松弛。每一次收缩后都应放松，并配合呼吸。

3. 肛门外括约肌的练习

采取蹲姿、坐姿或仰卧姿势，膝关节靠近胸口。① 用力收缩肛门，而不是盆底肌的收缩；② 压缩高度：肛门外括约肌厚度及高度约为 2 cm，高度压缩的训练，保持几秒钟，然后完全放松并深呼吸，重复练习 3~4 次；③ 强化练习：在肌肉收缩后，要让肌肉尽可能地放松，强化肛门区域肌肉收缩，能够缓解便秘和痔疮的症状。

良好的排便习惯有助于排便，不憋便，不用膈肌施加推力；加大尾骨与耻骨之间的距离，使用蹲式大便器（尽量屈曲大腿且躯干尽量向前）。配合呼吸，加强盆底肌及肛门直肠训练，预防会阴下降、直肠黏膜脱垂和直肠前突，放松痉挛的耻骨直肠肌，改善失禁和便秘。

（四）姿势训练

盆底肌属于重要的核心肌群，良好的姿势状态和骨盆位置，是保障核心肌群高效训练的关键。

1. 姿势训练

良好的姿势是肌肉和骨骼的平衡状态，不管处于何种姿势（如直立、平躺、下蹲或弯腰），良好的姿势都能保护身体的支撑结构不受伤害。在运动中维持最佳的姿势控制，也是训练的关键。如正确的站姿是：在矢状面，人的重心落在胫距关节前数厘米处，通过足底屈肌来维持身体平衡。身体保持直立，抬头挺胸收腹。从前方看，鼻、胸骨剑突和脐应在一条直线上；从侧方看，耳的外缘，肩峰的尖部，髂嵴的最高点，外踝尖（从前方看）应在一条直线上。训练时，患者可采用姿势镜，进行自我纠正，也可通过示范和语言提示患者时刻保持正确的姿势。

2. 骨盆训练

从矢状面、额状面和水平面观察骨盆的位置，触摸髂嵴判断骨盆两侧高度和旋转是否对称。① 骨盆前倾：表现为腹部往前突出，耻骨联合往下倾，腰椎曲度前凸，及腰椎上段和胸腰节段过度后凸。此时应放松紧张的屈髋肌群和伸展腰椎的肌群，如髂腰肌、竖脊肌、股直肌等，强化薄弱的腹部和臀部肌肉，如腹直肌、臀大肌、腘绳肌、腹横肌等；② 骨盆后倾：表现为腰椎过平，此时做法是放松紧张的肌肉，如腹直肌、臀大肌、腘绳肌等肌群，强化薄弱肌群，如髂腰肌、竖脊肌、股直肌等；③ 骨盆侧倾：表现为一侧髂嵴高于另一侧，表明骨盆在额状面侧倾，排除结构性长短腿导致的骨盆侧倾，应放松髂嵴高侧紧张的腰方肌和背阔肌，强化对侧腰方肌和背阔肌；④ 骨盆侧移：表现为骨盆相对躯干向一侧移动，可能由腰椎病变或单侧髋内收肌缩短，并伴随髋外展肌群薄弱或抑制引起，强化薄弱的髋外展肌群，放松单侧缩短侧髋内收肌群；⑤ 骨盆旋转：表现为一侧髂前上棘位于另一侧髂前上棘的前方，通常伴随髋关节向骨盆旋转一侧旋内。放松骨盆旋转方向一侧的阔筋膜张肌和髂胫束。

3. 核心肌群的训练

采取垫上训练的方法：① 平板支撑：使用手肘与足尖支撑（尽量并拢双脚），保持身体呈一条直线，在这种姿势下使用最大力量绷紧腹部、盆底、臀部肌肉；② 侧桥训练：双脚并拢，单手屈肘支撑且保持平衡，其中一只脚置于另一只脚之上，保持身体呈一条直线，使用最大力量绷紧腹部、盆底、臀部肌肉；③ 直腿抬高：仰卧，双臂置于体侧，背部尽量贴紧地面，集中精力保持脊柱中立位，双腿抬高 15~20 cm，使用最大力量绷紧腹部、盆底肌肉；④ 仰卧卷腹：仰卧，膝关节微屈，腹部用力，盆底肌收紧，使双肩向上抬起至肩胛骨离开地面，保持颈部中立位。每项活动维持 30~60 s，保持自然呼吸，训练 2~3 组。

（五）肌肉能量技术

肌肉能量技术（muscle energy technique，MET）由 Fred Mitchell 于 1948年首先论述，是一种整骨手法的诊断和治疗形式，在 MET 中，患者根据要求从精确控制的位置，对抗远端施加的反作用力，向特定的方向主动收缩肌肉发力，使高张力肌肉恢复正常张力，强化薄弱或无力的肌肉。盆底肌、肌腱、筋膜、韧带中含有丰富的感受器，肌梭对肌肉长度及速度的变化及高尔基腱器官检测张力的持续变化敏感，应用 MET 矫正盆底功能障碍尤为适用。尿失禁或性功能障碍患者，触诊球海绵体肌、耻骨直肠肌或者耻骨尾骨肌肌肉力量较弱，康复治疗师用指腹触摸或者按压肌腹 3 遍后被动牵拉持续 10 s，嘱患者主动收缩持续 10 s；康复治疗师用指腹再进行进一步拉伸相应肌肉持续 10 s；最后，康复治疗师将指腹置于相应肌肉上，嘱患者收缩盆底肌做对抗运动，阻力由轻到重，每次维持抗阻 6~10 s，休息 6~10 s，连续 10 次，肌肉力量逐渐增强。若有盆底痉挛综合征或耻骨直肠肌综合征的顽固性便秘，应用 MET 可放松肌肉，缓解便秘和疼痛。

五、盆底功能障碍体育康复的注意事项

（1）避免长期高腹压，避免用力排尿、排便。

（2）避免久坐、搬重物及进行高强度体育锻炼，要有规律的性生活。

（3）循序渐进地进行盆底肌训练，初始训练时学习正确的盆底肌收缩动作，再提升肌力、肌耐力、盆腹协调性及快速反应力。

（4）将盆底肌训练与全身运动相结合，并进行良好的情绪和压力管理，预防盆底高张力及慢性疼痛等问题。

（5）终身坚持盆底肌锻炼，促进盆底健康。

思考题

1. 简述盆底功能障碍的体育康复目标。
2. 如何采用 PERFECT 评估方案进行盆底肌评估？
3. 盆底功能障碍的体育康复治疗技术有哪些？
4. 简述盆底功能障碍体育康复的注意事项。

第十四章思考题参考答案

实践训练题

王某，女，34 岁，主诉咳嗽、打喷嚏时漏尿 4 个月就诊。患者 3 月前足月顺产一女婴，体重 4.1 kg，从孕 28 周开始就有打喷嚏、咳嗽漏尿和尿频现象，产后尿频消失、漏尿无明显好转，情绪低落、焦虑，来盆底康复门诊就诊。

查体：视诊，圆肩驼背、腰椎前凸、骨盆前倾、腹部松弛；触诊，$L_{4~5}$ 椎旁压痛，无叩击痛及放射痛，肌肉紧张，双侧髂腰肌紧张，直腿抬高及加

强试验阴性，四字试验阴性，阴道松弛度分级轻度，阴道前壁膨出Ⅰ度，盆底改良牛津肌力分级2级，盆底肌张力减弱。患者目前处于哺乳期，要求不予药物治疗。

请结合案例进行如下分析：

1. 该患者初步诊断为什么症状？
2. 该患者还需要做哪些康复评估？
3. 针对上述问题如何设计体育康复方案？

在线测评题

（李旭红　中南大学湘雅三医院）
（王昭君　中南大学湘雅三医院）

主要参考文献

扫码可查看